"十二五"职业教育国家规划教材
经全国职业教育教材审定委员会审定

国家"万人计划"教学名师主讲课程教材

国家级精品课程教材

国家文化产业资金支持媒体融合重大项目

21世纪新概念教材：多元整合型一体化系列
高职高专教育会计专业精品课程教材新系

财务管理——原理、实务、案例、实训

训练手册

（第六版）

孔德兰　许辉　编著

东北财经大学出版社　大连
Dongbei University of Finance & Economics Press

图书在版编目（CIP）数据

《财务管理——原理、实务、案例、实训》训练手册 / 孔德兰，许辉编著. —6版. —大连：东北财经大学出版社，2025.1. —（高职高专教育会计专业精品课程教材新系）. —ISBN 978-7-5654-5554-4

Ⅰ. F275

中国国家版本馆CIP数据核字第20240XL334号

东北财经大学出版社出版

（大连市黑石礁尖山街217号　邮政编码　116025）

网　址：http://www.dufep.cn

读者信箱：dufep@dufe.edu.cn

大连天骄彩色印刷有限公司印刷　东北财经大学出版社发行

幅面尺寸：185mm×260mm　字数：588千字　印张：26

2025年1月第6版　2025年1月第1次印刷

责任编辑：许景行　石建华　责任校对：那　欣

封面设计：原　皓　版式设计：原　皓

定价：65.00元

教学支持　售后服务　联系电话：（0411）84710309

如有印装质量问题，请联系营销部：（0411）84710711

第六版前言

本书是《财务管理——原理、实务、案例、实训》（第六版）的配套教材。

与侧重财务管理课程“教学环节”的主教材不同，本书侧重财务管理课程的“训练环节”，各章内容包括“预习要览”、“客观题”、“主观题”、 “实训资料”、“课业范例”和“参考答案与提示”，书后附有五个“附录”。

“预习要览”是指学生在使用本手册进行训练之前，先行预习的主要教学内容，包括“内容提要与结构”、“重点与难点”和“主要公式”。

“客观题”涵盖“单元训练”和“综合训练”的全部“自测题”。全面、充分地练习这些类型多样、数量足够的习题，可以巩固和强化各章“教学环节”的知识构建，并为学生通过自我测试与考核，乃至介入“主观题”训练提供必要的准备。其中：

“理论题”旨在通过训练，强化学生对“是什么”的概念或观念的记忆，这种记忆的强化是了解“做什么”和“怎么做”的条件；“实务题”旨在通过训练，强化学生对“做什么”和“怎么做”操作规则的记忆，克服学生实训操练时对专业规范的盲目性；“案例题”旨在通过训练，强化学生对“主要观念”的记忆，记住并强化这些“主要观念”，是分析问题和决策设计训练的前提和基础；“实训题”旨在通过训练，克服学生对相关“通识”和“通能”等“‘技术-技能’操作”所及知识、规范与标准的盲目性。

“主观题”以学生对各章知识要点的记忆和掌握为前提，通过对各章教学内容的简要复述、深入解析和实际运用，全面培养其财务管理胜任力。与四大“教学环节”相对应的主观题型亦为“理论题”、“实务题”、“案例题”和“实训题”。其中：

“案例题”中的“课程思政”训练是根据思政教育在财务管理专业领域的具体要求，结合当前国内外政治经济、思想道德和文化教育发展设计的；“价值表征”训练旨在落实“立德树人”根本任务；“实训题”以“财务管理胜任力建构”过程中前10章的“阶段性体验”和第11章的“终极体验”为训练项目。

“实训资料”与各章“单元训练”和“综合训练”中“主观题”的“实训题”相配套，为各章的“情境设计”提供了至少三组资料，供“实训团队”在进行实训操练时选择。

“课业范例”为前10章“单元训练”和第11章“综合训练”中“主观题”的“案例分析题”、“课程思政”和“实训题”课业提供了示范参照，有助于化解学生完成相关课业的难点。

“参考答案与提示”收录了主教材各章“教学互动”的“引导提示”和训练手册各章“客观题”、“主观题”和“实训资料”相关题型的“参考答案”或“分析提示”，旨在帮助学生判断其各项训练任务完成结果的对错。

附录一、附录三、附录四参照中华人民共和国人力资源和社会保障部职业技能鉴定中心的《职业核心能力培训测评标准》编制，其范围是针对操练构成学生职业发展后劲的那些“通能”圈定的，任课教师的“指导准备”和学生的相关操练均可按图索骥。

附录二、附录五参照行业标准编制，为本课程的学生训练与考核提供了可以参照的规范与标准。

本书第六版主要更新如下：

1. 将2022年以来最新企业会计准则和国家财政税务法规及时体现于每章训练相关题型的内容中。

2. 为“推进党的二十大精神进教材、进课堂、进头脑”，贯彻落实习近平总书记对学校思政课建设的重要指示精神，进一步强化了《训练手册》的“价值引导”作用，各章结合教学内容，将“思政要素”渗透于各章相关题型的训练和考核评价中。

3. 着眼于高等职业技术教育与中等职业技能教育的层次区别，提升了每章四类题型的训练内容和要求。

4. 优化了“向‘财务管理胜任力’总目标聚焦”的各章职业学力“阶段性建构”和末章“终极建构”的训练内容与要求。

为方便训练，本书配有在线组卷功能。教师会员登录东北财经大学出版社网站，在“会员中心”即可进行随机组卷，卷中所有题目都来自《训练手册》各章的“客观题”。

本书第六版由国家“万人计划”教学名师、国家级精品课程“财务管理实务”负责人、浙江金融职业学院孔德兰教授和许辉副教授编著。孔德兰教授负责第1～6章、第11章及《学生考核手册》的编写，并对全书总纂定稿。许辉副教授负责第7～10章和网络教学资源包的编写。书后的五个“附录”由东北财经大学出版社许景行编审撰写和修订。

本书在编写过程中参阅了中外相关书籍，得到了有关领导、专家的支持，在此一并表示衷心感谢！

尽管我们付出了不懈的努力，但由于水平有限，问题与不足之处在所难免，恳请广大读者批评指正！

孔德兰

2024年10月

目 录

第1章 财务管理概述

1.1 预习要览

1.1.1 内容提要与结构

1）内容提要

财务管理是企业组织财务活动、处理财务关系的一项综合性的管理工作。财务管理的内容包括财务活动和财务关系两个方面。企业的财务活动包括筹资、投资、营运资金管理和利润分配等一系列行为。企业的财务关系包括企业与政府之间的财务关系、企业与投资者之间的财务关系、企业与债权人之间的财务关系、企业与受资者之间的财务关系、企业与债务人之间的财务关系、企业与供货商之间的财务关系、企业与客户之间的财务关系以及企业内部的财务关系等。

财务管理的特点主要有三个方面，即财务管理是一项综合性的管理工作、财务管理与企业各方面都具有广泛联系、财务管理能迅速反映企业的生产经营状况。

企业的财务管理主要包括以下五个环节：财务规划和预测、财务决策、财务预算、财务控制、财务分析和业绩评价。财务规划和预测要求企业要有全局观念，根据企业整体战略目标和规划，结合对未来宏观、微观形势的预测，建立企业财务的战略目标和规划。财务决策是指财务人员按照财务管理目标的总体要求，利用专门方法对各种备选方案进行比较分析，并从中选出最佳方案的过程。财务预算是指运用科学的技术手段和数量方法，对未来财务活动的内容及指标所进行的具体规划。财务控制是在财务管理的过程中，利用有关信息和特定手段，对企业财务活动所施加的影响或进行的调节。财务分析是根据核算资料，运用特定方法，对企业财务活动过程及其结果进行分析和评价的一项工作。在财务分析的基础上建立的经营业绩评价体系，是企业建立奖励机制和发挥激励作用的依据和前提。

财务管理的目标是一切财务活动的出发点和归宿。目前关于财务管理目标的主要观点有：利润最大化目标、股东财富最大化目标和企业价值最大化目标等。

以利润最大化作为财务管理的目标在实践中存在着一些难以解决的问题：(1) 没有考虑货币的时间价值。(2) 没有反映创造的利润与投入的资本之间的关系，因而不利于不同资本规模的企业之间的比较。(3) 没有考虑风险因素，高额利润往往要承担过大的风险。(4) 片面追求利润最大化，可能导致企业的短期行为。(5) 利润容易被操纵。

以股东财富最大化作为财务管理的目标具有如下积极的意义：(1) 股东财富这一指标能够考虑取得收益的时间因素和风险因素。(2) 股东财富最大化能够在一定程度上克服企业在追求利润上的短期行为，保证了企业的长期发展。(3) 股东财富最大化能够充分体现企业所有者对资本保值与增值的要求。股东财富最大化也存在一些缺点：(1) 股东财富最大化只适用于上市公司，对非上市公司则很难适用。(2) 由于股票价格的变动不是公司业绩的唯一反映，而是受诸多因素综合影响的结果，因而股票价格的高低实际上不能完全反映股东财富或价值的大小。(3) 股东财富最大化目标在实际工作中可能导致公司所有者与其他利益主体之间的矛盾与冲突。

以企业价值最大化作为财务管理的目标，其优点主要表现为：(1) 考虑了货币的时间价值和投资的风险价值。(2) 反映了对企业资产保值增值的要求。(3) 有利于克服管理上的片面性和短期行为。(4) 有利于社会资源的合理配置。

企业财务管理目标的实现必须解决相关利益群体之间的利益冲突：(1) 经营者与所有者之间的利益冲突，主要通过解聘、接收和激励等方式解决。(2) 所有者与债权人之间的利益冲突，主要通过限制性借债和收回借款等方式解决。

财务管理的原则也称理财原则，是组织企业财务活动和协调处理财务关系的基本准则，是体现理财活动规律性的行为规范，是对财务管理的基本要求。财务管理的原则主要包括：依法理财原则、风险-收益平衡原则、成本-效益原则、变现能力与盈利能力平衡原则、权责结构和利益关系协调原则。

企业财务管理工作主要由财务副总裁（首席财务官，即CFO）负责。其主要职责有：拟定企业的主要财务政策；与其他高级管理者联系，提出其他领域决策中的主要财务问题；决定下级财务人员的职责，并对财务主任的工作负有责任。

企业财务管理的环境又称理财环境，是指对企业财务活动产生影响作用的企业外部条件。财务管理的环境涉及的范围很广，其中最重要的有经济环境、法律环境和金融环境。影响财务管理的经济环境的因素主要有经济周期、经济发展水平和经济政策等。财务管理的法律环境是指企业和外部发生经济关系时所应遵守的各种法律、法规和规章，包括企业组织法规、财务法规和税务法规。财务管理的金融环境是企业最为重要的理财环境因素，影响企业财务管理的金融环境的主要因素有金融机构、金融市场和利率等。

2）内容结构

本章内容结构如图1-1所示。

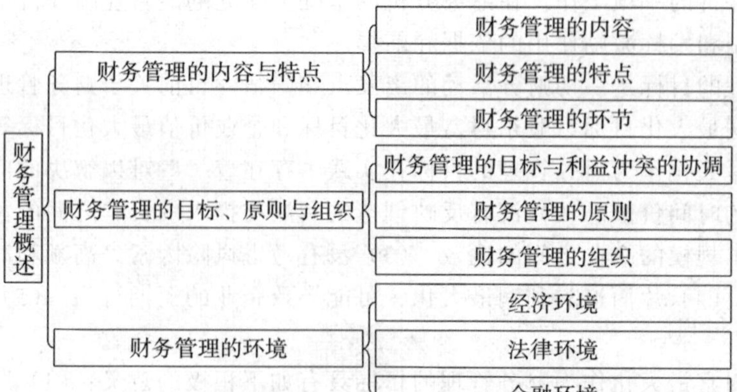

图1-1 本章内容结构图

3）主要概念和观念

（1）主要概念

财务管理　财务管理的原则

（2）主要观念

利润最大化　股东财富最大化　企业价值最大化　财务管理环境

1.1.2　重点与难点

1）重点理论

财务管理的含义与内容　财务管理的环节　财务管理目标　财务管理环境

2）重点实务

组织财务活动　协调财务关系

3）重点操作

确立财务管理目标　分析财务管理环境

4）难点

协调财务关系　分析财务管理环境

1.1.3　主要公式

1）名义利率与实际利率的关系

名义利率=实际利率+预计通货膨胀率

2）利率的一般计算公式

利率=纯利率+通货膨胀补偿率+风险报酬率

1.2　客观题

1.2.1　理论题

1）单项选择题

（1）（　　）是资金运动的前提。

A.投资活动　　B.筹资活动　　C.利润分配活动　　D.经营活动

（2）财务关系是指企业在财务活动中所体现的与各方面的（　　）。

A.货币结算关系　　B.债权债务关系

C.货币关系　　D.经济利益关系

（3）利润最大化目标的优点是（　　）。

A.反映企业创造剩余产品的能力

B.反映企业创造利润与投入资本的关系

C.考虑了资金时间价值

D.考虑了风险因素

（4）财务管理的特点是（　　）。

A.全面性　　B.外部性　　C.综合性　　D.重要性

（5）没有风险和通货膨胀情况下的平均利率是（　　）。

A.基准利率　B.固定利率　C.纯利率　D.名义利率

(6) 在资本市场上向投资者出售金融资产，从而取得资本的活动为（　）。

A.筹资活动　B.投资活动

C.资金结算活动　D.收益分配活动

(7) 在资本市场上购买金融资产的活动为（　）。

A.筹资活动　B.投资活动

C.资金结算活动　D.收益分配活动

(8) 公司价值是指全部资产的（　）。

A.评估价值　B.账面价值　C.潜在价值　D.市场价值

(9) 在股票上市条件下，股东财富最大化是指（　）。

A.股价最大化　B.利润最大化

C.股数最大化　D.公司价值最大化

(10) 公司的流动资产管理和为维持流动资产而进行的融资管理，称为（　）。

A.筹资活动　B.投资活动

C.营运资金管理　D.收益分配活动

2) 多项选择题

(1) 财务管理是（　）的一项经济管理工作。

A.组织企业财务活动　B.组织购销活动　C.处理财务关系

D.进行人力资源管理　E.处理财会业务

(2) 企业价值最大化在运用时也存在着缺陷，表现为（　）。

A.追求企业的价值最大化，不能使企业资产保值与增值

B.非上市企业的价值确定难度较大

C.股票价格的变动只受企业经营因素影响

D.股票价格的变动，除了受企业经营因素影响外，还受其他企业无法控制的因素影响

E.没有考虑风险

(3) 风险附加率包括（　）。

A.违约风险报酬率　B.流动性风险报酬率

C.期限性风险报酬率　D.通货膨胀补偿率

E.纯利率

(4) 影响企业外部财务环境的因素很多，其中最主要的有（　）。

A.经济环境　B.商业环境　C.法律环境

D.金融市场环境　E.企业规模

(5) 下列各项中，利率的组成因素有（　）。

A.纯利率　B.通货膨胀补偿率　C.风险报酬率

D.社会累积率　E.贷款利率

(6) 下列属于营运资金管理的有（　）。

A.短期借款　B.支付工资　C.缴纳增值税

D.购买低值易耗品　E.长期借款

（7）税收会影响到企业的（　　）。

A.筹资活动　　B.投资活动　　C.现金流量

D.企业利润　　E.收益分配

（8）财务管理的金融环境包括（　　）。

A.金融市场　　B.资本市场　　C.货币市场

D.销售市场　　E.原材料市场

（9）财务管理的目标一般可以表述为（　　）。

A.利润最大化　　B.股东财富最大化　　C.企业价值最大化

D.销售额最大化　　E.筹资额最大化

（10）财务管理的原则包括（　　）。

A.利润最大化原则　　B.风险-收益平衡原则

C.成本-效益原则　　D.变现能力与盈利能力平衡原则

E.公认原则

3）判断题

（1）企业与政府之间的财务关系体现为投资与受资的关系。（　　）

（2）金融市场的纯利率是指没有风险和通货膨胀情况下的平均利率。（　　）

（3）企业财务活动的内容，也是企业财务管理的基本内容。（　　）

（4）企业组织财务活动中与有关各方所发生的经济利益关系称为财务关系，但不包括企业与职工之间的关系。（　　）

（5）以每股利润最大化作为财务管理的目标，考虑了资金的时间价值但没有考虑投资的风险价值。（　　）

（6）财务管理是企业管理的重要组成部分。（　　）

（7）会计属于财务管理的重要内容。（　　）

（8）公司的财务副总经理一般对公司的财务管理活动负责。（　　）

（9）财务管理环境都是企业不可控制的因素。（　　）

（10）财务管理活动与企业销售活动和人力资源管理活动毫无关系。（　　）

1.2.2 实务题

1）单项选择题

（1）（　　）不属于解决经营者与所有者之间矛盾的方法。

A.解聘　　B.监督　　C.限制性借债　　D.激励

（2）（　　）是能充分考虑资金时间价值和投资风险价值的理财目标。

A.利润最大化　　B.资金利润率最大化

C.每股利润最大化　　D.企业价值最大化

（3）没有通货膨胀时，（　　）的利率可以视为纯利率。

A.短期借款　　B.金融债券　　C.国库券　　D.公司债券

（4）在股份制企业，尤其是上市的股份公司中，企业价值最大化的目标往往演变为（　　）。

A.每股利润最大化　　B.利润最大化

C.股票账面价值最大化　　D.股票市场价值最大化

(5)（　　）是运用科学的技术手段和数学方法，对目标进行综合平衡，制订主要计划指标的环节。

A.财务预测　B.财务决策　C.财务预算　D.财务控制

(6) 财务管理侧重于对企业资本运动的（　　）方面进行管理。

A.会计资料　B.价值　C.实物资产　D.人力资源

(7) 公司在资本市场上购买其他公司的股票属于（　　）。

A.金融投资　B.筹资活动　C.资金运营　D.权益筹资

(8) 对于税收，公司正确的做法是（　　）。

A.偷税　B.漏税　C.逃税　D.遵守税法

(9) 现金几乎不能产生收益，因此公司应该（　　）。

A.不持有现金　B.尽可能多地持有现金

C.合理确定现金持有量　D.无须管现金多少

(10) 公司为了增加利润，可以（　　）。

A.减少浪费　B.投资高风险项目

C.减少职工培训　D.减少资产维修和养护费用

2）多项选择题

(1) 下列各项中，属于企业财务活动的有（　　）。

A.筹资活动　B.投资活动　C.资金营运活动

D.分配活动　E.广告活动

(2) 为了协调所有者与债权人的矛盾，通常可采用的方法有（　　）。

A. 发行新债

B. 罚款

C. 限制性借款

D. 收回借款或不再借款

E. 将债权人的资金投资于风险更高的项目

(3) 金融市场对企业财务活动的影响，主要表现为（　　）。

A.金融市场是企业投资的场所

B.企业通过金融市场使长短期资金相互转化

C.金融市场为企业理财提供有意义的信息

D.企业是金融市场的主体

E.金融市场是企业筹资的场所

(4) 为了协调所有者与经营者的矛盾，经常采用的方法有（　　）。

A.监督　B.激励　C.解聘经理

D.罚款　E.奖金

(5) 财务预测环节的工作主要包括的步骤有（　　）。

A.明确预测目标　B.收集相关资料

C.建立预测模型　D.实施财务预测

E.确定预测结果

（6）对于所得税相关法律制度，企业应该（　　）。

A.尽一切办法少缴所得税　　B.在纳税义务发生后遵守税法

C.在纳税义务发生前进行税收筹划　　D.学习和遵守税法

E.通过改变会计核算方法减少应纳税所得额

（7）以下活动属于筹资活动的有（　　）。

A.预测资金需要量　　B.发行股票筹资

C.确定公司负债比重　　D.选择筹资来源

E.选择筹资方式

（8）公司权益筹资会形成资产负债表的（　　）项目。

A.货币资金　　B.股本　　C.资本公积

D.未分配利润　　E.长期借款

（9）金融市场为企业财务管理提供（　　）。

A.筹资的场所　　B.投资的场所　　C.有用的理财信息

D.投资工具　　E.筹资工具

（10）公司进行金融投资可以采取的措施有（　　）。

A.购买股票　　B.购买债券　　C.投资证券、基金

D.发行股票　　E.同时投资股票与债券

3）混合选择题

（1）“自主学习”（中级）的“技能点”主要包括（　　）。

A.确定学习目标　　B.实施学习计划

C.检查学习进度　　D.总结学习方法

（2）“自主学习”（中级）的“规范与标准”包括（　　）。

A.能明确提出多个学习目标，列出实现各目标的行动要点，确定实现目标的计划，并运筹时间

B.能开展学习和活动，通过简单的课程和技能训练，提高工作能力

C.能对学习的情况提出看法、改进意见和提高学习能力的设想

D.能证明取得的学习成果，并将学到的东西用于新的工作任务

（3）“财务管理目标确立与财务管理环境分析”这一专业能力领域的“技能点”包括（　　）。

A.财务管理目标确立技能

B.财务管理环境分析技能

C.财务管理机构设置技能

D.撰写《“财务管理目标确立与财务管理环境分析”训练报告》技能

（4）撰写《“财务管理目标确立与财务管理环境分析”训练报告》技能的“规范与标准”包括（　　）。

A.能比较分析各种财务管理目标的优劣

B.能合理设计《“财务管理目标确立与财务管理环境分析”训练报告》，其结构、层次较分明

C.能依照商务应用文的规范与要求撰写《“财务管理目标确立与财务管理环境

分析”训练报告》

D. 本教材“网络教学资源包”的《学生考核手册》中的考核表1-2所列各项“考核指标”和“考核标准”

(5)“职业守则”的“规范与标准”包括（　　）。

A. 爱岗敬业，诚实守信　　B. 廉洁自律，客观公正

C. 坚持原则，提高技能　　D. 参与管理，强化服务

4）判断题

(1) 企业追求利润最大化，能优化资源配置，实现企业资产的保值增值。（　　）

(2) 解聘是一种通过市场约束经营者的办法。（　　）

(3) 财务预测是财务决策的基础，财务决策又是财务预算的前提。（　　）

(4) 股票市价是一个能够较好地反映企业价值最大化目标实现程度的指标。（　　）

(5) 纯利率是指在没有风险和通货膨胀情况下的均衡点利率。（　　）

(6) 利润分配与公司的筹资、投资活动无关。（　　）

(7) 公司只能从外部获得生产经营所需的资金。（　　）

(8) 公司在投资时应尽可能地做到既降低风险又提高报酬。（　　）

(9) 公司财务部门的财务主任或财务部经理应该负责编制财务报表。（　　）

(10) 财务活动具有客观规律性，因此财务管理不需要考虑企业所处的宏观经济环境。（　　）

1.2.3 案例题

宋阳的财务管理建议

背景与情境： 宋阳是某高校财务管理专业的应届毕业生，他按照学校的要求到他叔叔的公司进行毕业顶岗实习。宋阳的叔叔拥有一家大型的汽车零配件生产企业——杭州西湖汽车零配件有限公司，该公司的发展规模在最近几年迅速扩大。由于宋阳的叔叔是技术管理出身的，对公司的财务管理不太了解，因此他对宋阳到公司实习寄予了很高的期望，希望宋阳能够充分利用在学校所学的专业知识，帮助公司解决目前存在的财务问题。

宋阳决定不辜负叔叔对他的信任，帮助叔叔做好财务管理工作。宋阳深入公司一线，经过2个星期的调查和了解，发现公司存在以下主要问题：

(1) 公司没有财务预算和现金收支计划，资金周转困难时就向银行贷款，公司无法预计未来可能出现的现金盈亏。

(2) 公司员工的工作积极性不高，普遍存在“磨洋工”现象。

(3) 公司采购行为缺少计划和审批程序，导致某些存货积压时间过长，某些存货则出现缺货现象而影响生产进度。

(4) 产品质量控制不严格，部分工序没有质量检验程序。

(5) 产品销售价格不均衡，存在不同客户不同价格的现象。

(6) 公司所得税税款缴纳不及时，时常要支付滞纳金。

请根据案例在下列题中填入适当选项：

(1) 财务管理的基本内容有（　　）。

A.筹资 B.投资 C.收益分配 D.营运资金管理

(2) 财务管理工作的特点是（ ）。

A.综合性的管理工作 B.价值管理是本质属性

C.与企业各方面具有广泛联系 D.能迅速反映企业的生产经营状况

(3) 财务预测环节的主要步骤为（ ）。

A.明确预测目标 B.收集相关资料

C.建立预测模型 D.确定财务预测结果

(4) 对于该公司而言，比较合理的财务管理目标是（ ）。

A.利润最大化目标 B.产值最大化目标

C.销售收入最大化目标 D.员工福利最大化目标

(5) 在这个案例中，根据宋阳的调查，该公司在财务管理方面存在的问题有（ ）。

A.筹资 B.营运资金管理 C.纳税申报 D.质量管理

1.2.4 实训题

1）单项选择题

(1) 某公司2024年发生以下筹资业务：1年期借款1 000万元，长期借款2 500万元，发行股票筹资15 000万元，利用留存收益筹资300万元。该公司2024年筹集的权益资金总额为（ ）万元。

A.1 000 B.2 500 C.15 300 D.300

(2) 某公司2024年8月预计发生以下经济业务：购买原材料200万元，需以银行存款在当月支付其中的70%；支付工人工资15万元，支付各种税费20万元，计提折旧35万元，结转生产成本90万元，预计销售收入300万元，全部采取应收账款方式结算，预计4个月后收到银行存款。2024年8月公司垫支的营运资金为（ ）万元。

A.200 B.175 C.210 D.300

(3) 2024年12月31日下午3点整，某上市公司发行在外的股票数量共计153亿股，收盘价为4.4元/股，发行债券市场价值为120亿元，银行借款的应计本息之和为456亿元，其他负债合计20亿元。2024年12月31日下午3点整该公司的企业价值总和为（ ）亿元。

A.673.2 B.793.2 C.1 294.2 D.1 269.2

(4) 某公司打算使用一笔1 000万元的借款，预计使用2年，目前市场利率为10%，预计1年后市场利率下降为8%。在不考虑借款费用和利息复利影响的情况下，公司可采取一次性借款2年的方法，也可采取以下方法：在年初借款，年末归还，第2年年初再次借款，假设公司可以随时按市场利率获得借款，并且不考虑借款费用。公司采取后一种方法预计可节约利息（ ）万元。

A.20 B.2 C.16 D.18

(5) 某企业打算购买A公司发行的2年期债券，目前纯利率为3%，通货膨胀率为2%。经测算，该公司的债券违约风险报酬率约为0.5%，流动性风险报酬率为

0.2%，期限性风险报酬率为0.3%，那么A公司的债券票面利率至少为（　　）时，该债券才值得购买。

A.6%　　B.3%　　C.5%　　D.1%

（6）在无风险报酬的情况下，某债券的利率为3.2%，纯利率为4%，则通货膨胀率为（　　）时，该债券才值得购买。

A.0.8%　　B.-0.8%　　C.-0.08%　　D.8%

（7）公司债券利率为4%，违约风险报酬率为1.2%，则同期国库券利率为（　　）。

A.5.2%　　B.4%　　C.2.8%　　D.1.2%

（8）1年期银行定期存款利率为3.5%，通货膨胀率为5%，则1年期银行定期存款的实际利率为（　　）。

A.3.5%　　B.8.5%　　C.1.5%　　D.-1.5%

（9）甲公司投入资本和已实现的利润现值合计为100万元，预计未来将实现利润的现值为500万元，则甲公司的价值为（　　）万元。

A.100　　B.500　　C.400　　D.600

（10）某公司2024年度实现的净利润总额为1 000万元，决定分配现金股利100万元，则公司利用留存收益筹资（　　）万元。

A.1 000　　B.100　　C.900　　D.1 100

2）多项选择题

（1）甲公司预计2025年需要发生以下投资项目：补充流动资产50万元，新购设备270万元，累计折旧增加50万元，增加股票投资10万元，则以下说法正确的有（　　）。

A. 公司2025年预计流动资产投资净额50万元

B. 公司2025年预计设备重置或扩张性投资270万元

C. 公司2025年预计新增金融资产投资10万元

D. 公司2025年预计新增固定资产净值270万元

E. 公司2025年预计新增固定资产净值220万元

（2）下列（　　）行为有利于短期的利润最大化理财目标的实现。

A. 公司加强成本管理，预计每件产品的生产成本下降5元

B. 公司将销售价格每件提高1元，由于公司产品供不应求，预计销售量不会下降

C. 公司将固定资产折旧年限由原来的10年延长为12年，并采用直线法计提折旧

D. 公司决定大力压缩研发费用

E. 公司决定提高研发费用

（3）为了协调股东与经理层的利益冲突，股东大会决定采取以下措施：①根据利润的5%以绩效奖金的方式奖励总经理；②约定在5年后，总经理可按5元/股的价格从公司购买10万股本公司股票；③如果公司连续3年的净资产收益率一直在3%以下，则解雇总经理；④如果公司的净资产收益率每年提升2%，则给予总经理1万股股票作为奖励。下列（　　）措施的组合能起到激励作用。

A.①④　　B.①②　　C.①②③

D.①②③④　　　E.①②④

（4）公司财务经理和销售人员一致认为，目前整个国家的宏观经济正处于由复苏走向繁荣的阶段，因此公司应该及时调整财务管理策略。以下行为符合经济发展周期要求的有（　　）。

A.扩充厂房设备投资1 000万元　　　B.增加存货投资150万元

C.进行新产品研发投资50万元　　　D.裁减雇员100人

E.出售一台设备获得现金30万元

（5）小李最近被分配到乙公司财务部门下设的财务部任财务部经理，其将要对（　　）工作负责。

A.成本核算　　　B.编制财务报表　　　C.内部控制

D.信用管理　　　E.处理与商业银行和投资银行的关系

（6）某债券的预计违约风险报酬率为1%，流动性风险报酬率为2%，期限性风险报酬率为3%，预计通货膨胀率为4%，目前纯利率为1%，则（　　）。

A.风险报酬率为6%

B.预计投资报酬率为11%

C.当该债券票面利率为11%时值得购买

D.当该债券票面利率为5%时值得购买

E.当该债券票面利率为6%时值得购买

（7）不考虑负债，甲公司目前投入资本和已实现利润现值合计为200万元，预计未来实现利润现值合计为500万元；乙公司目前投入资本和已实现利润现值合计为-100万元，预计未来实现利润现值合计为900万元，那么（　　）。

A.甲公司的市场价值为700万元　　　B.乙公司的市场价值为800万元

C.甲公司更具有投资价值　　　D.乙公司发展前景更好

E.两家公司的价值相等

（8）不考虑利息，某公司目前资产负债表相关项目如下：短期借款700万元，应付债券1 000万元，应付账款200万元，股本500万元，资本公积和盈余公积都是800万元，未分配利润600万元，其中资本公积为股本溢价金额，则该公司（　　）。

A.债务资本为1 900万元　　B.权益资本为2 100万元

C.债务资本为1 700万元　　D.留存收益累计筹资1 400万元

E.公司筹资总额为4 000万元

（9）2010年8月，我国的消费物价指数（CPI）为3.5%，创下了22个月以来的新高，同期1年期定期存款利率为2.25%，专家称负利率时代已到来。以下说法正确的有（　　）。

A.实际利率为-1.25%

B.负利率意味着1年期定期存款会导致货币购买力下降

C.负利率表明10 000元银行定期存款1年到期后本息之和为99 875元

D.负利率表明10 000元银行定期存款1年到期后本息之和为100 125元

E.负利率表明10 000元银行定期存款1年到期后本息之和为100 225元

（10）2025年某公司会计部经理应该提供的信息有（　　）。

A. 公司2024年借款总额为1 000万元

B. 公司2024年发行股票筹资额为5 000万元

C. 公司2024年预计借款总额为1 000万元

D. 公司2024年预计发行股票筹资额为5 000万元

E. 公司2024年预计留存收益为500万元

1.3 主观题

1.3.1 理论题

1）简答题

（1）什么是财务活动？

（2）什么是财务关系？

（3）什么是财务管理目标？

（4）什么是财务管理环境？

（5）企业财务管理的特点有哪些？

2）理解题

（1）以利润最大化作为财务管理目标的优缺点有什么？

（2）金融市场是如何影响企业财务管理的？

（3）企业财务管理应该如何应对税收法规？

1.3.2 实务题

1）规则复习

（1）如何进行财务规划和预测？

（2）如何进行财务决策？

（3）如何进行财务控制？

（4）如何进行财务分析？

（5）如何计算利率？

2）业务解析

（1）比较分析名义利率与实际利率的关系。

（2）比较说明股东财富最大化目标与企业价值最大化目标的异同。

（3）比较分析所有者与经营者、债权人之间的矛盾与协调方法。

1.3.3 案例题

1）案例分析

DF百货公司的财务管理目标

背景与情境：DF百货公司是JS省WX市一家历史悠久的百货公司，在闹市区有多家门店，主营业务范围包括食品、服装、家具电器等各种日用消费品的零售，效益一直较好，公司规模较大，为当地提供了大量的就业机会。但是，随着近年来网络购物和电商的快速发展，DF百货公司的销售日益变差，近3年已经处于亏损的边缘。

面对严峻的形势，公司的经理王静认为为了利润最大化，公司应该大规模地裁员，降低经营成本，以谋求长远发展。

问题：

(1) 请分析一下王静的观点是否正确。

(2) 请分析说明公司的利润最大化目标有什么优劣势。

分析要求：

(1) 形成性要求

① 了解“附录二”中附表2“形成性考核”的“考核指标”与“考核内容”。

② 学生分析案例提出的问题，分别拟定《案例分析提纲》，提交小组讨论后各自修订。

③ 学生以其《案例分析提纲》修订稿为基础，各自撰写《案例分析报告》，提交小组讨论并修订后，评出小组优秀《案例分析报告》。

④ 班级交流并修订小组优秀《案例分析报告》，评出班级优秀《案例分析报告》。

⑤ 教师对班级优秀《案例分析报告》进行点评。

⑥ 将附有教师点评的班级优秀《案例分析报告》纳入该课程的教学资源库，通过校园网课程平台进行展示，并允许学生下载借鉴。

(2) 成果性要求

① 了解“附录二”中附表2“课业考核”的“考核指标”与“考核内容”。

② 课业要求：以经班级交流和教师点评的《案例分析报告》为最终成果。

③ 课业结构、格式与体例要求：参照本《训练手册》“课业范例”的范例1-5-1。

2) 课程思政

创新高！中期回报榜出炉 11股派现超百亿元 两股分红率超25倍

背景与情境： 近些年来，A股上市公司分红总额连续刷新历史纪录：2011年分红总额首次突破5 000亿元，2017年首破万亿大关，2022年破2万亿元整数关口，2023年度A股分红超过2.2万亿元。

进入2024年，上市公司分红力度继续提升，中期分红规模刷新历史纪录：分红公司数逾660家，超过2021—2023年3年的同期分红公司数（合计510多家）；拟分红总额超5 200亿元，接近此前3年同期分红金额之和。此外，分红公司占比、分红占净利比两项数据也均创出历史同期新高。

从2024年中期分红金额来看，银行业继续称霸分红榜，行业分红总额为2 144.12亿元，遥遥领先于其他行业，占A股分红总额近41%。另外，石油石化、通信、非银金融、交通运输、医药生物等行业分红额均超百亿元。

资料来源：数据宝．创新高！中期回报榜出炉11股派现超百亿元 两股分红率超25倍［EB/OL］.［2024-08-31］. https：//finance.sina.com.cn/stock/relnews/cn/2024-08-31/doc-incmpupy2434145.shtml. 引文有删减。

问题：

(1) 根据案例中上市公司的分红现象，结合财务管理概念从课程思政的角度对公司的现金分红现象进行分析。

(2) 本案例对你有哪些启示？

研判要求：

（1）形成性要求

① 根据学生分析案例提出的问题，拟出《课程思政研判纲要》；进行小组讨论，形成小组的《课程思政研判报告》；进行班级交流、相互点评，修订各组的《课程思政研判报告》；在校园网的本课程平台上展出经过修订并附有教师点评的各组《课程思政研判报告》，供学生借鉴。

② 了解本教材“附录二”中“形成性考核”的“考核指标”与“考核内容”。

（2）成果性要求

① 课业要求：以经过班级交流和教师点评的《课程思政研判报告》为最终成果。

② 课业结构、格式与体例要求：参照本《训练手册》“课业范例”的“课程思政”范例1-5-2。

③ 了解本教材“附录二”中“课业考核”的“考核指标”与“考核内容”。

1.3.4 实训题

阶段性体验Ⅰ：“财务管理目标确立与财务管理环境分析”胜任力训练

【训练目的】

见主教材本章章名页“学习目标”中的“实训目标”。

【能力与道德领域】

专业能力——财务管理目标确立与财务管理环境分析

技术-技能Ⅰ

名称：财务管理目标确立“技术-技能”

规范与标准：

（1）能比较分析各种财务管理目标的优劣。

（2）能准确分析企业经营状况，并根据其特点为企业确定合适的财务管理目标。

（3）能为企业设计解决相关利益冲突的协调措施。

技术-技能Ⅱ

名称：财务管理环境分析“技术-技能”

规范与标准：

（1）能正确运用询问法和问卷法，通过一般渠道采集资料较可靠、数据较准确的有效信息。

（2）能对调研资料进行初步汇总和分析。

（3）能根据调研分析与结论，按照规范格式写出企业财务管理环境的分析报告，并掌握一定的写作技巧。

技术-技能Ⅲ

名称：撰写《“财务管理目标确立与财务管理环境分析”训练报告》“技术-技能”

规范与标准：

（1）能合理设计《“财务管理目标确立与财务管理环境分析”训练报告》，使其结构、层次较分明。

（2）能依照商务应用文的规范与要求撰写《“财务管理目标确立与财务管理环境分析”训练报告》。

（3）本教材“网络教学资源包”的《学生考核手册》中的考核表1-2所列各项“考核指标”和“考核标准”。

职业核心能力——自主学习、解决问题、革新创新（中级）

上述能力领域的“基本要求”、“技术-技能”点和“规范与标准”参见“附录三”附表3的相关述项。

职业道德——职业观念、职业守则（认同级）

各道德领域的“规范与标准”参见“附录四”附表4的相关述项。

【训练任务】

（1）对“财务管理目标确立与财务管理环境分析”等专业能力的各“技术-技能”点实施阶段性基本训练。

（2）对“自主学习”“解决问题”“革新创新”等职业核心能力的各“技术-技能”点实施“中级”强化训练。

（3）对“职业观念”“职业守则”等职业道德的各“素质点”实施“认同级”相关训练。

【训练要求】

（1）训练前学生要了解并熟记本训练的“训练目的”、“能力与道德领域”、“训练任务”与“训练要求”，熟记“网络教学资源包”中《学生考核手册》考核表1-1、考核表1-2中的“考核指标”与“考核标准”的内涵，将其作为本训练的操练点和考核点来准备。

（2）通过“训练步骤”，将“训练任务”所列三种训练整合并落实到本训练的“活动过程”和“成果形式”中。

（3）训练后，学生要对本次训练活动进行总结，在此基础上撰写《“财务管理目标确立与财务管理环境分析”训练报告》。

【情境设计】

将学生分成若干训练组，各训练组结合本训练“成果形式”的“训练课业”题目，在“训练资料”中任选一组进行训练操练。各训练组通过对所选资料的财务管理目标与财务管理环境的分析，以及相应《“财务管理目标确立与财务管理环境分析”训练报告》的准备、撰写、讨论与交流等实践活动的参与和体验，依照本章“训练要求”完成各自的训练任务。

【指导准备】

知识准备：

（1）“财务管理概述”的理论与实务知识。

（2）“附录一”的附表1中，涉及本章“职业核心能力强化训练项”各“技能点”，需要对学生事先培训“‘知识准备’参照范围”内的知识。

（3）“附录三”附表3和“附录四”附表4中，涉及本章“职业核心能力强化训练项”各“技术-技能”点和“职业道德相关训练项”各“素质点”，需要对学生事先培训“规范与标准”内的知识。

操作指导：

（1）教师向学生阐明“训练目的”、“能力与道德领域”和“知识准备”。

（2）教师就“知识准备”中的第（2）、（3）项，对学生进行培训。

（3）教师指导学生制订调研计划，并就操练项目的对象进行调研、资料收集与整理。

（4）教师指导学生就操练项目进行分析。

（5）教师指导学生完成《“财务管理目标确立与财务管理环境分析”训练报告》的撰写。

【训练时间】

本章课堂教学内容结束后的双休日和课余时间，为期一周。

【训练步骤】

（1）将班级每5位同学分成一组，每组确定1~2名负责人。

（2）分配调研任务，指导学生研究相关问题，分别制订各组的《训练计划》。

（3）实施《训练计划》，指导学生按训练组进行调研，并将调研情况详细记录。

（4）各组在对操练项目进行“财务管理目标确立与财务管理环境分析”的专业训练过程中，融入对“自主学习”“解决问题”“革新创新”等职业核心能力各“技能点”的“中级”强化训练和对“职业观念”“职业守则”等职业道德各“素质点”的“认同级”相关训练。

（5）撰写作为最终成果的《“财务管理目标确立与财务管理环境分析”训练报告》。

（6）在班级交流、讨论各组的《“财务管理目标确立与财务管理环境分析”训练报告》。

（7）根据交流、讨论的结果，各组修订其《“财务管理目标确立与财务管理环境分析”训练报告》，并使之各具特色。

（8）将经过班级交流和修订，并附有“教师点评”的优秀训练报告在校园网课程平台进行展示，并纳入本校该课程的教学资源库。

【成果形式】

训练课业：《“财务管理目标确立与财务管理环境分析”训练报告》

课业要求：

（1）《“财务管理目标确立与财务管理环境分析”训练报告》的内容、结构与体例参照本《训练手册》“课业范例”的范例1-5-3。

（2）各组成员完成的《“财务管理目标确立与财务管理环境分析”训练报告》须由指导教师、项目组组长和项目组成员三方签字负责。

1.4 实训资料

实训资料1-4-1

1）某公司2024年12月31日流通在外的股份为200亿股，每股市价为6.85元，流通在外的债券市值为95亿元，其他负债和应付利息之和为59亿元。

要求： 计算2024年12月31日该公司的股东财富价值。

2）某公司的实际利率为2%，当前通货膨胀率为5%。

要求： 计算该公司的名义利率。

3）某公司发行面值为1 000元的债券，期限为3年，现行纯利率为2%，通货膨胀率约为5%，据测算该公司的违约风险报酬率约为1.5%，流动性风险报酬率约为0.2%，期限性风险报酬率约为1.2%。

要求： 计算该公司发行该债券的票面利率。

实训资料 1-4-2

1）黎明是某高校财务管理专业的应届毕业生，他按照学校的要求到他叔叔的公司进行毕业顶岗实习。黎明的叔叔拥有一家大型的汽车零配件生产企业——浙江万象汽车零配件有限公司（以下简称“万象公司”），该公司在最近几年迅速扩张。由于黎明的叔叔是技术管理出身的，对公司的财务管理不太了解，因此他对黎明到万象公司实习寄予了很高的期望，希望黎明能够充分利用在学校所学的专业知识，帮助公司解决目前存在的财务问题。

黎明决定不辜负叔叔对他的信任，帮助叔叔做好财务管理工作。黎明深入公司一线，经过2个星期的调查和了解，发现万象公司存在以下主要问题：

第一，公司没有财务预算和现金收支计划，资金周转困难时就向银行贷款，公司无法预计未来可能出现的现金盈亏；第二，公司员工的工作积极性不高，普遍存在“磨洋工”现象；第三，公司采购行为缺少计划和审批程序，导致某些存货积压时间过长，而某些存货则出现缺货现象而影响了生产进度；第四，产品质量控制不严格，部分工序没有质量检验程序；第五，产品销售价格不均衡，存在不同客户不同价格的现象；第六，公司所得税税款缴纳不及时，时常要支付滞纳金。

要求：

（1）上述问题中，哪些属于财务管理问题？

（2）如果你是黎明，你应该从哪些方面解决上述问题？

2）经济附加值（economic value added，EVA）是公司营运利润与资金成本的差值，它是衡量企业在某个特定年份中盈利抵偿资本机会成本的指标。

EVA的定义式为：EVA=税后营运利润（NOPAT）-用金额表示的税后资金成本

或：EVA=税后营运利润（NOPAT）-用百分比表示的税后资金成本×占用成本

税后营运利润（NOPAT）=营运利润（含应付利息）×（1-税率）

由此可见，EVA是经济利润而非传统会计利润的概念，它必须在传统会计利润的基础上减去投入的所有资本的费用（包括债务利息和股东股本所包含的机会成本）。在众多国际性大公司中，EVA取代了传统会计业绩评价指标，成为衡量企业经营业绩的主要标准。

要求： 分析说明以EVA作为企业财务管理目标的优势和劣势。

实训资料 1-4-3

1）2024年6月，SXBD公司发布公告称，公司的高级管理人员已于近日陆续从二级市场上购入该公司的社会公众股，平均每股购入价格为10.4元。公告还显示，购入股份最多的是该公司总经理王超，持股数量达28 600股，而购入股份最少的高级管理人员也有10 000股。按照有关规定，上述人员只有在离职6个月后，才可将所购入的股份抛出。

2024年5月3日，公司董事会提出，公司的总经理、副总经理、财务负责人和董事会秘书等在6个月之内，必须持有一定数量的公司发行在外的社会公众股，并且如果在规定的期限内，高级管理人员没有完成上述持股要求，公司董事会将解除对其的聘任。据SXBD总经理王超介绍，此次高级管理人员持股，可以说是公司董事会的一种强制行为，目的是增强高级管理人员对公司发展的使命感和责任感。让高级管理人员投资自己所管理的公司，如果公司取得好的发展业绩，他们的资产就会增值；如果公司发展得不好，他们的切身利益也会直接受到影响。这样，把公司高级管理人员的个人利益与公司利益紧密结合起来，有利于企业的快速健康发展。

要求：

（1）公司高级管理人员持股会对公司的财务管理目标产生什么影响？

（2）如何评价SXBD的高级管理人员持股？

（3）完成一篇不少于1 000字的分析报告。

2）以下是××烟草有限公司的机构设置及说明：

公司下设办公室、专卖办、营销部、财务部等职能科室。

办公室：充分发挥办公室综合、协调、参谋、助手的作用，在总经理领导下协助本局（公司）各科室，做好上情下达、下情上报的工作，同时处理好公司内部有关事务。

专卖办：认真抓好《中华人民共和国烟草专卖法》（以下简称《烟草专卖法》）的宣传教育工作，使《烟草专卖法》的基本知识家喻户晓、深入人心，特别要对经营转批及零售商店的干部职工做好《烟草专卖法》的宣传教育，使他们做到知法、懂法、守法；同时，专卖办的工作人员也要不断学习，做到精通法律，模范执法。

营销部：负责全市卷烟的购进、调存业务，平衡年度或季度卷烟货源的调拨计划，随时掌握市场动态，根据货源的可能情况，及时提供每季度卷烟要货计划，落实省产烟计划，力争做到商品适销对路。

财务部：根据有关规定和财务制度权限进行各项财务管理活动，加速资金周转，节约费用支出，提高经济效益；在调研预测的基础上，当好领导参谋，认真做好财务分析工作；正确反映本局（公司）财务收支的盈亏情况，做好记账、算账、报账工作，负责会计报表的汇编工作；加强财务监督，坚持贯彻执行党和国家的有关方针、政策，严格实施财经纪律和各项财务制度，严格执行各项现金、票据管理制度；做好工资发放工作，确保资金安全。

要求：

（1）什么是财务管理？财务管理包括哪些基本内容？

（2）财务管理的一般环节是什么？

（3）该公司财务部门从事的哪些活动属于财务管理工作？你对该公司财务部门的工作有何建议？

（4）结合所学知识与该公司财务部门的职责，完成一篇字数不少于1 000字的分析报告。

1.5 课业范例

范例1-5-1

案例分析

GDSY公司股权激励

（项目组组长： 项目组成员： ）

背景与情境：GDSY公司（以下简称“公司”）成立于2005年5月。经中国证券监督管理委员会核准及上海证券交易所批准，公司于2019年4月在上海证券交易所挂牌上市。自设立以来，公司专注于印制电路板的研发、设计、生产、销售和相关配套服务。公司产品广泛应用于计算机及其周边、通信、消费电子、汽车电子、工业、医疗、军事、航空等领域。股权激励的权益总数以及涉及的标的股票总数：本计划拟向激励对象授予的限制性股票数量为826.32万股，涉及的标的股票种类为人民币A股普通股，约占本计划公告时公司总股数40 180.00万股的2.06%。其中首次授予766.10万股，约占本激励计划签署时公司总股数40 180.00万股的1.91%，占本次授予限制性股票总量的92.71%，预留60.22万股，约占本激励计划签署时公司总股数40 180.00万股的0.15%，占本次授予限制性股票总量的7.29%。本计划采取的激励工具为限制性股票，其股票来源为公司向激励对象定向发行的公司A股普通股股票。

股权激励计划的目的：

（1）进一步建立、健全公司经营管理机制，建立和完善公司董事、高级管理人员、中层管理人员以及核心技术（业务）骨干激励约束机制，充分调动经营管理团队的积极性，有效地将股东利益、公司利益和核心团队个人利益结合在一起，促进公司持续、稳健、快速地发展；

（2）进一步完善目标考核制度，激发公司及控股子公司管理团队和核心技术（业务）骨干的动力和创造力，保证公司战略的顺利实施；

（3）有利于吸引和保留优秀的管理人才和业务骨干，满足公司对核心技术人才和管理人才的巨大需求，建立公司的人力资源优势，进一步激发公司的创新活力，为公司的持续快速发展注入新的动力。

问题：

1）分析GDSY公司推出股权激励方案的背景。

2）你认为公司高级管理人员持股对公司的财务管理目标有何影响？

3）除了股权激励方案外，你能提出解决股东利益与管理层利益冲突的其他方法吗？

分析要求：

1）形成性要求

同第1章本题型的“形成性要求”。

2）成果性要求

（1）课业结构、格式与体例参照本《训练手册》“课业范例”的范例1-5-1。

（2）同第1章本题型的其他“成果性要求”。

“GDSY公司股权激励”案例分析报告

（项目组组长：　　　　　　　项目组成员：　　　　　　　）

1）财务管理目标是在特定的理财环境中，通过组织财务活动、处理财务关系所要达到的目的。财务管理目标是一切财务活动的出发点和归宿。将企业价值最大化作为企业财务管理目标的首要任务就是要协调相关利益群体之间的关系，化解它们之间的利益冲突。因此，无论其如何表述，GDSY公司推出股权激励方案的最本质的目的都在于解决企业财务管理目标实现过程中股东与管理层之间的利益冲突。公司在推出这一方案时，还具有以下背景：公司本身的发展和业务处于扩张时期，急需大量的专业人才；这一方案得到了政府相关部门和大股东的支持。

2）企业价值最大化直接反映了企业所有者的利益，与企业经营者没有直接的利益关系。对于所有者来说，其所放弃的利益也就是经营者所得的利益。在西方国家，这种被放弃的利益也被称为所有者支付给经营者的享受成本。但问题的关键不是享受成本的多少，而是企业在增加享受成本的同时，是否更多地提高了企业的价值。因而，经营者和所有者的主要矛盾就是，经营者希望在提高企业价值和股东财富的同时，能更多地增加享受成本；而所有者和股东则希望以较少的享受成本支出带来更高的企业价值或股东财富。GDSY公司推行的股权激励方案实际上是一种“股票期权”的激励方式，即将经营者的报酬与其绩效挂钩，以使经营者自觉采取能够满足企业价值最大化的措施。该股权激励方案允许经营者以固定的价格购买一定数量的公司股票，而股票的价格越高于固定价格，经营者所得到的报酬就越多。经营者为了获取更大的股票涨价益处，就必然主动采取能够提高股价的行动。

3）为了解决股东利益与管理层利益之间的矛盾冲突，公司应采取让经营者的报酬与绩效相联系的办法，并辅之以一定的监督措施。

（1）解聘。这是一种通过所有者约束经营者的办法。所有者对经营者予以监督，如果经营者未能使企业价值达到最大，就解聘经营者。因此，经营者因害怕被解聘而被迫实现财务管理目标。

（2）接收。这是一种通过市场约束经营者的办法。如果经营者经营决策失误或经营不力，未能采取一切有效措施使企业价值提高，该公司就可能被其他公司强行接收或吞并，相应地，经营者也会被解聘。因此，经营者为了避免这种接收，必须采取一切措施提高股票市价。

（3）激励。这是一种将经营者的报酬与其绩效挂钩，以使经营者自觉采取能实现企业价值最大化的措施的方法。激励的基本方式有两种，除了前述的“股票期权”方式外，还可以采取“绩效股”的方式。“绩效股”是公司运用每股利润、资产报酬率等指标来评价经营者的业绩，并视其业绩大小给予经营者数量不等的股票作为报酬。如果公司的经营业绩未能达到规定目标，经营者也将部分丧失原先持有的“绩效股”。这种方式不仅能够使经营者为了多得“绩效股”而不断采取措施提高公司的经营业绩，还能够使经营者为了实现每股市价最大化而采取各种措施使股票市价稳步上升。

范例1-5-2

课程思政

“对股东利益负责”香港职业经理人的金字信条

背景与情境：印度商富商夏利里拉曾这样形容中国香港地区，他说：“香港的核心就是商业，所有事物都围绕着营商，商业文化深入香港骨髓。”

作为这样一个高度成熟且极度崇尚市场经济的商业社会，必然有一些坚实的商业伦理作为基础，比如最基本的职业道德、商务诚信，以及一切职业经理人的首要信条——“对股东利益负责”。

“对股东利益负责”，是无比正确的、在商业世界横行无阻的金字格言，无论是商务谈判、企业大会，或是压力巨大的新闻发布会，只要昂首挺胸、义正词严地说出这几个神奇的字，大部分质疑或争议似乎便像被苍蝇拍“啪”地一下拍死一样，“整个世界都清净了”。

君不见，就连放售百佳、出售数座内地商厦后受到接连不断的“撤资”质疑的“李超人”李嘉诚先生，也不得不多次搬出这一句“万能金钥匙”为自己解决难题：“作为负责任的国际企业主持人，一切必须以股东利益为大前提”“对股东的利益，要负起绝对的责任”。

只有从心底以股东利益为己任，企业才能基业长青。而在香港，能说出“对股东利益负责”的人，一般是上市公司的负责人，有着很高的社会地位和企业职权。因此，多少商人以能够理直气壮地喊出这句话为理想。

反过来说，侵害股东利益无疑是罪大恶极、为香港市民所不容的恶行。没有人敢明着冒犯，但暗度陈仓、以“对股东利益负责”为由伤害股东利益的事情，其实并不少见。比如2008年，李嘉诚的小儿子李泽楷意欲以每股4.5港元的低价购入市民以高达百元购买的电讯盈科股票，以便将其私有化、退市，计划一旦成功，小股民必然损失惨重，幸而最终被法庭驳回。

问题：

1）上述现象暗含了哪些课程思政要求和原则？

2）本案例对你有哪些启示？

研判要求：

1）形成性要求

同第1章本题型的“形成性要求”。

2）成果性要求

（1）课业结构、格式与体例要求：见本《训练手册》“课业范例”的范例1-5-2。

（2）同第1章本题型的其他“成果性要求”。

“‘对股东利益负责’香港职业经理人的金字信条”课程思政研判报告

（项目组组长： 项目组成员： ）

1）企业是所有者的企业，虽然企业由经理层经营管理，经理层有自己的目标，一般会与股东的目标发生冲突，但是作为一名职业经理人，必须具备最基本的职业道德、商务诚信，“对股东利益负责”就是标准。只有从心底以股东利益为己任，企业才能基业长青。

2）本案例对我们的启示是企业价值最大化直接反映了企业所有者的利益，与企业经营者没有直接的利益关系。对所有者来说，他所放弃的利益也就是经营者所得的利益。在西方国家，这种被放弃的利益也被称为所有者支付给经营者的享受成本。但问题的关键不是享受成本的多少，而是在增加享受成本的同时，是否更多地提高了企业价值。因而，经营者和所有者的主要矛盾就是经营者希望在提高企业价值和股东财富的同时，能更多地增加享受成本；而所有者和股东则希望以较少的享受成本支出带来更高的企业价值或股东财富。为解决这一矛盾，企业应采取让经营者的报酬与绩效相联系的办法，并辅之以一定的监督措施。

范例1-5-3

ABC制造有限公司筹资决策分析

实训资料：ABC制造有限公司是一家专注于高端电子产品生产的中型企业，成立于2010年，总部位于中国深圳。公司拥有稳定的现金流和良好的财务状况，但近期面临一些外部挑战。

公司的初始筹资方案：公司计划在未来一年内筹集资金1亿元人民币，用于扩大生产线和研发新产品。初步计划是通过发行公司债券和银行贷款相结合的方式筹集资金，其中公司债券占比60%，银行贷款占比40%。

公司外部环境变化：

经济环境：全球经济增速放缓，尤其是主要经济体（如美国、欧洲）出现衰退迹象，导致全球股市波动加剧。

政策环境：中国人民银行为了刺激经济增长，实施了一系列宽松的货币政策，包括降低存款准备金率和利率。

市场环境：科技创新行业竞争加剧，新技术不断涌现，要求企业加大研发投入以保持竞争力。

要求：

1）评估当前筹资方案的有效性：分析现有筹资方案在新的外部环境下的适应性和潜在风险。

2）制订新的筹资方案：根据外部环境的变化，调整公司的筹资结构，以优化资本成本，同时控制风险。

3）实施方案：设计具体的执行步骤，包括筹资渠道的选择、比例分配、风险管理措施等。

4）预期效果评估：预测新方案可能带来的财务结果，包括资本成本、流动性、风险水平等指标的变化。

5）完成一篇分析报告。

“ABC制造有限公司筹资决策分析”训练报告

（项目组组长：　　　　　　项目组成员：　　　　　　　　　　）

训练报告见表1-1。

表 1-1　“ABC制造有限公司筹资决策分析”训练报告

班级：会计2023（1）班　　项目组编号：01

项目组组长	吴清	项目组成员	张三、李四……
训练时间	2024年3月20日	训练地点	财务管理训练室
训练目的	（1）对“财务管理目标确立”与“财务管理环境分析”等专业能力的各“技术-技能”点实施阶段性基本训练。（2）对“自主学习”、“解决问题”和“革新创新”等职业核心能力的各“技能点”实施“中级”强化训练。（3）对“职业观念”“职业守则”等职业道德的各“素质点”实施“认同级”相关训练		
训练步骤	（1）根据训练资料，项目组对相关问题进行分析，确定项目组成员的任务与分工，并制订项目组的《训练计划》。（2）实施《训练计划》，对ABC制造有限公司筹资决策进行分析。（3）撰写作为最终成果的《“ABC制造有限公司筹资决策分析”训练报告》。（4）在班级交流、讨论各组的《“ABC制造有限公司筹资决策分析”训练报告》，并进一步修订和完善		
训练成果	1.评估当前筹资方案的有效性：在当前低利率环境下，公司原计划中的银行贷款成本将显著降低，而公司债券的发行成本可能相对稳定。因此，原方案中对银行贷款的依赖可能会增加筹资的成本效益。 2.制订新的筹资方案： 增加银行贷款比重：鉴于当前的低利率环境，可以考虑增加银行贷款的比重至70%，减少公司债券的发行比例至30%。 探索其他低成本融资渠道：考虑使用供应链金融、租赁融资等创新融资方式，以进一步降低融资成本。 利用政策优势：充分利用政府的税收优惠和财政补贴政策，减少实际的融资成本。 加强风险管理：建立更完善的风险预警系统，定期进行压力测试，确保在不同经济情境下都能保持稳定运营。 3.实施方案： 立即行动：在接下来的一个月内完成筹资结构的初步调整，特别是增加银行贷款的比重。 分阶段执行：在未来6个月内逐步探索并实施其他低成本融资渠道。 强化监控：设立专门的风险管理小组，每月报告筹资进展及市场动态。 4.预期效果评估：预计新方案将使公司的年化资本成本从原来的约5%降至4%，同时能显著提升资金的灵活性和安全性。长期来看，这将有助于公司在不确定的市场环境中保持稳健发展，并为未来的扩张和技术升级积累更多资源。 总的来说，通过上述实训，参与者能够深刻理解利率变化对筹资方案的影响，并学会如何根据实际情况灵活调整筹资策略，以达到最佳的财务绩效		
训练体会	通过本训练，我们可以理解财务管理环境的概念与意义，熟悉财务管理活动如何受到环境的影响及其如何适应等相关分析“技术-技能”，能够运用财务管理环境分析方法解决实际问题，提升我们对财务管理环境的理解和应用能力。此外，由于财务管理工作对专业综合素质的要求较高，因此企业财务管理人员在分析问题时要细致而全面，工作中要有团队合作精神，要善于与人沟通、与人合作		
补充说明	在本训练中，我们在体验本章“专业能力”基本训练的同时，也尝到了“自主学习”“解决问题”“革新创新”等“职业核心能力”（中级）强化训练和“职业观念”“职业守则”等“职业道德”（认同级）相关训练的甜头。我们认识到，要提高“学习迁移能力”和“可持续发展能力”，积极应对未来职业岗位的跨行业流动（这是当代职业的一个显著特征），避免职业道德与企业伦理的缺失，这些训练是必不可少的。我们相信，通过本课程以及后续课程的同类学习与训练，在构建自身“业务胜任能力”的过程中，我们的“职业核心能力”将不断增强，我们的“职业道德”将由“他律”变为“自律”		
项目组成员签名	吴清、张三、李四……	指导教师签名	王华

1.6 参考答案与提示

"1.2 客观题"参考答案

1.2.1 理论题

1）单项选择题

(1) B (2) D (3) A (4) C (5) C (6) A (7) B (8) D (9) A (10) C

2）多项选择题

(1) AC (2) BD (3) ABC (4) ABCD (5) ABC (6) ABCD (7) ABCDE (8) ABC (9) ABC (10) BCD

3）判断题

(1) × (2) √ (3) √ (4) × (5) × (6) √ (7) × (8) × (9) × (10) ×

1.2.2 实务题

1）单项选择题

(1) C (2) D (3) C (4) D (5) C (6) B (7) A (8) D (9) C (10) A

2）多项选择题

(1) ABCD (2) CD (3) ABCE (4) AB (5) ABCE (6) BCD (7) ABCDE (8) BCD (9) ABCDE (10) ABCE

3）混合选择题

(1) C (2) ABD (3) ABD (4) BCD (5) ABCD

4）判断题

(1) × (2) × (3) √ (4) √ (5) √ (6) × (7) × (8) × (9) × (10) ×

1.2.3 案例题

1) ABCD 2) ABCD 3) ABCD 4) A 5) ABCD

1.2.4 实训题

1）单项选择题

(1) C (2) B (3) D (4) B (5) A (6) B (7) C (8) D (9) D (10) C

2）多项选择题

(1) ABCE (2) ABCD (3) ABE (4) ABC (5) CDE (6) ABC (7) ABD (8) AD (9) ABE (10) AB

"1.3 主观题"参考答案

1.3.1 理论题

1）简答题

(1) 参考答案：企业的财务活动包括投资、资金营运、筹资和利润分配等一系列行为。

（2）参考答案：企业在处理各项财务活动的过程中，会与有关各方发生经济利益关系，这种由于理财而发生的各种经济关系称为企业财务关系。

（3）参考答案：财务管理目标是在特定的理财环境中，通过组织财务活动、处理财务关系所要达到的目标。财务管理目标是一切财务活动的出发点和归宿。

（4）参考答案：财务管理环境又称理财环境，是指对企业财务活动产生影响的企业外部条件。财务管理环境是企业财务决策难以改变的外部约束条件，企业财务决策更多的是适应它们的要求和变化。财务管理环境涉及的范围很广，其中最重要的有经济环境、法律环境和金融环境。

（5）参考答案：企业生产经营活动的复杂性，决定了企业管理必须包括多方面的内容，如生产管理、技术管理、劳动人事管理、设备管理、销售管理、财务管理等。各项管理工作是互相联系、紧密配合的，同时又有科学的分工和各自的特点。企业财务管理的特点主要有如下三个方面：财务管理是一项综合性管理工作；财务管理与企业各方面具有广泛联系；财务管理能迅速反映企业的生产经营状况。

2）理解题

（1）参考答案：以利润最大化作为财务管理的目标，其原因有三个方面：①人类进行生产经营活动的目的是创造更多的剩余产品，在商品经济条件下，剩余产品的多少可以用利润这个价值指标来衡量；②在自由竞争的资本市场中，资本的使用权最终属于获利最多的企业；③每家企业都最大限度地获得利润，整个社会的财富才可能实现最大化，从而带来社会的进步和发展。

利润最大化目标在实践中也存在着一些难以解决的问题：①没有考虑货币的时间价值；②没有反映创造的利润与投入的资本之间的关系，因而不利于不同资本规模的企业之间的比较；③没有考虑风险因素，高额利润往往要承担过大的风险；④片面追求利润最大化，可能导致企业的短期行为，如忽视科技开发、产品开发、人才开发、生产安全、技术装备水平、生活福利设施、履行社会责任等；⑤利润容易被操纵。

（2）参考答案：金融市场对于商品经济的运行，具有充当金融中介、调节资金余缺的功能。从总体上看，建立金融市场有利于广泛地积聚社会资金，有利于促进地区间的资金协作，有利于开展资金融通方面的竞争及提高资金使用效益，有利于国家控制信贷规模和调节货币流通。从企业财务管理的角度来看，金融市场作为资金融通的场所，是企业向社会筹集资金所必不可少的条件。财务管理人员必须熟悉金融市场的各种类型和管理规则，才能有效地利用金融市场筹措资金及进行投资活动。

（3）参考答案：税负是企业的一种费用，会增加企业的现金流出，对企业理财有重要影响。企业都希望在不违反税法的前提下减少税务负担。税负的减少，只能靠投资、筹资和利润分配等财务决策时的精心安排和筹划，而不允许在纳税行为已经发生时去偷税、漏税。精通税法对于财务主管人员有重要的意义。

1.3.2　实务题

1）规则复习

（1）参考答案：财务规划和预测要求企业有全局观念，根据企业整体战略目标和规划，结合对未来宏观、微观形势的预测，建立企业财务战略目标和规划。在财务战略目标和规划的指导下，企业财务人员要根据财务活动的历史资料，考虑现实的要求和条件，对企业未来的财务活动和财务成果作出科学的预计和测算。财务规划和预测环节的工作主要包括：①明确预测目标。②收集相关资料。③建立预测模型。④确定财务预测结果。

（2）参考答案：财务决策是指财务人员按照财务管理目标的总体要求，利用专门方法对各种备选方案进行比较分析，并从中选出最佳方案的过程。财务决策环节的工作主要包括：①确定决策目标。②提出备选方案。③选择最佳方案。

（3）参考答案：财务控制是在财务管理的过程中，利用有关信息和特定手段，对企业财务活动所施加的影响或进行的调节。财务控制一般包括以下步骤：①制定控制标准，分解落实责任。②实施追踪控制，及时调整误差。③分析执行情况，搞好考核奖惩。

（4）参考答案：财务分析是根据核算资料，运用特定方法，对企业财务活动过程及其结果进行分析和评价的一项工作。通过财务分析，企业可以掌握各项财务计划的完成情况，评价财务状况，研究和掌握企业财务活动的规律性，改善财务预测、决策、预算和控制，改善企业管理水平，提高企业经济效益。财务分析包括以下步骤：①占有资料，掌握信息。②指标对比，揭露矛盾。③分析原因，明确责任。④提出措施，改进工作。

（5）参考答案：资金的利率通常由三部分组成，即纯利率、通货膨胀补偿率（或称通货膨胀贴水）、风险报酬率。利率的一般计算公式可表示为：利率=纯利率+通货膨胀补偿率+风险报酬率。

2）业务解析

（1）参考答案：实际利率是指在物价不变从而货币购买力不变的情况下的利率，或者是指在物价有变化时，扣除通货膨胀补偿以后的利率。名义利率是指包含对通货膨胀补偿的利率。两者之间的关系可以表示为：名义利率=实际利率+预计通货膨胀补偿率。

（2）参考答案：两者的共同之处在于都考虑了收益的时间价值与风险价值，有利于克服短期行为，且适用范围都比较窄，价值不易确定；不同之处在于股东财富最大化没有考虑公司所有者与其他利益主体之间的矛盾与冲突。

（3）参考答案：为了解决所有者与经营者之间的利益冲突，企业应采取经营者的报酬与绩效相联系的办法，并辅之以一定的监督措施，包括解聘、接收和激励三种方式。为了解决所有者与债权人之间的利益冲突，企业可以采用限制性借债和收回借款等方式。

1.3.3 案例题

1）案例分析

分析提示：

（1）王静的这种观点是不正确的。将利润最大化作为财务管理目标有其合理之处，但也有其缺陷。利润最大化目标会使公司为了实现利润最大化而损害其他利益主体的利益，不利于公司的稳定经营；从长远来看，也不利于公司利润最大化目标的实现。因此，公司的财务管理目标不能仅仅定位于利润最大化，而应全面考虑各方面的利益，妥善处理好企业与各方面的利益关系，实现企业价值最大化的目标。

（2）以利润最大化作为财务管理目标，其优点是能激励企业提高生产经营效率，利润比较直观。其缺点是没有考虑货币的时间价值；没有反映创造的利润与投入的资本之间的关系；没有考虑风险因素；可能导致企业的短期行为；利润容易被操纵。

以企业价值最大化作为财务管理目标，其优点包括：①这一目标考虑了货币的时间价值和投资的风险价值。②这一目标反映了对企业资本保值增值的要求。③这一目标有利于克服管理上的片面性和短期行为。④这一目标有利于社会资源的合理配置，社会资本通常流向企业价值最大化的企业或行业，从而实现社会效益最大化。其缺点包括：①对于非上市企业，这一目标值不能依靠股票市价作出评判，而需要通过资产评估方式进行，由于评估标准和评估方式的影响，这种估价不易客观和准确。②企业价值特别是股票价值，并非为企业所控制，其价格波动也并非与企业财务状况的实际变动相一致，这对企业实际经营业绩的衡量也产生了一定的影响。

2）课程思政

研判提示：

（1）上市公司与投资者之间的财务关系主要是指企业的投资者向企业投入资金和企业向投资者支付投资报酬所形成的经济关系。在实际工作中，回报投资者是企业的一项重要的责任和义务，公司经理人只有牢固树立回报股东的思想，本着爱岗敬业精神，努力提高公司效益，并以适当的方式回报股东，才能实现企业的和谐稳定发展。我国上市公司加大现金分红力度反映了目前我国上市公司的责任意识和回报股东的意识在不断加强，这是良好的现象。

企业是所有者的企业，虽然企业由经理层经营管理，经理层有自己的目标，一般会与股东的目标发生冲突，但是作为一名职业经理人，必须具备最基本的职业道德、商务诚信，“对股东利益负责”就是标准。只有从心底以股东利益为己任，企业才能基业长青。

（2）本案例对我们的启示是企业价值最大化直接反映了企业所有者的利益，与企业经营者没有直接的利益关系。对于所有者来说，他所放弃的利益也就是经营者所得的利益。在西方国家，这种被放弃的利益也被称为所有者支付给经营者的享受成本。但问题的关键不是享受成本的多少，而是在增加享受成本的同时，是否更多地提高企业价值。因而，经营者和所有者的主要矛盾就是经营者希望在提高企业价值和股东财富的同时，能更多地增加享受成本；而所有者和股东则希望以较少的享受成本支出带来更高的企业价值或股东财富。为了解决这一矛盾，企业应采取让经营者的报酬与绩效相联系的办法，并辅之以一定的监督措施。

“1.4 实训资料”参考答案

实训资料 1-4-1

1）参考答案：公司的股东财富价值=200×6.85+95+59=1 524（亿元）

2）参考答案：名义利率=5%+2%=7%

3）参考答案：票面利率=2%+5%+1.5%+0.2%+1.2%=9.9%

实训资料 1-4-2

1）参考答案：

（1）第一、第三、第五和第六条都属于财务管理问题。

（2）公司应该加强财务管理工作，具体做法如下：加强财务管理的预算工作，为企业的现金收支和资金筹集及借款的归还制订详细合理的计划；加强公司的营运资金管理，为存货制定合理的经济订货批量，降低存货积压及其成本；加强公司内部的纳税申报及其缴纳工作；处理好企业在财务管理过程中与员工、客户、税务机关等方面的财务关系。

2）参考答案：

经济附加值即在传统会计利润的基础上减去投入的所有资本（包括债务利息和股东股本所包含的机会成本），它是会计利润扣除资金的机会成本或要求的最低报酬率后的余额，这个余额就是企业真正为投资者创造的利润，也反映了企业存在的意义。以经济附加值作为财务管理的目标，除了具备以利润作为财务管理目标的优点之外，还具有以下优点：经济附加值真正反映了股东财富的增加额；以其作为理财目标并据此对经理层进行奖励，会促使股东与经理层的利益趋于一致，使得经理层为了自己的利益而努力工作，降低了由于股东与经理层的利益冲突而导致的企业价值下降的可能。

但作为财务管理目标，经济附加值有如下缺点：首先，经济附加值的核算相对较为困难，尤其是股东股本所包含的机会成本；其次，在企业成长期，经济附加值往往比较小，甚至为负值，不能反映企业真正的价值；最后，经济附加值是一个绝对数，不利于不同规模企业的比较。

实训资料 1-4-3

1）参考答案：

（1）将企业价值最大化作为企业财务管理目标的首要任务就是要协调相关利益群体的关系，化解它们之间的利益冲突。经营者和所有者的主要矛盾是经营者希望在提高企业价值和股东财富的同时，能更多地增加享受成本；而所有者和股东则希望以较少的享受成本支出带来更高的企业价值或股东财富。SXBD 让高级管理人员也来投资自己所管理的公司，如果公司做好了，他们的资产也会增值；如果公司做不好，他们的切身利益也会直接受到影响。把公司高级管理人员的个人利益与公司的利益紧密结合起来，有利于公司的快速健康发展，这样就解决了财务管理方向与企业目标方向存在矛盾和冲突的问题。

（2）SXBD 让高级管理人员持股是为了增强高级管理人员对公司发展的使命感和责任感。应该说，在如何把高级管理人员的利益与其所管理的公司的利益紧密结合起来方面，SXBD 这种强制持股的做法显然具有一定的积极意义。

（3）略。

2）参考答案：

（1）财务管理是企业组织财务活动、处理财务关系的一项综合性的管理工作。企业的财务管理是基于企业在生产经营过程中客观存在的财务活动和由此产生的财务关系的一项综合性管理工作，因此财务管理的内容包括财务活动和财务关系两个方面。企业的财务活动包括投资、营运资金管理、筹资和利润分配等一系列行为。投资是指以收回现金并取得收益为目的而发生的现金流出。因企业日常经营而引起的财务活动称为资金营运活动。筹资是指企业通过各种融资渠道，运用不同方式，从企业外部有关单位、个人或从企业内部筹措企业经营活动所需资金的财务活动。利润分配是指对投资收入和利润进行分割和分派的过程。企业的财务关系主要包括以下几个方面：企业与政府之间的财务关系；企业与投资者之间的财务关系；企业与债权人之间的财务关系；企业与受资者之间的财务关系；企业与债务人之间的财务关系；企业与供货商、企业与客户之间的财务关系；企业内部的财务关系。

（2）财务管理的环节是指财务管理工作的步骤与一般程序。一般来说，企业财务管理包括以下五个环节：财务规划和预测、财务决策、财务预算、财务控制、财务分析和业绩评价。上述几个环节的财务管理工作相互联系、相互依存。

（3）该公司财务部门从事财务活动的目的在于加速资金周转，节约费用支出，提高经济效益。该部门从事的财务活动有：调研预测；参与决策（当好领导参谋）；财务分析；做好记账、算账、报账工作，负责会计报表的汇编工作；建立各项财经纪律和财务制度，切实执行各项现金、票据的管理制度；做好工资发放工作；确保资金安全。由此可见，该公司的财务部门实际上是财务管理与会计部门合二为一，但两者的职能与分工却又存在显著差异。因此，公司财务部门应进一步细分为财务管理与会计两个部门，并安排专职人员负责财务管理与会计工作，做到分工明确、职责清晰，这样有助于提高工作效率，有利于财务管理目标的实现。

（4）略。

第2章 财务管理的基本观念

2.1 预习要览

2.1.1 内容提要与结构

1）内容提要

资金的时间价值，也称货币的时间价值，是指货币经历一定时间的投资和再投资所增加的价值，它表现为同一数量的货币在不同的时点上具有不同的价值。通常情况下，资金的时间价值相当于在没有风险和没有通货膨胀条件下的社会平均资金利润率，这是利润平均化规律作用的结果。

资金时间价值的计算有单利和复利两种情况。单利的计算是指每期都按初始本金计算利息；复利的计算是指以当期期末本利和为计息基础计算下期利息。在一年内计息两次或两次以上时，就有名义利率和实际利率的区别。名义利率是指一年计息一次的利率，即不考虑年内复利计息；实际利率每年计息一次时所提供的利息应等于名义利率在每年计息 m 次时所提供的利息。

年金是系列收付款项的特殊形式，即指在一定时期内每隔相同的时间（如一年）就发生相同数额的系列收付款项。年金按其每次收付款项发生的时点的不同，可分为普通年金、预付年金、递延年金和永续年金。

普通年金是指从第一期起，在一定时期内每期期末等额收付的系列款项，又称后付年金。普通年金终值相当于零存整取储蓄存款的本利和，它是一定时期内每期期末等额收付款项的复利终值之和。普通年金现值是指一定时期内每期期末等额收付款项的复利现值之和。

预付年金是指从第一期起，在一定时期内每期期初等额收付的系列款项，又称即付年金或先付年金。预付年金与普通年金的区别仅表现在收付款的时间不同。

递延年金是指第一次收付款项发生在第二期或第二期以后的年金。它是普通年金的特殊形式，凡不是从第一期开始的年金都是递延年金。递延年金终值的计算方法和普通年金终值的计算方法相似。

永续年金是指无限期定额收付款项的年金。永续年金可视为普通年金的另一种特殊形式，即期限趋于无穷的普通年金。由于永续年金没有终止时间，因此永续年金没有终值，只有现值。

投资者由于冒风险进行投资而获得的超过资金时间价值的额外收益，称为投资风险价值，亦称风险收益或风险报酬。企业在理财时，必须研究风险、计量风险，并设法控制风险，以求最大限度地扩大企业财富。一般来说，投资风险是指在一定条件下和一定时期内可能发生的各种结果的变动程度。投资风险可能给投资人带来超出预期的收益，也可能带来超出预期的损失。

从个别理财主体的角度来看，投资风险可分为市场风险和公司特有风险两类。市场风险是指那些对所有企业产生影响的因素引起的投资风险，如战争、自然灾害、经济衰退、通货膨胀等。这类风险涉及所有企业，不能通过多元化投资来分散，因此又称不可分散风险或系统风险。公司特有风险是指发生于个别企业的特有事项造成的投资风险，如罢工、诉讼失败、失去销售市场、新产品开发失败等。这类事件是随机发生的，因而可以通过多元化投资来分散，即发生于一家公司的不利事件可以被其他公司的有利事件所抵消。这类风险也称为可分散风险或非系统风险。

从企业本身来看，投资风险可分为经营风险和财务风险两类。经营风险是指因生产经营方面的原因给企业盈利水平带来的不确定性。经营风险是任何商业活动都有的，也称商业风险。经营风险主要来自：（1）市场销售；（2）生产成本；（3）生产技术；（4）其他。财务风险又称筹资风险，是指由于举债而给企业财务成果带来的不确定性。

在风险反感普遍存在的情况下，诱使投资者进行风险投资的是超过资金时间价值的那部分额外报酬，即风险报酬。风险报酬的表现形式是风险报酬率，是指投资者因冒风险进行投资而要求的、超过资金时间价值的那部分额外报酬率。如果不考虑通货膨胀因素，投资者进行风险投资所要求或期望的投资报酬率便是无风险报酬率与风险报酬率之和。

风险报酬率是风险的函数，风险报酬率等于风险报酬斜率与风险程度的乘积。其中，风险程度用标准差或变异系数等计量；风险报酬斜率取决于全体投资者的风险规避态度，可以用统计学方法来测定。

风险控制的主要方法是多元化经营和多元化筹资。

风险大小可以用概率分布、期望值和离散程度等进行衡量。

将随机事件各种可能的结果按一定的规则进行排列，同时列出各结果出现的相应概率，这一完整的描述称为概率分布。期望值是一个概率分布中的所有可能结果以各自相应的概率为权数计算的加权平均值，是加权平均的中心值。离散程度是用以衡量风险大小的统计指标。一般来说，离散程度越大，风险越大；离散程度越小，风险越小。反映随机变量离散程度的常用指标主要包括方差、标准差、标准离差率。

2）内容结构

本章内容结构如图2-1所示。

3）主要概念和观念

（1）主要概念

资金时间价值　普通年金　预付年金　递延年金　永续年金　投资风险价值　市场风险　公司特有风险　经营风险　财务风险　风险报酬

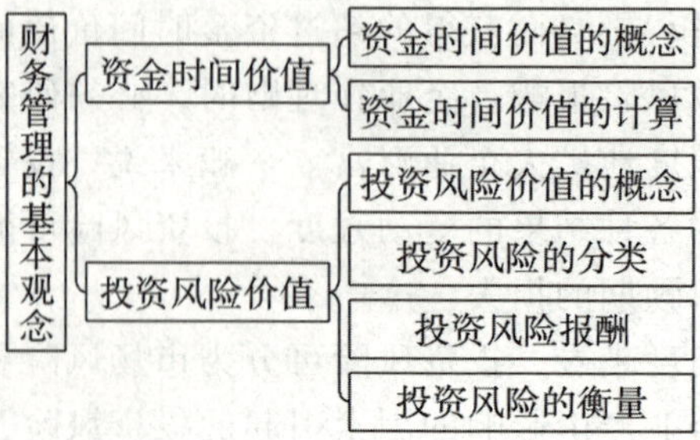

图2-1 本章内容结构图

(2) 主要观念

资金时间价值　投资风险价值

2.1.2 重点与难点

1) 重点理论

资金时间价值及其所属概念　投资风险价值的概念与分类

2) 重点实务

复利终值与现值计算　普通年金终值与现值计算　预付年金终值与现值计算　递延年金现值计算　永续年金现值计算　期望值计算　方差与标准差计算　标准离差率计算　风险收益率计算

3) 重点操作

资金时间价值分析　投资风险价值分析

4) 难点

投资风险价值分析

2.1.3 主要公式

1) 复利终值

$$F=P\cdot(1+i)^{n}$$

2) 复利现值

$$P=\frac{F}{(1+i)^{n}}=F\cdot(1+i)^{-n}$$

3) 普通年金的终值

$$F=A\cdot\frac{(1+i)^{n}-1}{i}$$

4) 普通年金的现值

$$P=A\cdot\frac{1-(1+i)^{-n}}{i}$$

5) 预付年金的终值

$$F=A\left(\frac{(1+i)^{n+1}-1}{i}-1\right)$$

6) 预付年金的现值

$$P=A\left(\frac{1-(1+i)^{-(n-1)}}{i}+1\right)$$

7）递延年金的现值

$P=A\cdot(P/A,i,n-m)\cdot(P/F,i,m)$

$P=A\cdot[(P/A,i,n)-(P/A,i,m)]$

8）永续年金的现值

$P=A\cdot\frac{1}{i}$

9）期望值

$\bar{E}=\sum_{i=1}^{n}X_iP_i$

10）方差

$\sigma^2=\sum_{i=1}^{n}(X_i-\bar{E})^2\cdot P_i$

11）标准差

$\sigma=\sqrt{\sum_{i=1}^{n}(X_i-\bar{E})^2\cdot P_i}$

12）标准离差率

$q=\frac{\sigma}{\bar{E}}$

13）风险收益率

$R_R=b\cdot q$

2.2 客观题

2.2.1 理论题

1）单项选择题

（1）资金时间价值是（　　）。

A.货币经过投资后所增加的价值

B.没有通货膨胀情况下的社会平均资金利润率

C.没有通货膨胀和风险条件下的社会平均资金利润率

D.没有通货膨胀条件下的利率

（2）一定时期内每期期初等额收付的系列款项是（　　）。

A.即付年金　B.永续年金　C.递延年金　D.普通年金

（3）投资者甘愿冒风险进行投资的诱因是（　　）。

A.可获得投资收益　B.可获得时间价值回报

C.可获得风险报酬率　D.可一定程度抵御风险

（4）那些对所有公司产生影响的因素引起的风险称为（　　）。

A.公司特有风险　B.经营风险

C.财务风险　D.市场风险

（5）企业的财务风险是指（　　）。

A.因借款而增加的风险　B.筹资决策带来的风险

C.因销售变化带来的风险　D.外部环境变化风险

（6）普通年金属于（　　）。

A.永续年金　　B.预付年金

C.每期期末等额收付的年金　　D.每期期初等额收付的年金

（7）只有现值没有终值的年金是（　　）。

A.普通年金　　B.预付年金　　C.递延年金　　D.永续年金

（8）关于风险报酬，下列表述不正确的是（　　）。

A.高收益往往伴有高风险

B.风险越小，获得的收益就越大

C.在不考虑通货膨胀的情况下，资金时间价值就等于无风险补偿率

D.风险收益率是指投资者因冒风险进行投资而要求的、超过资金时间价值的那部分额外收益

（9）关于标准差与标准离差率，下列表述正确的是（　　）。

A.标准差以绝对数衡量决策方案的风险，标准差越大，风险越小

B.标准离差率只适用于期望值相同的决策方案的风险程度的比较

C.标准离差率是一个绝对数，它以绝对数形式反映决策方案的风险程度

D.对于期望值不同的决策方案，可用标准离差率比较与评价其风险程度

（10）如果两个投资项目预期收益的标准差相同，而期望值不同，则这两个项目（　　）。

A.预期收益相同　　B.标准离差率相同

C.预期收益不同　　D.未来风险报酬相同

2）多项选择题

（1）影响资金时间价值的主要因素有（　　）。

A.风险大小　　B.通货膨胀率　　C.资金额

D.利率　　E.期限

（2）永续年金具有（　　）特点。

A.没有终值　　B.没有期限　　C.每期等额收付

D.没有现值　　E.没有终止日期

（3）影响投资收益率的因素主要有（　　）。

A.市场利率　　B.无风险投资收益率

C.风险投资报酬率　　D.通货膨胀率

E.银行存款利率

（4）从个别理财主体的角度来看，投资风险可分为（　　）。

A.市场风险　　B.公司特有风险　　C.经营风险

D.财务风险　　E.金融市场风险

（5）在财务管理中，经常用来衡量风险大小的指标有（　　）。

A.标准差　　B.边际成本　　C.风险报酬率

D.标准离差率　　E.期望值

（6）下列属于年金形式的项目有（　　）。

A.零存整取储蓄存款的整取额　　B.定期等额支付的养老金

C.年投资回收额　　D.偿债基金

E.非定期购买的债券

(7) 年金按其每次收付款项发生时点的不同，可分为（　　）。

A.普通年金　　B.预付年金　　C.增长年金

D.永续年金　　E.递延年金

(8) 在不考虑通货膨胀因素的情况下，投资者进行风险投资所要求的期望投资报酬率包括（　　）。

A.违约风险报酬率　　B.无风险报酬率　　C.风险报酬率

D.实际利率　　E.名义利率

(9) 影响经营风险的因素主要有（　　）。

A.生产成本　　B.市场销售　　C.生产技术

D.通货膨胀　　E.经济景气度

(10) 下列关于风险收益率的说法，正确的有（　　）。

A. 风险收益率=风险价值系数×标准差

B. 风险收益率=风险价值系数×标准离差率

C. 投资收益率=无风险收益率+风险收益率

D. 无风险收益率=资金时间价值+通货膨胀补偿率

E. 一般把短期政府债券的收益率作为无风险收益率

3）判断题

(1) 利率与货币时间价值一样，一般包括三部分：纯利率、通货膨胀补偿率及风险收益率。（　　）

(2) 货币时间价值所代表的是没有投资风险和通货膨胀因素的投资报酬率。（　　）

(3) 风险总是和收益对等，风险越大，期望的收益率越高。（　　）

(4) 风险总是和收益并存，因此高风险的投资项目一定会带来高收益。（　　）

(5) 风险收益率的高低取决于标准离差率的大小和风险报酬率的取值。（　　）

(6) 普通年金现值是一系列复利现值之和。（　　）

(7) 系列收付款项是指在n期内多次发生现金流入或现金流出。（　　）

(8) 第一笔现金流量不发生在第1期的普通年金，都属于递延年金。（　　）

(9) 在单利情况下，除年金计算利息外，每经过一个计息期所得到的利息也要计算利息，逐期滚算。（　　）

(10) 当风险所造成的损失不能由该项目可能获得的收益抵消时，应当放弃该项投资。（　　）

2.2.2 实务题

1）单项选择题

(1) 某人想在第10年年末获得200 000元，则每年年末应存入的金额可以通过（　　）求解。

A.年金现值系数　　B.年金终值系数

C.复利现值系数　　D.复利终值系数

（2）若年利率为12%，每季度支付一次利息，则每年实际利率比名义利率（按复利计息）（　　）。

A.大　　B.小　　C.相等　　D.无法确定

（3）某人退休时有现金20万元，准备投资一项回报比较稳定的永久性投资，希望每个季度能得到4 000元的收入补贴生活，则20万元现金相当于每季度4 000元收入的（　　）。

A.普通年金现值　　B.先付年金现值

C.永续年金现值　　D.递延年金现值

（4）甲、乙两方案投资收益率的标准差分别为1.2和1.0，若两方案的期望投资收益率相等，则两方案投资风险大小的对比为（　　）。

A.甲大于乙　　B.甲小于乙　　C.相等　　D.无法判断

（5）一项风险资产，其投资收益率有两种可能，即60%的概率获得15%的投资收益率，40%的概率获得5%的投资收益率，国债收益率为6%，则该风险资产的风险报酬率可以通过（　　）计算。

A.收益的加权平均数　　B.选择最大的收益率作为风险收益率

C.收益的加权平均数加上国债收益率　　D.收益的加权平均数减去国债收益率

（6）某企业拟建一项基金，每年年初投入120 000元，若利率为10%，则5年后该项基金的本利和可通过（　　）求得。

A.普通年金现值系数　　B.普通年金终值系数

C.预付年金终值系数　　D.预付年金现值系数

（7）某年金前3年无现金流入，后5年每年年初现金流入1 000万元，若利率为10%，则其现值可通过（　　）求得。

A.递延年金现值　　B.递延年金终值

C.预付年金终值　　D.预付年金现值

（8）永续年金现值的计算公式为（　　）。

A.P=A/i　　B.P=i/A　　C.P=F/i　　D.P=A/F

（9）下列说法错误的是（　　）。

A. 方差越小，风险越大

B. 在期望值相同时，标准差越大，风险越大

C. 期望值是一个加权平均的中心值

D. 在期望值不同时，标准离差率越大，风险越大

（10）关于标准离差率的说法，不正确的是（　　）。

A.标准离差率是一个相对指标　　B.标准离差率是标准差同期望值之比

C.标准离差率是方差同期望值之比　　D.标准离差率越小，风险越小

2）多项选择题

（1）关于预付年金，下列说法正确的有（　　）。

A. 预付年金又称先付年金

B. 预付年金是指从第一期起，在一定时期内每期期初等额收付的系列款项

C. 预付年金终值系数是在普通年金终值系数的基础上，期数加1、系数减1

D.预付年金终值系数是在普通年金终值系数的基础上，期数减1、系数加1

E.预付年金现值系数是在普通年金现值系数的基础上，期数减1、系数加1

（2）递延年金现值是自若干期后开始每期等额收付款项的现值之和，其计算公式为（　　）。

A.P=A·［（P/A，i，m+n）－（P/A，i，m）］

B.P=A·［（P/A，i，m+n）－（P/F，i，m）］

C.P=A·（P/A，i，n）·（F/P，i，m）

D.P=A·（F/A，i，n）·（P/F，i，n）

E.P=A·（P/A，i，n）·（P/F，i，m）

（3）风险和期望投资报酬率的关系为（　　）。

A.期望投资报酬率=无风险报酬率+风险报酬率

B.期望投资报酬率=无风险报酬率×风险报酬率

C.期望投资报酬率=无风险报酬率+风险程度

D.期望投资报酬率=无风险报酬率+风险报酬斜率

E.期望投资报酬率=无风险报酬率+风险报酬斜率×风险程度

（4）投资风险的衡量指标主要有（　　）。

A.概率　　B.期望值　　C.标准差

D.风险收益率　　E.标准离差率

（5）风险控制的主要方法有（　　）。

A.多元化经营　　B.多元化筹资　　C.加强成本控制

D.扩大市场　　E.增加新产品研发

（6）某公司拟购置一项房产，付款条件是：从第7年开始，每年年初支付10万元，连续支付10年。假设该公司的资金成本为10%，则该公司现在一次性付款的金额可用以下（　　）公式求得。

A. A·［（P/A，i，n）－（P/A，i，m）］

B. A·（P/A，i，n−m）·（P/F，i，m）

C. A·［（P/A，i，n+m）－（P/A，i，m）］

D. A·［（P/A，i，n+m）－（P/A，i，n）］

E. A·（P/A，i，m）·（P/F，i，n）

（7）下列关于普通年金与预付年金的关系表述正确的有（i为年利率）（　　）。

A.预付年金现值=（1+i）×普通年金的现值

B.预付年金现值=（1+i）×普通年金的终值

C.预付年金终值=（1+i）×普通年金的终值

D.预付年金现值系数=（1+i）×普通年金现值系数

E.预付年金终值系数=（1+i）×普通年金终值系数

（8）下列说法正确的有（　　）。

A.期望值是加权平均的中心值　　B.方差是标准差的平方根

C.标准离差率等于方差除以期望值　　D.标准差是方差的平方根

E.标准离差率等于标准差除以期望值

（9）下列说法正确的有（　　）。

A. 年金现值系数与年金终值系数互为倒数

B. 偿债基金系数是年金终值系数的倒数

C. 偿债基金系数是年金现值系数的倒数

D. 资本回收系数是年金现值系数的倒数

E. 资本回收系数是年金终值系数的倒数

（10）某公司拟购置一台设备，付款条件是：从第2年开始，每年年末支付5万元，连续支付10年。假设该公司的资金成本为10%，则该公司现在一次性付款的金额为（　　）万元。

A. A·［（P/A，i，11）－（P/A，i，2）］

B. A·（P/A，i，13）·（P/A，i，3）

C. A·［（P/A，i，11）－（P/A，i，1）］

D. A·（P/A，i，10）·（P/F，i，2）

E. A·（P/A，i，10）·（P/F，i，1）

3）混合选择题

（1）"自主学习能力"（中级）的"基本要求"包括（　　）。

A. 具备学习的基本能力，在常规条件下能运用这些能力适应工作和学习要求

B. 具备学习的超强能力，在特殊条件下能运用这些能力适应工作和学习要求

C. 能较熟练灵活地运用各种学习方法在最短的时间内掌握急需的知识信息；能广泛地搜集、整理、开发和运用信息，善于学习、接受新的事物，以适应复杂工作和终身发展的要求

D. 主要用理解式接受法，对有兴趣的任务可以用发现法掌握知识信息；在更广泛的工作范围内灵活运用这些能力，以适应工作岗位各方面的需要

（2）"解决问题能力"（中级）的"基本要求"包括（　　）。

A. 具备进入工作岗位的较强的解决问题的能力，在常规条件下能根据工作的需要，解决复杂和熟悉的问题

B. 在有限的资源条件下，根据工作岗位的需要，解决复杂的问题

C. 具备进入工作岗位最基本的解决问题的能力，在常规条件下能根据工作的需要，解决一般简单和熟悉的问题

D. 在工作岗位上表现出更强的解决问题的能力，在多种资源条件下根据工作需要，解决复杂和综合性问题

（3）"资金时间价值计算与分析"这一专业能力领域的"技能点"包括（　　）。

A. 单利终值与现值的计算技能

B. 复利终值与现值的计算技能

C. 名义利率与实际利率的确定技能

D. 撰写《"资金时间价值和投资风险价值计算与分析"训练报告》技能

（4）"风险价值衡量与分析技能"的"规范与标准"包括（　　）。

A. 能较为准确地识别企业面临的风险类别

B. 能分析确定企业风险报酬的大小

C.能有效地选择适当的衡量指标

D.能分析企业风险情况

(5)“职业观念”的“规范与标准”要求对(　　)等问题具有正确的看法。

A.职业选择　　B.职业工作　　C.职业道德　　D.企业伦理

4）判断题

(1)递延年金终值的大小与递延期无关，所以计算方法和普通年金终值的计算相同。(　　)

(2)普通年金与预付年金的区别仅在于计息时间的不同。(　　)

(3)对于多个投资方案而言，无论各方案的期望值是否相同，标准离差率最大的方案一定是风险最大的方案。(　　)

(4)在利率相同的情况下，第8年年末1元的复利现值系数大于第6年年末1元的复利现值系数。(　　)

(5)方差和标准差作为绝对数，只适用于期望值相同的决策方案风险程度的比较。(　　)

(6)若年复利期数大于1，则实际利率大于名义利率。(　　)

(7)递延年金现值的计算方法是先求出正常发生的普通年金期间的现值，然后将该现值按单一支付款项的复利现值计算方法，折现为第一期的现值。(　　)

(8)方差是标准差的平方。(　　)

(9)风险收益率等于风险价值系数乘以标准差。(　　)

(10)在考虑通货膨胀的情况下，期望投资报酬率等于无风险报酬率与风险报酬率之和。(　　)

2.2.3　案例题

放在桌上的现金——资金的时间价值

背景与情境：“放在桌上的现金（cash on the table）”，是西方经济学家最常使用的隐喻，它喻指人们错过获利的机会。

用中国人的话说，“放在桌上的现金”就是“压在床板下的钱”。说它错过了获利机会，是因为货币具有时间价值。

货币的时间价值（TVM）是指当前所持有的一定量货币，比未来获得的等量货币具有更高的价值。也就是说，今天的10万元比10年后的10万元值钱。

到底值多少呢？如果把这笔钱压在床板下，10年来，平均每年的通货膨胀率为3%，相对于目前的购买力水平，10年后只能买相当于目前价值74 409元的物品，相当于平白损失了25 591元。

如果把这笔钱放在银行，每年的利率为1.98%，则10年后价值为121 660元；如果存5年定期，年利率为2.79%，5年后本利再存5年定期，利率不变，则价值为131 677元。

如果把这笔钱投资于某类基金，如成长型基金，年平均回报率为8%（在过去20年，美国基金的年平均回报率为12%，以中国GDP最近几年增长一般在8%计算，该类基金年平均回报率有望达到8%），则10年后这10万元的价值为215 892元。

中外理财专家普遍认为，一个人或家庭“放在桌上的现金”，约相当于36个月的收入。拿在手里的钱、存在活期账户上可以用卡支取的钱、信用卡中储备的钱或者授信可以随时支取的钱，都可以作为应急现金而存在，这些钱的特点就是可以随时支取，因此通称为“放在桌上的现金”。至于定期存款，则与债券、股票、基金等一起归属于理财规划中的投资，它们需要获得时间价值，以满足一生的财务需求。

请根据案例在下列题中填入适当选项：

1）资金时间价值相当于没有风险和通货膨胀条件下的（　　）。

A.额外收益　　B.利息率

C.利润率　　D.社会平均资金利润率

2）资金时间价值形成的基本条件有（　　）。

A.资金时间价值是货币在周转使用中产生的

B.资金时间价值以商品经济的高度发展和借贷关系的普遍存在为前提条件

C.资金时间价值是货币所有者让渡货币使用权而参与社会财富分配的一种形式

D.资金时间价值必须以无风险投资为前提

3）关于风险的论述，错误的有（　　）。

A.风险价值系数由投资者根据以往的同类项目或主观经验加以确定

B.风险程度只能用标准差或方差来表示

C.标准差不能用于比较不同方案之间的风险程度

D.预期利润率由无风险利润率和风险斜率组成

4）下列项目表述正确的有（　　）。

A.资金时间价值不是时间的产物，而是资金投资报酬的产物

B.资金时间价值和利率是相同的

C.资金时间价值通常是按复利计算的

D.资金时间价值的大小与投资或再投资的期限有关

5）在这个案例中，“放在桌上的现金”失去的是（　　）。

A.资金时间价值　　B.期望投资报酬率

C.通货膨胀报酬率　　D.利息收入

2.2.4　实训题

1）单项选择题

（1）某人将10 000元存入银行，银行年利率为8%，按单利计算，则5年后此人可从银行取出（　　）元。

A.10 200　　B.10 400　　C.14 000　　D.14 690

（2）某人现在将10 000元存入银行，银行年利率为10%，按复利计算，则4年后此人可从银行取得的本利和为（　　）元。

A.12 000　　B.13 000　　C.14 641　　D.13 500

（3）有一项年金，前3年无流入，后5年每年年初流入500元，若年利率为10%，则其现值为（　　）元。

A.1 423.21　　B.1 566.36　　C.1 813.48　　D.1 994.59

（4）某企业某新产品开发成功的概率为80%，成功后的投资报酬率为40%，开发失败的概率为20%，失败后的投资报酬率为-100%，则该产品开发方案的预期投资报酬率为（　　）。

A.18%　　B.20%　　C.12%　　D.40%

（5）某企业有一项500万元的借款，借款期为5年，年利率为8%，若每半年复利一次，则年实际利率比名义利率高（　　）。

A.4%　　B.0.24%　　C.0.16%　　D.0.8%

（6）某企业拟建一项基金，每年年初投入120 000元，若利率为10%，则5年后该项基金的本利和为（　　）元。

A.805 873　　B.676 920　　C.871 600　　D.732 600

（7）某企业年初借款100 000元，借款期为10年，利率为12%，每年年末等额偿还，则每年应付金额为（　　）元。

A.17 698　　B.10 000　　C.12 000　　D.56 502

（8）甲方案在3年中每年年初付款500元，乙方案在3年中每年年末付款500元，若利率为10%，则两个方案第3年年末时的终值相差（　　）元。

A.505　　B.165.5　　C.665.5　　D.105

（9）在利率为8%的情况下，1年期、2年期、3年期、4年期的复利现值系数分别为0.9259、0.8573、0.7938、0.7350，则3年期的年金现值系数是（　　）。

A.0.7938　　B.1.7832　　C.2.5770　　D.3.3120

（10）某公司收到一张面额为1万元，期限为3个月的带息商业汇票，票面利率为5%，则到期后应收的金额为（　　）元。

A.10 000　　B.10 500　　C.10 125　　D.11 500

2）多项选择题

（1）某人年初存入一笔资金，存满5年后每年年末取出10 000元，至第10年年末取完，银行存款利率为10%，则此人最初一次存入银行的资金应为（　　）元。

A.10 000×（P/A，10%，5）×（P/F，10%，5）

B.10 000×［（P/A，10%，10）-（P/A，10%，5）］

C.10 000×［（P/A，10%，5）+（P/A，10%，5）］

D.10 000×（F/A，10%，5）×（P/F，10%，10）

E.10 000×（P/A，10%，10）×（P/F，10%，5）

（2）某企业计划购置一台设备，从第4年开始还款，每年年末等额还款7万元，连续支付5年，资金成本为10%，则5年的还款总额相当于现在一次性支付（　　）万元。

A.7×［（P/A，10%，8）-（P/A，10%，3）］

B.7×［（P/A，10%，8）-（P/F，10%，3）］

C.7×［（P/A，10%，8）-（P/F，10%，5）］

D.7×（P/A，10%，8）×（P/A，10%，3）

E.7×（P/A，10%，8）×（P/F，10%，3）

（3）导致企业经营风险的因素包括（　　）。

A.市场销售量预计下降10%左右　　B.生产工人工资率可能会上涨20%
C.原材料价格预计下跌10%　　D.固定成本会增加10%
E.负债过多导致破产可能性加大

(4) 会引起系统风险的情况包括（　　）。
A.通货膨胀率预计达到6%　　B.公司工人与老板发生冲突而打算罢工
C.战争　　D.经济衰退
E.银行利率变动

(5) 有甲、乙两个投资方案，它们的期望投资报酬率均为18%，甲方案的标准离差率为10%，乙方案的标准离差率为20%，则（　　）。
A. 甲方案的标准离差率小于乙方案的标准离差率
B. 甲方案的风险小于乙方案的风险
C. 甲方案的风险大于乙方案的风险
D. 甲、乙方案的风险相同
E. 比较两个方案风险的大小还需要其他信息

(6) 企业向租赁公司融资租入设备一台，租赁期限为8年，该设备的买价为320 000元，租赁公司的综合报酬率为16%，则（　　）。
A.每年年末支付的租金为73 671.61元
B.每年年末支付的租金为46 400元
C.每年年初支付的租金为63 509.71元
D.每年年初支付的租金为53 824元
E.无论采用何种方式，租金的现值都为320 000元

(7) 飞翔科技发展有限公司计划购置一项固定资产，供应商提出了三个付款方案：
甲方案：从现在起，每年年初支付100万元，连续支付10次，共1 000万元。
乙方案：从第5年开始，每年年初支付150万元，连续支付10次，共1 500万元。
丙方案：从第3年开始，每年年初支付135万元，连续支付10次，共1 350万元。
假设公司的资金成本（即最低报酬率）为10%，则（　　）。
A.甲方案的现值为675.9万元　　B.乙方案的现值为692.51万元
C.丙方案的现值为692.42万元　　D.应选择甲方案
E.应选择乙方案

(8) 某公司准备开发一种新产品，计划投资900万元，1年建成，第2年形成生产能力，设备采用直线法计提折旧，折旧期3年，无残值。根据预测，3年的收益情况相同，资料如下：市场状况好时，净利润为600万元，概率为0.3；市场状况中等时，净利润为300万元，概率为0.5；市场状况差时，净利润为0，概率为0.2。公司要求的无风险报酬率为10%，则（　　）。
A.该产品收益的期望值为330万元　　B.该产品收益的标准差为210万元
C.该产品收益的标准离差率为63.64%　　D.该产品的期望报酬率为15.09%
E.该产品投资风险较大

(9) 某企业用银行借款投资兴建一个工程项目，总投资8 000万元，工程当年投

资当年生产。假定银行贷款利率为14%。该工程建成投产后，该企业分10年等额归还银行借款。另外，企业也可在项目投产后，用每年获得的净利润（2 386.63万元）优先归还借款本息。下列说法正确的有（　　）。

A.分10年偿还，则每年偿还金额为1 920万元

B.分10年偿还，则每年偿还金额为1 533.71万元

C.采用投产后净利润优先偿还银行借款本息需要4.84年

D.采用投产后净利润优先偿还银行借款本息需要8.04年

E.该项目不值得投资

（10）某公司拟用180万元投资一个生产项目，预计可获得的年收益及其概率的资料如下：市场状况好时，年收益为40万元，概率为0.3；市场状况中等时，年收益为20万元，概率为0.5；市场状况差时，年收益为10万元，概率为0.2。如果该项目的风险价值系数为8%，则（　　）。

A.该项目的期望收益为24万元

B.该项目的标准差为11.14万元

C.该项目的风险价值率为3.71%

D.该项目的预计风险收益率为6.33%

E.该项目不值得投资

2.3 主观题

2.3.1 理论题

1）简答题

（1）什么是资金时间价值？

（2）什么是投资风险价值？

（3）投资风险有哪些种类？

（4）什么是年金？

（5）什么是期望值？

2）理解题

（1）如何理解资金时间价值形成的条件？

（2）请说明普通年金、预付年金、递延年金、永续年金之间的区别。

（3）如何对投资风险进行衡量？

2.3.2 实务题

1）规则复习

（1）复利终值与现值的计算公式是什么？

（2）普通年金终值与现值的计算公式是什么？

（3）预付年金终值与现值的计算公式是什么？

（4）递延年金现值的计算公式是什么？

（5）反映随机变量离散程度的常用指标有哪些？其计算公式是什么？

2）业务解析

（1）比较预付年金、普通年金的终值与现值计算的异同。

(2) 分析说明如何运用期望值、标准差衡量风险的大小。

(3) 比较说明风险收益率与风险收益额的计算有何不同。

2.3.3 案例题

1) 案例分析

PG公司投资风险价值的计算与分析

背景与情境：PG公司投资部根据公司董事会关于严格规范各部门风险管理的要求，由投资部经理王杰牵头组建评估小组，并对本部门的投资状况与风险进行评估。张丽是评估小组的工作人员，负责公司对TPY股份投资项目和GX股份投资项目的风险进行评估。PG公司持有TPY股份2 000万元、持有GX股份1 000万元。苹果公司要求的最低投资报酬率为15%。

张丽在广泛调研的基础上，完成了两种股份的预期报酬率及概率分布（见表2-1）。

表2-1 两种股份的预期报酬率与概率分布

经济情况	TPY股份		GX股份	
	报酬率（%）	概率	报酬率（%）	概率
衰退	20	0.2	0	0.2
正常	30	0.6	30	0.6
繁荣	40	0.2	60	0.2

经专家测定，TPY股份的风险价值系数为6%，GX股份的风险价值系数为8%。

张丽对两家公司的投资项目进行的计算与评估结论如下：

TPY股份的期望报酬率=20%×0.2+30%×0.6+40%×0.2=30%

GX股份的期望报酬率=30%×0.6+60%×0.2=30%

根据上述计算结果，由于TPY的期望报酬率和GX股份的期望报酬率都为30%，因此PG公司对这两家公司的投资风险是一样大的。同时，这两家公司的期望报酬率（30%）远远高于公司所要求的最低投资报酬率（15%），所以本部门对这两家公司的投资都是没有风险的。

问题：

(1) 张丽的分析方法与评估结论是否正确？为什么？

(2) 请帮助张丽补充完成对这两家公司的风险评估。

(3) 计算两种股份的风险收益率及风险收益。

(4) 试对两种股份要求的风险与收益进行评价。

分析要求：

(1) 形成性要求

同第1章“主观题”中本题型的“形成性要求”。

(2) 成果性要求

① 课业结构、格式与体例参照本《训练手册》“课业范例”的范例2-5-1。

② 同第1章“主观题”中本题型的其他“成果性要求”。

2）课程思政

民间借贷：高风险中小心前行

背景与情境：民间借贷是指公民之间、公民与法人之间、公民与其他组织之间的借贷，只要双方当事人意思表示真实即可认定有效，因借贷产生的利息相应有效，但利率不得超过银行同期同类贷款利率的4倍。那么，民间借贷作为一种借贷方式，人们知道多少？它和“高利贷”“地下钱庄”又有何不同？

民间借贷正盛行。在太原市某公司工作的杨先生既不炒股票，也不买基金，因为他对这些一窍不通。虽然他手头上有些积蓄，但钱存在银行里只得到那点利息，实在心有不甘。他的朋友赵先生，为手中的闲钱找到了一个新的去处——民间借贷，每年光回收利息就有10多万元。眼看着朋友们借出去一笔笔钱得到高额利息的回报，怀揣着50多万元的杨先生，在这股民间借贷的浪潮中跃跃欲试，又担心血本无归。

根据《中华人民共和国民法典》的有关规定：民间借贷是受法律保护的，民间借贷的利率可以适当高于银行的利率，但最高不得超过银行同期同类贷款利率的4倍。但是，在实际操作过程中，支付的利息往往高出这4倍的要求，尤其在目前贷款难的情况下，中小企业对于资金的饥渴已经到了不顾一切的程度。如果两人发生借贷纠纷，贷方收取的高于法律规定的那部分利息，法律将“不予保护”。由于民间借贷多属私人交易行为，民间借贷除了亲戚朋友之间外，一般都要计算利息，且利息高于银行贷款利率。特别是为了投资而产生的民间借贷，其利率比银行贷款利率要高出很多。民间借贷往往与冒险、投机、暗箱操作如影随形，且中间环节多，形成了或长或短的资金链；一旦其中某个环节出了岔子，很容易引发严重的连锁反应。

问题：

（1）请分析上述现象暗含了哪些课程思政要求和原则。

（2）本案例对你有哪些启示？

研判要求：

（1）形成性要求

同第1章“主观题”中本题型的“形成性要求”。

（2）成果性要求

① 课业结构、格式与体例参照本《训练手册》“课业范例”的范例2-5-2。

② 同第1章“主观题”中本题型的其他“成果性要求”。

2.3.4 实训题

阶段性体验Ⅱ：“资金时间价值和投资风险价值计算与分析”胜任力训练

【训练目的】

见主教材本章章名页“学习目标”中的“实训目标”。

【能力与道德领域】

专业能力——资金时间价值和投资风险价值计算与分析

技术-技能Ⅰ

名称：资金时间价值计算与分析“技术-技能”

规范与标准：

（1）能准确计算与分析单利终值和现值。

（2）能准确计算复利终值和现值，初步分析资金时间价值，借以发现市场机会。

（3）能准确计算普通年金、预付年金、递延年金和永续年金的终值或现值，并根据企业的主客观条件，有针对性地选择相应的资金使用策略。

技术-技能Ⅱ

名称：风险价值衡量与分析“技术-技能”

规范与标准：

（1）能较为准确地识别企业面临的风险类别。

（2）能分析确定企业风险报酬的大小。

（3）能有效地选择适当的指标衡量和分析企业的风险情况。

技术-技能Ⅲ

名称：撰写《“资金时间价值和投资风险价值计算与分析”训练报告》技术-技能

规范与标准：

（1）能合理设计《“资金时间价值和投资风险价值计算与分析”训练报告》，使其结构、层次较分明。

（2）能依照商务应用文的规范与要求撰写《“资金时间价值和投资风险价值计算与分析”训练报告》。

（3）本教材“网络教学资源包”的《学生考核手册》中的考核表2-2所列各项“考核指标”和“考核标准”。

职业核心能力——自主学习、解决问题、革新创新（中级）

上述能力领域的“基本要求”、“技能点”和“规范与标准”参见“附录三”中的附表3的相关述项。

职业道德——职业情感、职业守则（认同级）

各道德领域的“规范与标准”参见“附录四”的附表4的相关述项。

【训练任务】

（1）对“资金时间价值和投资风险价值计算与分析”等专业能力的各“技术-技能”点实施阶段性基本训练。

（2）对“自主学习”“解决问题”“革新创新”等职业核心能力的各“技术-技能”点实施“中级”强化训练。

（3）对“职业情感”“职业守则”等职业道德的各“素质点”实施“认同级”相关训练。

【训练要求】

（1）训练前学生要了解并熟记本训练的“训练目的”、“能力与道德领域”、“训练任务”与“训练要求”，熟记“网络教学资源包”中《学生考核手册》考核表2-1、考核表2-2中的“考核指标”与“考核标准”的内涵，将其作为本训练的操练点和考核点来准备。

（2）通过“训练步骤”，将“训练任务”所列三种训练整合并落实到本训练的“活动过程”和“成果形式”中。

（3）训练后，学生要对本次训练活动进行总结，在此基础上撰写《“资金时间价值和投资风险价值计算与分析”训练报告》。

【情境设计】

将学生分成若干训练组，各训练组结合本训练“成果形式”的“训练课业”题目，在“训练资料”中任选一组进行训练操练。各训练组通过对所选资料的资金时间价值和投资风险价值的计算与分析，以及《“资金时间价值和投资风险价值计算与分析”训练报告》的准备、撰写、讨论与交流等实践活动的参与和体验，依照本章“训练要求”完成各自的训练任务。

【指导准备】

知识准备：

（1）“财务管理的基本观念”的理论与实务知识。

（2）“附录一”的附表1中，涉及本章“职业核心能力强化训练项”各“技能点”，需要对学生事先培训“‘知识准备’参照范围”内的知识。

（3）“附录三”的附表3和“附录四”附表4中，涉及本章“职业核心能力强化训练项”各“技术-技能”点和“职业道德相关训练项”各“素质点”，需要对学生事先培训“规范与标准”内的知识。

操作指导：

（1）教师向学生阐明“训练目的”、“能力与道德领域”和“知识准备”。

（2）教师就“知识准备”中的第（2）、（3）项，对学生进行培训。

（3）教师指导学生制订调研计划，并就操练项目的对象进行调研、资料收集与整理。

（4）教师指导学生就操练项目进行分析。

（5）教师指导学生完成《“资金时间价值和投资风险价值计算与分析”训练报告》的撰写。

【训练时间】

本章课堂教学内容结束后的双休日和课余时间，为期一周。

【训练步骤】

（1）将班级每5位同学分成一组，每组确定1~2名负责人。

（2）分配调研任务，指导学生研究相关问题，分别制订各组的《训练计划》。

（3）实施《训练计划》，指导学生按训练组进行市场调研，并将调研情况详细记录。

（4）各组在对操练项目进行“资金时间价值和投资风险价值计算与分析”的过程中，融入对“自主学习”“解决问题”“革新创新”等职业核心能力各“技能点”的“中级”强化训练和对“职业情感”“职业守则”等职业道德各“素质点”的“认同级”相关训练。

（5）撰写作为最终成果的《“资金时间价值和投资风险价值计算与分析”训练

报告》。

（6）在班级交流、讨论各组的《“资金时间价值和投资风险价值计算与分析”训练报告》。

（7）根据交流、讨论的结果，各组修订其《“资金时间价值和投资风险价值计算与分析”训练报告》，并使之各具特色。

（8）将经过班级交流和修订，并附有“教师点评”的优秀训练报告在校园网课程平台进行展示，并纳入本校该课程的教学资源库。

【成果形式】

训练课业：《“资金时间价值和投资风险价值计算与分析”训练报告》

课业要求：

（1）《“资金时间价值和投资风险价值计算与分析”训练报告》的内容、结构与体例参照本《训练手册》“课业范例”的范例2-5-3。

（2）各组成员完成的《“资金时间价值和投资风险价值计算与分析”训练报告》须由指导教师、项目组组长和项目组成员三方签字负责。

2.4 实训资料

实训资料 2-4-1

1）某人将1 000元现金存入银行，若年利率为7%，一年复利一次。

要求：计算8年后的复利终值。

2）甲银行的年利率为8%，每季度复利一次。

要求：计算甲银行的实际利率。

3）某人准备存入银行一笔钱，以便在以后的10年中每年年底得到2 000元，银行存款利率为5%。

要求：计算该人目前应存入银行的金额。

4）某公司需要一台设备，买价为15 000元，使用寿命为10年。如果租入，则每年年末需支付租金2 200元，除此以外，其他情况相同，假设利率为8%。

要求：试分析该公司是应该购买设备还是租用设备？

5）某公司有一项付款业务，有甲、乙两种付款方案可供选择。

甲方案：现在支付10万元，一次性结清。

乙方案：分3年付款，各年年初的付款额分别为3万元、4万元、4万元，假设利率为6%。

要求：采用现值计算方法，从甲、乙两个方案中选择较优方案。

6）张三是某高校1990年毕业的大学生，在校期间由于家庭贫困，受到了学校和老师的资助，目前事业有成。张三为了感谢母校和老师对自己的培养，决定帮助家庭贫困的学生顺利完成学业，他准备在母校设立一项永久性励志奖学金，每年从基金中支付100 000元用于资助品学兼优的贫困学生，假设利率为8%。

要求：计算张三现在应该一次性投入多少钱来设立该项奖学金？

7）某公司拟用500万元投资筹建电子管厂，根据市场预测，每年可获得的收益及其概率见表2-2。

表2-2　　市场预测与预期收益概率分布表

市场情况	预计年收益（万元）	概率
繁荣	120	0.2
一般	100	0.5
较差	60	0.3

要求：计算该项投资收益的期望值、标准差和标准离差率。

实训资料2-4-2

1）王月是某领域的国际知名专家。近日，他接到一家上市公司的邀请函，邀请他担任公司的技术顾问，指导新产品的开发。邀请函的主要内容如下：

(1) 担任公司顾问的工作期限为5年。(2) 每月到公司指导工作2天。(3) 每年顾问费为15万元。(4) 提供公司所在地城市住房1套，价值100万元。

王月对以上工作待遇很满意，对该公司开发的新产品也很有研究，因此他决定接受邀请。但他不想接受住房，因为每月工作2天，只需要住公司宾馆就可以了。于是他向公司提出，能否将住房改为住房补贴。公司研究了王月的请求，决定在今后5年里，每年年初支付给王月22万元的住房补贴。

收到公司的通知后，王月又犹豫起来。因为如果接受公司住房，可以将住房出售，扣除售价5%的税金和手续费，他可以获得95万元；而接受住房补贴，则每年年初他可以获得22万元。假设每年存款利率为4%。

要求：分析王月应该如何选择？

2）东方公司准备投资开发新产品，现有A产品、B产品、C产品三个方案可供选择。根据市场预测，三种不同产品的预计年报酬率见表2-3。

表2-3　　三种不同产品的预计年报酬率

市场状况	发生概率	A产品预计年报酬率	B产品预计年报酬率	C产品预计年报酬率
繁荣	0.3	30%	40%	50%
一般	0.5	15%	15%	15%
衰退	0.2	0	-15%	-30%

要求：请帮助东方公司进行决策，应该选择哪个产品方案？

实训资料2-4-3

1）资料一：华丰公司2024年1月1日向安全信托投资公司融资租赁一台万能机床，双方在租赁协议中指出：租期截止到2030年12月31日；年租金5 600元，于每年年末支付一次；安全信托投资公司要求的利息及手续费率为5%。

资料二：华丰公司2024年8月在安徽某大学设立“华丰奖学金”。奖励计划为：每年特等奖1名，金额10 000元；一等奖2名，每名金额5 000元；二等奖3名，每名金额3 000元；三等奖4名，每名金额1 000元。目前银行存款年利率为4%，预计短期内不会发生变动。

资料三：华丰公司2024年1月1日向中国工商银行华安分行借入一笔款项，银行贷款年利率为6%。同时，华丰公司与该银行约定：前3年不用还本付息，但从2027年12月31日起至2030年12月31日止，每年年末要偿还本息20 000元。

要求：

（1）根据资料一，计算系列租金的现值和终值；如果年租金改为每年年初支付一次，再计算系列租金的现值和终值。

（2）根据资料二，分析华丰公司为设立此项奖学金，应一次性存入银行多少钱？

（3）根据资料三，分析华丰公司当初向中国工商银行华安分行借入多少本金？截止到2030年12月31日，华丰公司应向中国工商银行华安分行偿还多少本息？

2）中国矿业公司正在招投标，公司决定将其一处稀土矿产开采权公开拍卖。根据竞标情况来看，目前甲公司和乙公司的投标书最具有竞争力。甲公司的投标书显示，如果甲公司取得开采权，甲公司将从获得开采权的第1年起，每年年末向中国矿业公司缴纳5亿元的开采费，直到12年后开采结束。乙公司的投标书显示，如果乙公司取得开采权，乙公司将向中国矿业公司一次性支付40亿元，在15年后开采结束，再一次性付给中国矿业公司40亿元。中国矿业公司要求的年投资回报率为20%。

要求：

（1）请帮助中国矿业公司进行决策，应该接受哪家公司的投标？

（2）请为公司制定一份简要的招投标决策报告。

3）钱塘公司是一家位于某市高教园区的快餐连锁经营店，假设你刚被钱塘公司聘任为财务经理。钱塘公司去年的息税前利润为150万元，由于高校扩招，预计公司的息税前利润将会稳定增长。钱塘公司投资要求的最低报酬率为20%。钱塘公司准备投资开发一种新套餐产品，现有A产品、B产品、C产品三个方案可供选择。根据市场预测，三种新产品在不同市场状况下的预计年报酬率见表2-4。

表2-4 **三种新产品预计年报酬率**

市场状况	发生概率	A产品预计年报酬率	B产品预计年报酬率	C产品预计年报酬率
很好	0.3	40%	30%	60%
一般	0.5	25%	15%	15%
很差	0.2	-5%	-15%	-40%

要求：

（1）什么是经营风险？影响一家公司经营风险的因素有哪些？

（2）什么是财务风险？影响一家公司财务风险的因素有哪些？

（3）请帮助钱塘公司选择其应开发的新产品，并说明为什么该公司应开发这种新产品？

2.5　课业范例

范例2-5-1

案例分析

田纳西镇的巨额账单

背景与情境：如果你突然收到一张事先不知道的1 267亿美元的账单，你一定会大吃一惊，而这样的事情却发生在瑞士的田纳西镇的居民身上。纽约布鲁克林法院判决田纳西镇应向某美国投资者支付这笔钱。最初，田纳西镇的居民以为这是一件小事，但当他们收到账单时，却被这张巨额账单吓呆了。他们的律师指出，若高级法院支持这一判决，为偿还债务，所有田纳西镇的居民在其余生中，不得不靠吃麦当劳等廉价快餐度日。

田纳西镇的问题源于1966年的一笔存款。斯兰黑不动产公司在内部交换银行（田纳西镇的一家银行）存入了一笔6亿美元的存款。存款协议要求银行按每周1%的利率（复利）付息（难怪该银行第二年会破产）。

1994年，纽约布鲁克林法院作出判决：从存款日到田纳西镇对该银行进行清算的7年中，这笔存款应按每周1%的复利计息；而在银行清算后的21年中，这笔存款应按每年8.54%的复利计息。

问题：

1）1 267亿美元是如何计算出来的？

2）如果利率为每周1%，按复利计算，6亿美元增加到12亿美元需多长时间？

3）本案例对你有何启示？

分析要求：

1）形成性要求

同第1章“主观题”中本题型的“形成性要求”。

2）成果性要求

（1）课业结构、格式与体例参照本《训练手册》“课业范例”的范例2-5-1。

（2）同第1章“主观题”中本题型的其他“成果性要求”。

“田纳西镇的巨额账单”案例分析报告

（项目组组长：　　　　　　　　项目组成员：　　　　　　　　　　　　）

1）1 267亿美元是按复利计算出来的，分为两个阶段：

第一阶段是前7年，共365周，每周按1%的复利计息，其复利终值为：

FV_1=6×（F/P，1%，365）≈226.7（亿美元）

第二阶段是后21年，每年按8.54%的复利计息，其到1994年的复利终值为：

FV_2=FV_1×（F/P，8.54%，21）≈1 267（亿美元）

2）由条件可知：6×（F/P，1%，N）=12（亿美元）

等式中的N即为6亿美元增加到12亿美元所需的时间。为简化计算，本题采用Excel中财务函数NPER计算，在利率参数Rate中输入1%，在终值参数FV中输入-12，在现值参数PV中输入6，即可得到数字69.66072。也就是说，大约经过70周，

6亿美元即可增加到12亿美元。

3）资金时间价值是指同一数量的货币在不同时间具有不同的价值。资金时间价值是货币在周转使用中产生的，是货币所有者让渡货币使用权而参与社会财富分配的一种形式。按复利计算的货币时间价值具有惊人的力量，其中利率越高，时间越长，货币价值量越大。企业财务管理者必须深刻理解资金时间价值的原理及其运用。

范例2-5-2

课程思政

我国P2P的整理

背景与情境：P2P借贷是个体和个体之间通过互联网平台实现的直接借贷，属于民间借贷范畴，受《中华人民共和国民法典》等法律法规以及最高人民法院有关司法解释规范。P2P平台（网络借贷信息中介机构）是指依法设立，专门从事网络借贷信息中介业务活动的金融信息中介公司。其以互联网为主要渠道，为借款人与出借人（投资人）实现直接借贷提供信息收集、信息公布、资信评估、信息交互、借贷撮合等服务。

P2P网贷平台过去一些年在我国发展迅猛，数量虽多，但质量差，一部分平台进入市场只为做一锤子买卖，不严谨的经营态度极大地扰乱了市场秩序，还有一部分P2P平台则是一边运营一边摸索，整个行业并没有形成完善健全的经营模式体系，更多地属于粗放式经营，平台很难做到术业有专攻，所以不能合理控制平台风险。因此为防范经营风险，第一，需要设置平台上线的门槛，防止为赚热钱扰乱市场秩序的P2P平台破坏行业声誉和损害投资者利益；第二，对于建立较早的、规模较大的企业要鼓励其稳定核心经营模式，控制整体规模和风险；第三，对于新加入的中小平台则应引导其找到特色，填补行业空白，创造新的利润增长点，而不是一味地进行恶性竞争，例如更多地开展针对机构投资的服务、服务地方中小企业、服务特定产业等，细化P2P行业的市场分类，鼓励平台在自己能力范围内做精。

中国人民银行2021年4月15日于微信公众平台发文《打好防范化解重大金融风险攻坚战 切实维护金融安全》。文中提到，在营P2P网贷机构全部停业，互联网资产管理、股权众筹等领域整治工作基本完成，已转入常态化监管；严厉打击非法集资等非法金融活动，一些积累多年、久拖未决的非法集资案件得到处置；规范商业银行第三方互联网平台存款业务；稳妥有序推进各类交易场所清理整顿。

问题：

1）请分析上述现象暗含了哪些课程思政要求和原则。

2）本案例对你有哪些启示？

研判要求：

1）形成性要求

同第1章“主观题”中本题型的“形成性要求”。

2）成果性要求

（1）课业结构、格式与体例参照本《训练手册》“课业范例”的范例2-5-2。

（2）同第1章“主观题”中本题型的其他“成果性要求”。

“我国P2P的整理”思政研判报告

（项目组组长：　　　　　　　项目组成员：　　　　　　　　　　　）

1）在实际工作中，从投资者的角度来看，在投资时除了考虑报酬率之外还应该考虑投资风险。在P2P网贷过程中往往是很多借款人以高利率的诱饵骗取投资人的本金，P2P平台没有尽到信息中介的应尽义务，员工缺乏爱岗敬业的精神，导致了大量的网络贷款不能还本付息、投资者血本无归的局面，极大地危害了社会安全和稳定，不利于社会和谐发展。国家加大对P2P平台的整顿非常必要和及时，有助于社会稳定团结。

2）本案例体现了理财必须坚持的两个基本观念：货币时间价值观念和投资风险价值观念。企业在进行投资理财时，必须同时考虑货币时间价值和投资风险价值，注意控制风险。本案例对我的启示是在进行投资时一定要注意货币时间价值观念与投资风险价值观念。如果一项投资的投资报酬率过高，那么首先应注意是否风险过高，为了降低风险，往往需要回避投资报酬率过高的项目。

范例2-5-3

钟爱一生养老年金保险产品价值分析

实训资料：2007年，PA保险公司推出了一款具有代表性的商业养老保险产品——钟爱一生养老年金保险（分红型）。该公司网站对该产品的介绍如下：投保示例为30岁男性，此人投保钟爱一生养老年金保险（分红型），10年交费，从30周岁的年初开始，每年年初缴纳保险费15 940元；基本保险金额10万元，从60周岁的保单周年日开始按年领取。第一个3年，每年年初领取10 000元养老金；第二个3年，每年年初领取10 600元养老金。只要被保险人生存，他可以一直领取到100周岁的保单周年日。除此之外，被保险人在88周岁年初，还可一次性领取100 000元祝寿金。该产品还有一个20年的保证领取期，即在60周岁到79周岁之间，被保险人身故时可领取金额为234 200元减去已经领取的金额。换言之，保险公司保证60周岁以上的投保者最低可领取234 200元的养老金。根据上述资料，对于一个预期寿命在60周岁以上需要养老保险的投保者而言，其对该产品的投保过程如图2-2所示。

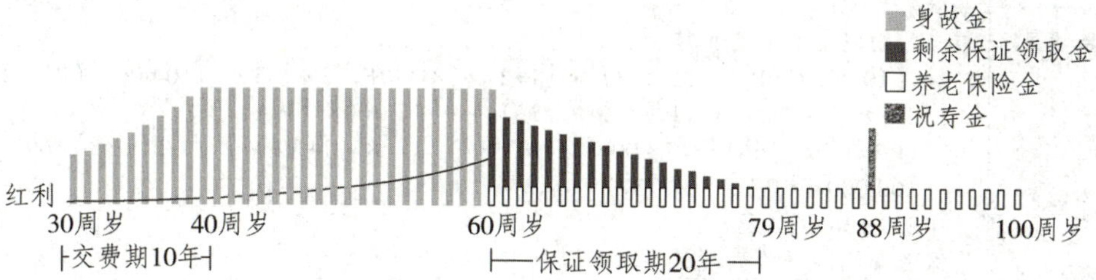

图2-2　钟爱一生养老年金保险（分红型）投保过程图

分析基于以下假定：（1）投保者与被保险人为同一人，即投保者交纳保险费是为自己养老。（2）投保者可以连续交满10年保险费。（3）投保者可以生存至60周岁或以上。（4）不考虑保险公司的分红。

要求：

1）请运用资金时间价值和投资风险价值理论，分析钟爱一生养老年金保险产品的投资价值及其保障水平。

2）PA保险公司该商业养老保险产品有何缺点？如果你是该公司的决策人，试对该产品提出改进建议。

3）完成一篇字数不少于1 000字的分析报告。

"钟爱一生养老年金保险产品价值分析"训练报告

（项目组组长：　　　　　　项目组成员：　　　　　　　　　　）

训练报告见表2-5。①

表2-5　"钟爱一生养老年金保险产品价值分析"训练报告

班级：会计2023（1）班　　　　　　　　　　　　　　项目组编号：01

<table>
<tr><td>项目组组长</td><td>吴清</td><td>项目组成员</td><td>张三、李四……</td></tr>
<tr><td>训练时间</td><td>2024年3月30日</td><td>训练地点</td><td>财务管理训练室</td></tr>
<tr><td>训练目的</td><td colspan="3">（1）对"资金时间价值计算与分析""风险价值衡量与分析"等专业能力的各"技术–技能"点实施阶段性基本训练。（2）对"自主学习"、"解决问题"和"革新创新"等职业核心能力的各"技术–技能"点实施"中级"强化训练。（3）对"职业情感""职业守则"等职业道德的各"素质点"实施"认同级"相关训练</td></tr>
<tr><td>训练步骤</td><td colspan="3">（1）根据训练资料，项目组对相关问题进行分析，确定项目组成员的任务与分工，并制订项目组的《训练计划》。（2）实施《训练计划》，对钟爱一生养老年金保险产品进行资金时间价值和投资风险价值的计算与分析。（3）撰写作为最终成果的《"钟爱一生养老年金保险产品价值分析"训练报告》。（4）在班级交流、讨论各组的《"钟爱一生养老年金保险产品价值分析"训练报告》，并进一步修订和完善</td></tr>
<tr><td>训练成果</td><td colspan="3">对于钟爱一生养老年金保险的投保者来说，其缴纳保险费的数量是相对确定的，但其所能获得的养老金及其价值则取决于投保者的寿命及其要求的必要投资报酬率。投保者的预期寿命不同、必要的投资报酬率不同，则其获得的养老金价值也不同，保险的现值也会随着投保者要求的投资报酬率而改变。
1.钟爱一生养老年金保险价值及其相对保障水平分析
对于投保者而言，由于其交纳保费的现金流出量发生的时间较早，而领取养老金（现金流入量）的时间相对较晚，因此该投保者应选取第30周岁期初作为时间起点，将保险费现金流量与养老金现金流量按一个较低的预计投资报酬率折算为现值进行比较。
在计算保险费即完全养老金现值时，一个重要的参数为贴现率，即投保者要求的投资报酬率，投资报酬率会影响到保费及完全养老金价值。这里，我们暂且假设投资报酬率为3%。
该产品的完全养老金价值为：
V_A①$=[10\,000\times(P/A,3\%,3)\times(1+3\%)\times(P/F,3\%,30)+10\,600\times(P/A,3\%,3)\times(1+3\%)\times(P/F,3\%,33)+\cdots+17\,200\times(P/A,3\%,3)\times(1+3\%)\times(P/F,3\%,66)+17\,800\times(P/A,3\%,2)\times(1+3\%)\times(P/F,3\%,69)]+100\,000\times(P/F,3\%,57)$
$\approx 229\,138.66$（元）
投保者交纳的保险费现值为：
$V_{AC}=15\,940\times(P/A,3\%,10)\times(1+3\%)=140\,050.53$（元）
由此可以得到：
该产品的交易费用现值$TR_C=V_{AC}-V_A=-89\,088.13$（元）
完全养老金价值与保险费现值比$\rho_1=V_A\div V_{AC}\times100\%\approx164\%$
保险费现值与完全养老金价值比$\rho_2=V_{AC}\div V_A\times100\%\approx61.1\%$</td></tr>
</table>

① 式中（P/A，3%，3）表示年投资报酬率为3%、3年期的年金现值系数，其余依此类推；（P/F，3%，30）表示年投资报酬率为3%、30年期的复利现值系数，其余依此类推。

续表

训练成果

负的交易费用现值意味着保险公司向投保者收取的保险费现值不足以支付投保者获得的完全养老金价值，换言之，保险公司对投保者进行了补贴，这一比例大概为38.9%（1−61.1%），投保者只需支付其中的61.1%。投保者如果自己储蓄投资养老金，按3%的年均投资收益率计算，则要支付实际缴纳给保险公司保险费的1.64倍。

显然，不同投保者的投资机会不完全相同，投资收益率也不尽相同。为了使分析更具有广泛性，我们选择不同的贴现率计算上述指标。

预期寿命100周岁的投保者购买钟爱一生养老年金保险的相对保障水平：

项目	2%		3%		4%	
	金额（元）	比例	金额（元）	比例	金额（元）	比例
保险费现值	146 046.05	100%	140 050.53	100%	134 459.19	100%
养老金现值	239 243.07	164%	229 138.66	164%	92 042.79	68%
交易费用现值	−93 197.02	−64%	−89 088.13	−64%	42 416.40	32%
ρ2	61.1%		61.1%		146.1%	

注：a. 养老金现值是完全养老金价值。b. 养老金现值与交易费用现值比例为二者分别与相应保险费现值之比。

从上表可知，年均投资报酬率为2%和3%时，预期寿命为100周岁的投保者购买该商业养老保险产品，其缴纳的保险费现值仅仅相当于其从保险公司获得养老金和祝寿金价值的61.1%，或者保险公司对这一类投保者进行了补贴。因此，对于预期寿命100周岁、投资报酬率较低的投保者而言，该产品的确具有较高的相对养老保障水平。同样，我们可以看到，如果某预期寿命为100周岁的投保者可得到的投资报酬率达到4%，则其获得的完全养老金价值仅仅为其缴纳保险费现值的68%，或者其缴纳的养老保险费可以供1.46个人养老。从这个意义上讲，商业型养老保险产品的相对保障水平只有68%，投保者还不如将保险费节省下来自己投资养老。

2. 钟爱一生养老年金保险产品的缺陷分析

然而，投保者是否能够获得完全养老金价值是判断该产品相对保障水平高低的一个关键因素。一般来说，绝大多数投保者是无法获得钟爱一生养老年金保险的完全养老金价值的。同样，保险公司也无法获知每一个投保者可得的投资报酬率。结合目前我国人均寿命与投资报酬率的现状，我们探讨该养老保险产品的相对缺陷：

（1）购买商业养老保险的投保者位于经济发达地区的居多。另外，我国人均寿命逐步增长，我们选择79岁作为平均寿命，以此测算养老保险产品的价值。

（2）从投资收益率的估算来看，在此款保险产品推出的2007年，我国居民的投资方式和渠道相对较多，不同投资方式的收益有显著差别，但是最简单和最安全的投资方式仍然是银行存款。当时我国5年期存款利率最低为年均3.6%，当时利息所得税还没取消，利息所得税税率在2007年为5%。投保者将资金存放在银行，按3.6%的存款利率和5%的利息所得税税率计算，可得5年期税后利息率为17.1%（3.6%×5×（1−5%）），换算成复利，则年均投资报酬率为3.21%。换言之，投保者将钱存入银行可获得年均3.21%的复利投资报酬率

续表

训练成果	根据该产品的条款可知，投保者的预期寿命在60周岁至79周岁时，保险公司将保证投保者获得总额为234 200元的给付；如果投保者在60周岁年初身故，则可获得养老金234 200元。显然，这一现值是在79周岁以内投保者可以获得的最大养老金现值。 此金额折算成30周岁的现值为： V_A=234 200×（P/F，3.21%，30）≈90 768.16（元） 投保者缴纳保险费的现值为： V_{AC}=15 940×（P/A，3.21%，10）×（1+3.21%）≈138 844.03（元） 养老金现值与保险费现值的关系为： 养老金现值与保险费现值比$\rho_1=V_A \div V_{AC} \times 100\% \approx 65.37\%$ 保险费现值与养老金现值比$\rho_2=V_{AC} \div V_A \times 100\% \approx 153\%$ 也就是说，投保者在交足保险费后，于60周岁年初身故时，可获得的养老金现值仅仅相当于其保险费现值的65.37%，大约34.63%的保险费现值构成了交易费用；而投保者将保险费存入银行，则可获得1.53倍的养老金现值。可见，该保险产品的相对保障水平较低。 同样，投保者寿命达到79周岁时，养老金现值为： V_A=234 200×（P/F，3.21%，49）≈67 769.20（元） 投保者缴纳保险费的现值为： V_{AC}=15 940×（P/A，3.21%，10）×（1+3.21%）≈138 844.03（元） 养老金现值与保险费现值的关系为： 养老金现值与保险费现值比$\rho_1=V_A \div V_{AC} \times 100\% \approx 48.81\%$ 保险费现值与养老金现值比$\rho_2=V_{AC} \div V_A \times 100\% \approx 205\%$ 也就是说，按照银行5年期存款利率的投资报酬率水平计算，投保者缴纳的保险费现值只有不到一半，即48.81%是为自己提供养老金服务的，51.19%构成了交易费用，由此导致了投保者获得保障的水平较低，若将购买商业养老保险的款项存入银行投保者可获得2倍左右的养老金保障。简而言之，投保者缴纳保险费购买钟爱一生养老年金保险产品获得的保障水平大约只相当于5年期银行存款水平的投资所给予的保障水平的一半。 3.钟爱一生养老年金保险产品的缺点及改进建议 （1）PA保险公司该商业养老保险产品的缺点。钟爱一生养老年金保险产品的缺点是相对保障水平较低。因为投保者在交足保险费后，在60周岁年初身故时获得的养老金现值仅仅相当于其保险费现值的65.37%，大约34.63%的保险费现值构成了交易费用；投保者寿命达到79周岁时，投保者缴纳的保险费现值只有不到一半，即48.81%部分是为自己提供养老金服务的，51.19%部分构成了交易费用。 （2）改进建议（此保险产品已停售，此处只从收益水平进行分析）。为了增加对老年生活水平的保障，提升该种商业养老保险产品的保障水平，我们建议提高养老金的返还金额。具体建议包括：投保钟爱一生养老年金保险（分红型），10年缴费，从30周岁的年初开始，投保人每年年初缴纳保险费16 940元；基本保险金额20万元，从60周岁的保单周年日开始按年领取。第一个3年，每年年初领取12 000元养老金；从第二个3年起，每年年初领取 15 600元养老金；依此类推，只要被保险人生存，他可以一直领取到100周岁的保单周年日。除此之外，被保险人在88周岁年初，还可一次性领取120 000元祝寿金。该产品还有一个20年的保证领取期，即在60周岁到79周岁之间，被保险人身故时可领取金额为234 200元减去已经领取的金额

续表

训练体会	通过本训练，我们可以理解资金时间价值的概念与意义、风险的概念与特征，熟悉资金时间价值与投资风险价值的表达方式及相关分析技能，能够运用资金时间价值和投资风险价值的计算与分析方法解决实际问题，提升我们对资金时间价值和投资风险价值的理解和应用能力。此外，由于财务工作对专业综合素质的要求较高，企业财务管理人员在分析问题时要细致而全面，工作中要有团队合作精神，要善于与人沟通、与人合作		
补充说明	在本训练中，我们在体验本章"专业能力"基本训练的同时，也尝到了"信息处理"、"解决问题"和"革新创新"等"职业核心能力"（中级）强化训练和"职业情感""职业守则"等"职业道德"（认同级）相关训练的甜头。我们认识到，要提高"学习迁移能力"和"可持续发展能力"，积极应对未来职业岗位的跨行业流动（这是当代职业的一个显著特征），避免职业道德与企业伦理的缺失，这些训练是必不可少的。我们相信，通过本课程以及后续课程的同类学习与训练，在构建自身"业务胜任能力"的过程中，我们的"职业核心能力"将不断增强，我们的"职业道德"将由"他律"变为"自律"		
项目组成员签名	吴清、张三、李四……	指导教师签名	王华

2.6　参考答案与提示

教学互动 2-1

引导提示：

① F=2 500×1 000×（1+6.5%×5）=3 312 500（元）

② P=F÷（1+i×n）=153.76÷（1+8%×3）=153.76÷1.24=124（元）

③ F=50 000×（F/P，8%，5）=50 000×1.469=73 450（元）

④ P=100÷（F/P，8%，5）=100÷1.469≈68.07（万元）

⑤ A=500÷（F/A，8%，3）=500÷3.246≈154.04（万元）

⑥ A=500×（F/P，8%，5）÷（F/A，8%，5）=500×1.469÷5.867≈125.19（万元）

⑦ P=36 000÷12%=300 000（元）

⑧ P=200 000×（P/F，12%，1）+250 000×（P/F，12%，2）+300 000×（P/F，12%，3）+280 000×（P/F，12%，4）+260 000×（P/F，12%，5）
=200 000×0.8929+250 000×0.7972+300 000×0.7118+280 000×0.6355+260 000×0.5674
≈916 884（元）

教学互动 2-2

引导提示：

E_A=30%×0.3+15%×0.5+0×0.2=16.5%

E_B=40%×0.3+15%×0.5+（−15%）×0.2=16.5%

E_C=50%×0.3+15%×0.5+（−30%）×0.2=16.5%

$\sigma_A=\sqrt{(30\%-16.5\%)^2\times0.3+(15\%-16.5\%)^2\times0.5+(0-16.5\%)^2\times0.2}=0.105$

$\sigma_B=\sqrt{(40\%-16.5\%)^2\times0.3+(15\%-16.5\%)^2\times0.5+(-15\%-16.5\%)^2\times0.2}=0.191$

$\sigma_C=\sqrt{(50\%-16.5\%)^2\times0.3+(15\%-16.5\%)^2\times0.5+(-30\%-16.5\%)^2\times0.2}=0.278$

因为 $E_A=E_B=E_C$ 且 $\sigma_A<\sigma_B<\sigma_C$，

所以C风险最大，B风险其次，A风险最小。

“2.2 客观题”参考答案

2.2.1 理论题

1）单项选择题

（1）C （2）A （3）C （4）D （5）A （6）C （7）D （8）B （9）D （10）C

2）多项选择题

（1）ABDE （2）AE （3）BC （4）AB （5）ACDE （6）BCD （7）ABDE （8）BC （9）ABCDE （10）BCDE

3）判断题

（1）× （2）× （3）√ （4）× （5）√ （6）√ （7）√ （8）√ （9）× （10）×

2.2.2 实务题

1）单项选择题

（1）B （2）A （3）A （4）A （5）D （6）C （7）A （8）A （9）A （10）C

2）多项选择题

（1）ABCE （2）AE （3）AE （4）ABCDE （5）AB （6）AB （7）ACDE （8）ADE （9）BD （10）CE

3）混合选择题

（1）D （2）B （3）ABCD （4）ABCD （5）ABCD

4）判断题

（1）√ （2）× （3）√ （4）× （5）√ （6）√ （7）× （8）√ （9）× （10）×

2.2.3 案例题

1）D 2）ABC 3）BCD 4）AC 5）A

2.2.4 实训题

1）单项选择题

（1）C （2）C （3）B （4）C （5）C （6）A （7）A （8）B （9）C （10）C

2）多项选择题

（1）AB （2）AE （3）ABCD （4）ACD （5）AB （6）ACE （7）ABCD （8）ABCDE （9）BC （10）ABCD

"2.3　主观题"参考答案

2.3.1　理论题

1）简答题

（1）参考答案：资金时间价值也称货币时间价值，是指资金经历一定时间的投资和再投资所增加的价值，它表现为同一数量的货币在不同的时点上具有不同的价值。

（2）参考答案：投资者由于冒风险进行投资而获得的超过资金时间价值的额外收益，称为投资风险价值，亦称风险收益或风险报酬。企业在理财时，必须研究风险、计量风险，并设法控制风险，以求最大限度地增加企业财富。

（3）参考答案：从个别理财主体的角度来看，投资风险可分为市场风险和公司特有风险两类。市场风险是指那些对所有企业都产生影响的因素引起的投资风险，如战争、自然灾害、经济衰退、通货膨胀等，又称不可分散风险或系统风险。公司特有风险是指发生于个别企业的特有事项造成的投资风险，如罢工、诉讼失败、失去销售市场、新产品开发失败等，也称可分散风险或非系统风险。

从企业本身来看，投资风险可分为经营风险和财务风险两类。经营风险是指因生产经营方面的原因给企业盈利带来的不确定性。经营风险是任何商业活动都有的，也称商业风险。财务风险又称筹资风险，是指由于举债而给企业财务成果带来的不确定性。

（4）参考答案：年金是系列收付款项的特殊形式，即在一定时期内每隔相同的时间（如一年）就发生相同数额的系列收付款项。年金按其每次收付发生的时点不同，可分为普通年金、预付年金、递延年金和永续年金。

（5）参考答案：期望值是一个概率分布中的所有可能结果，以各自相应的概率为权数计算的加权平均值，是加权平均的中心值，通常用符号E表示。期望收益反映预计收益的平均化，在各种不确定性因素的影响下，它代表着投资者的合理预期。

2）理解题

（1）参考答案：资金时间价值是货币在周转使用中产生的，是货币所有者让渡货币使用权而参与社会财富分配的一种形式。通常情况下，资金时间价值相当于没有风险和没有通货膨胀条件下的社会平均资金利润率，这是利润平均化规律作用的结果。资金时间价值以商品经济的高度发展和借贷关系的普遍存在为前提条件或基础。把资金时间价值引入财务管理，在资金筹集、运用和分配等方面考虑这一因素，是提高财务管理水平，搞好筹资、投资、分配决策的有效保证。

（2）参考答案：普通年金、预付年金、递延年金和永续年金的主要区别在于，年金每次收付发生的时点不同。普通年金是指从第一期起，在一定时期内每期期末等额收付的系列款项，又称后付年金。预付年金是指从第一期起，在一定时期内每期期初等额收付的系列款项，又称即付年金或先付年金。预付年金与普通年金的区别仅表现在收付款的时间不同。递延年金是指第一次收付发生在第二期或第二期以后的年金。它是普通年金的特殊形式，凡不是从第一期开始的年金都是递延年金。永续年金是指无限期等额收付的年金。永续年金可视为普通年金的另一种特殊形式，即期限趋于无穷的普通年金。

（3）参考答案：投资风险是客观存在的，它广泛影响着企业的财务活动和经营活动。因此，正视投资风险并将风险程度予以量化，便成为企业财务管理中的一项重要工作。投资风险的衡量，需要用概率和数理统计的方法。衡量投资风险的指标主要有概率、期望值、离散程度、标准离差率、风险收益率等。

2.3.2 实务题

1）规则复习

（1）参考答案：复利终值的计算是指在已知P、i、n时求F，其计算公式为：

$F=P\cdot(1+i)^n$

其中，$(1+i)^n$通常被称为复利终值系数或1元的复利终值，用符号（F/P，i，n）表示。

复利现值的计算是指在已知F、i、n时求P，其计算公式为：

$P=F/(1+i)^n=F\cdot(1+i)^{-n}$

其中，$(1+i)^{-n}$是把终值折算为现值的系数，通常被称为复利现值系数或1元的复利现值，用符号（P/F，i，n）表示。

（2）参考答案：普通年金终值的计算公式为：

$F=A\cdot[(1+i)^n-1]/i$

其中，$[(1+i)^n-1]/i$被称为年金终值系数，即普通年金为1元，利率为i，经过n期的年金终值，用符号（F/A，i，n）表示，可通过直接查阅“年金终值系数表”求得有关数值。

普通年金现值的计算公式为：

$P=A\cdot[1-(1+i)^{-n}]/i=A\cdot(P/A,i,n)$

其中，（P/A，i，n）被称为年金现值系数，即普通年金为1元，利率为i，经过n期的年金现值，可通过直接查阅“年金现值系数表”求得有关数值。

（3）参考答案：预付年金终值的计算公式为：

$F=A\cdot[(F/A,i,n+1)-1]$

其中，$[(F/A,i,n+1)-1]$是在普通年金终值系数的基础上，期数加1，系数减1所得的结果，可直接查阅“年金终值系数表”得到（n+1）期的值，然后减1便可得到对应的预付年金终值系数。

预付年金现值可以在普通年金现值系数的基础上加以调整，其计算公式为：

$P=A\cdot[(P/A,i,n-1)+1]$

其中，$[(P/A,i,n-1)+1]$是在普通年金现值系数的基础上，期数减1，系数加1所得的结果，可直接查阅“年金现值系数表”得到（n−1）期的值，然后加1便可得到对应的预付年金现值系数。

（4）参考答案：第一种方法，假设递延期为m（$m<n$），可先求出m期后的（n−m）期普通年金的现值，然后将此现值折算到第一期期初。其计算公式为：

$P=A\cdot(P/A,i,n-m)(P/F,i,m)$

第二种方法，先求出n期普通年金的现值，然后扣除实际并未收付款的m期普通年金的现值。其计算公式为：

$P=A\cdot[(P/A,i,n)-(P/A,i,m)]$

（5）参考答案：反映随机变量离散程度的常用指标主要包括方差、标准差、标准离差率。

方差的计算公式为：

$$\sigma^2=\sum_{i=1}^{n}(X_i-\bar{E})^2\cdot P_i$$

标准差也称标准离差或均方差，是方差的平方根，其计算公式为：

$$\sigma=\sqrt{\sum_{i=1}^{n}(X_i-\bar{E})^2\cdot P_i}$$

标准离差率是标准差同期望值之比，通常用符号q表示，其计算公式为：

$$q=\frac{\sigma}{\bar{E}}$$

2）业务解析

（1）参考答案：普通年金款项的收支都发生在每一期期末，普通年金终值与现值可以直接查阅相应的普通年金终值与现值系数表进行计算；而预付年金款项的收支都发生在每一期期初，预付年金没有专门的预付年金终值与现值系数表，只能借助普通年金终值与现值系数表进行调整计算。

（2）参考答案：标准差越大，表明投资风险越大，但标准差是绝对数指标，不能真实反映和比较投资风险大小，但可用不同项目的标准差与其对应的期望值进行比较，得到标准离差率。标准离差率可以直接用来比较不同投资规模项目的风险大小，标准离差率越大，则投资风险越大。

（3）参考答案：投资风险报酬的表现形式是风险报酬率，是指投资者因冒风险进行投资而要求的、超过资金时间价值的那部分额外报酬率。如果不考虑通货膨胀因素，投资者进行风险投资所要求或期望的投资报酬率便是无风险报酬率与风险报酬率之和。而风险收益额则是风险报酬的绝对数表达方式，可以用投资额与风险收益率的乘积表示。

2.3.3　案例题

1）案例分析

分析提示：

（1）张丽的分析方法存在一定的问题，所以导致分析结论不正确。她预测的TPY股份和GX股份的预期报酬率及概率分布、计算的TPY和GX股份的期望报酬率都是正确的，但据此得出的结论却是错误的。因为当期望值相同时，应该用标准差来评价两个投资项目的风险大小。

（2）TPY股份的标准差≈2%

GX股份的标准差≈6%

根据以上计算出的指标进行比较可知，这两个投资项目仍然是有风险的，TPY股份的风险要比高新实业股份的风险小。

（3）TPY股份的标准离差率≈0.07

GX股份的标准离差率≈0.20

TPY股份的风险收益率=6%×0.07=0.42%

GX股份的风险收益率=8%×0.20=1.60%

TPY股份的风险收益=2 000×0.42%=8.40（万元）

GX股份的风险收益=1 000×1.6%=16（万元）

（4）TPY股份的风险小于GX股份的风险，TPY股份的收益也小于GX股份的收益。

2）课程思政

研判提示：

（1）在实际工作中，从投资者的角度来看，在投资时除了考虑报酬率之外还应该考虑投资风险，在投资时不考虑可能的风险是不正确的。作为企业财务管理决策者来说，要本着爱岗敬业的精神，仔细分析发现业务潜在的风险，采取相应的措施进行风险控制或规避，从专业的角度维护企业和社会的团结安定。

（2）本案例体现了理财必须坚持的两个基本观念：货币时间价值观念和投资风险价值观念。企业投资理财必须同时考虑货币时间价值和投资风险价值，注意控制风险。

"2.4 实训资料"参考答案

实训资料2-4-1

1）参考答案：$F=P\times(1+i)^n=1\ 000\times(1+7\%)^8\approx1\ 718.19$（元）

2）参考答案：$i=(1+8\%\div4)^4-1\approx8.24\%$

3）参考答案：P=2 000×（P/A，5%，10）=15 443.40（元）

4）参考答案：租入设备的年金现值P=2 200×（P/A，8%，10）=14 762.22（元）

由于14 762.22元小于买价15 000元，所以该公司租用设备较好。

5）参考答案：甲方案现值P=10万元

乙方案现值P=3+4×（P/F，6%，1）+4×（P/F，6%，2）=10.33（万元）

所以，甲方案较好。

6）参考答案：P=A×（1÷i）=100 000×（1÷8%）=1 250 000（元）

7）参考答案：（1）$\bar{E}=120\times0.2+100\times0.5+60\times0.3=92$（万元）

（2）$6=\sqrt{(120-92)^2\times0.2+(100-92)^2\times0.5+(60-92)^2\times0.3}\approx22.27$（万元）

（3）q=22.27÷92×100%=24.21%

实训资料2-4-2

1）参考答案：王月的决策主要是比较连续5年每年年初收到22万元的现值与接受住房95万元之间的大小问题。住房补贴是在每年年初发放的，因此属于预付年金。

P=22×［（P/A，4%，4）+1］=22×（3.6299+1）=101.86（万元）

由于101.86万元大于接受住房95万元，所以王月应该接受住房补贴。

2）参考答案：$\bar{E}_A=0.3\times30\%+0.5\times15\%+0.2\times0=16.50\%$

$\bar{E}_B=0.3\times40\%+0.5\times15\%+0.2\times(-15\%)=16.50\%$

$\bar{E}_C=0.3\times50\%+0.5\times15\%+0.2\times(-30\%)=16.50\%$

$\sigma_A=10.50\%$；$\sigma_B=19.11\%$；$\sigma_C=27.75\%$

$q_A \approx 0.64$；$q_B \approx 1.16$；$q_C \approx 1.68$

由分析可知，开发C产品的风险最大，开发B产品的风险居中，开发A产品的风险最小。可依据东方公司管理层的风险偏好程度，选择开发产品。

实训资料 2-4-3

1）参考答案：（1）年末支付，则租金为普通年金。

租金的终值=5 600×（F/A，5%，6）=38 090.64（元）

租金的现值=5 600×（P/A，5%，6）=28 423.92（元）

如果年租金改为每年年初支付一次，则租金为预付年金。

租金的终值=5 600×（F/A，5%，6）×（1+5%）=39 995.17（元）

租金的现值=5 600×（P/A，5%，6）×（1+5%）=29 845.12（元）

（2）每年的奖学金=10 000+5 000×2+3 000×3+1 000×4=33 000（元）

应一次性存入银行的资金=33 000÷4%=825 000（元）

（3）华丰公司当初向中国工商银行华安分行借入的本金=20 000×（P/A，6%，5）×（P/F，6%，3）

=70 735.64（元）

截止到2030年12月31日华丰公司应向中国工商银行华安分行偿还本息=20 000×5=100 000（元）

2）参考答案：（1）接受甲公司的报价收到的开采费现值=5×（P/A，20%，12）=22.196（亿元）

接受乙公司的报价收到的开采费现值=40+40×（P/F，20%，15）=42.596（亿元）

因此，乙公司更有优势，中国矿业公司应该接受乙公司的报价。

（2）略。

3）参考答案：（1）经营风险是指因生产经营方面的原因给企业盈利水平带来的不确定性。经营风险是任何商业活动都有的，也称商业风险。企业生产经营的许多方面都会受到来自企业外部和内部诸多因素的影响，因而具有很大的不确定性。经营风险主要来自：①市场销售；②生产成本；③生产技术；④其他。

（2）财务风险又称筹资风险，是指由于举债而给企业财务成果带来的不确定性。企业举债经营，全部资金中的一部分借入资金会对企业自有资金的盈利能力造成影响；同时，由于借入资金需还本付息，一旦无力偿付到期债务，企业便会陷入财务困境甚至破产。由于许多因素的影响，企业息税前资金利润率和借入资金利息率的差额具有不确定性，从而引起自有资金利润率的高低变化，这种风险即为筹资风险。这种风险程度的大小受借入资金与自有资金比例的影响，借入资金比例增大，风险程度也随之增大；借入资金比例减小，风险程度也随之减小。

（3）计算三个方案的预期收益率，则：

$\bar{E}_A=0.3\times40\%+0.5\times25\%+0.2\times(-5\%)=23.5\%$

$\bar{E}_B=0.3\times30\%+0.5\times15\%+0.2\times(-15\%)=13.5\%$

$\bar{E}_C=0.3\times60\%+0.5\times15\%+0.2\times(-40\%)=17.5\%$

由于钱塘公司要求的最低期望报酬率是20%，因此只有A产品符合要求，钱塘公司应该选择开发A产品。

第3章
筹资管理

3.1 预习要览

3.1.1 内容提要与结构

1）内容提要

筹资是企业筹集资本的行为，也是企业生存发展的前提。企业筹集的资金可按多种标准进行分类：按照资金使用期限的长短分类，企业筹集的资金可分为短期资金与长期资金两种；按照资金来源渠道的不同分类，企业筹集的资金可分为所有者权益和负债两种。

筹资渠道是指客观存在的筹措资金的来源方向与通道。目前，我国企业的筹资渠道主要包括：（1）国家财政资金。（2）银行信贷资金。（3）非银行金融机构资金。（4）其他企业资金。（5）居民个人资金。（6）企业自留资金。（7）外商资金。

企业筹资方式是指企业筹措资金时所采用的具体形式。目前，我国企业筹资方式主要有以下几种：（1）吸收直接投资。（2）发行股票。（3）利用留存收益。（4）向银行借款。（5）利用商业信用。（6）发行公司债券。（7）融资租赁。

企业在筹资时，必须坚持规模适当原则、筹措及时原则、来源合理原则及方式经济原则。

企业在筹资之前，应当采用一定的方法预测资金的需要数量。企业资金需要量的预测方法主要有定性预测法与定量预测法。定性预测法是指利用直观的资料，依靠个人的经验、主观分析及判断能力，预测未来资金需要量的方法。定量预测法是指依据企业有关历史资料，采用一定的数学模型预测企业资金需要量的方法，其优点是预测结果比较精确。定量预测法包括比率预测法和资金习性预测法。其中，最常见的比率预测法是销售百分比法；资金习性预测法包括高低点法和回归分析法。

销售百分比法是以资金与销售额的比率为基础，预测未来资金需要量的一种方法，其原理是根据预计的销售额预测资金的需要量。销售百分比法的具体步骤如下：（1）将资产负债表中的资产、负债项目划分为变动项目和不变项目。（2）计算基年各变动项目销售百分比。（3）计算预计留存收益增加额。（4）计算外部融资额。

高低点法是在相关范围内，根据资金量的最高点与产销量的最高点之间的线性关系，以及资金量的最低点与产销量的最低点之间的线性关系，推算出资金中不变资金（a）和单位产销量所需变动资金（b）的数值，进而计算出预测期的资金需要量。

回归分析法是根据有关历史资料，用数学上最小平方法原理，计算能代表平均资金水平的直线截距和斜率，建立回归直线方程，并利用其预测资金需要量的方法。

负债融资是指通过负债筹集资金。负债融资的特点有：筹集的资金具有使用上的时间性，需要到期偿还；不论企业经营业绩好坏，都需支付债务利息，从而形成企业固定的负担；其资金成本一般比普通股筹资的成本低，而且不会分散投资者对企业的控制权。负债融资的具体方式包括短期借款、长期借款、发行公司债券、融资租赁与商业信用等。

短期借款是指企业向银行或其他非银行金融机构借入的偿还期在一年之内的各种款项。短期借款主要包括生产周转借款、临时借款、结算借款等。短期借款筹资方式和长期借款、发行股票等筹资方式相比，具有灵活简便、速度快、时效性强等优点；不足之处是使用时间短、财务风险大，在有附加条件的情况下，资金成本往往比较高。

长期借款是指企业向银行或其他非银行金融机构借入的使用期超过一年的借款，主要用于购建固定资产和满足长期流动资金占用的需要。长期借款筹资的优点：(1）筹资速度快。(2）资金成本低。(3）借款弹性大。长期借款筹资的缺点：(1）财务风险大。(2）限制条款多。

发行公司债券筹资的优点：(1）资金成本低。(2）筹资对象广，市场大。(3）可获得财务杠杆利益。发行公司债券筹资的缺点：(1）财务风险大。(2）限制条款多。

融资租赁筹资的优点：(1）筹资速度快。(2）限制条款少，手续简便。(3）设备淘汰风险小。(4）财务风险小。(5）税收负担轻。融资租赁筹资的最主要缺点就是资金成本较高。

商业信用筹资最大的优点是容易取得。如果没有现金折扣或使用不带息的票据，则商业信用筹资不承担成本。商业信用筹资的缺点是期限较短，在放弃现金折扣时所付出的成本较高。

权益资金又称自有资金，是企业一项最基本的资金来源。企业自有资金的筹集方式主要有吸收直接投资、发行股票和利用留存收益等。

吸收直接投资是公司以协议等形式吸收国家、其他企业、个人和外商等直接投入的资本，以形成公司资本金的一种筹资方式。吸收直接投资的优点：(1）吸收直接投资能提高公司的资信和借款能力。(2）公司吸收直接投资不仅可以筹得资金，而且能够直接获得其所需要的先进设备与技术，能尽快地形成生产经营能力。(3）公司采用吸收直接投资的筹资方式，财务风险较低。吸收直接投资的缺点：(1）筹资成本较高。(2）公司吸收的直接投资，往往产权不够明晰，这不利于公司产权的流动和重组。(3）国家对吸收直接投资公司（企业）的诸多政策，不仅十分烦琐多变，而且很容易导致国家行政权力对公司的生产经营方向、营销策略、筹资渠道和方式等产生消极作用。

发行普通股是股份有限公司筹集权益资金的主要方式。普通股筹资的优点：(1）发行普通股筹集的资本具有永久性，无到期日，无须归还。(2）发行普通股筹资没有固定的股利负担。(3）发行普通股能够增加公司的举债能力。(4）普通股筹资容易吸收资金。普通股筹资的缺点：(1）普通股的资金成本较高。(2）以普通股筹资会增加新股东，这可能会分散公司控制权。

优先股是一种特别的股票，它与普通股有许多相似之处，但又具有债券的某些特征，从法律的角度来讲，优先股属于自有资金。

优先股筹资的优点：(1) 没有固定到期日，不用偿还本金。(2) 股利的支付既固定，又有一定弹性。(3) 可以增加公司信誉。优先股筹资的缺点：(1) 筹资成本高。(2) 筹资限制多。(3) 财务负担重。

2) 内容结构

本章内容结构如图3-1所示。

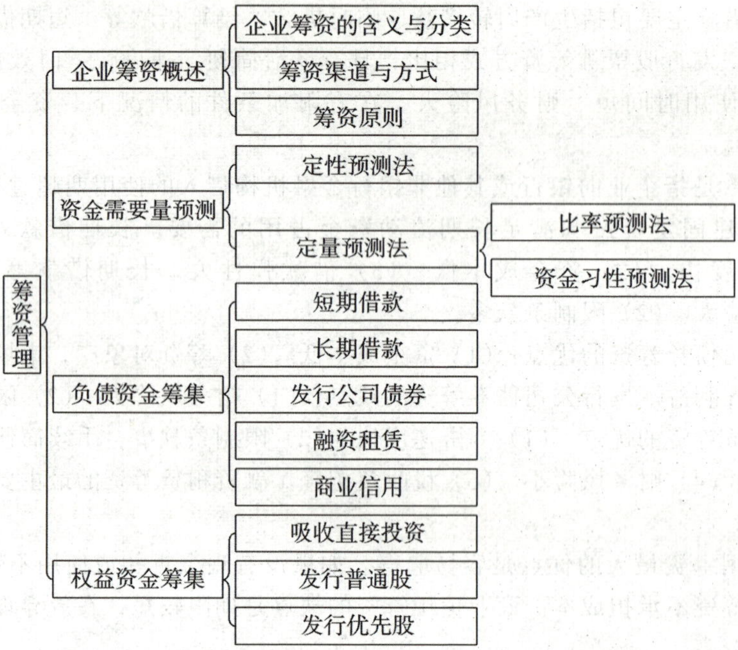

图3-1 本章内容结构图

3) 主要概念和观念

(1) 主要概念

筹资　筹资渠道　筹资方式　定性预测法　销售百分比法　高低点法　回归分析法　短期借款　长期借款　公司债券　租赁　商业信用　吸收直接投资　普通股　优先股

(2) 主要观念

定性预测法　定量预测法　负债筹资　权益筹资

3.1.2 重点与难点

1) 重点理论

筹资的含义与分类　筹资渠道　筹资方式　筹资原则

2) 重点实务

短期借款筹资　长期借款筹资　发行公司债券筹资　融资租赁筹资　商业信用筹资　吸收直接投资筹资　发行股票筹资

3) 重点操作

销售百分比法预测资金需要量　高低点法预测资金需要量　回归分析法预测资金

需要量

4）难点

销售百分比法预测资金需要量　回归分析法预测资金需要量

3.1.3 主要公式

1）基年各变动项目销售百分比

某变动项目销售百分比=该项目金额÷销售额×100%

2）预计留存收益增加额（Δ留存收益）

预计留存收益=预计销售额×销售净利率×（1-股利支付率）

3）外部融资额

外部融资额=Δ资产-Δ自发性负债-Δ留存收益

$$=\frac{资产销售}{百分比}\times\frac{新增}{销售额}-\frac{自发性负债}{销售百分比}\times\frac{新增}{销售额}-\frac{预计}{销售额}\times\frac{销售}{净利率}\times\left(1-\frac{股利}{支付率}\right)$$

4）线性回归分析法预测资金需要量

$$Y = a + bX$$

$$a = \frac{\sum X^2\sum Y - \sum X\sum XY}{n\sum X^2 - (\sum X)^2}$$

$$b = \frac{n\sum XY - \sum X\sum Y}{n\sum X^2 - (\sum X)^2}$$

5）债券发行价格

$$发行价格 = \sum_{t=1}^{n}\frac{年利息}{(1+市场利率)^t} + \frac{面值}{(1+市场利率)^n}$$

6）放弃现金折扣的资金成本

$$放弃现金折扣的资金成本=\frac{折扣百分比}{1-折扣百分比}\times\frac{360}{信用期-折扣期}\times100\%$$

3.2 客观题

3.2.1 理论题

1）单项选择题

（1）以下对普通股筹资优点的叙述，不正确的是（　　）。

A.具有永久性，无须偿还　　B.无固定的利息负担

C.资金成本较低　　D.能增强公司的举债能力

（2）采用销售百分比法预测资金需要量时，下列项目中被视为不随销售收入的变动而变动的是（　　）。

A.现金　　B.应付账款　　C.存货　　D.公司债券

（3）银行借款筹资与发行债券筹资相比，其特点是（　　）。

A.利息能抵税　　B.筹资灵活性大　　C.筹资费用高　　D.债务利息高

（4）相对于负债融资方式而言，采用吸收直接投资方式筹措资金的优点是（　　）。

A.有利于降低资金成本　　B.有利于集中企业控制权

C.有利于降低财务风险　　D.有利于发挥财务杠杆作用

(5) 下列关于普通股股东的主要权利，不正确的是（　　）。

A.优先认购新股的权利

B.分配公司剩余财产的权利

C.优先分配股利的权利

D.对公司账目和股东大会决议的审查权和对公司事务的质询权

(6) 优先股筹资的资金成本高的原因是（　　）。

A.优先股资金是永久性资金　　B.优先股股息税后支付

C.优先股股东能参与企业经营管理　　D.优先股筹资风险较大

(7) 留存收益筹资不包括（　　）。

A.提取盈余公积　　B.未分配利润

C.送红股　　D.资本公积

(8) 短期借款到期一次还本付息的还款方法是（　　）。

A.收款法　　B.加息法　　C.补偿性余额法　　D.贴现法

(9) 债券的发行价格取决于其（　　）。

A.面值　　B.市场价值　　C.利息和本金之和　　D.市场行情

(10) 融资租赁的主要目的在于（　　）。

A.获得租赁资产的使用权　　B.降低购买设备的风险

C.降低财务风险　　D.融资

2) 多项选择题

(1) 普通股筹资的资金成本较高的原因有（　　）。

A.投资者要求的投资报酬率较高　　B.发行费较高

C.普通股价值较高　　D.普通股股利不具有抵税作用

E.普通股没有固定的股利

(2) 银行借款的特点包括（　　）。

A.限制条款多，因此融资速度较慢　　B.借款灵活性大

C.借款成本低　　D.借款成本高

E.财务风险大

(3) 能够被视为“自然融资”的项目有（　　）。

A.短期借款　　B.应付账款　　C.应付水电费

D.应付债券　　E.股本

(4) 企业筹资必须遵循的原则包括（　　）。

A.规模适当原则　　B.筹措及时原则　　C.来源合理原则

D.方式经济原则　　E.利润最大化原则

(5) 吸收直接投资的优点不包括（　　）。

A.能提高企业的信誉和借款能力　　B.财务风险较小

C.资金成本低　　D.不会分散企业控制权　　E.筹资范围广

(6) 优先股筹资的优点包括（　　）。

A.可以提高企业的信誉和借款能力　　B.财务风险较小

C.资金成本低　　　　　　　　　　D.不会分散企业控制权
E.调剂现金余缺
(7) 下列利息偿还方式可以提高短期借款的实际利率的有（　　）。
A.收款法　　　　　　　B.利随本清法　　　　　　C.加息法
D.贴现法　　　　　　　E.补偿性余额
(8) 留存收益筹资的形式有（　　）。
A.提取盈余公积　　　　B.未分配利润　　　　　　C.送红股
D.配股　　　　　　　　E.资本公积转增股本
(9) 商业信用筹资形式包括（　　）。
A.应付账款　　　　　　B.应付票据　　　　　　　C.预付账款
D.预收账款　　　　　　E.短期融资券
(10) 下列属于权益资金筹集的有（　　）。
A.向银行借款　　　　　B.发行优先股　　　　　　C.商业信用
D.吸收直接投资　　　　E.发行债券
3) 判断题
(1) 偿还到期债务是企业筹资的基本动机。（　　）
(2) 权益资本被视为企业的永久性资本，是一种高成本、低风险的资本来源。（　　）
(3) 应付账款和短期借款一般均属于敏感负债项目。（　　）
(4) 吸收直接投资按投资主体的不同，可将资本金分为国家资本金、法人资本金、个人资本金和外商资本金。（　　）
(5) 债券面值应包括两个基本内容，即币种和票面金额。（　　）
(6) 在资金需要量预测中，高低点法属于定性分析法。（　　）
(7) 经营租赁属于长期租赁。（　　）
(8) 融资租赁构成了企业的一个重要筹资渠道。（　　）
(9) 经营管理权是股东的一项重要权利。（　　）
(10) 优先股具有债券的部分特征。（　　）

3.2.2 实务题

1) 单项选择题
(1) 按照《中华人民共和国公司法》的规定，有资格发行公司债券的公司，其累计债券总额直接受到（　　）指标的影响。
A.资产总额　　　B.净资产总额　　　C.销售收入总额　　　D.资产负债率
(2) 下列筹资方式中，资金成本较高的是（　　）。
A.银行借款　　　B.发行企业债券　　C.发行普通股股票　　D.商业信用
(3) 下列各项中，不属于融资租赁租金构成项目的是（　　）。
A.租赁设备价款　B.租赁期间利息　　C.租赁手续费　　　　D.租赁设备维护费
(4) 下列还款方式中，使得银行短期借款成本最高的是（　　）。
A.收款法
B.贴现法

C.贴现法，同时银行要求的补偿性余额为借款总额的10%
D.银行要求的补偿性余额为借款总额的10%
(5) 下列各项中，可用来筹集短期资金的筹资方式是（　　）。
A.吸收直接投资　　B.利用商业信用
C.发行股票　　D.发行长期债券
(6) 企业为了降低筹资风险，可以采取（　　）方式。
A.吸收直接投资　　B.债券筹资
C.短期借款　　D.应付账款
(7) 为了尽快形成生产能力，企业可采取吸收（　　）的方式。
A.实物资产　　B.现金资产　　C.金融资产　　D.应收票据
(8) 售后回租可以使企业在获得资产使用权的同时，（　　）。
A.获得资金　　B.降低资金成本　　C.减少负债　　D.增加销售收入
(9) 既能够筹集权益资金，又不会导致控制权分散的筹资方式是（　　）。
A.发行普通股　　B.吸收直接投资　　C.减少负债　　D.发行优先股
(10) 下列筹资方式对于企业来说最为便利的是（　　）。
A.发行普通股　　B.吸收直接投资　　C.应付账款　　D.发行优先股
2) 多项选择题
(1) 普通股股东所拥有的权利包括（　　）。
A.分享收益权　　B.优先认股权　　C.转让股权
D.优先分配剩余资产权　　E.经营管理权
(2) 相对于权益资金的筹资方式而言，银行借款筹资的缺点主要有（　　）。
A.财务风险较大　　B.资金成本较高　　C.筹资数额有限
D.筹资速度较慢　　E.无经营管理权
(3) 补偿性余额的约束使借款企业所受的影响有（　　）。
A.减少了可用资金　　B.增加了筹资费用　　C.减少了应付利息
D.增加了应付利息　　E.使企业实际借款成本上升
(4) 吸收直接投资的优点有（　　）。
A.能提高企业的信誉和借款能力　　B.财务风险较小
C.资金成本低　　D.不会分散企业控制权　　E.资金成本高
(5) 影响债券发行价格的因素包括（　　）。
A.债券面额　　B.票面利率　　C.市场利率
D.债券期限　　E.发行企业的所得税税率
(6) 采用资金习性预测法需要将资金划分为（　　）。
A.债务资金　　B.权益资金　　C.长期资金
D.变动资金　　E.固定资金
(7) 融资租赁收取的租金总额应包括（　　）。
A.设备买价　　B.融资成本　　C.租赁手续费
D.出租人要求的报酬　　E.设备维修费
(8) 采用资金习性预测法预测资金需要量时，不变资金应该被划分为（　　）。

A.固定资产占用资金　　B.原材料保险储备占用资金
C.维持营业必须持有的最低现金　　D.存货占用资金
E.应收账款占用资金
(9) 我国企业目前可选的筹资渠道包括（　　）。
A.国家财政资金　　B.银行信贷资金　　C.其他企业资金
D.居民个人资金　　E.企业自留资金
(10) 应收账款筹资成本分为（　　）。
A.无现金折扣，则无成本
B.有现金折扣，放弃现金折扣无成本
C.有现金折扣，放弃现金折扣有成本
D.在折扣期末付款，折扣期内无成本
E.在折扣期末付款，折扣期内有成本
3) 混合选择题
(1)"信息处理"（中级）的基本要求是（　　）。
A.具备进入工作岗位最基本的信息处理能力，在常规条件下能收集、整理并传递适应既定工作需要的信息
B.在更广泛的工作范围内获取需要的信息，进行信息开发处理，并根据工作岗位各方面的需要展示组合信息
C.广泛地收集、深入地整理开发、多样地传递、灵活地运用信息，以适应复杂的工作需要
D.具备信息处理工作的设计和评估能力，并表现出较强的组织与管理能力
(2)"信息处理"（中级）的"技能点"包括（　　）。
A.获取信息　　B.开发信息　　C.整理信息　　D.展示信息
(3)"信息处理"（中级）的"规范与标准"主要包括（　　）。
A.能定义复杂信息任务，确定搜寻范围，列出资源优先顺序，通过询访法和观察法搜寻信息
B.能对信息进行分类、定量筛选、运算分析、加工整理，用计算机扩展信息
C.能通过演说传递信息，用文字图表、计算机排版展示组合信息，用多媒体辅助信息传达
D.能用口语和文字符号进行信息传递，并能用现代办公自动化技术、计算机和网络相关技术传递信息
(4)"筹资方式的比较与策划"这一专业能力领域的"技能点"包括（　　）。
A.资金需要量预测技能　　B.负债筹资方式的分析与策划技能
C.权益筹资方式的分析与策划技能　　D.金融市场分析技能
(5)"对将要从事的职业种类、职业方向与事业成就有积极的向往和执着的追求"，这是（　　）的"规范与标准"。
A.职业观念　　B.职业理想　　C.职业守则　　D.企业伦理
4) 判断题
(1) 根据《中华人民共和国公司法》的规定，发行普通股股票可以按票面金额等

价发行，也可以偏离票面金额按溢、折价发行。（　　）

（2）票据贴现是一种担保贷款，因此企业应收票据贴现后是没有任何风险的。（　　）

（3）补偿性余额的约束，有助于降低银行贷款风险，企业借款的实际利率与名义利率相同。（　　）

（4）所有者权益是企业可以使用的资本，因此所有者权益就是资本金。（　　）

（5）留存收益属于敏感项目。（　　）

（6）企业采用定性方法分析资金需要量时，可采用销售百分比法。（　　）

（7）企业确定债券发行价格时不需要考虑票面利率，只需要看市场利率即可。（　　）

（8）融资租赁租入的固定资产在租赁期内列示于企业资产负债表内，但资产所有权不归企业。（　　）

（9）优先股具有债券的特征，因此企业不应该发行优先股筹资，应直接发行债券筹资。（　　）

（10）权益筹资与债务筹资各有利弊。（　　）

3.2.3 案例题

HQ家具公司筹资

背景与情境：HQ家具公司是一家上市公司，专业生产和销售家具。近年来，人们对该公司生产的不同类型的家具需求旺盛，该公司销售收入增长迅速。公司预计在HZS及其周边地区的市场潜力较大，预计销售收入每年可增长50%～100%。所以，公司决定在2024年年底前在HZS郊区建一座新厂。公司为此需要筹资5亿元，其中2 000万元可以通过公司自有资金解决，剩余的4.8亿元需要从外部筹资。2024年8月31日，公司总经理刘建召开总经理办公室会议研究筹资问题，并要求财务经理王海列出具体方案，以提交董事会会议讨论。

（1）公司在2024年8月31日的有关财务数据如下：

① 资产总额为27亿元，资产负债率为50%。

② 公司有长期借款2.4亿元，年利率为5%，每年年末支付一次利息。其中，6 000万元将在2年内到期，其他借款的期限尚余5年。借款合同规定公司资产负债率不得超过60%。

③ 公司发行在外的普通股有3亿股。

④ 公司2023年完成净利润2亿元；2024年预计全年可完成净利润2.3亿元。公司适用的所得税税率为25%。

⑤ 假定公司一直采用固定股利分配政策，年股利为每股0.6元。

（2）公司财务经理王海根据总经理办公室会议的意见设计了两套筹资方案：

方案一：以增发股票的方式筹资4.8亿元。公司目前的普通股每股市价为10元。拟增发股票每股定价为8.3元，扣除发行费用后，预计净价为8元。为此，公司需要增发6 000万股股票以筹集4.8亿元资金。为了给公司股东以稳定的回报，维护其良好的市场形象，公司仍将维持其设定的每股0.6元的固定股利分配政策。

方案二：以发行公司债券的方式筹资4.8亿元。鉴于目前银行存款利率较低，公司拟发行公司债券。设定债券年利率为8%，期限为10年，每年付息一次，到期一次还本，发行总额为4.9亿元，其中预计发行费用为1 000万元。

请根据案例在下列题中填入适当选项：

1）企业筹资的目的包括（　　）。

A.扩大生产规模　　B.偿债

C.调整资本结构　　D.创建企业

2）资金需要量的预测可采用（　　）。

A.定性预测法　　B.定量预测法　　C.财务分析法　　D.预算法

3）企业筹资按性质可分为（　　）。

A.权益筹资　　B.债务筹资　　C.长期筹资　　D.短期筹资

4）权益性筹资的方式包括（　　）。

A.留存收益筹资　　B.发行股票筹资

C.吸收直接投资　　D.银行借款筹资

5）在这个案例中，与筹资方案二相比，筹资方案一的优势包括（　　）。

A.资金成本低　　B.财务风险小　　C.增强企业实力　　D.税收优势

3.2.4　实训题

1）单项选择题

（1）某企业需借入资金300万元，由于银行要求将贷款数额的20%作为补偿性余额，故企业需向银行申请的贷款数额为（　　）万元。

A.600　　B.375　　C.750　　D.672

（2）某企业以名义利率15%取得贷款600万元，银行要求其分12个月等额偿还，每月偿还57.5万元，则其实际利率为（　　）。

A.10%　　B.20%　　C.30%　　D.40%

（3）某公司拟发行5年期债券进行筹资，债券票面金额为100元，票面利率为12%，到期一次还本付息，当时市场利率为10%，那么该公司债券的发行价格应为（　　）元。

A.107.58　　B.100　　C.105.35　　D.99.35

（4）某公司历史资料显示：在过去5年中，销售收入每增加100元需要向外筹集资金90元，销售收入为0时需要筹集1 500万元，预计公司2025年的销售收入将达到5 000万元，则该公司需要向外筹资的数额为（　　）万元。

A.4 500　　B.6 000　　C.1 500　　D.5 000

（5）某企业拟以“2/20，N/40”的信用条件购进原料一批，则企业放弃现金折扣的机会成本为（　　）。

A.2%　　B.36.73%　　C.18%　　D.36%

（6）某企业拟以“2/20，N/40”的信用条件购进原料一批，价格为10 000元，企业选择在第20天付款，则企业应付款（　　）元。

A.10 000　　B.9 800　　C.6 327　　D.8 200

（7）某企业需借入资金300万元，利率为10%，由于银行要求将贷款数额的20%作为补偿性余额，则企业借款的实际利率为（　　）。

A.10%　　B.12.5%　　C.20%　　D.30%

（8）某公司2024年实现净利润2 000万元，提取盈余公积200万元，送红股用去净利润400万元，当年增加的未分配利润为1 000万元，则该公司利用留存收益筹集（　　）万元。

A.200　　B.400　　C.1 000　　D.1 600

（9）某公司2024年年底净资产为10亿元，该公司目前已发行且流通在外的债券为3亿元，公司打算在2024年年底再次发行债券，这次债券筹资总额不得超过（　　）亿元。

A.10　　B.3　　C.6　　D.1

（10）某公司融资租赁一台设备，设备价款及其他费用总计200万元，租期5年，则每年支付的租金最有可能是（　　）万元。

A.200　　B.40　　C.30　　D.60

2）多项选择题

（1）某公司拟从商业银行借入一笔短期借款，金额100万元，期限1年，银行提供三个方案：甲方案：到期还本付息，借款利率为15%；乙方案：贴现法还款，利率为10%；丙方案：银行要求公司保留20%的补偿性余额，利率为9%。关于实际利率，下列说法正确的有（　　）。

A.实际利率就是名义利率　　B.应该选择丙方案

C.甲方案的实际利率为15%　　D.乙方案的实际利率为10.11%

E.丙方案的实际利率为11.25%

（2）企业在持续经营过程中，会自发地、直接地产生一些资金来源，从而部分地满足企业的经营需要，如（　　）。

A.预收账款100万元

B.应付工资200万元

C.以应付票据支付材料款300万元

D.根据周转信贷协定的限额借款500万元

E.发行债券筹资1 000万元

（3）某公司采用赊购方式购入一批原材料，总价格为100万元，供应商给出的付款条件为“1/10，N/30”，下列说法正确的有（　　）。

A.如果公司在10天内付款，只需要付款99万元

B.如果公司在第9天付款，相当于免费获得一笔贷款，贷款本金为99万元

C.公司若放弃现金折扣，则应收账款的机会成本为1%

D.公司若放弃现金折扣，则应收账款的机会成本为18.18%

E.若银行的短期借款利率为15%，则公司应该选择从银行借款并及时归还货款

（4）如果公司想降低筹资风险，则可以采用的筹资方式有（　　）。

A.发行债券　　B.长期借款　　C.商业信用

D.发行股票　　E.吸收直接投资

（5）某公司2024年的销售收入为10亿元，销售净利率为8%。预计2025年的销售收入增长20%，销售净利率保持在2024年的水平上，净利润的50%将支付给股东，应付账款为销售收入的5%。由上述条件可知，2025年公司将发生的行为有（ ）。

A.自发性融资总额为10亿元　　B.自发性融资总额为12亿元

C.新增留存收益融资额为0.96亿元　　D.新增留存收益融资额为0.48亿元

E.应付账款为0.6亿元

（6）某公司债券的票面利率为10%，期限5年，面值1 000元，则（ ）。

A.市场利率为8%时，溢价发行　　B.市场利率为12%时，折价发行

C.市场利率为10%时，平价发行　　D.不考虑市场利率，一律按面值发行

E.参照类似债券的市场交易价格发行

（7）某公司打算发行股票筹资，股票面值为1元，则公司每股股票可能的发行价格为（ ）元。

A.10　　B.12　　C.1

D.0.5　　E.0.9

（8）某公司融资租赁一台设备，租期6年，租赁期满后，设备残值为45万元，预计还可继续使用6年，则公司可能采取的措施有（ ）。

A.向出租人续租

B.返还给出租人

C.以40万元的价格购买该设备

D.不需要征得出租人同意，继续使用该设备

E.宣布该设备报废

（9）某企业与银行签订了周转信贷协定，贷款最高额度为1 000万元，年利率为10%，承诺费率为0.5%，2024年企业向银行年均借款800万元，则（ ）。

A. 2024年企业向银行支付利息80万元

B. 2024年企业因使用银行借款800万元需要向银行支付的资金使用代价为80万元

C. 2024年企业向银行支付承诺费1万元

D. 2024年企业因使用银行借款800万元需要向银行支付的资金使用代价为81万元

E. 2024年企业向银行支付承诺费4万元

（10）某公司发行的优先股为非累计优先股和非参与优先股，面值总额为1 000万元，股息率为10%，上年的税后净利润不足以支付优先股股利，缺口为100万元，则（ ）。

A. 当年公司净利润为1 000万元，优先股股利为1 000万元，归属于普通股的净利润为0

B. 当年公司净利润为900万元，优先股股利为1 000万元，归属于普通股的净利润为-100万元

C. 当年公司净利润为1 100万元，优先股股利为1 000万元，归属于普通股的净利润为100万元

D. 当年公司净利润为900万元，优先股股利为900万元，归属于普通股的净利润为0

E. 当年公司净利润为2 000万元，优先股股利为1 100万元，归属于普通股的净利润为900万元

3.3 主观题

3.3.1 理论题

1）简答题

（1）什么是筹资方式？

（2）负债筹资有哪些种类？

（3）权益筹资有哪些种类？

（4）企业筹资渠道有哪些？

（5）企业筹资方式有哪些？

2）理解题

（1）使用销售百分比法预测资金需要量的理论依据是什么？

（2）请比较债券筹资与长期借款筹资的优劣。

（3）请指出普通股筹资和吸收直接投资筹资的优劣。

3.3.2 实务题

1）规则复习

（1）销售百分比法的具体步骤如何？

（2）如何运用高低点法预测企业资金需要量？

（3）如何运用回归分析法预测企业资金需要量？

（4）如何确定公司债券的发行价格？

（5）如何确定与计算融资租赁的租金？

2）业务解析

（1）分析说明变动项目与不变项目的区别。

（2）比较分析不同借款条件下的短期借款成本。

（3）分析说明企业对应付账款这种商业信用的利用情况。

3.3.3 案例题

1）案例分析

田大妈借钱难

背景与情境：新蓉新公司（以下简称“新蓉新”）位于成都市近郊的新津区，拥有资产2亿多元，占有全国泡菜市场60%的份额。近年来，新蓉新却被流动资金的“失血”折磨得焦头烂额。总经理田玉文（人称“田大妈”）作为新蓉新的创始人，在由成都市委宣传部、统战部和市工商联联合召开的一次座谈会上大倒苦水。这位宣称“除了‘田玉文’认不得多少字”的企业家当场发问：“我始终弄不懂，像我们这

样的企业，一年上缴税款三四百万元，解决了附近十几个县的蔬菜出路问题，安排了六七千农民就业，从来没有烂账，为啥就贷不到款?!”

新蓉新流动资金状况的确很成问题。4月、5月正是蔬菜收购和泡菜出厂的旺季，新蓉新在这段时间，每天从农民手中购进价值70余万元的大蒜、萝卜等蔬菜。田大妈坦言，她已经向农民打了400多万元的“白条”，这种状况让田大妈非常苦恼。她能有今天——据她自己说——全靠她一诺千金。在她看来，“白条”所带来的信誉损失是难以接受的。新蓉新从零开始做到今天，只向中国工商银行贷过少量款，大部分资金是“向朋友借的”。也正是为了维护这种民间信用关系，田大妈近日一口气偿还了“朋友”的借款共2 000多万元。据说，现在新蓉新的民间借款已经偿清。这也正是新蓉新流动资金紧缺的主要原因之一。此外，为了引进设备建一个无菌车间，田大妈花了100多万元购置110亩土地的使用权。近日，田大妈同她的长子——新蓉新董事长陈卫东正为此发愁：如果筹不到800万元贷款，下一步收购四季豆的计划就没法实现了。

田大妈说，一周前，公司已向中国工商银行提出了800万元的贷款申请，但目前还没有动静。据田大妈说，新蓉新现有资产2.63亿元，资产负债率10%左右。另据县委办公室相关负责人介绍，该公司目前已签了3亿多元的供货合同，在国内增加了几百个网点，预计年内市场份额能达到80%。像这样的企业，银行为何惜贷呢?

银行信贷员胡大光认为，民营企业由于规模和实力较弱，产品市场竞争力有限，贷款难以完全收回，风险较大，这是大多数银行都不愿意给田大妈贷款的根本原因。

资料来源：佚名.财务管理——筹资管理［EB/OL］.［2023-04-10］.https：//www.docin.com/p-4269748091.html.

问题：

（1）你认为胡大光的分析正确吗?

（2）企业有哪些常见的筹资方式?

（3）案例中田大妈的筹资目的有哪些?

（4）田大妈主要的资金来源有哪些?

分析要求：

（1）形式性要求

同第1章“主观题”中本题型“的“形成性要求”。

（2）成果性要求

① 课业结构、格式与体例参照本《训练手册》“课业范例”的范例3-5-1。

② 同第1章“主观题”中本题型的其他“成果性要求”。

2）课程思政

小牛资本非法集资案

背景与情境：小牛资本成立于2012年，总部位于深圳，是一家综合性金融科技服务集团。小牛集团主要通过小牛在线、钱罐子等P2P平台开展线上募资，并通过小牛新财富、小牛基金等对外发售私募基金产品。

彭铁成立小牛集团后与彭钢等人通过子公司的P2P平台等，以私募理财产品的形式向131万余人非法吸收存款近1 026亿元。彭铁、彭钢等6人明知集团资金缺口巨大、坏账率畸高，仍进行非法集资活动，所募资金用于还本付息及彭铁个人使用，集资诈骗89.34亿元。

广东省深圳市中级人民法院以集资诈骗罪、非法吸收公众存款罪，判处彭铁无期徒刑，剥夺政治权利终身，并处没收个人全部财产；判处彭钢有期徒刑11年，并处罚金100万元；其余24名被告人分获刑罚。二审法院维持了原判。

资料来源：佚名．2023年度人民法院十大案件［N］．人民法院报，2024-01-06.

问题：

（1）请分析上述现象暗含了哪些课程思政要求和原则。

（2）本案例对你有哪些启示？

研判要求：

（1）形成性要求

同第1章“主观题”中本题型的“形成性要求”。

（2）成果性要求

① 课业结构、格式与体例参照本《训练手册》“课业范例”的范例3-5-2。

② 同第1章“主观题”中本题型的其他“成果性要求”。

3.3.4 实训题

阶段性体验Ⅲ：“筹资方式的比较与策划”胜任力训练

【训练目的】

见主教材本章章名页“学习目标”中的“实训目标”。

【能力与道德领域】

专业能力——筹资方式的比较与策划

技术-技能Ⅰ

名称：资金需要量预测“技术-技能”

规范与标准：

（1）能根据企业主客观条件，正确运用销售百分比法预测资金需要量。

（2）能根据企业主客观条件，正确运用高低点法预测资金需要量。

（3）能根据企业主客观条件，正确运用回归分析法预测资金需要量。

技术-技能Ⅱ

名称：负债筹资方式的分析与策划“技术技能”

规范与标准：

（1）能正确分析短期借款的信用条件和成本，为企业制订短期借款筹资方案。

（2）能有针对性地分析长期借款，为企业制订长期借款筹资方案。

（3）能合理确定债券发行价格，为企业制订发行公司债券筹资方案。

（4）能有针对性地分析并设计相应的融资租赁策略。

（5）能准确地分析放弃现金折扣的成本，并设计相应的商业信用策略。

技术-技能Ⅲ

名称：权益筹资方式的分析与策划“技术-技能”

规范与标准：

（1）能较为合理地策划企业吸收直接投资的筹资方案。

（2）能有效地策划企业发行普通股的筹资方案。

（3）能有效地策划企业发行优先股的筹资方案。

技术-技能Ⅳ

名称：撰写《“筹资方式的比较与策划”训练报告》“技术-技能”

规范与标准：

（1）能合理设计《“筹资方式的比较与策划”训练报告》，使其结构、层次较分明。

（2）能依照商务应用文的规范与要求撰写《“筹资方式的比较与策划”训练报告》。

（3）本教材“网络教学资源包”的《学生考核手册》中的考核表3-2所列各项“考核指标”和“考核标准”。

职业核心能力——信息处理、解决问题、革新创新（中级）

上述能力领域的“基本要求”、“技术-技能”点和“规范与标准”参见“附录三”中的附表3的相关述项。

职业道德——职业理想、职业守则（认同级）

各道德领域的“规范与标准”参见“附录四”的附表4的相关述项。

【训练任务】

（1）对“筹资方式的比较与策划”等专业能力的各“技术-技能”点实施阶段性基本训练。

（2）对“信息处理”“解决问题”“革新创新”等职业核心能力的各“技术-技能”点实施“中级”强化训练。

（3）对“职业理想”“职业守则”等职业道德的各“素质点”实施“认同级”相关训练。

【训练要求】

（1）训练前学生要了解并熟记本训练的“训练目的”、“能力与道德领域”、“训练任务”与“训练要求”，熟记“网络教学资源包”中《学生考核手册》考核表3-1、考核表3-2中的“考核指标”与“考核标准”的内涵，将其作为本训练的操练点和考核点来准备。

（2）通过“训练步骤”，将“训练任务”所列三种训练整合并落实到本训练的“活动过程”和“成果形式”中。

（3）训练后，学生对本次训练活动进行总结，在此基础上撰写《“筹资方式的比较与策划”训练报告》。

【情境设计】

将学生分成若干训练组，各训练组结合本训练“成果形式”的“训练课业”题目，在“训练资料”中任选一组进行训练操练。各训练组通过对所选资料的筹资方式的比较与策划，以及对《“筹资方式的比较与策划”训练报告》的准备、撰写、讨论与交流等实践活动的参与和体验，依照本章“训练要求”完成各自的训练任务。

【指导准备】

知识准备：

（1）“筹资管理”的理论与实务知识。

（2）“附录一”的附表1中，涉及本章“职业核心能力强化训练项”各“技能点”，需要对学生事先培训“‘知识准备’参照范围”内的知识。

（3）“附录三”的附表3和“附录四”附表4中，涉及本章“职业核心能力强化训练项”各“技术-技能”点和“职业道德相关训练项”各“素质点”，需要对学生事先培训“规范与标准”内的知识。

操作指导：

（1）教师向学生阐明“训练目的”、“能力与道德领域”和“知识准备”。

（2）教师就“知识准备”中的第（2）、（3）项，对学生进行培训。

（3）教师指导学生就操练项目的资金需要量预测进行熟悉与分析，准确预测企业资金需要量。

（4）教师指导学生就操练项目的负债筹资方式进行熟悉与比较，并进行负债筹资方式的选择与策划。

（5）教师指导学生就操练项目的权益筹资方式进行熟悉与比较，并进行权益筹资方式的选择与策划。

（6）教师指导学生完成《“筹资方式的比较与策划”训练报告》的撰写。

【训练时间】

本章课堂教学内容结束后的双休日和课余时间，为期一周。

【训练步骤】

（1）将班级每5位同学分成一组，每组确定1~2名负责人。

（2）对学生进行筹资管理的培训，熟悉训练目的与步骤。

（3）分配训练任务，指导学生研究相关问题。

（4）各组在对操练项目进行“筹资方式的比较与策划”专业训练的过程中，融入对“信息处理”“解决问题”“革新创新”等职业核心能力各“技术-技能”点的“中级”强化训练和对“职业理想”“职业守则”等职业道德各“素质点”的“认同级”相关训练。

（5）撰写作为最终成果的《“筹资方式的比较与策划”训练报告》。

（6）在班级交流、讨论各组的《“筹资方式的比较与策划”训练报告》。

（7）根据交流、讨论的结果，各组修订其《“筹资方式的比较与策划”训练报告》，并使之各具特色。

（8）将经过班级交流和修订，并附有“教师点评”的优秀训练报告在校园网课程平台进行展示，并纳入本校该课程的教学资源库。

【成果形式】

训练课业：《“筹资方式的比较与策划”训练报告》

课业要求：

（1）《“筹资方式的比较与策划”训练报告》的内容、结构与体例参照本《训练手册》“课业范例”的范例3-5-3。

（2）各组成员完成的《“筹资方式的比较与策划”训练报告》须由指导教师、项目组组长和项目组成员三方签字负责。

3.4 实训资料

实训资料3-4-1

1）某公司2024年12月31日的资产负债表（简表）见表3-1。

表3-1 资产负债表（简表）

编制单位：某公司 2024年12月31日 单位：万元

资产	期末余额	负债和所有者权益	期末余额
货币资金	500	应付账款	1 500
应收账款	1 500	短期借款	2 500
存货	3 000	长期借款	1 000
固定资产	3 000	实收资本	2 000
		留存收益	1 000
资产总计	8 000	负债和所有者权益总计	8 000

该公司2024年的销售收入为10 000万元，现在还有剩余生产能力，增加收入不需要增加固定资产投资。假定销售净利率为10%，净利润的60%将分配给投资者，2024年的销售收入将提高20%。

要求：

（1）预测2025年需要增加的资金量。

（2）预测2025年需要向外筹集的资金量。

2）某企业为扩大经营规模，融资租入一台机床，该机床的市价为200万元，租期10年，期满转让价为10万元，年利率为10%，手续费为设备原价的5%。

要求：

（1）如果采用等额年金法，每年年末支付租金，则每期租金为多少？

（2）如果采用等额年金法，每年年初支付租金，则每期租金为多少？

3）某企业按“2/10，N/30”的条件购入一批货物，即企业如果在10日内付款，可享受2%的现金折扣；倘若企业放弃现金折扣，货款应在30天内付清。

要求：

（1）企业放弃该项现金折扣的资金成本是多少？

（2）若企业准备放弃现金折扣，将付款日期推迟到第50天，则企业放弃现金折扣的资金成本是多少？

（3）若另一家供应商提出“1/20，N/30”的信用条件，则企业放弃现金折扣的资金成本是多少？

（4）若企业准备享受现金折扣，则选择哪一家供应商比较有利？

实训资料 3-4-2

1）恒达公司向华丽公司购买原材料，华丽公司开出的付款条件为“1/20，N/30”。恒达公司的财务经理王莉通过查阅公司记录得知，会计人员对此项交易的处理方式是：一般在收到货物后第15天支付款项。当王莉询问公司会计为什么不争取现金折扣时，负责该项交易的会计不假思索地回答：“这一交易的资金成本仅为1%，而银行的贷款成本却为10%。”

要求：

（1）会计人员的错误在哪里？其在观念上混淆了什么？丧失现金折扣的资金成本有多大？

（2）如果恒达公司无法获得银行贷款，而被迫使用商业信用资金（即使用推迟付款的商业信用筹资方式），为降低年利息成本，你应向财务经理王莉提出何种建议？

2）凌云整体橱柜公司是一家上市公司，专业生产和销售整体橱柜。近些年来，该公司正好赶上我国经济快速发展的时期，居民兴起购房和装修热，其生产的不同类型的整体橱柜需求旺盛，销售收入增长迅速。公司预计北京及其周边地区的市场潜力较大，销售收入每年可增长50%~100%。所以，公司决定2025年年底前在北京郊区建成一座新厂。公司为此需要筹集5亿元，其中2 000万元可以通过公司自有资金解决，剩余的4.8亿元需要从外部筹集。2024年8月31日，公司总经理周建召开总经理办公会，研究筹资问题，并要求财务经理陆华列出具体方案，以提交董事会会议讨论。

（1）公司2024年8月31日的有关财务数据如下：①资产总额为27亿元，资产负债率为50%。②公司有长期借款2.4亿元，年利率为5%，每年年末支付一次利息。其中，6 000万元将在2年内到期，其他借款的期限尚余5年。借款合同规定公司资产负债率不得超过60%。③公司发行在外的普通股有3亿股。④公司2023年完成净利润2亿元，2024年预计全年可完成净利润2.3亿元，公司适用的所得税税率为25%。假定公司一直采用固定股利分配政策，年股利为每股0.6元。

（2）公司财务经理陆华根据总经理办公会的意见设计了两套筹资方案：

方案一：以增发股票的方式筹集4.8亿元。公司目前的普通股每股市价为10元。拟增发股票每股定价为8.3元，扣除发行费用后，预计净价为每股8元。为此，公司需要增发6 000万股股票以筹集4.8亿元资金。为了给公司股东以稳定的回报，维护其良好的市场形象，公司仍将维持其设定的每股0.6元的固定股利分配政策。

方案二：以发行公司债券的方式筹集4.8亿元。鉴于目前银行存款利率较低，公司拟发行公司债券。设定债券年利率为4%，期限为10年，每年付息一次，到期一次还本，发行总额为4.9亿元，其中预计发行费用为1 000万元。

要求：

（1）分析上述两套筹资方案的优缺点。

（2）请为该公司选出较佳的筹资方案。

实训资料3-4-3

1）丹尼尔·洛维格所创立的企业王国，是一个庞大复杂得令人不可思议的跨国公司，它包括独资或拥有多数股权的遍布世界的许多产业：一连串的储蓄放款的信贷公司；许多家旅馆和许多座办公大楼；从澳大利亚到墨西哥各地的许多家钢铁厂、煤矿及其他自然资源的开发经营公司；在巴拿马和美国佛罗里达州的石油和石油化学工业炼油厂等。除此之外，洛维格还拥有一支总吨位达500万吨，并且足以同希腊船王的船队相媲美的世界性船队。然而，令人惊诧的是，这一切都是丹尼尔·洛维格白手起家、依靠自己的聪明才智取得的。其中，他独特的、高明的借钱赚钱方式，是他的事业得以成功的最重要因素。

洛维格从19岁开始经营自己的事业，在此后的20多年中，他一直没有"财星高照"、走上红运。他在航运业里碰来碰去，做些买船、卖船、修理和包租的生意，有时赚钱，有时赔钱，他手头的钱一直很紧，几乎一直有债务在身，好几次都处于破产的边缘。一直到20世纪30年代中期，年近40岁的洛维格才开始时来运转，而这归功于他高明的借钱赚钱的经营方式。最初，他仅仅是想通过贷款买一艘普通的旧货轮，并打算把这艘旧货轮改装成油轮（运油比运货的利润高）。他找了好几家纽约的银行，银行的职员们都盯着他磨破了的衣领，问他能提供什么担保物。洛维格双手一摊，他没有值钱的担保物，借钱只得告吹。最后，他来到了纽约大通银行，提出他有一艘可以航行的老油轮，现在正包租给一家信誉卓著的石油公司。这艘老油轮和那家信誉卓著的石油公司帮了洛维格的大忙，大通银行可以直接从石油公司收取包船租金作为贷款利息，用不着担惊受怕，只要这艘老油轮不沉，石油公司不倒闭，大通银行就不会亏本。

大通银行就按照这个条件，把钱借给了洛维格。洛维格买下了那艘旧货轮，把它改装成一艘油轮，并将它包租出去。接着，他又用同样的办法，拿这艘油轮作抵押，又贷了另一笔款，买下了另一艘货轮，又把这艘货轮改装成油轮包租出去。如此这般，他干了许多年。每还清一笔贷款，他就名正言顺地净赚下一艘船。包船租金也不再流入银行，而开始落入洛维格的腰包。他的资金状况，他的银行信用，还有他的衣领，都迅速地有了很大的改进。洛维格开始发财了。

洛维格通过借钱赚钱而发财后，他的脑袋里又产生了一个更加绝妙的借钱构想。他想，既然可以用现成的船贷款，那么为什么不可以用一艘未造好的船贷款呢？洛维格的具体设想是这样的：他先设计好一艘油轮或其他的船，但在安放龙骨前，他就找好一位愿意在船造好以后承租它的顾客。然后，他拿着这张包租契约前往银行申请贷款，来建造这条船，贷款的方式是不常见的"延期偿还贷款"。在这种条件下，在船未下水以前，银行只能收回很少还款，甚至一分钱也收不回；一旦船下了水，租金就开始付给银行，其后贷款偿还的情况，就和前述的一样了。最后，经过好几年，贷款付清之后，洛维格就可以把船开走，他自己一分钱未花就正式成为船主了。当洛维格把自己的构想告诉银行时，银行的职员们都惊呆了。他们经过认真研究之后，便采纳了洛维格的构想，同意贷款。

对于银行来说，这是一项不会赔本的贷款。从效力方面来讲，这个贷款受到两个经济上独立的公司或个人的担保，假设其中一方出了问题，不能履行贷款合同，另一方不一定会有同样的问题。所以，银行反而认为其借出的钱多了一层保障。更何况，此时的洛维格早已不是以前的穷光蛋了，他不仅有大笔的财产，还有良好的及时归还贷款的信誉。借钱赚钱的方式很快地被洛维格推行到了他所有的事业上，洛维格也真正开始了他那庞大财富积聚的冒险过程。之前，他向别人租借码头和造船厂，很快就转为他向别人借钱，修建自己的码头和造船厂。这一切都给他带来了极为可观的利润。

要求：请说明洛维格的借款方式，并指出负债筹资的优势及其可能存在的缺陷。

2）某公司2023年年末和2024年年末的资产负债表（简表）见表3-2。

表3-2 **资产负债表（简表）**

编制单位：某公司　　2023年、2024年12月31日　　单位：万元

资产	期末余额		负债和所有者权益	期末余额	
	2023年	2024年		2023年	2024年
货币资金	5.0	7.5	应付票据	57.5	60.5
应收账款	210.0	240.0	应付账款	177.0	264.0
存货	200.0	261.0	长期借款	5.5	5.5
预付款项	1.0	1.0	实收资本	25.0	25.0
固定资产	24.0	28.5	留存收益	175.0	183.0
资产总计	440.0	538.0	负债和所有者权益总计	440.0	538.0

该公司2024年实现销售收入1 500万元，税前利润45万元，税后利润的留存比例为50%，公司适用的所得税税率为25%。经有关部门测算，该公司2025年度的销售收入为1 800万元。

要求：确定该公司2025年度的资金规模及筹资额。

3）通达公司按"2/10，N/40"的信用条件购入一批货物，即企业如果在10日内付款，可享受2%的现金折扣；倘若企业放弃现金折扣，贷款应在40天内付清。

要求：

(1) 计算企业放弃该项现金折扣的资金成本。

(2) 若另一家供应商提出"1/20，N/40"的信用条件，计算放弃现金折扣的资金成本。

(3) 若企业准备享受现金折扣，选择哪一家供应商有利?

(4) 若企业准备放弃现金折扣，选择哪一家供应商有利?

3.5 课业范例

范例3-5-1

案例分析

克莱斯勒汽车公司优先股筹资

背景与情境：克莱斯勒汽车公司曾在面临非常恶劣的环境时，成功地使用优先股为公司筹措到了巨额资金。

当时，由于接连发生亏损，公司的股价不断下降，其股票也越来越不被看好，甚至投资者对该公司是否还能生存下去都抱有强烈的怀疑态度。在这种情形下，投资者不愿再将资金投入该公司，除非他们能够得到某种优先受偿的地位。解决方案似乎只有发行债券和优先股，但当时克莱斯勒汽车公司的负债已达到了债券限制条款中的上限。鉴于此，公司只得排除了以债券筹资的想法而改用优先股筹资，并适当提高了优先股的股息率。

公司通过采用种种鼓励发行的措施，使其优先股的发行获得了出乎意料的成功。这种优先股一上市就非常畅销，在市场前景看好的情况下，公司的发行额由原来预定的1.5亿美元提高到2亿美元。公司发行的全部优先股很快就被投资者如数吸纳了。

通过注入巨额的新生资金，公司的生产经营得到了彻底的改进。最终，公司扭亏为盈，彻底摆脱了原先的困境。

问题：

1）请说明什么是优先股筹资。

2）克莱斯勒汽车公司为什么要发行优先股筹资？

3）请简要比较优先股筹资相对于普通股筹资、债券筹资的优势，并对打算发行优先股筹资的公司提出一些必要的建议和忠告。

分析要求：

1）形成性要求

同第1章“主观题”中本题型的“形成性要求”。

2）成果性要求

（1）课业结构、格式与体例参照本《训练手册》“课业范例”的范例3-5-1。

（2）同第1章“主观题”中本题型的其他“成果性要求”。

“克莱斯勒汽车公司优先股筹资”案例分析报告

（项目组组长：　　　　　　项目组成员：　　　　　　　　）

1）优先股是一种特别的股票，它与普通股有许多相似之处，但又具有债券的某些特征。从法律的角度来讲，优先股属于自有资金。优先股的优先权是相对于普通股而言的，这种优先权主要表现在以下几个方面：（1）优先分配股利权。公司的盈利在提取盈余公积之后，应首先分配给优先股股东。（2）优先分配剩余资产权。在公司进行清算时，其偿还负债之后的剩余财产，应优先向优先股股东分配。优先股是一种具有双重性质的证券，它虽属于自有资金，却兼有债券的性质。从法律意义上讲，优先股是企业自有资金的一部分，但优先股也有固定的股利，这与债券利息相似。优先股对盈利的分配和剩余资产的求偿也具有优先权，这也类似于债券。

2）克莱斯勒汽车公司由于连年亏损，业绩下降，甚至其生存前景都不被看好。在此条件下，从投资者的角度来看，由于普通股股东的清偿权和收益分配权都居于债权人和优先股股东之后，因此在公司业绩持续下降，甚至看不到转机的时候，普通股股东的投资基本上得不到保障，发行普通股进行筹资会遭到市场的否决。然而，发行债券筹资也是有条件的。从债权人的角度来看，公司的偿债能力是其投资本金及收益保障的前提，公司如果负债过多，其偿债能力就会下降，此时再发生债务，债权人的利益就得不到保障，所以也无法发行债券筹资。优先股筹资具有普通股和债券的混合性质，即优先股股东收益固定且优先清偿和支付收益，风险要小于普通股股东，同时优先股筹资属于权益筹资，能增强企业实力，这就是克莱斯勒汽车公司利用优先股筹资得以成功的关键。

3）作为一种混合证券，公司利用优先股筹资有许多有利条件，同时具有债券和普通股的优点。其优势主要体现在如下方面：（1）所筹资本属于权益资本，有利于增强公司信誉，能进一步增强公司负债筹资的实力。（2）所筹资本属于权益资本，也属于永久性资本，没有固定到期日，不用偿还本金。非累积优先股股利虽然按面值和约定的股息率支付，但优先股股利是对税后利润的分配，其分配的前提是有税后利润。若没有税后利润或者税后利润不足，则公司可以少支付甚至不支付优先股股利，因此优先股股利有一定的弹性。但是，打算发行优先股筹资的公司在看到优先股筹资优势的同时，也一定要注意优先股筹资的缺陷，如筹资成本高、筹资限制多、财务负担重等。

范例3-5-2

课程思政

民间标会非法吸收公众存款、集资诈骗案

背景与情境：2022年8月，福州市长乐区公安局对郑某等人组织“民间标会”涉嫌非法吸收公众存款、集资诈骗案立案侦查。

经查，自2018年4月起，郑某未经金融监管部门批准，以本人为会首，在福州市长乐区金峰镇六林村及周边村庄组织民间互助会，非法吸收社会不特定对象参会。林某（郑某的女婿）于2020年4月、5月协助郑某转账给中标会员，共收取由郑某等人转入的会款4 000余万元。至2022年7月发生倒会。其间，郑某还与李某、邱某等人串通，通过透露标底等方式骗标。其中，李某在上述互助会中骗标187名，中标金额2 278万元，获利700万元；邱某等人在上述互助会中骗标75名，中标金额991万元，获利304万元。经审计，郑某组织的共计12班互助会已标会款总金额约1.44亿元，参会会员直接经济损失约3 467万元。

民间标会在福建省沿海农村地区盛行已久，又称民间“互助会”。标会的发起组织者为“会头”，普通会员为“会脚”。“会头”把“会脚”召集到一起，约定标会的本金规模及按期举行的时间，会员每期交纳一定数量的会费，轮流交由某一人使用。“会头”优先无偿使用第一次会费，而“会脚”如想使用会费，则需要暗中竞价，承诺给其他会员的标息越多，就越容易获得会费的使用权。

2024年1月17日，福州市长乐区人民法院依法判决被告人郑某犯非法吸收公众存款罪、集资诈骗罪，合计判处有期徒刑16年，并处罚金100万元；被告人林某犯非法吸收公众存款罪，判处有期徒刑5年，并处罚金人民币20万元；追缴犯罪所得及涉案集资款共计3 467万元退还各集资参与人。

资料来源：美丽书峰．非法集资十起典型案例警示［EB/OL］．［2024-07-24］．https：//mp.weixin.qq.com/s？__biz=MzIzMDQ4OTQwNA==&mid=2247528895&idx=6&sn=f07d8f355df190e45b11b896fe924ab5&chksm=e99a5a68e187910de4f20ba318191a790186a4997250afca6180544db0b9f4ddee6a0214ff3b&scene=27.引文有删减。

问题：

1）根据案例中的筹资问题，结合财务管理概念从课程思政的角度对非法集资现象进行思政研判。

2）本案例对你有哪些启示？

研判要求：

1）形成性要求

同第1章“主观题”中本题型的“形成性要求”。

2）成果性要求

（1）课业结构、格式与体例参照本《训练手册》“课业范例”的范例3-5-2。

（2）同第1章“主观题”中本题型的其他“成果性要求”。

“民间标会非法吸收公众存款、集资诈骗案”思政研判报告

（项目组组长：　　　　　　项目组成员：　　　　　　　　　　）

1）筹资是财务管理的一项重要工作，筹集资本需要付出代价，企业只有本着爱岗敬业的思想，通过创新提高资金利用效率，才能利用资金进行投资并获取收益，将收益的一部分回报给投资者。在实际工作中，企业募集资金时应该考虑还本付息的要求，不应该以过高的利率吸引资金，筹集的资金应该用于生产经营中产生增值并以利息等方式回报投资者，通过欺诈的方式筹资违背了诚实守信的要求。非法集资会给投资者造成巨大损失，还会影响到社会的团结稳定，作为理财者应该提高识别非法集资的本领。

2）本案例体现了筹资必须遵循合法性原则。本案例对我们的启示是在进行筹资时要遵循筹资的基本原则，不能为了筹资而筹资，要遵循诚实守信的基本理念。非法集资必将受到法律制裁，最终损人不利己。

范例3-5-3

训练资料： 晨光公司2023年的销售额为30 000万元，销售净利率为8%，股利发放率为净利润的40%，固定资产的利用程度仅仅达到其生产能力的60%。该公司2023年12月31日的资产负债表（简表）见表3-3。

表3-3　　资产负债表（简表）

编制单位：晨光公司　　2023年12月31日　　单位：万元

资产	期末余额	负债和所有者权益（或股东权益）	期末余额
货币资金	600	应付票据	1 500
应收账款	4 500	应付账款	3 000
存货	5 100	长期借款	2 500
固定资产	6 900	实收资本（或股本）	15 000
长期股权投资	3 000	留存收益	600
无形资产	2 500		
资产总计	22 600	负债和所有者权益（或股东权益）总计	22 600

假定该公司预测2024年销售额为35 000万元，并仍按基期年股利发放率支付股利，留存收益可以抵充筹资额。

要求：

1）请根据以上条件，帮助晨光公司确定外部筹资额。

2）请为晨光公司外部筹资额的预测提供一些建议。

3）完成一篇字数不少于1 500字的资金需要量的预测报告。

“晨光公司2024年外部筹资”训练报告

（项目组组长：　　　　　　项目组成员：　　　　　　）

训练报告见表3-4。

表3-4　　**“晨光公司2024年外部筹资”训练报告**

班级：会计2023（1）班　　　　　　项目组编号：01

项目组组长	吴清	项目组成员	张三、李四……
训练时间	2024年4月10日	训练地点	财务管理训练室
训练目的	（1）对“资金需要量预测”“负债筹资方式的分析与策划”“权益筹资方式的分析与策划”等专业能力的各“技术-技能”点实施阶段性基本训练。（2）对“信息处理”、“解决问题”和“革新创新”等职业核心能力的各“技术-技能”点实施“中级”强化训练。（3）对“职业理想”“职业守则”等职业道德的各“素质点”实施“认同级”相关训练		
训练步骤	（1）根据训练资料，项目组对相关问题进行分析，确定项目组成员的任务与分工，并制订项目组的《训练计划》。（2）实施《训练计划》，对晨光公司的外部筹资需求进行分析。（3）撰写作为最终成果的《“晨光公司2024年外部筹资”训练报告》。（4）在班级交流、讨论各组的《“晨光公司2024年外部筹资”训练报告》，并进一步修订和完善		
训练成果	筹资活动是公司开展财务活动的起点，如果没有资金，则其他一切财务活动都无从开展。对于公司筹资而言，筹资必须遵循规模适当的原则，即根据公司投资和生产经营等对资金的需要量来决定筹资数量。所以，筹资是企业财务活动的起点，而筹资需要量预测又是筹资的起点。当筹资的目的是满足公司未来销售对资金的需求时，公司很自然地会采用销售百分比法预测资金需要量和外部筹资额。 （1）确定敏感性项目 敏感性项目包括敏感性资产项目、敏感性负债项目和与销售额有关的留存收益项目。一般来说，货币资金、应收账款和存货都与销售额密切相关。随着销售额的变化呈正比例变化的资产项目，属于敏感性资产项目。无形资产、长期股权投资等不随着销售额的变动而变动，属于非敏感性资产项目。公司目前固定资产的利用程度仅仅达到60%，意味着公司的销售额在50 000万元（30 000÷60%）以内时，不需要增加固定资产。所以，销售额为35 000万元时，固定资产属于非敏感性资产项目。长期借款、股本和留存收益一般也不随销售额的变动而变动，属于非敏感性项目。应付票据、应付账款随着销售额的变化呈正比例变化，属于敏感性负债项目。另外，留存收益虽然属于非敏感性权益项目，但在公司销售净利率和股利支付率不变的条件下，当年新增的留存收益属于敏感性权益项目。 资产项目提供了资金需要量，而负债和权益项目提供了资金来源。二者的差额就构成了企业需要向外筹资的数量，或者是闲置的资金数量		

续表

<table>
<tr><td>训练成果</td><td colspan="3">（2）确定敏感性项目占销售额的百分比
货币资金占销售额的百分比=600÷30 000×100%=2%
应收账款占销售额的百分比=4 500÷30 000×100%=15%
存货占销售额的百分比=5 100÷30 000×100%=17%
应付账款占销售额的百分比=3 000÷30 000×100%=10%
应付票据占销售额的百分比=1 500÷30 000×100%=5%
新增加的留存收益占销售额的百分比=8%×（1−40%）=4.8%
（3）确定资产项目、负债及所有者权益项目对资金的需求及供给
①资产项目对资金的需求的计算步骤如下：
敏感性资产项目对资金的需求=35 000×（2%+15%+17%）=11 900（万元）
非敏感性资产项目对资金的需求=6 900+3 000+2 500=12 400（万元）
合计=11 900+12 400=24 300（万元）
②负债及所有者权益项目对资金的供给的计算步骤如下：
敏感性负债及所有者权益项目对资金的供给=35 000×（10%+5%+4.8%）
=6 930（万元）
非敏感性负债及所有者权益项目对资金的供给=2 500+15 000+600=18 100（万元）
合计=6 930+18 100=25 030（万元）
（4）确定外部筹资额或闲置资金
当销售额达到35 000万元时，公司所需资产总额仅为24 300万元，而资金供给达到了25 030万元，即资金来源超过了资金需求，差量为730万元。这意味着公司不需要向外筹资，已有730万元的闲置资金可以用于短期投资或者归还借款。
（5）利用销售百分比法预测资金需要量需要注意的问题
①在确定敏感性资产、负债和所有者权益项目时，尤其要注意预测期的销售额是否在固定资产的生产能力范围内。如果超过了固定资产的生产能力，则固定资产属于敏感性项目，否则固定资产属于非敏感性项目；只有预测期当年新增加的留存收益才是敏感性权益项目，而留存收益本身不是敏感性权益项目。
②要注意敏感性项目与销售额的百分比。使用销售百分比法假定这些项目与销售额之比是固定的，如果比率发生变化，则不能直接用基期的敏感性项目与销售额之比进行计算。
③非敏感性项目也对资金的需求和供给产生影响，利用总额法分析时要注意，这些项目会对向外筹资额或闲置资金数量产生影响</td></tr>
<tr><td>训练体会</td><td colspan="3">通过本训练，我们可以理解销售百分比法的概念、意义、特征与前提条件，熟悉销售百分比法预测资金需要量的分析技能，能够运用销售百分比法解决实际问题，提升我们对销售百分比法的理解和应用能力。此外，由于财务工作对专业综合素质的要求较高，企业财务管理人员在分析问题时要细致而全面，工作中要有团队合作精神，要善于与人沟通、与人合作</td></tr>
<tr><td>补充说明</td><td colspan="3">在本训练中，我们在体验本章“专业能力”基本训练的同时，也尝到了“信息处理”、“解决问题”和“革新创新”等“职业核心能力”（中级）强化训练和“职业理想”“职业守则”等“职业道德”（认同级）相关训练的甜头。我们认识到，要提高“学习迁移能力”和“可持续发展能力”，积极应对未来职业岗位的跨行业流动（这是当代职业的一个显著特征），避免职业道德与企业伦理的缺失，这些训练是必不可少的。我们相信，通过本课程以及后续课程的同类学习与训练，在构建自身“业务胜任能力”的过程中，我们的“职业核心能力”将不断增强，我们的“职业道德”将由“他律”变为“自律”</td></tr>
<tr><td>项目组成员签名</td><td>吴清、张三、李四……</td><td>指导教师签名</td><td>王华</td></tr>
</table>

3.6 参考答案与提示

教学互动3-1

引导提示：

（1）2025年需要增加的资金量=20%×［（500+1 500+3 000）－（500+1 000）］

=700（万元）

（2）2025年需要向外筹集的资金量=700-10 000×（1+20%）×10%×（1-60%）

=220（万元）

教学互动3-2

引导提示：

（1）该企业负担的承诺费=（1 000-800）×0.5%=1（万元）

（2）市场利率为8%时，发行价格为：

1 000×10%×（P/A，8%，3）+1 000×（P/F，8%，3）=100×2.5771+1 000×0.7938=1 051.51（元）

市场利率为10%时，发行价格为：

1 000×10%×（P/A，10%，3）+1 000×（P/F，10%，3）=100×2.4869+1 000×0.7513=999.99（元）

市场利率为12%时，发行价格为：

1 000×10%×（P/A，12%，3）+1 000×（P/F，12%，3）=100×2.4018+1 000×0.7118=951.98（元）

（3）①1月21日付款额为：

600 000×（1-2%）=588 000（元）

②放弃现金折扣的成本为：

［2%÷（1-2%）］×［360÷（50-20）］×100%=24.5%

向银行借款实际利率更低，为：

12%÷（1-20%）=15%

因此，应借款提前付货款，即2月20日付款不合算。

"3.2 客观题"参考答案

3.2.1 理论题

1）单项选择题

（1）C （2）D （3）B （4）C （5）C （6）B （7）D （8）A （9）B （10）D

2）多项选择题

（1）ABD （2）BCE （3）BC （4）ABCD （5）CDE （6）ABCD （7）CD （8）ABC （9）ABCD （10）BD

3）判断题

（1）× （2）√ （3）× （4）× （5）× （6）× （7）× （8）× （9）√ （10）√

3.2.2 实务题

1）单项选择题

（1）B （2）C （3）D （4）C （5）B （6）A （7）A （8）A （9）D （10）C

2）多项选择题

（1）ABCE （2）ACE （3）AE （4）ABE （5）ABCD （6）DE （7）ABCD （8）ABC （9）ABCDE （10）AC

3）混合选择题

（1）B （2）ABD （3）ABC （4）ABC （5）B

4）判断题

（1）× （2）× （3）× （4）× （5）× （6）× （7）× （8）√ （9）× （10）√

3.2.3 案例题

1）ABCD 2）AB 3）AB 4）ABC 5）BC

3.2.4 实训题

1）单项选择题

（1）B （2）C （3）D （4）B （5）B （6）B （7）B （8）D （9）D （10）D

2）多项选择题

（1）CDE （2）BC （3）ABDE （4）DE （5）DE （6）ABC （7）ABC （8）ABC （9）ACD （10）ACD

“3.3 主观题”参考答案

3.3.1 理论题

1）简答题

（1）参考答案：企业筹资方式是指企业筹措资金时所采用的具体形式。企业筹资管理的主要内容是如何针对客观存在的筹资渠道，选择合理的筹资方式进行筹资。正确认识筹资方式的种类及特点，有利于企业选择适宜的筹资方式并有效地进行筹资组合，降低筹资成本，提高筹资效益。

（2）参考答案：企业通过发行债券、向银行借款、融资租赁等方式筹集的资金属于企业的负债。企业的负债到期要归还本金和利息，因而又称企业的借入资金或负债资金。企业采用借入资金的方式筹集资金，一般需要承担较大风险，但相对而言，付出的资金成本较低。

（3）参考答案：企业通过发行股票、吸收直接投资、内部积累等方式筹集的资金都属于企业的所有者权益。企业的所有者权益一般不用还本，因而也称企业的自有资金、主权资金或权益资金。企业采用吸收自有资金的方式筹集资金，承担的财务风险较小，但付出的资金成本相对较高。

（4）参考答案：筹资渠道是指客观存在的筹措资金的来源方向与通道。我国企业目前的筹资渠道主要包括：①国家财政资金。②银行信贷资金。③非银行金融机构资金。④其他企业资金。⑤居民个人资金。⑥企业自留资金。⑦外商资金。

（5）参考答案：我国企业目前的筹资方式主要有以下几种：①吸收直接投资。②发行股票。③利用留存收益。④向银行借款。⑤利用商业信用。⑥发行公司债券。⑦融资租赁。

2）理解题

（1）参考答案：销售百分比法是以资金与销售额的比率为基础，预测未来资金需要量的一种方法，其原理是根据预计的销售额预测资金的需要量。根据资产负债表中资金占用与销售额变动关系的不同，资产、负债项目可以分为两类：一是与销售额的变动呈同比例变动的项目；二是不随销售额的变动而变动的项目。在资产、负债项目分类的基础上作出预计的资产负债表，可以推算出在一定预计销量下的资金需要量。

（2）参考答案：长期借款是指企业向银行或其他非银行金融机构借入的使用期超过一年的借款，主要用于购建固定资产和满足长期流动资金占用的需要。公司债券是公司为筹集资金而发行的，约定在一定期限还本付息的有价证券，它反映了企业与债券持有人之间的债权债务关系。发行公司债券是企业向社会筹集资金的重要方式。相对于债券筹资，长期借款筹资具有以下优点：①筹资速度快，手续简便。②借款弹性大。债券筹资具有以下优点：①筹资对象广，市场大。②可获得财务杠杆利益。

（3）参考答案：吸收直接投资是公司以协议等形式吸收国家、其他企业、个人或外商等直接投入的资本，以形成公司资本金的一种筹资方式。普通股是股份有限公司发行的无特别权利的股份，也是最基本的、最标准的股份，它代表了股东对股份制公司的所有权。发行普通股是股份有限公司筹集权益资金的主要方式。持有普通股股份者为普通股股东。相对于普通股筹资，吸收直接投资的优势为：公司吸收直接投资不仅可以筹措资金，而且能够直接获得其所需要的先进设备与技术，从而能够尽快地形成生产经营能力。吸收直接投资的劣势为：①由于没有证券作为媒介，公司吸收的直接投资往往产权不够明晰，这不利于公司产权的流动和重组。②国家对谋求吸收直接投资公司的诸多政策，不仅十分烦琐多变，而且很容易导致国家行政权力对公司的生产经营方向、营销策略、筹资渠道和方式等产生消极作用，从而使这些公司不能与现代市场经济体制真正融为一体。

3.3.2 实务题

1）规则复习

（1）参考答案：销售百分比法的具体步骤如下：①将资产负债表中的资产、负债项目划分为变动项目和不变项目。②计算基年各变动项目销售百分比。③计算预计留存收益增加额（Δ留存收益）。④计算外部融资额。

（2）参考答案：高低点法是在相关范围内，根据资金量的最高点与产销量的最高点之间的线性关系，以及资金量的最低点与产销量的最低点之间的线性关系，推算出资金中不变资金（a）和单位产销量所需变动资金（b）的数值，进而计算出预测期的资金需要量的方法。

（3）参考答案：回归分析法是根据有关历史资料，用数学上最小平方法原理，计算能代表平均资金水平的直线截距和斜率，建立回归直线方程，并利用其预测资金需要量的方法。

（4）参考答案：债券的发行价格是指债券在发行市场上发行时所使用的价格。通常债券有平价、溢价和折价三种发行方式。债券按面值发行即为平价发行，债券按高于面值的价格发行即为溢价发行，债券按低于面值的价格发行即为折价发行。在确定债券的发行价格时，不仅应考虑债券的票面利率与市场平均利率之间的关系，还应考虑债券资金所包含的时间价值。据此，债券的发行价格可由本金和利息的现值之和确定。

（5）参考答案：融资租赁的租金包括设备价款和租息两部分，其中租息又可分为租赁公司的融资成本、租赁手续费等。①设备价款是租金的主要内容，它由设备的买价、运杂费和途中保险费等构成。②融资成本是指租赁公司为购买租赁设备所筹资金的成本，即设备租赁期间的利息。③租赁手续费包括租赁公司承办租赁设备的销售费用和一定的盈利。租赁手续费的高低一般无固定标准，可由承租企业与租赁公司协商确定。在我国融资租赁业务中，计算租金的方法一般采用等额年金法。等额年金法是利用年金现值的计算公式经变换后计算每期支付租金的方法。租金有先付租金和后付租金两种支付方式。

2）业务解析

（1）参考答案：所谓变动项目是指随销售额的变动而同步变动的项目，主要包括货币资金、应收账款、存货等流动资产项目，以及应付账款、应付票据、应交税费等流动负债项目，但短期借款一般不作为变动项目。与变动项目相对应的是不变项目，如固定资产、长期股权投资、短期借款、长期借款和实收资本等，它们在短期内都不会随销售规模的扩大而相应改变。二者的区别在于项目的金额是否随着销售收入的变动而呈正比例变动。

（2）参考答案：①收款法下的借款成本。在收款法下，借款本息都在到期时一次性清偿，这时借款的名义利率与实际利率一致。因此，收款法下的借款成本就是借款的名义利率。但是，如果有其他附加条件，则应另行考虑。

② 贴现法下的借款成本。贴现法是银行向企业发放贷款时，先从本金中扣除利息部分，而到期时借款企业要偿还贷款全部本金的一种计息方法。采用这种方法，企业可利用的贷款额只有本金减去利息部分后的差额，因此贷款的实际利率高于名义利率。

③ 加息法下的借款成本。在分期等额偿还贷款的情况下，银行要将根据名义利率计算的利息加到贷款本金上，计算出贷款的本息和，要求企业在贷款期内分期偿还本息之和的金额。由于贷款分期均衡偿还，借款企业实际上只平均使用了贷款本金的半数，却支付了全额利息。这样，企业所负担的实际利率约为名义利率的两倍。

（3）参考答案：在附有信用条件的情况下，因为获得不同信用要承担不同的代价，买方企业便要在利用哪种信用之间作出决策。一般来说，企业对应付账款这种商业信用的利用情况应从如下方面考虑：①如果企业能以低于放弃折扣的隐含利息成本（实质上是一种机会成本）的利率借入资金，便应在现金折扣期内用借入的资金支付货款，享受现金折扣。②如果企业在折扣期内将应付账款用于短期投资，所得的投资收益高于放弃折扣的隐含利息成本，则应放弃折扣而去追求更高的收益。③如果企业因缺乏资金而欲展延付款期，则应在降低了的放弃折扣成本与展延付款带来的损失之间作出选择。④如果面对两家以上提供不同信用条件的卖方，则应通过衡量放弃折扣成本的大小，选择信用成本最小的一家。

3.3.3 案例题

1）案例分析

分析提示：

（1）胡大光的分析不完全正确。虽然我国融资的渠道和方式很多，但适用于中小企业的却很少。像田大妈这样的民营企业，融资方式不规范，融资渠道狭窄，求贷无门的案例在我国的经济生活中相当普遍。民营企业贷款难的主要原因有：银行发放贷款偏好大型企业的大笔贷款；中小企业的资信较差，可供抵押的物品少，财务会计不规范。因此，要解决民营企业贷款难的问题，需要从外部条件和民营企业自身两方面进行考虑。在本案例中，田大妈难以获得贷款的主要原因不在于企业本身。

（2）企业常见的筹资方式有权益筹资和债务筹资。权益筹资包括吸收直接投资、发行普通股筹资、发行优先股筹资和留存收益筹资；债务筹资包括银行借款筹资、发行债券筹资、应付账款筹资和融资租赁筹资。

（3）在本案例中，田大妈筹资的目的包括补充流动资金、购置车间和土地使用权。

（4）田大妈主要的资金来源有自有资金、应付账款（向农民打"白条"）、民间借贷和少量的银行贷款。

2）课程思政

研判提示：

（1）筹资是财务管理的一项重要工作，筹集资本需要付出代价，企业只有本着爱岗敬业的思想，通过创新提高资金利用效率，才能利用资金进行投资并获取收益，将收益的一部分回报给投资者。在实际工作中，企业募集资金时应该考虑还本付息的要求，不应该以过高的利率吸引资金，筹集的资金应该运用于生产经营中产生增值并以利息等方式回报投资者，通过欺诈的方式筹资违背了诚实守信的要求。非法集资给投资者造成巨大损失，还会影响到社会的团结稳定，作为理财者应该提高识别非法集资的本领。

（2）本案例体现了筹资必须遵守的原则：规模适当原则、来源合理原则与方式经济原则。为了实现可持续发展，企业需要从外部筹集资金，但是要注意筹资的数量与成本和风险。本案例的启示是在进行投资时要遵循筹资的基本原则，不能为了筹资而筹资，企业筹资等理财活动要遵循诚实守信的基本理念。

"3.4 实训资料"参考答案

实训资料3-4-1

1）参考答案：（1）敏感性资产与销售收入比率=（货币资金+存货+应收账款）÷销售收入

=（500+1 500+3 000）÷10 000=0.5

2025年需要的资产总额=非敏感性资产+敏感性资产=3 000+12 000×0.5=9 000（万元）

2025年需要增加的资金量=9 000−8 000=1 000（万元）

（2）敏感性负债与销售收入比率=应付账款÷销售收入=1 500÷10 000=0.15

当年增加的留存收益与销售收入比率=10%×（1−60%）=4%

2025年公司自发筹资额=12 000×（0.15+4%）=2 280（万元）

2025年需要向外筹集的资金量=需要的资产总额−自发筹资额−非敏感性负债及所有者权益

=9 000−2 280−（8 000−1 500）=220（万元）

2）参考答案：（1）每期租金R=［200−10×（P/F，15%，10）］÷（P/A，15%，10）

=197.53÷5.02≈39.34（万元）

（2）每期租金R=［200−10×（P/F，15%，10）］÷［（P/A，15%，10−1）+1］

=197.53÷5.77≈34.23（万元）

3）参考答案：（1）放弃该项现金折扣的资金成本=［2%÷（1−2%）］×［360÷（30−10）］×100%≈36.73%

（2）放弃现金折扣的资金成本=［2%÷（1−2%）］×［360÷（50−10）］×100%≈18.37%

（3）放弃现金折扣的资金成本=［1%÷（1−1%）］×［360÷（30−20）］×100%≈36.36%

（4）若企业准备享受现金折扣，则选择提供“2/10，N/30”信用条件的供应商比较有利。

实训资料3-4-2

1）参考答案：（1）该公司会计人员的错误在于没有理解放弃现金折扣的成本，混淆了年均成本与期间成本的概念。银行的贷款成本是每年10%，而公司放弃现金折扣的成本却是以10天为单位计算的，转换成年均成本，则放弃现金折扣的实际成本为36.36%，远远高于银行的贷款成本。

放弃现金折扣的资金成本=［1%÷（1−1%）］×（360÷10）×100%≈36.36%

（2）如果恒达公司无法获得银行贷款，而被迫使用商业信用资金（即使用推迟付款的商业信用筹资方式），为降低年利息成本，应向财务经理王莉建议第30天支付货款。

2）参考答案：（1）第一套方案为股权筹资。该方案的优点是降低了企业的财务风险，增强了企业的资金实力；缺点是股权筹资成本较高，会分散原有股东的控制权。另外，股权筹资也无法获得财务杠杆利益。

第二套方案是债务筹资。该方案的优点是可以降低资金成本，能够获得财务杠杆利益；缺点是加大了企业的财务风险。

（2）从股东的立场出发，筹资方案的选择应以股东每股收益最大化作为决策依据。为此，公司可采用每股收益无差别点分析法，首先计算出不同方案的每股收益无差别点，其次根据预计的息税前利润与无差别点的大小进行比较。如果前者较大，则选择第二套方案；否则选择第一套方案。

实训资料3-4-3

1）参考答案：丹尼尔·洛维格的借款是依靠资产本身未来的现金流量偿还为获得资产而发生的借款本金及其利息的一种方式。这种方式对于丹尼尔·洛维格来说，其好处是只要借款获得资金投资的资产不消失，能够持续不断地产生现金流量，就可以偿还借款的本金和利息，而且资产产生现金的时间长于借款还本付息的时间，丹尼尔·洛维格可以获得还款期之后的现金流量。因此，丹尼尔·洛维格在发展其船舶事业的时候，实际上是采取了百分之百的负债筹资的方式。负债筹资具有成本低且相对灵活的特点，负债筹资的利息相对固定，还具有财务杠杆作用。当负债资金的利率小于资产的投资报酬率时，负债资金的引入及其比例的增大会提高权益资金的投资收益率。另外，负债筹资还具有不分散控制权的特点，也就是说，债权人不能干预企业的经营管理决策。当然，负债筹资也具有风险大、期限性的缺点，一旦不能按期偿还本金和利息，企业将面临破产的威胁。当资产的投资报酬率小于负债资金的利率时，负债增加会进一步降低权益资金的投资收益率。在本案例中，如果丹尼尔·洛维格借款购得的货轮不能获得稳定的收入，或者该收入不能按期支付银行借款的本金和利息，那么丹尼尔·洛维格将面临破产的威胁。但是，丹尼尔·洛维格发展其船舶事业的时候，正是船舶运输业高速发展的黄金时期，船舶运输收入稳定增长，足以偿还银行的借款本息，因此丹尼尔·洛维格利用船舶本身的未来现金流偿还银行借款本息的策略最终得以成功。

2）参考答案：根据公司2023年和2024年的资产负债表与销售收入之间的对比关系可以发现，货币资金、应收账款、存货、固定资产属于变动项目，而预付款项具有固定性质，不属于变动项目；同样，应付票据和应付账款属于变动项目，其余则不属于变动项目。

货币资金销售收入比例=7.5÷1 500×100%=0.5%

应收账款销售收入比例=240÷1 500×100%=16%

存货销售收入比例=261÷1 500×100%=17.4%

固定资产销售收入比例=28.5÷1 500×100%=1.9%

应付票据销售收入比例=60.5÷1 500×100%=4.03%

应付账款销售收入比例=264÷1 500×100%=17.6%

销售净利率=45×（1−25%）÷1 500×100%=2.25%

新增留存收益销售收入百分比=2.25%×50%=1.125%

公司2025年度资金规模=变动项目占用资金+不变项目占用资金

=1 800×（0.5%+16%+17.4%+1.9%）+1=645.4（万元）

公司2025年度筹资额=（1 800−1 500）×（0.5%+16%+17.4%+1.9%）−（1 800−1 500）×（17.6%+ 4.03%）−1 800×1.125%=22.26（万元）

3）参考答案：（1）放弃现金折扣的资金成本=［2%÷（1−2%）］×［360÷（40−10）］×100%=24.49%

（2）放弃现金折扣的资金成本=［1%÷（1−1%）］×［360÷（40−20）］×100%=18.18%

（3）若企业准备享受现金折扣，则应选择信用条件为“2/10，N/40”的供应商。

（4）若企业准备放弃现金折扣，则应选择信用条件为“1/10，N/40”的供应商。

第4章 资金成本及其结构

4.1 预习要览

4.1.1 内容提要与结构

1）内容提要

资金成本，也称资本成本，是指企业为筹集和使用资金而付出的代价，包括筹资费用和用资费用两部分。筹资费用是指企业在筹资阶段支付的代价，如债券的发行费用、股票的发行费用及手续费等，其特点是一次性支付且数额较小。用资费用是指企业为使用资金而付出的代价，如债务资金的利息和权益资金的股利、分红等，其特点是分次支付且数额较大。

资金成本是企业确定筹资方案和进行资本结构决策的重要依据，是评价投资方案和进行投资决策的重要依据，是评价企业经营业绩的重要依据。资金成本包括个别资金成本、加权平均资金成本和边际资金成本。

个别资金成本是指使用各种长期资金的成本，主要包括长期借款的资金成本、债券的资金成本、优先股的资金成本、普通股的资金成本和留存收益的资金成本等。长期借款的资金成本是指借款利息和筹资费用。债券的资金成本是指债券利息和筹资费用。权益资金的资金占用费是向股东分派的股利和股息，而股息是以所得税税后净利支付的，不能抵减所得税。优先股属于权益资金，所以优先股股利不能抵税。普通股的筹资费用是指发行普通股时发生的相关费用，包括发行费、印刷费、律师费、财产评估费、公证费等。普通股的用资费用为支付给股东的股利。留存收益也存在成本，其计算方法与普通股资金成本的计算方法基本相同，只是不用考虑筹资费用。

加权平均资金成本是企业全部长期资金的总成本，通过对个别资金成本进行加权平均而确定。

边际资金成本属于增量资金成本的范畴，是指企业每增加单位资金而增加的资金成本。

成本习性是指成本总额与业务量之间在数量上的依存关系。根据成本习性的不同，企业的成本可以分成三类：固定成本、变动成本和混合成本。固定成本是指其总额在一定时期和一定业务量范围内不随业务量发生任何变动的那部分成本。属于固定成本的主要有按直线法计提的折旧费、保险费、管理人员工资、办公费等。单位固定成本随产量的增加而逐渐变小。变动成本是指在一定时期和一定业务量范围内，随着业务量变动而呈正比例变动的那部分成本。直接材料和直接人工等都属于变动成本，但产品单位成本中的直接材料和直接人工将保持不变。有些成本虽然也随业务量的变动而变动，但不呈同比例变动，这类成本称为混合成本。

边际贡献是指销售收入减去变动成本后的差额。边际贡献也是一种利润。息税前利润是扣除利息和所得税之前的利润。

经营杠杆是指企业在生产经营中，由于固定成本的存在和相对稳定而引起的息税前利润变动幅度大于销售额变动幅度的杠杆效应。经营杠杆系数是企业息税前利润变动率与销售额变动率的比率。经营杠杆系数越高，企业的经营风险越大。

财务杠杆是指由于债务的存在而引起普通股每股收益变动幅度大于息税前利润变动幅度的杠杆效应。财务杠杆系数是指普通股每股收益变动率与息税前利润变动率的比率。财务杠杆系数越大，财务风险也越大。

总杠杆是指由于固定生产经营成本和固定财务费用的共同存在，而导致的普通股每股收益变动幅度大于销售额变动幅度的杠杆效应。总杠杆系数是指普通股每股收益变动率与销售额变动率的比率。总杠杆系数越大，总风险越大。

资本结构是指企业各种资金的构成及其比例关系。资本结构是企业筹资决策的核心问题。企业应综合考虑资本结构的有关影响因素，运用适当的方法确定最佳资本结构，并在以后追加筹资的过程中继续保持。

资本结构的影响因素主要有以下几个方面：(1) 企业销售的增长情况。(2) 企业所有者和管理人员的态度。(3) 企业的盈利能力和财务状况。(4) 资产结构。(5) 贷款人和信用评级机构的影响。(6) 行业因素。(7) 所得税税率的高低。(8) 市场利率的变动趋势。

最佳资本结构是指在一定条件下（适度财务风险），使企业加权平均资金成本最低、企业价值最大的资本结构。若企业现有资本结构不合理，则应通过筹资活动进行调整，使其趋于合理化。资本结构决策的方法主要有：比较资金成本法和每股收益无差别点分析法。

比较资金成本法是指通过计算不同筹资方案的加权平均资金成本，从中选出加权平均资金成本最低的方案作为最佳资本结构方案的方法。每股收益无差别点分析法是指通过分析资本结构与每股收益之间的关系，进而确定合理的资本结构的方法。一般来说，能提高每股收益的资本结构是合理的，反之则不够合理。每股收益不仅仅受资本结构的影响，还受到未来盈利能力的影响。企业盈利能力，一般用息税前利润（EBIT）表示。所谓每股收益无差别点，是指每股收益不受筹资方式影响的息税前利润水平，或者说是使不同的资本结构每股收益相等的息税前利润水平。

2）内容结构

本章内容结构如图4-1所示。

3）主要概念和观念

（1）主要概念

资金成本　筹资费用　用资费用　边际贡献　息税前利润　经营杠杆　财务杠杆　总杠杆　资本结构

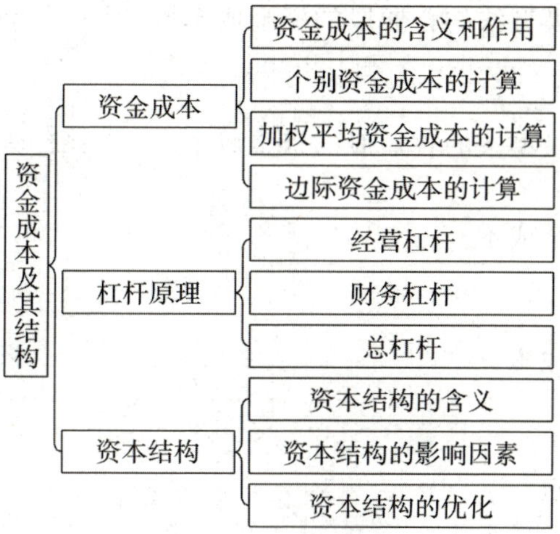

图4-1　本章内容结构图

（2）主要观念

个别资金成本　加权平均资金成本　边际资金成本　经营风险　财务风险　最佳资本结构

4.1.2　重点与难点

1）重点理论

资金成本的含义与作用　经营杠杆的概念　财务杠杆的概念　总杠杆的概念　资本结构的影响因素

2）重点实务

个别资金成本计算　加权平均资金成本计算　边际资金成本计算　经营杠杆系数计算　财务杠杆系数计算　总杠杆系数计算　资本结构优化

3）重点操作

用比较资金成本法确定最佳资本结构　用每股收益无差别点分析法确定最佳资本结构

4）难点

边际资金成本计算　用每股收益无差别点分析法确定最佳资本结构

4.1.3　主要公式

1）长期借款的资金成本

$$K_L=\frac{I_L(1-T)}{L(1-f)}\times100\%$$

$$=\frac{R_L(1-T)}{(1-f)}\times100\%$$

2）债券的资金成本

$$K_b=\frac{I_b(1-T)}{B(1-f)}\times100\%$$

3）优先股的资金成本

$$K_P=\frac{D_P}{P_P(1-f)}\times100\%$$

4）固定增长股利模型法的普通股的资金成本

$$K_S=\frac{D_1}{P_0(1-f)}+g$$

5）资本资产定价模型法的普通股的资金成本

$$K_C=R_C=R_f+\beta(R_m-R_f)$$

6）留存收益的资金成本

$$K_R=\frac{D_1}{P_0}+g$$

7）加权平均资金成本

$$K_W=\sum_{j=1}^{n}k_jW_j$$

8）筹资总额突破点

$$BP_i=\frac{TF_i}{W_i}$$

9）经营杠杆系数

$$经营杠杆系数=\frac{息税前利润变动率}{销售额变动率}$$

$$经营杠杆系数=\frac{基期边际贡献}{基期息税前利润}$$

10）财务杠杆系数

$$财务杠杆系数=\frac{普通股每股收益变动率}{息税前利润变动率}$$

$$财务杠杆系数=\frac{息税前利润}{息税前利润-利息-\frac{优先股股利}{1-所得税税率}}$$

11）总杠杆系数

$$总杠杆系数=\frac{每股收益变动率}{销售额变动率}$$

总杠杆系数=经营杠杆系数×财务杠杆系数

$$DCL=\frac{M}{EBIT-I-\frac{d}{1-T}}$$

12）每股收益无差别点

$$EPS=\frac{(EBIT-I)(1-T)-D}{N}$$

$$\frac{(EBIT-I_1)(1-T)-D}{N_1}=\frac{(EBIT-I_2)(1-T)-D}{N_2}$$

4.2 客观题

4.2.1 理论题

1）单项选择题

（1）一般而言，企业资金成本最高的筹资方式是（　　）。

A.发行债券　　B.长期借款　　C.发行普通股　　D.发行优先股

（2）企业在追加投资时需要计算（　　）。

A.加权平均资金成本　　B.边际资金成本

C.个别资金成本　　D.机会成本

（3）关于留存收益成本，以下说法错误的是（　　）。

A.它是一种机会成本

B.计算时不必考虑筹资费用

C.实质上是股东对企业追加的投资

D.它的计算与普通股成本的计算完全相同

（4）产生经营杠杆作用的主要原因是（　　）。

A.经营成本中固定成本总额不变　　B.经营成本中单位变动成本不变

C.资本结构中债务利息费用不变　　D.产销规模不变

（5）不存在财务杠杆作用的筹资方式是（　　）。

A.发行普通股　B.发行优先股　C.发行债券　D.向银行借款

（6）权益资金成本不必考虑的是（　　）。

A.所得税税率　B.发行费用　C.用资费用　D.筹资方式

（7）留存收益的资金成本实际上是留存收益的（　　）。

A.普通股股利　B.机会成本　C.用资费用　D.筹资费用

（8）优先股股利是按（　　）乘以约定的股息率计算的。

A.优先股面值　B.优先股发行价格　C.普通股股本　D.债券面值

（9）加权平均资金成本是（　　）的资金成本。

A.全部资金的加权平均　　B.资金成本最高的筹资方式

C.资金成本最低的筹资方式　　D.B和C的平均值

（10）筹资无差别点是以（　　）的大小作为资本结构的决策依据的。

A.每股收益　B.息税前利润　C.净利润总额　D.每股息税前利润

2）多项选择题

（1）资金成本包括（　　）。

A.资金筹集费　B.财务费用　C.资金占用费

D.资金费用　E.管理费用

（2）属于资金成本中筹资费用的是（　　）。

A.借款手续费　B.债券发行费　C.债券利息

D.股利　E.所得税

（3）（　　）属于权益资金成本。

A.优先股成本　B.银行借款成本　C.普通股成本

D.留存收益成本　E.债券成本

（4）影响优先股成本的主要因素有（　　）。

A.优先股股利　　B.优先股总额

C.优先股筹资费用率　　D.企业所得税税率

E.银行存款利率

（5）普通股成本的确定方法有（　　）。

A.股利增长模型法　　B.资本资产定价模型法　　C.财务分析法
D.贴现现金流量法　　E.市盈率法

(6) 属于长期资金成本的有(　　)。

A.长期借款资金成本　　B.优先股资金成本　　C.普通股资金成本
D.放弃现金折扣成本　　E.经营租赁租金

(7) 计算债务资金成本时，需要考虑的因素有(　　)。

A.债务筹资总额　　B.筹资费用　　C.利率
D.所得税税率　　E.债务总面值

(8) 边际资金成本的计算步骤包括(　　)。

A.确定目标资本结构
B.确定各种资金不同筹资范围的资金成本
C.计算筹资总额突破点
D.计算边际资金成本
E.计算筹资总额

(9) 按成本习性分类，固定成本包括(　　)。

A.约束性固定成本　　B.酌量性固定成本　　C.折旧费用
D.固定销售费用　　E.财务费用

(10) 比较资金成本法以各方案的(　　)高低作为确定最佳资本结构的依据。

A.加权平均资金成本
B.综合资金成本
C.个别方案中个别资金成本最高者的资金成本
D.个别方案中个别资金成本最低者的资金成本
E.各个方案的资金成本总额

3) 判断题

(1) 留存收益是企业经营中的内部积累，这种资金不是向外界筹措的，因而它不存在资金成本。(　　)

(2) 债券利息和优先股股利都作为财务费用在所得税税前支付。(　　)

(3) 在其他因素不变的情况下，固定成本越大，经营杠杆系数也就越大，经营风险则越大。(　　)

(4) 优先股的股利通常是固定股利，一般按面值的一定百分比来计算，必须在支付普通股股利之前支付。(　　)

(5) 总杠杆系数等于经营杠杆系数与财务杠杆系数之和。(　　)

(6) 经营杠杆系数的大小反映的是企业总风险的大小。(　　)

(7) 财务杠杆系数的大小反映的是企业总风险的大小。(　　)

(8) 加权平均资金成本的权重为个别资金在筹资总额中的比重。(　　)

(9) 公司负债越多，经营风险越大。(　　)

(10) 优先股的股利分配在债券利息支付之前完成。(　　)

4.2.2 实务题

1）单项选择题

（1）某公司财务杠杆系数等于1，这表明该公司当期（　　）。

A.利息与优先股股利为零

B.利息为零，而有无优先股股利不好确定

C.利息与息税前利润为零

D.利息与固定成本为零

（2）只要企业存在固定成本，则经营杠杆系数（　　）。

A.与销售量成正比　　B.与固定成本成反比

C.恒大于1　　D.与风险成反比

（3）长期借款的资金成本的高低取决于长期借款的年利率、筹资费用率和（　　）。

A.借款时间　　B.借款人的所得税税率

C.借款总额　　D.银行的所得税税率

（4）公司要降低财务风险，可以（　　）。

A.减少借款　　B.增加借款　　C.降低生产成本　　D.增加销售收入

（5）企业在以资金成本最低选择最佳资本结构时，是以（　　）为依据的。

A.加权平均资金成本　　B.边际资金成本

C.个别资金成本　　D.机会成本

（6）企业要降低加权平均资金成本，应加大采用（　　）筹资方式。

A.长期借款　　B.普通股　　C.优先股　　D.留存收益

（7）公司所得税税率的提高，会导致债券的资金成本（　　）。

A.下降　　B.上升

C.不变　　D.是否变化与所得税税率无关

（8）留存收益的资金成本主要取决于（　　）。

A.普通股的资金成本　　B.留存收益额

C.普通股股利　　D.留存收益筹资比重

（9）一般来说，公司比较容易采取降低（　　）的方式来降低总风险。

A.财务风险　　B.经营风险　　C.总风险　　D.投资风险

（10）如果息税前利润大于每股收益无差别点，则公司应该（　　）增加筹资。

A. 选择负债较少的方案

B. 不考虑不同方案的负债比例

C. 选择新增债务资金成本比较低的方案

D. 选择负债较多的方案

2）多项选择题

（1）在计算（　　）时，应考虑抵税作用。

A.普通股成本　　B.留存收益成本　　C.长期借款成本

D.债券成本　　E.优先股成本

（2）影响公司加权平均资金成本的因素有（　　）。

A.资本结构　　B.个别资金成本　　C.筹集资金总额

D.筹资期限长短　　E.公司发行的股票市价

（3）利用每股收益无差别点进行企业资本结构分析时，以下说法正确的有（　　）。

A.当预计息税前利润等于每股收益无差别点时，采用权益筹资方式和采用负债筹资方式的报酬率相同

B.当预计息税前利润高于每股收益无差别点时，采用负债筹资方式比采用权益筹资方式有利

C.当预计息税前利润低于每股收益无差别点时，采用权益筹资方式比采用负债筹资方式有利

D.当预计息税前利润低于每股收益无差别点时，采用负债筹资方式比采用权益筹资方式有利

E.以上选项皆不正确

（4）负债资金在资本结构中产生的影响是（　　）。

A.降低企业资金成本　　B.加大企业财务风险

C.具有财务杠杆作用　　D.分散股东控制权

E.加大企业经营风险

（5）要控制公司的总风险，可以（　　）。

A.增加固定成本　　B.降低单位变动成本　　C.增加负债筹资

D.增加权益筹资　　E.降低负债筹资

（6）公司要降低个别资金成本，可以（　　）。

A.降低筹资费用　　B.降低用资费用

C.在其他条件不变时，加大筹资额　　D.延长用资时间

E.降低所得税

（7）增加固定成本，会导致（　　）。

A.经营风险加大

B.财务风险加大

C.总风险加大

D.销售量增加时，息税前利润增长幅度加大

E.销售量增加时，息税前利润增长幅度减小

（8）负债增加会导致（　　）。

A.经营风险加大

B.财务风险加大

C.总风险加大

D.销售量增加时，净利润增长幅度加大

E.销售量增加时，净利润增长幅度减小

（9）其他条件不变，公司所得税税率上升，预计（　　）。

A.长期借款资金成本上升　　B.长期借款资金成本下降

C.债券资金成本上升　　　　D.债券资金成本下降

E.优先股资金成本不变

(10) 为了控制总风险，以下经营风险与财务风险搭配合理的有（　　）。

A.高经营风险与高财务风险搭配　　　　B.低经营风险与低财务风险搭配

C.高经营风险与低财务风险搭配　　　　D.低经营风险与高财务风险搭配

E.总风险是一定的，无论如何搭配都不会改变总风险大小

3）混合选择题

(1)“数字应用”（中级）的“基本要求”包括（　　）。

A.在更广泛的工作范围内，灵活地运用数字应用能力，以适应既定的工作岗位各方面的需要

B.具备进入工作岗位最基本的数字应用能力，在常规条件下能运用这些能力适应既定工作的需要

C.具备熟练把握数字和通过数字运算来解决实际工作中问题的能力，以适应更复杂的工作需要

D.具备熟练把握数字和通过数字运算来解决实际工作中问题的能力，能灵活运用数字应用能力，以适应工作岗位各方面的需要

(2)“数字应用”（中级）的“规范与标准”主要包括（　　）。

A.能从不同信息源获取信息，读懂、归纳、汇总数据，编制图表

B.能从事多步骤、较复杂的计算，使用公式计算结果

C.能从事多步骤的复杂计算，并统计与分析数据

D.能使用适当方法展示数据信息和计算结果，设计并使用图表，根据结果准确说明工作任务

(3)“资金成本分析与资本结构优化”这一专业能力领域的“技能点”包括（　　）。

A.资金成本分析技能

B.财务杠杆运用技能

C.资本结构优化技能

D.撰写《“资金成本分析与资本结构优化”训练报告》技能

(4)“财务杠杆运用技能”的“规范与标准”包括（　　）。

A.能准确计算经营杠杆系数，并分析企业经营风险情况

B.能准确计算财务杠杆系数，并分析企业财务风险情况

C.能准确计算总杠杆系数，并分析企业总风险情况

D.能够分析企业风险情况

(5)“职业态度”的“规范与标准”包括（　　）。

A.对职业选择或模拟选择有充分的认知和积极的倾向与行动

B.对职业、职业选择、职业工作、职业道德和企业伦理等问题具有正确的看法

C.对将要从事的职业种类、职业方向与事业成就有积极的向往和执着的追求

D.在职业模拟、职业实践或职业生活的自觉行动中，具有体现职业道德内涵的一贯表现

4）判断题

（1）在筹资额和利息（股息）率相同时，企业借款筹资与发行优先股筹资的财务杠杆作用是相同的。（ ）

（2）当预计的息税前利润大于每股收益无差别点的息税前利润时，负债筹资的普通股每股收益更大。（ ）

（3）如果企业的债务资金为零，则财务杠杆系数必等于1。（ ）

（4）在个别资金成本一定的情况下，企业综合资金成本的高低取决于资金总额。（ ）

（5）在优化资本结构的过程中，综合资金成本最小的方案一定是普通股每股收益最大的方案。（ ）

（6）筹资费用属于一次性费用，其降低或提高不会改变资金成本的大小。（ ）

（7）留存收益筹资不会发生费用，因此留存收益资金成本为0。（ ）

（8）企业通过减少负债可以降低财务风险。（ ）

（9）利率和筹资费用一定时，债券筹资总额越多，其资金成本越高。（ ）

（10）公司负债增加时，销售收入上升会导致利润增加，但会被利息抵消，因此净利润不变。（ ）

4.2.3 案例题

国光股份可转换公司债券转股

背景与情境：经中国证券监督管理委员会《关于核准四川国光农化股份有限公司公开发行可转换公司债券的批复》（证监许可〔2020〕1343号）核准，公司于2020年7月27日公开发行可转换公司债券320万张，每张面值100元，发行总额32 000万元。

根据《四川国光农化股份有限公司公开发行可转换公司债券募集说明书》的约定，本次发行的可转换公司债券转股期自发行结束之日起满6个月后的第一个交易日起至可转换公司债券到期日止，即2021年2月1日至2026年7月26日。本次发行的可转债的初始转股价格为13.70元/股。

自2024年1月1日至2024年3月31日（即2024年第一季度），“国光转债”因转股减少6 857 800元（68 578张债券），转股数量为545 064股。截至2024年3月31日，“国光转债”剩余可转债金额为313 057 000.00元，剩余债券3 130 570张。

资料来源：国光股份．关于2024年第一季度可转换公司债券转股情况公告［EB/OL］.［2024-04-02］. http：//vip.stock.finance.sina.com.cn/corp/view/vCB_AllBulletinDetail.php？stockid=002749&id=9932233.引文有删减。

请根据案例在下列题中填入适当选项：

1）公司发行可转债属于（ ）。

A.权益筹资 B.债务筹资 C.股票筹资 D.债券筹资

2）发行股票筹资会（ ）。

A.降低公司财务风险 B.增加公司资金成本

C.分散公司控制权 D.增强企业实力

3）发行可转债会（　　）。

A.提高公司财务风险　　B.增加公司资金成本

C.分散公司控制权　　D.增强企业实力

4）可转债如果转换为股票，则可以（　　）。

A.提高资产负债率　　B.提高公司资本结构中权益资本的比重

C.导致公司资产增加　　D.使公司的财务风险降低

5）在这个案例中，股票发行价格越低，会导致（　　）。

A.筹资越少　　B.公司资金成本越高

C.财务风险越大　　D.资产负债率越低

4.2.4　实训题

1）单项选择题

（1）某公司经营杠杆系数为2，财务杠杆系数为1.5，该公司目前每股收益为0.6元，若使销售量增加30%，则每股收益将增长为（　　）元。

A.0.9　　B.0.6　　C.1.14　　D.1.36

（2）某公司年营业收入为1 000万元，变动成本率为50%，经营杠杆系数为2，财务杠杆系数为2.5。如果固定成本增加50万元，那么总杠杆系数将变为（　　）。

A.8　　B.5　　C.6.25　　D.10

（3）某公司发行普通股股票1 000万元，筹资费用率5%，股票市价10元/股，上年每股股利为0.15元，预计股利每年增长10%，所得税税率为30%，该公司年末留存50万元未分配利润作为发展之需，则该笔留存收益的资金成本为（　　）。

A.11.15%　　B.11.65%　　C.11.74%　　D.10.15%

（4）某公司股票预计第1年股利为每股1.1元，股利年增长率为5%，按目前的市价计算出的股票资金成本为16%，则该股票目前的市价为（　　）元/股。

A.10　　B.12　　C.11　　D.16

（5）某公司所有者权益和非流动负债的比例为5∶4。当非流动负债增加量在100万元以内时，资金成本为8%；当非流动负债增加量超过100万元时，资金成本为10%。假定资本结构保持不变，则筹资总额分界点为（　　）万元。

A.200　　B.225　　C.385　　D.400

（6）公司长期借款1 000万元，筹资费用为0，利率为10%，每年支付一次利息，公司所得税税率为20%，贷款银行所得税税率为25%，则公司长期借款的资金成本为（　　）。

A.10%　　B.8%　　C.7.5%　　D.20%

（7）某公司发行面值1 000万元的债券，发行价格为1 200万元，票面利率为10%，公司所得税税率为20%，发行费用率为4%，则公司债券的资金成本为（　　）。

A.8%　　B.6.94%　　C.8.33%　　D.8.13%

（8）某公司发行面值1 000万元的优先股，发行价格为1 200万元，优先股的股息率为10%，公司所得税税率为20%，筹资费用率为4%，则公司优先股的资金成本为（　　）。

A.8%　　B.8.13%　　C.8.33%　　D.6.94%

（9）某公司普通股筹资总额为50亿元，发行费用为5 000万元，预计发行后第1年公司分配现金股利3亿元，股利增长率为2%，则该普通股的资金成本为（　　）。

A.6.06%　　B.6%　　C.8.06%　　D.8%

（10）某公司普通股筹资总额为50亿元，发行费用为5 000万元，预计发行后第1年公司分配现金股利3亿元，股利增长率为2%，则公司留存收益的资金成本为（　　）。

A.6.06%　　B.6%　　C.8.06%　　D.8%

2）多项选择题

（1）甲上市公司向社会公众发行5年期公司债券，票面利率为8%，期限5年，发行总价格为23.5亿元，债券面值为24亿元，发行过程中律师佣金、发行手续费等共计1 200万元，公司所得税税率为25%，则在本次债券发行中，下列说法正确的有（　　）。

A.筹资费用为0.5亿元　　B.筹资费用为1 200万元

C.筹资费用为0.62亿元　　D.年用资费用为1.92亿元

E.年用资费用为1.44亿元

（2）如果公司的资金来源全部为自有资金，且没有优先股存在，则有关公司的经营风险、财务风险表述正确的有（　　）。

A.经营杠杆系数与财务杠杆系数都等于0，企业无任何风险

B.财务杠杆系数等于1，企业无任何风险

C.财务杠杆系数等于1，企业有经营风险

D.财务杠杆系数等于1，企业也有财务风险

E.公司可以采取增加负债的方式降低总风险

（3）公司拟发行债券筹资，票面利率为12%，市场利率为10%，公司按面值的110%溢价发行，每年年末支付一次利息，本金到期偿还，则以下说法正确的有（　　）。

A.若公司的所得税税率为0，则公司债券的实际成本为12%

B.公司所得税税率提高，则公司债券的实际成本将会上升

C.公司所得税税率提高，则公司债券的实际成本将会下降

D.公司的实际发行价格越高，则实际成本越低

E.公司债券如果是到期一次还本债券，则实际成本将会降低

（4）公司2024年销售收入为2 000万元，变动成本率为50%，固定成本总额为800万元，公司负债总额为1 000万元，平均债务利率为10%，所得税税率为20%，则下列说法正确的有（　　）。

A.经营杠杆系数为5

B.财务杠杆系数为2

C.总杠杆系数为10

D.公司应该增加销售收入，以降低经营风险

E. 公司应该尽可能增加权益筹资，以降低风险

（5）公司目前的资本结构为负债5 000万元，年利率10%，权益资本为5 000万元，流通在外的普通股股数为2 000万股，公司所得税税率为25%。公司预计明年新增一个投资项目，需筹集资金2 000万元，可以发行债券2 000万元，利率为12%，或者增发股票筹资2 000万元，发行市价为10元/股的股票200万股，不考虑发行费用，则以下说法正确的有（　　）。

A. 公司应该选择发行债券的方式筹集资金

B. 公司应该选择发行股票的方式筹集资金

C. 若公司预计息税前利润为3 140万元以内，应该选择发行股票筹资

D. 若公司预计息税前利润为3 140万元以上，应该选择发行股票筹资

E. 若公司预计息税前利润为3 140万元以上，应该选择发行债券筹资

（6）某公司上年度成功按面值发行债券10亿元，票面利率为10%，筹资费用可以忽略不计，当时市场利率为10%，今年市场利率上升为12%，公司所得税税率由去年的20%上升为25%，则以下说法正确的有（　　）。

A. 公司债券上年度的资金成本为8%

B. 公司债券上年度的资金成本为7.5%

C. 市场利率上升导致公司债券资金成本上升

D. 市场利率上升导致公司债券资金成本下降

E. 市场利率变化不影响现存债券资金成本

（7）公司发行债券和优先股筹资，筹资费用可以忽略不计，债券发行价格为面值1 200万元，票面利率为10%，优先股发行价格为面值2 000万元，股息率为10%，公司所得税税率为25%，则以下说法正确的有（　　）。

A. 优先股与债券的资金成本相同

B. 优先股的资金成本高于债券的资金成本

C. 优先股的资金成本低于债券的资金成本

D. 二者的发行都会加大公司的财务杠杆系数

E. 债券的发行会加大公司的财务杠杆系数，但优先股的发行不会加大公司的财务杠杆系数

（8）公司目前的固定成本为100万元，只生产和销售一种产品，单价为10元，单位变动成本为6元，公司所得税税率为20%，上年度销售量为40万件，则以下说法正确的有（　　）。

A. 公司的保本点为25万件

B. 销售量在25万件时，经营杠杆系数最大

C. 上年度公司息税前利润为60万元

D. 上年度经营杠杆系数为1.6

E. 上年度公司边际贡献为160万元

（9）某公司年营业收入为1 000万元，变动成本率为50%，经营杠杆系数为2，财务杠杆系数为2.5，如果固定成本增加50万元，则以下说法正确的有（　　）。

A. 固定成本增加后，经营杠杆系数为2.5

B. 固定成本增加后，财务杠杆系数为2.5

C. 固定成本增加后，总杠杆系数为6.25

D. 固定成本增加前，固定成本为250万元

E. 固定成本增加后，财务杠杆系数为3.75

（10）某公司发行普通股股票1 000万元，筹资费用率5%，股票市价为10元/股，上年每股股利为0.15元，预计股利每年增长10%，所得税税率为30%，该公司年末留存50万元未分配利润作为发展之需，则以下说法正确的有（　　）。

A. 公司普通股资金成本为11.74%

B. 公司留存收益资金成本为11.74%

C. 公司留存收益资金成本为11.65%

D. 公司留存收益资金成本为11.12%

E. 公司普通股资金成本为11.22%

4.3 主观题

4.3.1 理论题

1）简答题

（1）什么是资金成本？

（2）什么是经营风险？

（3）什么是财务风险？

（4）什么是总杠杆？

（5）什么是最佳资本结构？

2）理解题

（1）债务资金成本与权益资金成本在计算上有什么重要差异？

（2）运用比较资金成本法如何选择最佳资本结构？

（3）运用每股收益无差别点分析法确定最佳资本结构的出发点是什么？

4.3.2 实务题

1）规则复习

（1）常见的个别资金成本有哪几种表现形式？其计算公式如何？

（2）加权平均资金成本的计算公式如何？

（3）如何计算边际资金成本？

（4）经营杠杆系数、财务杠杆系数、总杠杆系数的计算公式如何？

（5）资本结构优化有哪些分析方法？

2）业务解析

（1）比较加权平均资金成本与边际资金成本计算的异同。

（2）分析说明如何运用经营杠杆、财务杠杆、总杠杆衡量企业风险的大小。

（3）比较说明比较资金成本法与每股收益无差别点分析法的运用条件有何不同。

4.3.3　案例题

1）案例分析

元华公司筹资决策分析

背景与情境：元华公司是一家小型食品加工企业，目前其资本总额为0.75亿元，其构成见表4-1。

表4-1　**公司资本构成情况表**

筹资方式	金额（万元）
长期债券（年利率8%）	1 000
普通股（4 500万股）	4 500
留存收益	2 000
合　计	7 500

因生产发展需要，公司年初准备增加资金2 500万元，现有两个筹资方案可供选择：甲方案为增发1 000万股普通股，每股市价2.5元；乙方案为按面值发行票面利率为10%的公司债券2 500万元，每年年末付息。假定股票与债券的发行费用均可忽略不计，适用的企业所得税税率为25%。

实习生黎明认为，乙方案负债较多，当收入相等时，乙方案的利润总额和净利润都会少于甲方案，股东净利润会相对较少，因此他建议采用甲方案筹资。

问题：

（1）从股东净利润的角度来看，黎明的分析正确吗？

（2）计算两个筹资方案下，每股收益无差别点的息税前利润。

（3）计算处于每股收益无差别点时，乙方案的财务杠杆系数。

（4）如果公司预计息税前利润为1 200万元，指出该公司应采用的筹资方案。

（5）如果公司预计息税前利润为1 600万元，指出该公司应采用的筹资方案。

（6）若公司预计息税前利润在每股收益无差别点增长10%，计算采用乙方案时该公司每股收益的增长幅度。

分析要求：

（1）形成性要求

同第1章“主观题”中本题型的“形成性要求”。

（2）成果性要求

① 课业结构、格式与体例参照本《训练手册》“课业范例”的范例4-5-1。

② 同第1章“主观题”中本题型的其他“成果性要求”。

2）课程思政

多家公司申请“摘星脱帽”，破产重整成主要手段

背景与情境：2024年3月中旬，广东榕泰实业股份有限公司（证券简称：*ST榕泰；证券代码：600589.SH）发布了《关于申请撤销公司股票退市风险警示及其他风险警示的公告》。

此前，*ST榕泰因2022年经审计的期末净资产为负值，于2023年4月被实施退市风险警示；此前，因公司2020年、2021年度被大华会计师事务所出具了否定意见的审计报告，且2019—2021年，公司连续3个会计年度扣除非经常性损益前后净利润孰低者均为负值，且最近1个会计年度财务报告的审计报告显示公司持续经营能力存在不确定性，公司股票于2022年5月被实施其他风险警示。截至2021年12月末，*ST榕泰的实际控制人及其关联方占用公司资金3.28亿元。

而上述情况已在公司2023年经营表现中得以消除。*ST榕泰披露，截至2023年年末，公司的期末净资产为62 482.22万元；2023年实现归母净利润8 257.34万元，实现扣非后净利润-21 990.19万元；全年实现营业收入36 682.74万元，扣除与主营业务无关的业务收入和不具备商业实质的收入后的营业收入36 249.94万元。

大华会计师事务所对公司2023年财务报告出具了标准无保留意见的审计报告，并出具了《关于公司非标准意见所涉事项影响已消除的审核报告》，因此*ST榕泰申请“摘星脱帽”。

值得一提的是，*ST榕泰的涅槃主要由于公司完成了破产重整。2023年12月29日，公司收到“民事裁定书”，确认公司重整计划执行完毕，并终结公司重整程序。通过破产重整，公司获得债务重组收益2.98亿元。

*ST榕泰表示，公司通过重整程序引入重整投资人及增量资金，有效化解公司债务危机，并改善公司资产负债结构和财务状况，提升公司持续经营及盈利能力。

此外，还有*ST全筑也通过破产重整化解了债务，有效改善了公司的资产负债结构，从而具备了“摘星脱帽”的条件，并于4月10日发布公告，申请撤销公司股票退市风险警示。

资料来源：新浪财经．多家公司申请“摘星脱帽”，破产重整成主要手段［EB/OL］．［2024-04-17］．https：//baijiahao.baidu.com/s？id=1796579698335061545&wfr=spider&for=pc.引文有删减。

问题：

（1）请分析上述现象暗含了哪些课程思政要求和原则。

（2）本案例对你有哪些启示？

研判要求：

（1）形成性要求

同第1章“主观题”中本题型的“形成性要求”。

（2）成果性要求

① 课业结构、格式与体例参照本《训练手册》“课业范例”的课程思政范例4-5-2。

② 同第1章“主观题”中本题型的其他“成果性要求”。

4.3.4 实训题

阶段性体验Ⅳ：“资金成本分析与资本结构优化”胜任力训练

【训练目的】

见主教材本章章名页“学习目标”中的“实训目标”。

【能力与道德领域】

专业能力——资金成本分析与资本结构优化

技术-技能Ⅰ

名称：资金成本分析“技术-技能”

规范与标准：

（1）能根据企业主客观条件，准确计算与分析个别资金成本。

（2）能根据企业主客观条件，准确计算与分析综合资金成本。

（3）能根据企业主客观条件，准确计算与分析边际资金成本。

技术-技能Ⅱ

名称：财务杠杆运用“技术-技能”

规范与标准：

（1）能准确计算经营杠杆系数，并分析企业经营风险情况。

（2）能准确计算财务杠杆系数，并分析企业财务风险情况。

（3）能准确计算总杠杆系数，并分析企业总风险情况。

技术-技能Ⅲ

名称：资本结构优化“技术-技能”

规范与标准：

（1）能较为准确地分析影响企业资本结构的主要因素。

（2）能有效运用比较资金成本法确定企业最佳资本结构。

（3）能有效运用每股收益无差别点分析法确定企业最佳资本结构。

技术-技能Ⅳ

名称：撰写《“资金成本分析与资本结构优化”训练报告》技术-技能

规范与标准：

（1）能合理设计《“资金成本分析与资本结构优化”训练报告》，使其结构、层次较分明。

（2）能依照商务应用文的规范与要求撰写《“资金成本分析与资本结构优化”训练报告》。

（3）本教材“网络教学资源包”的《学生考核手册》中的考核表4-2所列各项“考核指标”和“考核标准”。

职业核心能力——数字应用、解决问题、革新创新（中级）

上述能力领域的“基本要求”、“技术-技能”点和“规范与标准”参见“附录三”中的附表3的相关述项。

职业道德——职业态度、职业守则（认同级）

各道德领域素质点的“规范与标准”参见“附录四”的附表4的相关述项。

【训练任务】

（1）对“资金成本分析与资本结构优化”等专业能力的各“技术-技能”点实施阶段性基本训练。

（2）对“数字应用”“解决问题”“革新创新”等职业核心能力的各“技术-技能”点实施“中级”强化训练。

（3）对“职业态度”“职业守则”等职业道德的各“素质点”实施“认同级”相关训练。

【训练要求】

（1）训练前学生要了解并熟记本训练的“训练目的”、“能力与道德领域”、“训练任务”与“训练要求”，熟记“网络教学资源包”中《学生考核手册》考核表4-1、考核表4-2中的“考核指标”与“考核标准”的内涵，将其作为本训练的操练点和考核点来准备。

（2）通过“训练步骤”，将“训练任务”所列三种训练整合并落实到本训练的“活动过程”和“成果形式”中。

（3）训练后，学生对本次训练活动进行总结，在此基础上撰写《“资金成本分析与资本结构优化”训练报告》。

【情境设计】

将学生分成若干训练组，各训练组结合本训练“成果形式”的“训练课业”题目，在“实训资料”中任选一组进行训练操练。各训练组通过对所选资料的资金成本分析与资本结构优化，以及《“资金成本分析与资本结构优化”训练报告》的准备、撰写、讨论与交流等实践活动的参与和体验，依照本章“训练要求”完成各自的训练任务。

【指导准备】

知识准备：

（1）“资金成本及其结构”的理论与实务知识。

（2）“附录一”的附表1中，涉及本章“职业核心能力强化训练项”各“技能点”，需要对学生事先培训“‘知识准备’参照范围”内的知识。

（3）“附录三”的附表3和“附录四”的附表4中，涉及本章“职业核心能力强化训练项”各“技术-技能”点和“职业道德相关训练项”各“素质点”，需要对学生事先培训“规范与标准”内的知识。

操作指导：

（1）教师向学生阐明“训练目的”、“能力与道德领域”和“知识准备”。

（2）教师就“知识准备”中的第（2）、（3）项，对学生进行培训。

（3）教师指导学生就操练项目的资金成本进行熟悉，计算与分析企业资金成本的状况。

（4）教师指导学生就操练项目的经营杠杆、财务杠杆和总杠杆进行熟悉、计算与比较，并进行企业经营风险、财务风险和总风险的分析。

（5）教师指导学生就操练项目的资本结构优化方法进行熟悉与比较，并进行资本结构优化决策。

（6）教师指导学生完成《“资金成本分析与资本结构优化”训练报告》的撰写。

【训练时间】

本章课堂教学内容结束后的双休日和课余时间，为期一周。

【训练步骤】

（1）将班级每5位同学分成一组，每组确定1～2名负责人。

（2）对学生进行资金成本分析及资本结构优化的培训，熟悉训练目的与步骤。

（3）分配训练任务，指导学生研究相关问题。

（4）各组在对操练项目进行“资金成本分析与资本结构优化”的专业训练过程中，融入对“数字应用”“解决问题”“革新创新”等职业核心能力各“技术-技能”点的“中级”强化训练和对“职业态度”“职业守则”等职业道德各“素质点”的“认同级”相关训练。

（5）撰写作为最终成果的《“资金成本分析与资本结构优化”训练报告》。

（6）在班级交流、讨论各组的《“资金成本分析与资本结构优化”训练报告》。

（7）根据交流、讨论的结果，各组修订其《“资金成本分析与资本结构优化”训练报告》，并使之各具特色。

（8）将经过班级交流和修订，并附有“教师点评”的优秀训练报告在校园网课程平台进行展示，并纳入本校该课程的教学资源库。

【成果形式】

训练课业：《“资金成本分析与资本结构优化”训练报告》

课业要求：

（1）《“资金成本分析与资本结构优化”训练报告》的内容、结构与体例参照本《训练手册》“课业范例”的范例4-5-3。

（2）各组成员完成的《“资金成本分析与资本结构优化”训练报告》须由指导教师、项目组组长和项目组成员三方签字负责。

4.4 实训资料

实训资料 4-4-1

1）某企业发行债券、优先股、普通股筹集资金。发行债券5 000万元，票面利率8%，筹资费用率2%；优先股2 000万元，年股利率12%，筹资费用率5%；普通股3 000万元，筹资费用率7%，预计下年度股利率为14%，并以每年4%的速度递增。若企业适用的所得税税率为25%。

要求：

（1）计算个别资金成本。

（2）计算加权平均资金成本。

2）某公司2024年销售产品10万件，单价50元，单位变动成本30元，固定成本总额100万元。公司负债60万元，年利息率为12%，每年支付优先股股利10万元，所得税税率25%。

要求：

（1）计算2024年该公司的边际贡献。

（2）计算2024年该公司的息税前利润总额。

（3）计算2024年该公司的总杠杆系数。

3）某公司2023年度资金总额800万元，股本500万元，其余为负债，年利息率8%，当年实现息税前利润30万元，企业所得税税率20%（在外流通普通股10 000

股)。2024年度息税前利润增长40%。

要求:

(1) 计算2024年度的息税前利润及2023年度的财务杠杆系数。

(2) 计算2024年度的财务杠杆系数。

实训资料 4-4-2

1) 某企业只生产和销售A产品,其总成本习性模型为Y=10 000+3X。假定该企业2024年度A产品销售量为10 000件,每件售价为5元;按市场预测2025年A产品的销售量将增长10%。

要求:

(1) 计算2024年该企业的边际贡献总额。

(2) 计算2024年该企业的息税前利润。

(3) 计算销售量为10 000件时的经营杠杆系数。

(4) 计算2025年息税前利润增长率。

(5) 假定企业2024年发生负债利息5 000元,且无优先股股利,计算2024年总杠杆系数。

2) 某公司目前发行在外的普通股为100万股(每股1元),已发行利率为10%的债券400万元,该公司打算为一个新的投资项目融资500万元,新项目投产后公司每年息税前利润增加到200万元。现有两个方案可供选择:方案一是按12%的利率发行债券;方案二是按每股20元发行新股。公司适用的所得税税率为25%。

要求:

(1) 计算两个方案的每股收益。

(2) 计算两个方案的每股收益无差别点的息税前利润。

(3) 计算两个方案的财务杠杆系数。

(4) 判断哪个方案更好。

3) 某公司目前拥有资本100万元,其中非流动负债20万元,优先股5万元,普通股(含留存收益)75万元。为了满足追加投资需要,公司拟筹措新资,具体信息见表4-2。

表4-2 **筹资方案的资本构成及资金成本情况表**

资本种类	目标资本结构	新筹资的数量范围	资金成本
长期负债	20%	10 000万元以内	6%
		10 000万~40 000万元	7%
		40 000万元以上	8%
优先股	5%	2 500万元以内	10%
		2 500万元以上	12%
普通股	75%	22 500万元以内	14%
		22 500万~75 000万元	15%
		75 000万元以上	16%

要求：

（1）计算该企业新筹资总额的分界点。

（2）编制边际资金成本规划表。

4）某公司拟筹资2 000万元，现有甲、乙两个备选方案，有关资料见表4-3。

表4-3　**各方案的资本构成及资金成本情况表**

筹资方式	甲方案	乙方案
长期借款	400万元，资金成本9%	360万元，资金成本9%
债券	600万元，资金成本10%	400万元，资金成本10.5%
普通股	1 000万元，资金成本12%	1 240万元，资金成本12%
合计	2 000万元	2 000万元

要求： 确定该公司的最佳资本结构。

实训资料4-4-3

1）百华公司在筹资过程中通常采用多种筹资方式，该公司本年采取了以下筹资方式：

（1）取得3年期借款100万元，年利率8%，每年付息一次，到期一次还本。已知公司所得税税率为25%，筹资费用率为1%。

（2）发行5年期的债券，票面面值为1 200万元，票面年利率为10%，每年付息一次，发行价为1 200万元，发行费用率为3%，所得税税率为25%。

（3）按面值发行100万元的优先股股票，筹资费用率为4%，年优先股股利率为10%。

（4）发行普通股600万股，每股10元，筹资费用率为5%，第1年年末每股发放股利2元，预计未来股利每年增长率为4%。

（5）留存收益为600万元。

要求：

（1）公司采取了哪些筹资方式？各种筹资方式的资金成本包括哪些内容？

（2）公司综合资金成本是多少？

2）某公司目前的资金来源包括每股面值为1元的普通股800万股和平均利率为10%的3 000万元债务。该公司现在拟投产一个新产品，该项目需要投资4 000万元，预期投产后每年可增加营业利润（息税前利润）400万元。该公司目前的息税前利润为1 600万元，公司适用的所得税税率为40%，债券发行费可忽略不计。该项目备选的筹资方案有两个：一是按11%的利率发行债券；二是按2元/股的价格增发普通股。

要求：

（1）计算不同方案筹资后的普通股每股收益。

（2）计算增发普通股和债券筹资的每股收益无差别点。

（3）计算筹资前的财务杠杆和按两个方案筹资后的财务杠杆。

（4）根据以上计算结果分析，该公司应当选择哪一种筹资方式？理由是什么？

（5）如果新产品可提供1 000万元的新增息税前利润，在不考虑财务风险的情况下，公司应选择哪一种筹资方式？

3）A公司2024年12月31日资产负债表上的非流动负债与股东权益的比例为40∶60。该公司计划于2025年为一个投资项目筹集资金，可供选择的筹资方式包括向银行申请长期借款和增发普通股。公司以现有资本结构作为目标资本结构。其他有关资料如下：

（1）如果A公司2025年新增长期借款在40 000万元以下（含40 000万元），则借款年利率为6%；如果新增长期借款在40 000万～100 000万元，则年利率将提高到9%；A公司无法获得超过100 000万元的长期借款。银行借款筹资费可忽略不计。

（2）如果A公司2025年度增发的普通股规模不超过120 000万元（含120 000万元），则预计每股发行价为20元；如果增发的普通股规模超过120 000万元，则预计每股发行价为16元。普通股筹资费用率为4%（假定不考虑有关法律对公司增发普通股的限制）。

（3）A公司预计2025年普通股股利为每股2元，以后每年增长5%。

（4）A公司适用的企业所得税税率为25%。

要求：

（1）分别计算下列不同条件下的资金成本：①新增长期借款不超过40 000万元时的资金成本。②新增长期借款超过40 000万元时的资金成本。③增发普通股不超过120 000万元时的资金成本。④增发普通股超过120 000万元时的资金成本。

（2）计算所有的筹资总额分界点。

（3）计算A公司2025年最大筹资额。

（4）根据筹资总额分界点确定各个筹资范围，并计算每个筹资范围内的边际资金成本。

（5）假定上述项目的投资额为180 000万元，预计内部收益率为13%，根据上述计算结果，确定本项筹资的边际资金成本，并作出是否应当投资的决策。

4.5 课业范例

范例4-5-1

案例分析

HM汽车制造公司筹资

背景与情境： HM汽车制造公司是一个多种经济成分并存，具有法人资格的大型企业集团。公司现有68个生产厂家，还有物资、销售、进出口、汽车配件等9个专业公司，3个轻型汽车研究所和1所汽车工学院。公司现在急需1亿元的资金用于轿车技术改造项目。为此，总经理刘飞于2018年8月10日召开由生产副总经理张鸣、财务副总经理王军、销售副总经理林斌、某信托投资公司金融专家周天、某经济研究中心经济学家李教授、某大学财务学者黄教授组成的专家研讨会，以讨论该公司的筹资问题。下面是他们的发言摘要和有关资料：

总经理刘飞首先发言："公司轿车技术改造项目经专家、学者的反复论证已被国家于2007年正式批准立项。这个项目的投资额预计为4亿元，生产能力为4万辆。项目改造完成后，公司的两个系列产品的各项性能可达到国际同类产品的先进水平。现在项目正在积极实施中，但目前资金不足，公司准备在2018年12月前筹措1亿元资金，请大家发表自己的意见，谈谈如何筹措这笔资金。"

生产副总经理张鸣说："目前需筹集的1亿元资金，主要用于投资少、效益高的技术改造项目。该项目在2年内均能完成建设并正式投产，到时将大大提高公司的生产能力和产品质量，估计这笔投资在改造投产后3年内可完全收回。所以，公司应发行5年期的债券筹集资金。"

财务副总经理王军提出了不同意见。他说："目前公司全部资金总额为10亿元，其中自有资金4亿元，借入资金6亿元，自有资金比率为40%，负债比率为60%。这种负债比率在我国处于中等水平，与世界发达国家如美国、英国等相比也较高，如果再利用债券筹集1亿元资金，负债比率将达到64%，显然负债比率过高，财务风险太大。所以，不能利用债券筹资，只能靠发行普通股或优先股筹集资金。"

但金融专家周天却认为："目前我国的资金市场还不够完善，证券一级市场和二级市场在许多方面还很不规范，投资者对股票投资还没有充分的认识，加之今年股市的'扩容'速度过快，因此在现有条件下，公司要发行1亿元普通股是很困难的。发行优先股还可以考虑，但根据目前的利率水平和生产情况来看，发行优先股时，年股息率不能低于16.5%，否则优先股也无法发行。如果发行债券，因公司要定期付息还本，投资者的风险较小，估计以12%的利率便可顺利发行。"

来自某经济研究中心的经济学家李教授认为："目前我国的经济建设正处于改革开放的大好时期，但在全球经济大环境的影响下，汽车行业可能会受到冲击，销售量会受到影响。在进行筹资和投资时应考虑这一因素，不能盲目上马，否则结果可能不够理想。"

销售副总经理林斌认为："公司在将来一段时间内，销售量不成问题。这是因为公司生产的中档轿车和微型车这几年来的销售情况一直很好，畅销全国29个省、自治区、直辖市，2017年受进口汽车的影响，全国汽车滞销，但公司的销售状况仍然很好，居全国领先地位。在近几年全国汽车行业的质量评比中，公司的产品连续获奖。我国"入关"后，关税大幅度下降，确实给我国汽车行业带来冲击，但这种冲击已通过国家近年来逐步降低关税的政策得以逐步消除。所以，在这方面不会对公司的产品销售量产生大的影响。"

财务副总经理王军又说："公司属于股份制试点企业，目前所得税税率为25%，税后资金利润率为16%，若这个技术改造项目上马，由于采用了先进的设备，投产后预计公司的税后资金利润率将达到18%。"所以，他认为这一技术改造项目应付诸实施。

来自某大学的财务学者黄教授听了大家的发言后指出："以16.5%的股息率发行优先股不可行。因为发行优先股所花费的筹资费用较多，把筹资费用加上以后，预计利用优先股筹集资金的成本将达到19%，这已高出公司税后资金利润率1%，所以发行优先股不可行。但若发行债券，由于利息可以在税前支付，实际成本在10%左右。”他还指出：“目前我国正处于通货膨胀时期，利率比较高，这时不宜发行较长时期的、负担较高的债券或股票。”所以，黄教授认为，公司应首先向银行筹措1亿元的技术改造贷款，期限为1年，1年后再以较低的股息率发行优先股股票来替换技术改造贷款。

财务副总经理王军听了黄教授的分析后，也认为按16.5%发行优先股的确会给公司带来沉重的财务负担。但他不同意黄教授后面的建议。他认为，在目前的条件下向银行筹措1亿元技术改造贷款几乎不可能；另外，通货膨胀在近1年内不会消除，要想消除通货膨胀，利率有所下降，至少需要2年的时间。金融专家周天也同意王军的看法，他认为1年后利率可能还要上升，2年后利率才会保持稳定或有所下降。

问题：

1）归纳一下在这次筹资研讨会上，共提出了哪几个筹资方案？

2）分别对会上的几个筹资方案进行评价。

3）请你对公司的筹资方案提出建议。

分析要求：

1）形成性要求

同第1章“主观题”中本题型的“形成性要求”。

2）成果性要求

（1）课业结构、格式与体例参照本《训练手册》“课业范例”的范例4-5-1。

（2）同第1章“主观题”中本题型的其他“成果性要求”。

“HM汽车制造公司筹资”案例分析报告

（项目组组长：　　　　　　项目组成员：　　　　　　　）

1）在这次筹资研讨会上，共提出了以下几个筹资方案：生产副总经理张鸣提出的发行5年期债券筹资的方案、财务副总经理王军提出的发行优先股或普通股筹资的方案、金融专家周天提出的发行票面利率12%的债券筹资的方案、某大学的财务学者黄教授提出的先借款再发行债券或优先股筹资的方案。

2）生产副总经理张鸣提出的发行5年期债券筹资的方案，考虑了资金来源与资金占用时间上的配合，这是可行的。但是，目前利率处于上升趋势，而预计2年后利率会下降，因此，发行5年期的债券虽然在前2年可锁定较低的利率，但后3年公司则要承担比市场利率高的利率。另外，发行债券也会增大企业的财务风险。财务副总经理王军提出的发行优先股或普通股筹资的方案考虑了发行债券筹资带来的财务风险，但发行优先股或普通股筹资会导致公司控制权分散、筹资成本高。另外，由于筹资周期较长，公司不一定能在限定的时间内筹集到必要的资金。金融专家周天提出的发行票面利率12%的债券筹资方案考虑了债券筹资的低成本优势，但也应该看到债券筹资会形成固定的利息负担，增加公司的财务风险。某大学的财务学者黄教授提出的先借款再发行债券或优先股筹资的方案则将筹资与投资结合起来，否定了现在发行优先股筹资的方案。然而，先按目前市场利率借款筹资，1年后再按较低的股息率发行优先股筹资的方案存在以下问题：一是银行借款是否可得；二是1年后市场利率是否会下降。如果市场利率没有下降，那么1年后公司发行优先股的股息率可能还要高于现在的水平，从而更会加大公司的资金成本。

3）公司在筹资时通常应考虑以下几个因素：企业销售的增长情况、企业所有者和管理人员的态度、企业的盈利能力和财务状况、资本结构、贷款人和信用评级机构的影响、行业因素和市场利率的变动趋势等。结合公司销售额逐步增长、资产负债率只有60%、盈利能力较强（税后资金利润率达到16%）等因素，建议公司适当增加债务筹资比重，以降低成本、增加利润。考虑到市场利率可能要2年后才会下降，建议公司发行2年期的债券筹集部分资金。同时，为了降低财务风险，公司可以考虑发行部分可赎回优先股筹集其余资金。

范例4-5-2

课程思政

民企债务问题调查

背景与情境：2024年7月24日，江苏省响水县人民法院公告称，正在审查包括江苏德龙镍业有限公司在内的四家企业的破产重整申请。这四家企业还包括响水恒生不锈钢铸造有限公司、响水巨合金属制品有限公司、响水德丰金属材料有限公司。目前，以上案件尚处于受理审查阶段，最终是否受理将以法院的正式裁定为准。同时，法院正在通过竞争方式预选任一家社会中介机构担任上述四家公司的破产管理人。

全国企业破产重整案件信息网显示，此次德龙镍业破产重整的申请人为响水县灌江新城建设发展有限公司，隶属于响水县财政局。而响水恒生不锈钢、响水巨合金属和响水德丰金属三家公司的破产重整申请人，同样来自响水县财政局旗下公司。

德龙镍业由“钢铁大王”戴国芳于2010年创立，是仅次于青山集团的全球第二大不锈钢供应商，在2023中国民营企业500强榜单中位列第47位。江苏德龙镍业有限公司的实际控制人为戴笠，其家族在2024年新财富500创富榜中以255亿元财产位列全国第113名。

其中，资产负债情况如下：

（1）恒生不锈钢

根据恒生不锈钢未经审计的财务报表，截至2024年4月30日，恒生不锈钢的账面资产总计1 083 327.16万元；账面负债金额总计1 026 233.19万元。

（2）巨合金属

根据巨合金属未经审计的财务报表，截至2024年4月30日，巨合金属的账面资产总计1 442 852.07万元；账面负债金额总计1 562 904.65万元。

（3）德丰金属

根据德丰金属未经审计的财务报表，截至2024年4月30日，德丰金属的账面资产总计1 703 287.16万元；账面负债金额总计1 809 999.46万元。

（4）德龙公司

根据德龙公司未经审计的财务报表，截至2024年4月30日，德龙公司的账面资产总计4 151 962.29万元；账面负债金额总计4 158 311.98万元。

综合以上信息来看，江苏德龙等四家公司的账面负债超过850亿。有业内人士表示，江苏德龙镍业面临破产的三大原因分别是激进的扩张投资、破产重组要求和市场反应的相对可控。

资料来源：佚名. 负债超850亿！4家企业宣告破产！[EB/OL]. [2024-08-17]. https://www.sohu.com/a/801610038_121124370.引文有删减。

问题：

1）请分析上述现象暗含了哪些课程思政要求和原则。

2）本案例对你有哪些启示？

研判要求：

1）形成性要求

同第1章“主观题”中本题型的“形成性要求”。

2）成果性要求

（1）课业结构、格式与体例参照本《训练手册》“课业范例”的范例4-5-2。

（2）同第1章“主观题”中本题型的其他“成果性要求”。

“民企债务问题调查”思政研判报告

（项目组组长：　　　　　　项目组成员：　　　　　　　　　　）

1）债务资本可以降低资本成本，获得杠杆收益，但是债务筹资也会带来企业收益波动和破产风险。作为理财者，必须本着爱岗敬业的精神，精打细算实现筹资成本与风险的最优组合。实际工作中，筹资者需要对资本结构中的财务杠杆作用的利弊进行权衡，以作出合理决策，不考虑风险而过度利用财务杠杆是不正确的。

2）本案例体现了企业经营中必须坚持的基本观念：风险与收益权衡原则。企业进行筹资时必须充分评估财务杠杆的利益及其带来的风险，在获得财务杠杆利益的同时一定要注意控制其风险。

范例4-5-3

实训资料：莱特公司原有资金2 500万元，其中普通股150万股，每股10元；其余为借款，利率为6%。公司因扩大生产规模，需要再筹集资金1 500万元。这些资金可采用发行股票的方式筹集，也可采用发行债券的方式筹集。现有A、B两个方案，A方案发行股票150万股，每股10元；B方案发行债券1 500万元，年利率为8%，所得税税率为25%。公司预计息税前利润为400万元。

要求：

1）计算公司的每股收益无差别点。

2）对公司的筹资决策提供建议。

3）完成一篇字数不少于1 000字的筹资决策报告。

“莱特公司筹资决策分析”训练报告

（项目组组长：　　　　　　项目组成员：　　　　　　　　　　）

训练报告见表4-4。

表4-4 **“莱特公司筹资决策分析”训练报告**

班级：会计2023（1）班 项目组编号：01

项目组组长	吴清	项目组成员	张三、李四……
训练时间	2024年4月20日	训练地点	财务管理训练室
训练目的	（1）对“资金成本分析”与“资本结构优化”等专业能力的各“技术-技能”点实施阶段性基本训练。（2）对“数字应用”、“解决问题”和“革新创新”等职业核心能力的各“技术-技能”点实施“中级”强化训练。（3）对“职业态度”“职业守则”等职业道德的各“素质点”实施“认同级”相关训练		
训练步骤	（1）根据实训资料，项目组对相关问题进行分析，确定项目组成员的任务与分工，并制订项目组的《训练计划》。（2）实施《训练计划》，对每股收益无差别点进行计算与分析。（3）撰写作为最终成果的《“莱特公司筹资决策分析”训练报告》。（4）在班级交流、讨论各组的《“莱特公司筹资决策分析”训练报告》，并进一步修订和完善		
训练成果	公司为了扩大生产规模而需要向外筹资，一方面筹集资金进行投资可以增加企业收益，另一方面筹集资金需要付出代价。站在股东的立场，只有能使股东收益最大的筹资方案才是最佳方案。本着这一思想，我们通过对每股收益无差别点的分析，可以选择不同的筹资方案 （1）莱特公司追加筹资方案的每股收益无差别点分析 ①关于A方案。A方案是通过发行股票的方式实现筹资的，在发行股票后，利息没有增加，股东净利润总额增加，但由于发行股数增加，因此每股收益不一定增加，也不能断定每股收益一定最大。其每股收益计算如下： $EPS_A=\frac{(EBIT-I)(1-T)}{N}=\frac{[EBIT-(2\,500-150\times 10)\times 6\%]\times(1-25\%)}{150+150}$ $=\frac{(EBIT-60)\times 75\%}{300}$ ②关于B方案。B方案是通过发行债券的方式筹集资金的，在发行债券后，利息总额会增加，相对于A方案，利润总额和净利润会相对减少，但由于没有发行股票，股数相对于A方案较少，因此每股收益不一定会下降。其每股收益计算如下： $EPS_B=\frac{(EBIT-I)(1-T)}{N}$ $=\frac{[EBIT-(2\,500-150\times 10)\times 6\%-1\,500\times 8\%]\times(1-25\%)}{150}$ $=\frac{(EBIT-180)\times 75\%}{150}$ ③求得两方案的每股收益无差别点。要使A、B两个方案的每股收益相等，则有： $EPS_A=EPS_B$ 即：$\frac{(EBIT-60)\times 75\%}{300}=\frac{(EBIT-180)\times 75\%}{150}$ 解方程可得：EBIT=300万元 （2）对莱特公司每股收益无差别点的决策分析及筹资决策建议 ①对莱特公司每股收益无差别点的决策分析。由上述计算步骤与分析，并结合每股收益无差别点分析图（如图4-2所示），我们可以得出这样的结论：		

续表

<table>
<tr><td rowspan="1">训练成果</td><td colspan="3">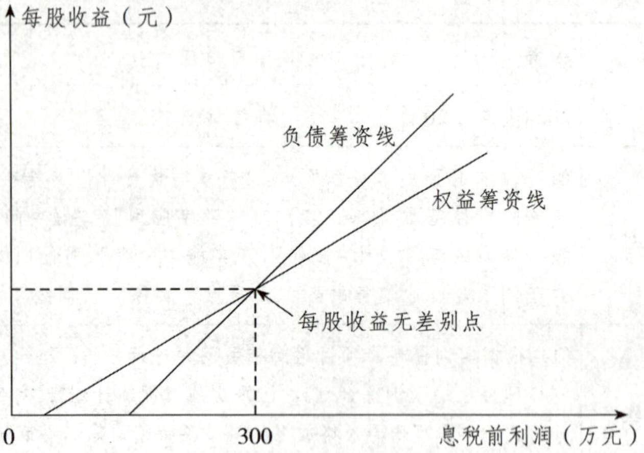

图4-2　每股收益无差别点分析图
当公司未来的息税前利润在300万元以内时，为了使股东每股收益最大，公司应当选择权益筹资；当公司未来的息税前利润在300万元以上时，为了使股东每股收益最大，公司应当选择负债筹资；当公司未来的息税前利润等于300万元时，这两种筹资方式给股东带来的每股收益相等，此时两个筹资方案等效，是没有差别的。
②对莱特公司的筹资决策建议。由于公司预计息税前利润为400万元，在300万元以上，因此公司应选择负债筹资，即选择B方案</td></tr>
<tr><td>训练体会</td><td colspan="3">通过本训练，我们可以理解资本结构优化的意义，熟悉资本结构优化相关分析技能，能够运用每股收益无差别点解决实际问题，提升我们对资本结构优化技能的理解和应用能力。此外，由于财务工作对专业综合素质的要求较高，企业财务管理人员在分析问题时要细致而全面，工作中要有团队合作精神，要善于与人沟通、与人合作</td></tr>
<tr><td>补充说明</td><td colspan="3">在本训练中，我们在体验本章“专业能力”基本训练的同时，也尝到了“数字应用”、“解决问题”和“革新创新”等“职业核心能力”（中级）强化训练和“职业态度”“职业守则”等“职业道德”（认同级）相关训练的甜头。我们认识到，要提高“学习迁移能力”和“可持续发展能力”，积极应对未来职业岗位的跨行业流动（这是当代职业的一个显著特征），避免职业道德与企业伦理的缺失，这些训练是必不可少的。我们相信，通过本课程以及后续课程的同类学习与训练，在构建自身“业务胜任能力”的过程中，我们的“职业核心能力”将不断增强，我们的“职业道德”将由“他律”变为“自律”</td></tr>
<tr><td>项目组成员签名</td><td>吴清、张三、李四……</td><td>指导教师签名</td><td>王华</td></tr>
</table>

4.6 参考答案与提示

教学互动4-1

引导提示：

债券资金成本=8%×（1−25%）÷（1−2%）≈6.122%

优先股资金成本=12%÷（1−5%）≈12.632%

普通股资金成本=14%÷（1−7%）+4%≈19.054%

综合资金成本=6.122%×50%+12.632%×20%+19.054%×30%≈11.30%

教学互动4-2

引导提示：

（1）经营杠杆系数DOL=210×（1−60%）÷｛［210×（1−60%）］−［210×（1−60%）−60］｝=1.4

财务杠杆系数DFL=60÷［60−200×40%×15%］=1.25

总杠杆系数DTL=1.4×1.25=1.75

（2）①增资前的杠杆系数：

DOL=15 000×（1−65%）÷［15 000×（1−65%）−2 625］=5 250÷2 625=2

DFL=2 625÷（2 625−360）=2 625÷2 265≈1.16

DTL=5 250÷2 265≈2.32

或：DTL=2×1.16=2.32

②增资后的杠杆系数：

增资后的销售收入=15 000×（1+20%）=18 000（万元）

DOL=18 000×（1−60%）÷［18 000×（1−60%）−（2 625+575）］=7 200÷4 000=1.8

DFL=4 000÷（4 000−360−1 000×10%）=4 000÷3 540≈1.13

DTL=7 200÷3 540≈2.03

或：DTL=1.8×1.13≈2.03

③分析评价：

从计算的结果来看，增资后三大杠杆系数都有所下降，其中，经营杠杆系数下降的速度快于财务杠杆系数下降的速度。虽然杠杆的利益没有放大，但是，增资后的风险也没有被继续放大。显然，公司在谋划增资方案时是把风险放在第一位考虑的，具有可行性，利于资本结构的合理化调整。

教学互动4-3

引导提示：

（1）甲方案的综合资金成本=9%×20%+10%×30%+12%×50%=10.8%

乙方案的综合资金成本=9%×18%+10.5%×20%+12%×62%=11.16%

应选择甲方案所确定的资本结构。

（2）①计算两个筹资方案下每股收益无差别点的息税前利润：

［（EBIT−1 000×6%−2 000×8%）×（1−25%）］÷（4 000+1 000）

=［（EBIT−1 000×6%−2 000×8%−2 000×10%）×（1−25%）］÷4 000

计算得：EBIT=1 220万元

或：甲方案年利息=1 000×6%+2 000×8%=220（万元）

乙方案年利息=1 000×6%+2 000×8%+2 000×10%=420（万元）

［（EBIT−220）×（1−25%）］÷（4 000+1 000）=［（EBIT−420）×（1−25%）］÷4 000

计算得：EBIT=1 220万元

②乙方案财务杠杆系数=1 220÷（1 220−420）≈1.53

③因为：预计息税前利润=1 000万元<EBIT=1 220万元

所以：应采用甲方案（增发普通股）。

④因为：预计息税前利润=2 000万元>EBIT=1 220万元

所以：应采用乙方案（发行公司债券）。

⑤计算每股收益增长率：1.53×10%=15.3%

“4.2 客观题”参考答案

4.2.1 理论题

1）单项选择题

（1）C （2）B （3）D （4）A （5）A （6）A （7）B （8）A （9）A （10）A

2）多项选择题

（1）AC （2）AB （3）ABC （4）ABC （5）BDE （6）ABC （7）ABCD （8）ABCD （9）AB （10）AB

3）判断题

（1）× （2）× （3）√ （4）√ （5）× （6）× （7）× （8）√ （9）× （10）×

4.2.2 实务题

1）单项选择题

（1）A （2）C （3）B （4）A （5）A （6）A （7）A （8）A （9）A （10）D

2）多项选择题

（1）CD （2）AB （3）ABC （4）ABC （5）BDE （6）ABC （7）ACD （8）BCD （9）BDE （10）CD

3）混合选择题

（1）A （2）ABD （3）ABCD （4）ABC （5）A

4）判断题

（1）× （2）√ （3）√ （4）× （5）× （6）× （7）× （8）√ （9）× （10）×

4.2.3 案例题

1）BD 2）ABCD 3）A 4）BD 5）ABC

4.2.4 实训题

1）单项选择题

（1）C （2）C （3）B （4）A （5）B （6）B （7）B （8）B （9）C （10）D

2）多项选择题

（1）BE （2）CDE （3）CDE （4）ABCDE （5）CE （6）AE （7）BD （8）ABCDE （9）ABCD （10）AC

“4.3 主观题”参考答案

4.3.1 理论题

1）简答题

（1）参考答案：资金成本是指企业为筹集和使用资金而付出的代价。从广义上讲，企业筹集和使用任何资金都要付出代价。狭义的资金成本仅指筹集和使用长期资金的成本。资金成本包括用资费用和筹资费用两部分。

（2）参考答案：经营风险是指由于市场和企业生产技术等原因导致的企业收益的不确定性，具体是由于企业在生产经营中固定成本的存在和相对稳定而引起的息税前利润变动幅度大于销售额变动幅度的情形。

（3）参考答案：财务风险是指企业为取得财务杠杆利益而利用负债资金时，增加了破产机会或普通股利润大幅度变动的机会所带来的风险。由于财务杠杆的作用，当息税前利润下降时，税后利润会以更大的幅度下降，从而给企业所有者带来财务风险。

（4）参考答案：总杠杆是由于固定生产经营成本和固定财务费用的共同存在，而导致的每股利润变动大于产销量变动的杠杆效应，也可称为复合杠杆。

（5）参考答案：最佳资本结构是指在一定条件下（适度财务风险），使企业加权平均资金成本最低、企业价值最大的资本结构。

2）理解题

（1）参考答案：由于债务利息可以在税前列支，因此债务利息的支付会减少所得税，即存在“税盾”作用。因此，在计算债务资金成本时，要考虑债务利息的抵税作用，债务税后利息成本要低于税前利息成本。而使用权益资金向股东支付的股息和红利则不具有抵税作用，这是权益资金成本高于债务资金成本的重要原因之一。

（2）参考答案：比较资金成本法是通过计算不同筹资方案的加权平均资金成本，并从中选出加权平均资金成本最低的方案为最佳资本结构方案的方法。

（3）参考答案：每股收益无差别点分析法是通过分析资本结构与每股收益之间的关系，进而确定合理的资本结构的方法。一般来说，能提高每股收益的资本结构是合理的；反之则不够合理。每股收益不仅仅受资本结构的影响，还受未来盈利能力的影响，企业的盈利能力一般用息税前利润（EBIT）表示。资本结构与每股收益之间的关系，通常采取确定“每股收益无差别点”的方法来分析。所谓每股收益无差别点，是指每股收益不受筹资方式影响的息税前利润水平，或者说是使不同的资本结构每股收益相等的息税前利润水平。因此，这种方式是站在股东每股收益最大化的角度来确定最佳资本结构的。

4.3.2 实务题

1）规则复习

（1）参考答案：个别资金成本主要包括长期借款的资金成本、债券的资金成本、优先股的资金成本、普通股的资金成本、留存收益的资金成本等几种表现形式。

长期借款的资金成本的计算公式为：$K_L=\frac{I_L(1-T)}{L(1-f)}\times100\%=\frac{R_L(1-T)}{(1-f)}\times100\%$

债券的资金成本的计算公式为：$K_b=\frac{I_b(1-T)}{B(1-f)}\times100\%$

优先股的资金成本计算公式为：$K_P=\frac{D_P}{P_P(1-f)}\times100\%$

在固定增长股利模型法下，普通股的资金成本的计算公式为：$K_S=\frac{D_1}{P_0(1-f)}+g$

在资本资产定价模型法下，普通股的资金成本的计算公式为：$K_C=R_C=R_f+\beta\ (R_m-R_f)$

留存收益的资金成本的计算公式为：$K_R=\frac{D_1}{P_0}+g$

（2）参考答案：加权平均资金成本用来衡量企业筹资的总体代价。加权平均资金成本是企业全部长期资金的总成本，通过对个别资金成本进行加权平均而确定。其计算公式为：$K_W=\sum_{j=1}^{n}k_jW_J$

（3）参考答案：边际资金成本属于增量资金成本的范畴，是指企业每增加单位资金而增加的资金成本。边际资金成本的计算步骤如下：①确定目标资本结构。②确定各种资金不同筹资范围的资金成本。③计算筹资总额突破点。④计算边际资金成本。

（4）参考答案：经营杠杆系数是指企业息税前利润变动率相当于销售额变动率的倍数。

$$经营杠杆系数=\frac{基期边际贡献}{基期息税前利润}$$

$$DOL=\frac{Q(P-v)}{Q(P-v)-a}=\frac{M}{EBIT}$$

财务杠杆系数是指普通股每股收益的变动率相当于息税前利润变动率的倍数。

$$财务杠杆系数=\frac{普通股每股收益变动率}{息税前利润变动率}$$

$$DFL=\frac{EBIT}{EBIT-I-\frac{d}{1-T}}$$

总杠杆系数是指每股收益变动率相当于销售额变动率的倍数。

$$DCL=\frac{M}{EBIT-I-\frac{d}{1-T}}$$

（5）参考答案：资本结构优化的方法主要有：比较资金成本法和每股收益无差别点分析法。比较资金成本法是通过计算不同筹资方案的加权平均资金成本，从中选出加权平均资金成本最低的方案为最佳资本结构方案的方法。每股收益无差别点分析法是通过分析资本结构与每股收益之间的关系，进而确定合理的资本结构的方法。

2）业务解析

（1）参考答案：加权平均资金成本与边际资金成本在计算上相同的地方是：二者都要将个别资金成本与其占筹资总额的比重相乘，然后相加。不同的是：前者的个别资金成本都不变；后者在不同的筹资范围内，个别资金成本不变，但超过一定的范围即筹资突破点，个别资金成本就会发生变化，从而边际资金成本也会发生变化。

（2）参考答案：经营杠杆反映经营风险的大小，经营杠杆系数越大，表明经营风险越大；财务杠杆反映财务风险的大小，财务杠杆系数越大，表明财务风险越大；总杠杆反映总风险的大小，总杠杆系数越大，表明总风险越大。

（3）参考答案：比较资金成本法是根据不同筹资方案的综合资金成本的大小确定最佳筹资方案的，而每股收益无差别点分析法则是根据一定的息税前利润，决定哪种筹资方案可使股东的每股收益最大，从而确定最佳方案。比较资金成本法需要知道不同筹资方案的个别资金成本以及个别资金的筹资比重，每股收益无差别点分析法则需要知道不同筹资方案的债务利息和发行在外的股数。

4.3.3 案例题

1）案例分析

分析提示：

（1）黎明的分析不正确。从股东净利润的角度来看，最佳资本结构应该是使每股净利润最大的资本结构。负债增加会导致利润总额和净利润的减少，这也意味着股东投入资金的减少，但每股净利润不一定会减少。因此，黎明的分析没有区分每股净利润与净利润总额，也没有考虑到投入与产出比。

（2）$EPS_{甲}$=（EBIT−1 000×8%）×（1−25%）÷5 500

$EPS_{乙}$=（EBIT−1 000×8%−2 500×10%）×（1−25%）÷4 500

$EPS_{甲}$=$EPS_{乙}$

（EBIT−80）÷11=（EBIT−330）÷9

EBIT=（3 630−720）÷2=1 455（万元）

（3）财务杠杆系数=1 455÷（1 455−330）=1.293

（4）如果公司预计息税前利润为1 200万元，该公司应采用权益筹资方案。

（5）如果公司预计息税前利润为1 600万元，该公司应采用负债筹资方案。

（6）采用乙方案公司每股收益增长率=10%×1.293=12.93%

2）课程思政

研判提示：

（1）在实际工作中，负债有降低成本和获得财务杠杆作用的好处，但是要注意负债需要还本付息，有破产风险。筹资者需要对资本结构中的财务杠杆作用的利弊进行权衡，以作出合理决策，不考虑风险过度利用财务杠杆是不正确的。作为决策者，必须本着爱岗敬业的精神，通过精打细算实现筹资成本与风险的最优组合。

（2）本案例体现了理财必须坚持的基本观念：风险与收益权衡原则。在利用财务杠杆时应该兼顾成本与风险，不能不考虑风险、过度负债，要合理利用财务杠杆。负债筹资在一定程度上能给企业带来高额收益，但是过度负债尤其是利率过高时会给企业带来较大的财务负担和破产压力。企业进行筹资时必须充分评估财务杠杆作用及其带来的风险，在获得财务杠杆效应的同时一定要注意控制其风险。

“4.4 实训资料”参考答案

实训资料4-4-1

1）参考答案：（1）债券的资金成本=8%×（1−25%）÷（1−2%）≈6.12%

优先股的资金成本=12%÷（1−5%）≈12.63%

普通股的资金成本=14%÷（1-7%）+4%≈19.05%

（2）加权平均资金成本=6.12%×50%+12.63%×20%+19.05%×30%≈11.30%

2）参考答案：（1）2024年该公司的边际贡献=（50-30）×10=200（万元）

（2）2024年该公司的息税前利润总额=200-100=100（万元）

（3）经营杠杆系数=200÷100=2

财务杠杆系数=100÷［100-60×12%-10÷（1-25%）］≈1.258

2024年该公司的总杠杆系数=2×1.258=2.516

3）参考答案：（1）2023年度的息税前利润=30万元

2024年度的息税前利润=30×（1+40%）=42（万元）

2023年度的财务杠杆系数=30÷［30-（800-500）×8%］=5

（2）2024年度的财务杠杆系数=42÷（42-300×8%）≈2.333

实训资料 4-4-2

1）参考答案：由成本习性模型可知，A产品的单位变动成本为3元，A产品的固定成本为10 000元。

（1）2024年该企业的边际贡献总额=10 000×（5-3）=20 000（元）

（2）2024年该企业的息税前利润=20 000-10 000=10 000（元）

（3）销售量为10 000件时的经营杠杆系数=20 000÷10 000=2

（4）2025年度的息税前利润增长率=10%×2=20%

（5）2024年度的财务杠杆系数=10 000÷（10 000-5 000）=2

2024年度的总杠杆系数=2×2=4

2）参考答案：（1）EPS_1=（200-400×10%-500×12%）×（1-25%）÷100=0.75（元）

EPS_2=（200-400×10%）×（1-25%）÷125=0.96（元）

（2）EPS_1=（EBIT-400×10%-500×12%）×（1-25%）÷100

EPS_2=（EBIT-400×10%）×（1-25%）÷125

EPS_1=EPS_2

（EBIT-100）÷100=（EBIT-40）÷125

EBIT=（12 500-4 000）÷25=340（万元）

（3）方案一的财务杠杆系数=200÷（200-100）=2

方案二的财务杠杆系数=200÷（200-40）=1.25

（4）预计息税前利润少于每股收益无差别点的息税前利润，方案二的每股收益大，所以方案二更好。

3）参考答案：（1）计算该企业新筹资总额的分界点。

非流动负债：

10 000÷0.2=50 000（万元）

40 000÷0.2=200 000（万元）

优先股：

2 500÷0.05=50 000（万元）

普通股：

22 500÷0.75=30 000（万元）

75 000÷0.75=100 000（万元）

（2）编制边际资金成本规划表，见表4-5。

表4-5　**边际资金成本规划表**

序号	筹资范围（万元）	项目	资本结构	资金成本	边际资金成本
①	0 ~ 30 000	非流动负债	20%	6%	1.2%
		优先股	5%	10%	0.5%
		普通股	75%	14%	10.5%
②	30 000 ~ 50 000	非流动负债	20%	6%	1.2%
		优先股	5%	10%	0.5%
		普通股	75%	15%	11.25%
③	50 000 ~ 100 000	非流动负债	20%	7%	1.4%
		优先股	5%	12%	0.6%
		普通股	75%	15%	11.25%
④	100 000 ~ 200 000	非流动负债	20%	7%	1.4%
		优先股	5%	12%	0.6%
		普通股	75%	16%	12%
⑤	200 000以上	长期负债	20%	8%	1.6%
		优先股	5%	12%	0.6%
		普通股	75%	16%	12%

第一个筹资总额范围内的边际资金成本=12.2%

第二个筹资总额范围内的边际资金成本=12.95%

第三个筹资总额范围内的边际资金成本=13.25%

第四个筹资总额范围内的边际资金成本=14%

第五个筹资总额范围内的边际资金成本=14.2%

4）参考答案：甲方案的综合资金成本=9%×20%+10%×30%+12%×50%=10.8%

乙方案的综合资金成本=9%×18%+10.5%×20%+12%×62%=11.16%

因此最佳资本结构为甲方案。

实训资料 4-4-3

1）参考答案：（1）百华公司采取了长期借款、发行债券、发行优先股、发行普通股和留存收益五种筹资方式。资金成本包括用资费用和筹资费用两个方面。用资费用是指企业为使用资金而付出的代价，如债务资金的利息和权益资金的股利、分红等，其特点是分次支付且数额较大。筹资费用是指企业在筹资阶段而支付的代价，如债券的发行费用、股票的发行费用、手续费等，其特点是一次性支付且数额小。

（2）筹资总额=100+1 200+100+600×10+600=8 000（万元）

长期借款的资金成本K_L=［100×8%×（1−25%）］÷［100×（1−1%）］≈6.06%

W_L=100÷8 000=1.25%

债券的资金成本K_B=［1 200×10%×（1−25%）］÷［1 200×（1−3%）］≈7.73%

W_B=1 200÷8 000=15%

优先股的资金成本K_P=（100×10%）÷［100×（1−4%）］≈10.42%

W_P=100÷8 000=1.25%

普通股的资金成本K_C=2÷［10×（1−5%）］+4%≈25.05%

W_C=6 000÷8 000=75%

留存收益的资金成本K_E=2÷10+4%=24%

W_E=600÷8 000=7.5%

综合资金成本=6.06%×1.25%+7.73%×15%+10.42%×1.25%+25.05%×75%+24%×7.5%≈21.95%

2）参考答案：（1）普通股每股收益见表4-6。

表4-6 普通股每股收益表

项目＼筹资方案	发行债券筹资	增发普通股筹资
息税前利润（万元）	2 000	2 000
现有债务利息（万元）	300	300
新增债务利息（万元）	440	
税前利润（万元）	1 260	1 700
所得税（万元）	504	680
普通股收益（万元）	756	1 020
股数（万股）	800	1 000
每股收益（元）	0.95	1.02

（2）发行债券筹资与增发普通股筹资的每股收益无差别点计算如下：

N_1=800万股　N_2=1 000万股

I_1=300+4 000×11%=740（万元）

I_2=300万元

$$\frac{(EBIT-740)\times(1-40\%)}{800}=\frac{EBIT-300\times(1-40\%)}{1\ 000}$$

EBIT=2 500（万元）

（3）筹资前的财务杠杆=1 600÷（1 600−300）≈1.23

发行债券筹资的财务杠杆=2 000÷（2 000−300−4 000×11%）≈1.59

增发普通股筹资的财务杠杆=2 000÷（2 000−300）≈1.18

（4）该公司应当采用增发普通股筹资。该方式在新增息税前利润为400万元时，每股收益较高，风险（财务杠杆）较低，最符合财务目标。

（5）当项目新增息税前利润为1 000万元时，应选择债务筹资方案。

3）参考答案：（1）①新增长期借款不超过40 000万元时的资金成本=6%×（1−25%）=4.50%

② 新增长期借款超过40 000万元时的资金成本=9%×（1-25%）=6.75%

③ 增发普通股不超过120 000万元时的资金成本=$\frac{2}{20\times(1-4\%)}$+5%≈15.42%

④ 增发普通股超过120 000万元时的资金成本=$\frac{2}{16\times(1-4\%)}$+5%≈18.02%

（2）长期借款的筹资总额分界点=40 000÷40%=100 000（万元）

普通股的筹资总额分界点=120 000÷60%=200 000（万元）

（3）由于A公司无法获得超过100 000万元的长期借款，即长期借款的最大筹资额为100 000万元，按照目标资本结构的要求，则：

A公司最大筹资额=100 000÷40%=250 000（万元）

（4）边际资金成本规划表见表4-7。

表4-7　边际资金成本规划表

序号	筹资范围（万元）	项目筹资方式	资本结构	资金成本
1	0 ~ 100 000	长期借款	40%	4.50%
		普通股	60%	15.42%
2	100 000 ~ 200 000	长期借款	40%	6.75%
		普通股	60%	15.42%
3	200 000 ~ 250 000	长期借款	40%	6.75%
		普通股	60%	18.02%

第一个筹资总额范围内的边际资金成本=40%×4.50%+60%×15.42%=11.05%

第二个筹资总额范围内的边际资金成本=40%×6.75%+60%×15.42%=11.95%

第三个筹资总额范围内的边际资金成本=40%×6.75%+60%×18.02%=13.51%

（5）投资额180 000万元处于第二个筹资范围内，边际资金成本为11.95%，低于项目内部收益率13%，所以应当进行投资。

第5章 项目投资管理

5.1 预习要览

5.1.1 内容提要与结构

1）内容提要

项目投资是对特定项目所进行的一种长期投资行为。项目投资具有投资规模较大、投资回收时间较长、投资风险较大、投资次数较少、投资决策必须严格遵守相应的投资程序等特点。项目投资的决策程序一般为：投资项目的提出、投资项目的可行性分析、投资项目的决策、投资项目的实施与控制。

项目计算期是指投资项目从投资建设开始到最终清理结束整个过程的全部时间，包括建设期和运营期。建设期是指从项目资金正式投入开始到项目建成投产为止所需要的时间。假定项目最终报废或清理均发生在终结点（更新改造项目除外），则从投产日到终结点之间的时间间隔称为运营期。

在项目投资决策中，现金流量是指该项目投资所引起的现金流入量和现金流出量的统称，它可以动态地反映该投资项目的投入和产出的相对关系。在进行项目投资决策分析时，通常用现金流出量、现金流入量和现金净流量来反映项目投资的现金流量。

当投入资金为自有资金时：建设期现金流量一般包括土地使用费支出、固定资产方面的投资、流动资产方面的投资、原有固定资产的变价收入。建设期现金流量除了原有固定资产的变价收入为现金流入量外，其他部分均为现金流出量。运营期现金流量一般按年度进行计算。运营期现金流入量主要是由因生产经营而使企业增加的营业收入和该年的回收额构成。运营期现金流出量则主要由付现成本和所得税构成。

当投入资金为借入资金，企业在确定固定资产、无形资产等非流动资产的原值时，必须考虑资本化利息；同时在确定现金净流量时，必须加上该年的利息支出。

项目投资决策评价的指标主要有投资利润率、静态投资回收期、净现值、净现值率、现值指数、内含报酬率等。评价指标按是否考虑货币时间价值，可分为非贴现评价指标和贴现评价指标。评价指标按指标性质的不同，可分为在一定范围内越大越好的正指标和在一定范围内越小越好的反指标。评价指标按指标数量特征的不同，可分为绝对量指标和相对量指标。评价指标按其在决策中所处的地位的不同，可分为主要指标、次要指标和辅助指标。评价指标按其计算的难易程度的不同，可分为简单指标和复杂指标。

静态投资回收期是指在不考虑货币时间价值的情况下，收回全部投资额所需要的时间。

投资利润率（ROI）又称投资报酬率，是指投资项目投产期间的平均净利润与投资项目的投资额之间的比率。如果投资项目的投资利润率高于企业要求的最低收益率或无风险收益率，则该投资项目可行；反之，则该投资项目不可行。

净现值（NPV）是指在项目计算期内，按行业基准收益率或企业设定的贴现率计算的投资项目未来各年现金净流量现值的代数和。净现值法是项目投资评价中常用的方法，其评价标准为：当进行单项决策时，若NPV≥0，则项目可行；若NPV<0，则项目不可行。当进行多个互斥项目的投资决策时，在净现值大于零的投资项目中，应选择净现值较大的投资项目。

净现值率（NPVR）是指投资项目的净现值占原始投资额现值总和的百分比。其评价标准是：当NPVR≥0时，项目可行；当NPVR<0时，项目不可行。

现值指数（PI）也称获利指数，是指项目投产后按行业基准收益率或企业设定的贴现率折算的各年现金净流量的现值合计（报酬总现值）与原始投资额的现值合计（投资总现值）之比。其评价标准是：如果PI≥1，则该投资项目可行；如果PI<1，则该投资项目不可行。

内含报酬率（IRR）又称内部收益率，是指投资项目实际可以实现的收益率，亦可将其定义为能使投资项目的净现值等于零的贴现率。其评价标准是：当IRR≥资金成本（或预期收益率）时，项目可行；否则项目不可行。当进行多个互斥项目决策时，内含报酬率越大越好。

如果某一投资项目的评价指标同时满足以下条件，即NPV≥0，NPVR≥0，PI≥1，IRR≥i（i为资金成本或投资项目的行业基准利率，下同），$P \leq P_0$（P为静态投资回收期，P_0为标准静态投资回收期，下同），ROI≥i（i为基准投资收益率，下同），则可以断定，该投资项目无论从哪个方面来看，都具备财务可行性，可以接受此投资项目。

如果某一投资项目的评价指标不满足上述条件，即NPV<0，NPVR<0，PI<1，IRR<i，$P>P_0$，ROI<i，则可以断定，该投资项目无论从哪个方面来看，都不具备财务可行性，毫无疑问，此时应当放弃该投资项目。

当静态投资回收期（次要指标）或投资利润率（辅助指标）的评价结论与净现值等主要指标的评价结论发生矛盾时，应当以主要指标的结论为准。在评价过程中，如果发现某项目的主要指标NPV≥0，NPVR≥0，PI≥1，IRR≥i，但次要指标或辅助指标$P>P_0$或ROI<i，则可断定该项目基本上具备财务可行性。相反，如果出现NPV<0，NPVR<0，PI<1，IRR<i的情况，即使$P \leq P_0$或ROI≥i，也可基本断定该项目不具备财务可行性。

投资决策中的互斥项目决策的方法主要有净现值法、净现值率法、差额投资内含报酬率法和年等额净回收额法等。净现值法和净现值率法适用于原始投资额相同且项目计算期相等的多方案比较决策，可以选择净现值或净现值率大的方案作为最优方案。差额投资内含报酬率法和年等额净回收额法适用于原始投资额不相同的多项目的比较，后者尤其适用于项目计算期不同的多项目的比较决策。

差额投资内含报酬率法是指在计算出两个原始投资额不相等的投资项目的差量现金净流量的基础上，计算出差额内含报酬率，并据以判断这两个投资项目孰优孰劣的方法。在此法下，当差额投资内含报酬率指标大于或等于基准收益率或设定贴现率时，原始投资额大的项目较优；反之，则原始投资额小的项目为优。

年等额净回收额法是指根据所有投资项目的年等额净回收额指标的大小来选择最优项目的一种投资决策方法。某一方案年等额净回收额等于该方案净现值与相关的资本回收系数的乘积。采用年等额净回收额法对所有投资项目进行决策时，以年等额净回收额最大的项目为优。

2）内容结构

本章内容结构如图5-1所示。

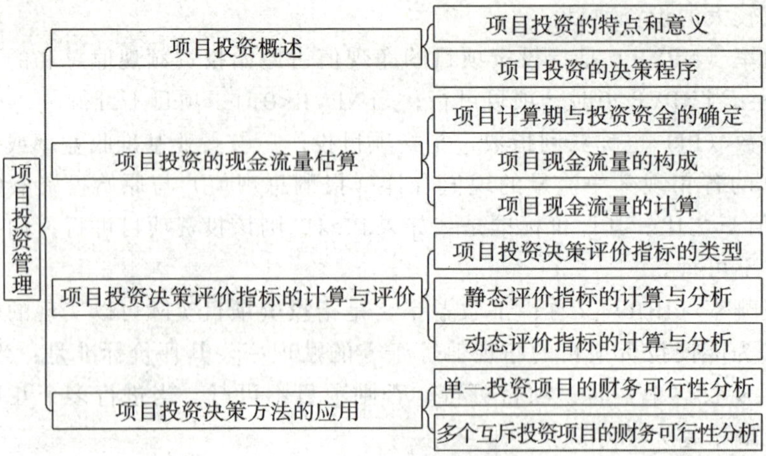

图5-1　本章内容结构图

3）主要概念和观念

（1）主要概念

项目投资　项目计算期　原始投资额　现金流量　现金流入量　现金流出量　现金净流量　非贴现评价指标　贴现评价指标　静态投资回收期　投资利润率　净现值　净现值率　现值指数　内含报酬率　差额投资内含报酬率法　年等额净回收额法

（2）主要观念

非贴现评价指标　贴现评价指标　单一投资项目财务可行性分析　多个互斥投资项目财务可行性分析

5.1.2　重点与难点

1）重点理论

项目计算期的构成　现金流量的构成　净现值的概念　净现值率的概念　现值指数的概念　内含报酬率的概念

2）重点实务

项目决策程序　静态投资回收期的计算与评价　净现值的计算与评价　净现值率的计算与评价　现值指数的计算与评价　内含报酬率的计算与评价　差额投资内含报酬率的计算与评价　年等额净回收额的计算与评价

3）重点操作

现金流量的分析与计算　单一投资项目的财务可行性分析　多个互斥投资项目的

财务可行性分析

4）难点

净现值法　内含报酬率法

5.1.3　主要公式

1）现金净流量

现金净流量（NCF）=净利润+非付现成本+该年回收额

现金净流量（NCF）=该年净利润+该年折旧+该年摊销额+该年回收额+该年利息费用

2）投资回收期

$$\sum_{t=0}^{P} NCF_t = 0 \quad （其中P为整数）$$

$$P = P_0 + \frac{\left|\sum_{t=0}^{P_0} NCF_t\right|}{NCF_{P_0+1}} \quad （其中P为非整数,P_0为整数）$$

3）投资利润率

$$ROI=\frac{P}{I}\times 100\%$$

4）净现值

$$NPV = \sum_{t=0}^{n}\frac{NCF_t}{(1+i)^t} \quad （其中i为贴现率）$$

5）净现值率

$$净现值率=\frac{投资项目净现值}{原始投资额现值总和}\times 100\%$$

6）现值指数

$$PI = \frac{\sum_{t=S+1}^{n} NCF_t\cdot(P/F,i,t)}{\left|\sum_{t=0}^{S} NCF_t\cdot(P/F,i,t)\right|}$$

7）内含报酬率

$$NPV = \sum_{t=0}^{n}\frac{NCF_t}{(1+IRR)^t} = 0$$

8）年等额净回收额

A=NPV·（A/P，i，n）=NPV÷（P/A，i，n）

5.2　客观题

5.2.1　理论题

1）单项选择题

（1）在长期投资决策中，一般来说，属于运营期现金流出项目的有（　　）。

A.固定资产投资　　B.开办费

C.经营成本　　D.无形资产投资

（2）在项目投资决策中，完整的项目计算期是指（　　）。

A.建设期　B.运营期　C.建设期+达产期　D.建设期+运营期

(3) 下列表述不正确的是（　　）。

A.净现值大于零时，说明该投资方案可行

B.净现值为零时的贴现率即内含报酬率

C.净现值是特定方案未来现金流入现值与未来现金流出现值之间的差额

D.净现值大于零时，现值指数小于1

(4) 计算一个投资项目的回收期，应该考虑的因素是（　　）。

A.贴现率　B.使用寿命　C.年现金净流入量　D.资金成本

(5) 项目投资方案可行的必要条件是（　　）。

A.净现值大于或等于零　B.净现值大于零

C.净现值小于零　D.净现值等于零

(6) 静态投资回收期是指收回（　　）的时间。

A.全部投资额　B.全部投资额现值

C.净现值　D.原始投资额

(7) 投资决策中的反指标是（　　）。

A.静态投资回收期　B.全部投资额现值

C.净现值　D.现值指数

(8) 建设期的现金流入量是（　　）。

A.原有固定资产的变价收入　B.无形资产投资

C.固定资产投资额　D.营运资金垫支

(9) 年等额净回收额法的净回收额是指（　　）。

A.现金流出量现值　B.全部投资额现值

C.净现值　D.原始投资额

(10) 在同一方案下，关于现值指数与净现值率的关系式的说法正确的是（　　）。

A.没有必然联系　B.现值指数小于净现值率

C.现值指数大于净现值率　D.现值指数=净现值率+1

2) 多项选择题

(1) 净现值法与现值指数法的共同之处在于（　　）。

A.都是相对数指标，反映投资的效率

B.都必须按预定的贴现率折算现金流量的现值

C.都不能反映投资方案的实际投资收益率

D.都没有考虑货币时间价值因素

E.对于同一方案，两者的评价结果相同

(2)（　　）指标属于折现的相对量评价指标。

A.净现值率　B.现值指数　C.投资利润率

D.内含报酬率　E.静态投资回收期

(3) 完整的工业投资项目的现金流入主要包括（　　）。

A.营业收入　B.回收固定资产变现净值

C.固定资产折旧　D.回收流动资金

E.开办费

(4) 在一般投资项目中，当一个投资方案的净现值等于零时，即表明（　　）。

A.该方案的获利指数等于1

B.该方案不具备财务可行性

C.该方案的净现值率大于零

D.该方案的内部收益率等于设定折现率或行业基准收益率

E.投资报酬率大于零

(5) 内含报酬率是指（　　）。

A.投资报酬与总投资的比率

B.项目投资实际可达到的报酬率

C.投资报酬现值与总投资现值的比率

D.使投资方案净现值为零的贴现率

E.投资报酬率

(6) 项目的开办费支出属于（　　）。

A.建设期现金流出量　　B.运营期现金流出量

C.运营期现金流入量　　D.建设期现金流入量

E.建设期的其他投资支出

(7) 投资利润率是项目投产期间的（　　）与项目投资额之比。

A.年均净利润　　B.年利润总额　　C.净现值

D.现金流入量　　E.现金净流量

(8) 单一项目基本可行的条件包括（　　）。

A.主要指标可行　　B.辅助指标或次要指标不可行

C.所有指标都可行　　D.所有指标都不可行

E.主要指标不可行

(9) 用内含报酬率进行项目投资决策的缺点是（　　）。

A.反映项目的实际投资收益率　　B.计算依赖主观选择的贴现率大小

C.计算过程较为复杂　　D.有多个内含报酬率的可能

E.没有投资风险

(10) 在项目投资决策评价指标中相对比较复杂的指标有（　　）。

A.静态投资回收期　　B.净现值　　C.投资报酬率

D.净现值率　　E.内含报酬率

3) 判断题

(1) 现金净流量是指一定期间现金流入量和现金流出量的差额。（　　）

(2) 投资利润率和静态投资回收期这两个静态指标的优点是计算简单，容易掌握，且均考虑了现金流量。（　　）

(3) 内含报酬率指标的计算结果与项目预定的贴现率有直接关系。（　　）

(4) 在计算现金净流量时，无形资产摊销额的处理与折旧额相同。（　　）

(5) 折旧额属于现金流入量。（　　）

(6) 建设期发生的原有固定资产变现收入属于经营期现金流入量的一部分。（　　）

（7）营运资金垫支由于在项目结束时全部收回，因此计算净现值时可以不考虑。（　　）

（8）无形资产的摊销属于非付现成本。（　　）

（9）净现值率的计算比较简单，因此属于次要指标。（　　）

（10）静态投资回收期与净现值的可行性评价结果应该完全一致。（　　）

5.2.2 实务题

1）单项选择题

（1）某投资项目原始投资额为100万元，使用寿命为10年，已知该项目第10年的经营现金净流量为25万元，期满处置固定资产残值收入为10万元，收回流动资金为8万元，则该投资项目第10年的现金净流量包括（　　）。

A. 固定资产残值收入

B. 收回的流动资金

C. 固定资产残值收入+收回流动资金+第10年经营净现金流量

D. 第10年经营净现金流量

（2）在评价单一方案的财务可行性时，如果不同评价指标之间的评价结论发生了矛盾，就应当以主要评价指标的结论为准，如下列项目中的（　　）。

A. 净现值　　B. 静态投资回收期

C. 投资报酬率　　D. 年平均报酬率

（3）某企业计划投资10万元建一生产线，预计投资后每年可获净利润1.5万元，若年折旧率为10%，该生产线的投资回收期为3年，则该项目（　　）。

A. 可行

B. 年经营净现金流量为1.5万元

C. 不可行

D. 用静态投资回收期无法判断项目是否可行

（4）年等额净回收额法是指通过比较所有投资方案的年等额净现值指标的大小来选择最优方案的决策方法。在此法下，年等额净现值（　　）的方案为优。

A. 最小　　B. 最大　　C. 大于0　　D. 等于0

（5）贴现评价指标的计算与贴现率的高低无关的是（　　）。

A. 净现值　　B. 净现值率　　C. 现值指数　　D. 内含报酬率

（6）如果不考虑货币时间价值，评价项目可行与否可采用的指标是（　　）。

A. 静态投资回收期　　B. 净现值率

C. 现值指数　　D. 内含报酬率

（7）当投资项目的现金流量一定时，采用贴现的评价指标，为了使项目尽可能地通过，应该（　　）。

A. 降低贴现率　　B. 提高贴现率

C. 缩短标准的回收期　　D. 降低投资利润率标准

（8）对某一项目，净现值大于0，但静态投资回收期长于标准的回收期，则该项目（　　）。

A.可行　B.基本可行　C.不可行　D.基本不可行

(9) 对于同一个方案，净现值大于0，则现值指数必然（　）。

A.大于0　B.大于1　C.等于1　D.等于0

(10) 在项目投资中，确定的固定资产的投资额（现金流出量）是（　）。

A.固定资产账面价值　B.固定资产原值

C.新固定资产的市场价格　D.固定资产重置成本

2) 多项选择题

(1) 若NPV<0，则下列关系式中正确的有（　）。

A.NPVR>0　B.NPVR<0　C.PI<1

D.IRR<必要报酬率　E.投资报酬率<0

(2) 在单一方案决策过程中，可能与净现值评价结论发生矛盾的评价指标是（　）。

A.净现值率　B.投资利润率　C.投资回收期

D.内部收益率　E.现值指数

(3) 当一项长期投资方案的净现值大于零时，则可以说明（　）。

A.该方案贴现后现金流入大于贴现后现金流出

B.该方案的内含报酬率大于预定的贴现率

C.该方案的现值指数一定大于1

D.该方案可以接受，应该投资

E.该方案的净现值率也大于0

(4) 影响项目内部收益率的因素包括（　）。

A.投资项目的有效年限　B.投资项目的现金流量

C.企业要求的最低投资报酬率　D.建设期

E.运营期

(5) 在计算建设投资内容时，必须考虑的有（　）。

A.固定资产投资　B.无形资产投资　C.流动资金投资

D.付现成本　E.职工的培训费

(6) 下列项目属于运营期现金流出量的有（　）。

A.固定资产投资折旧　B.无形资产投资摊销　C.流动资金投资

D.付现成本　E.所得税支出

(7) 计算净现值时，可以采用（　）作为贴现率。

A.资金成本　B.企业要求的最低投资报酬率

C.资金的机会成本　D.债务利率

E.通货膨胀率

(8) 项目计算期最后一年的现金流量包括最后一年的（　）。

A.销售收入　B.折旧与无形资产摊销

C.所得税　D.固定资产残值收入

E.收回的营运资金

(9) 内含报酬率的计算需要采取（　）。

A.试错法　B.内插法　C.净现值法
D.非贴现法　E.风险调整贴现法

（10）影响净现值率大小的因素有（　　）。
A.预计销售收入　B.固定资产折旧方法　C.贴现率
D.付现成本　E.所得税税率

3）混合选择题

（1）“与人交流”（中级）的“基本要求”包括（　　）。
A.具备进入工作岗位最基本的与人交流的能力，在常规条件下能运用这些能力适应既定工作的需要
B.在更广泛的工作范围内，灵活运用这些能力，以适应工作岗位各方面的需要
C.具备进入工作岗位与人交流的能力，通过运用与人交流的能力适应复杂的工作需要
D.在工作岗位上表现出更强的组织和管理能力，通过运用与人交流的能力适应更复杂的工作需要

（2）“与人交流”（中级）的“技能点”包括（　　）。
A.交谈讨论　B.简短发言　C.阅读和获取资料　D.书面表达

（3）“与人交流”（中级）的“规范与标准”包括（　　）。
A.能始终围绕主题参与，主动把握讲话时机、方式和内容，理解对方谈话内容，推动讨论进行，全面准确传达一个信息或观点
B.能为发言作准备，当众讲话并把握讲话内容、方式，借助各种手段说明主题
C.能根据工作要求从多种资料中筛选有用信息，看懂资料的观点、思路和要点，并整理汇总资料
D.能掌握应用文体，注意行文格式；组织利用材料，充实内容要点；掌握写作技巧，清楚表达主题；注意文章风格，提高说服力

（4）“项目投资分析与决策”这一专业能力领域的“技能点”包括（　　）。
A.项目投资现金流量估算技能
B.项目投资决策评价指标计算与评价技能
C.项目投资决策方法应用技能
D.撰写《“项目投资分析与决策”训练报告》技能

（5）“职业情感”的“规范与标准”要求对（　　）。
A.职业或职业模拟有愉快的主观体验、稳定的情绪表现、健康的心态、良好的心境
B.具有强烈的职业认同感等问题具有正确的看法
C.具有强烈的职业荣誉感和职业敬业感等问题具有正确的看法
D.具有职业道德与企业伦理精神等问题具有正确的看法

4）判断题

（1）某方案按10%的贴现率计算的净现值大于零，则该方案的内含报酬率大于10%。（　　）

（2）在不考虑所得税因素的情况下，若同一投资方案分别采用加速折旧法、直线

法计提折旧，不会影响各年的现金净流量。（ ）

（3）差额内部收益率与内部收益率的区别在于差额内部收益率的计算依据是现金流入量。（ ）

（4）多个互斥方案比较，一般应选择净现值大的方案。（ ）

（5）不论在什么情况下，都可以通过逐次测试逼近方法计算内含报酬率。（ ）

（6）项目的投资利润率就是净现值计算公式中的贴现率。（ ）

（7）在计算净现值时，投资额的现值就是投资额本身。（ ）

（8）内含报酬率也就是使得投资项目净现值为零的贴现率。（ ）

（9）年等额净回收额法实际上是比较不同方案的年均净利润。（ ）

（10）甲项目的现金净流量大于乙项目，则甲项目的净现值也一定大于乙项目。（ ）

5.2.3 案例题

大华公司的项目投资

背景与情境：大华公司拟投资一个新项目。为了该项目，大华公司做了可行性调研，已花费30 000元，以下的数字就是该公司根据可行性调研得出的。

（1）厂房：利用现有闲置厂房，目前变现价值为1 000万元，但公司规定，为了不影响公司其他部门正常生产，不允许出售。

（2）设备投资：设备购价总共2 000万元，预计可使用6年，报废时无残值收入；按税法的要求该类设备折旧年限为4年，使用直线法折旧，净残值率为10%；在2024年9月1日购进，安装及建设期为1年。

（3）厂房装修：装修费用预计300万元，在装修完工的2023年9月1日支付。预计在3年后还要进行一次同样的装修。

（4）收入和成本：预计2025年9月1日开业，预计每年收入3 600万元，每年付现成本为2 000万元（不含设备折旧、装修费摊销）。

（5）营运资金：投产时垫付200万元。

（6）所得税税率为25%，在收入的当年年末缴付。

（7）预计新项目投资的目标资本结构的资产负债率为60%，新筹集负债的平均利息率为11.9%。

（8）公司过去没有投产过类似项目，但新项目与一家上市公司的经营项目类似，该上市公司的β系数为2，资产负债率为50%。

（9）目前证券市场的无风险收益率为5%，证券市场的平均收益率为10%。具有相似风险的这类项目的名义资金成本为12.27%，实际资金成本为9%。该公司部门通常使用的名义加权平均资金成本为13.3%。

（10）除了初始投资外，假设所有现金流都发生在每年年末（除非另外声明）。

请根据案例在下列题中填入适当选项：

1）在长期投资决策中，一般来说，属于运营期现金流出项目的有（ ）。

A.固定资产投资　　B.开办费

C.经营成本　　D.无形资产投资

2）在下列指标的计算中，没有直接利用现金净流量的是（　　）。

A.内部收益率　　B.投资利润率　　C.净现值率　　D.现值指数

3）完整的工业投资项目的现金流入主要包括（　　）。

A.营业收入　　B.回收固定资产变现净值

C.固定资产折旧　　D.回收流动资金

4）当一项长期投资方案的净现值大于零时，则可以说明（　　）。

A.该方案贴现后现金流入大于贴现后现金流出

B.该方案的内含报酬率大于预定的贴现率

C.该方案的现值指数一定大于1

D.该方案可以接受，应该投资

5）在该案例中，大华公司该项目投资的投资报酬率应该是（　　）。

A.目前市场无风险收益率

B.证券市场的平均收益率

C.新筹集负债的平均利率

D.公司部门通常使用的名义加权平均资金成本

5.2.4 实训题

1）单项选择题

（1）某投资方案年销售收入为300万元，年付现成本为200万元，折旧为75万元，所得税税率为40%，则该方案的年现金净流量为（　　）万元。

A.90　　B.139　　C.135　　D.54

（2）某企业计划投资10万元建一条生产线，预计投资后每年可获净利润1.5万元，年折旧额为1万元，则投资回收期为（　　）年。

A.3　　B.5　　C.4　　D.6

（3）在计算投资项目的未来现金流量时，报废设备的预计净残值为8 000元，按税法的规定计算的净残值为10 000元，所得税税率为40%，则设备报废引起的预计现金流入量为（　　）元。

A.7 200　　B.8 800　　C.9 200　　D.10 800

（4）某生产线的预计建设期为2年，该生产线预计使用寿命为10年，则该生产线的项目计算期为（　　）年。

A.2　　B.8　　C.10　　D.12

（5）某投资项目贴现率为15%时，净现值为500万元；贴现率为18%时，净现值为-480万元，则该项目的内含报酬率是（　　）。

A.14.125%　　B.16.53%　　C.22.5%　　D.19.5%

（6）甲项目需要使用一台旧设备，其账面价值为100万元，已使用5年，预计净残值为0，采用直线法折旧，目前市场售价70万元，不考虑所得税，则甲项目固定资产投资为（　　）万元。

A.100　　B.50　　C.70　　D.20

（7）某企业计划投资10万元建一条生产线，建设期为0，预计投资后每年可获净利润1.5万元，寿命为10年，年折旧额为1万元，则投资利润率为（　　）。

A.15%　　B.25%　　C.10%　　D.1.5%

（8）某投资项目采用10%的贴现率，净现值为245万元；采用12%的贴现率，净现值为34万元；采用14%的贴现率，净现值为-2万元。则该项目的内含报酬率在（　　）。

A.10%～12%　　B.10%～14%　　C.12%～14%　　D.14%以上

（9）某投资项目的净现值为800万元，项目计算期为5年，要求的必要报酬率为10%，（P/A，10%，5）=3.791，则该项目的年等额净回收额为（　　）万元。

A.160　　B.800　　C.211.06　　D.42.21

（10）某投资项目运营期第1年净利润为120万元，利息费用为10万元，折旧与无形资产摊销为50万元，则该年现金净流量为（　　）万元。

A.120　　B.130　　C.170　　D.180

2）多项选择题

（1）某公司拟于2025年年初新建一生产车间用于某种新产品的开发，则与该投资项目有关的现金流量是（　　）。

A.需购置新的生产流水线，价值为300万元，同时垫付25万元的流动资金

B.2025年公司支付5万元的咨询费，请专家论证

C.公司全部资产目前已经计提折旧100万元

D.利用现有的库存材料，目前市价为20万元

E.投产后每年创造销售收入100万元

（2）某投资项目在建设期内投入全部原始投资额，其投入资金现值为100万元，贴现率为10%，该项目的净现值率为15%，则（　　）。

A.该项目的净现值为15万元　　B.该项目的现值指数为1.15

C.该项目的内含报酬率大于10%　　D.该项目在财务上具有可行性

E.该项目的年均投资报酬率为15%

（3）某投资项目的计算期为5年，没有建设期，投产后每年的净现金流量均为100万元，原始投资额为120万元，资金成本为10%，则（　　）。

A.该项目的净现值为259.1万元

B.该项目的静态投资回收期为1.2年

C.该项目的内含报酬率大于10%

D.该项目的年等额净回收额为68.35万元

E.该项目的年均投资报酬率为63.3%

（4）某投资项目的原始投资额为200万元，全部为固定资产投资，采用直线法计提折旧，无残值，建设期为1年，投产后第1—6年每年现金净流量为40万元，第7—10年每年现金净流量为30万元，则（　　）。

A.该项目固定资产年折旧为20万元

B.该项目投产后第1—6年每年净利润为20万元

C.该项目投产后第7—10年每年净利润为10万元

D.该项目包括建设期在内的静态投资回收期为6年

E. 该项目不可行

（5）某固定资产投资项目原始投资额为1 000万元，建设期为0，现有甲、乙、丙、丁四个互斥方案，这四个方案的净现值分别为312万元、244万元、0和-121万元，则以下说法正确的是（　　）。

A. 甲方案为最佳方案

B. 丙方案可行

C. 这四个方案的选择顺序为甲、乙、丙、丁

D. 丁方案不可行

E. 用净现值率法得出的评价结论与用净现值法得出的评价结论是一致的

（6）某投资项目在建设期发生以下事项：投入一台旧设备，原价150万元，账面价值80万元，市场价值100万元；无形资产投资30万元，垫支流动资金20万元；土地使用权账面价值50万元，市场价值80万元，则（　　）。

A. 该项目的设备投资额为100万元

B. 该项目的设备投资额为80万元

C. 该项目的土地使用权投资额为50万元

D. 该项目的土地使用权投资额为80万元

E. 该项目建设期现金流出量为230万元

（7）企业欲购置一台机器，要支付10万元，该机器使用年限为5年，无残值，采用直线法计提折旧，第1年现金净流量为4.2万元，以后每年递减0.6万元，所得税税率为40%，则以下说法正确的是（　　）。

A. 投资回收期为2.73年　　B. 第5年净利润为-0.2万元

C. 设备的净现值为5万元　　D. 投资利润率为10%

E. 设备的年折旧额为1万元

（8）某项目投资建设期第1—3年每年年初现金流出量为100万元，建设期为3年，设备寿命为5年，运营期第1—5年每年现金流入量为200万元，资金成本为10%，则以下说法正确的是（　　）。

A. 项目计算期为8年　　B. 建设期投资额为300万元

C. 建设期投资现值为248.69万元　　D. 包含建设期在内的回收期为6.5年

E. 项目的净现值为509.47万元

（9）现有甲、乙、丙、丁四个互斥方案，这四个方案的净现值分别为356万元、344万元、246万元和121万元，其项目计算期分别为6年、5年、4年和3年，资金成本为10%，则以下说法正确的是（　　）。

A. 甲方案的年等额净回收额为81.74万元

B. 乙方案的年等额净回收额为90.75万元

C. 丙方案的年等额净回收额为77.60万元

D. 丁方案的年等额净回收额为48.67万元

E. 乙方案为最佳方案

（10）某企业计划投资15万元建一条生产线，建设期为0，预计投资后每年可获净利润2.5万元，寿命为5年，采用直线法计提折旧，无残值，资金成本为10%，

则（ ）。

A. 该生产线的静态投资回收期为2.73年

B. 运营期现金净流量为每年2.5万元

C. 投资利润率为16.7%

D. 该方案可行

E. 该方案净现值为5.85万元

5.3 主观题

5.3.1 理论题

1）简答题

（1）什么是项目投资？

（2）什么是项目投资的现金流入量、现金流出量以及现金净流量？

（3）什么是非贴现评价指标和贴现评价指标？

（4）什么是项目计算期？

（5）什么是原始总投资？

2）理解题

（1）项目投资决策程序有哪些步骤？

（2）现金净流量如何计算？

（3）如何进行单一投资项目的财务可行性分析与互斥项目的财务可行性分析？

5.3.2 实务题

1）规则复习

（1）静态投资回收期的计算公式是什么？如何运用该指标评价项目可行性？

（2）净现值的计算公式是什么？如何运用该指标评价项目可行性？

（3）净现值率的计算公式是什么？如何运用该指标评价项目可行性？

（4）现值指数的计算公式是什么？如何运用该指标评价项目可行性？

（5）内含报酬率的计算公式是什么？如何运用该指标评价项目可行性？

2）业务解析

（1）分析说明项目现金流量的构成与计算方法。

（2）比较说明净现值法与净现值率法的异同。

（3）分析说明投资项目贴现率的确定方法。

5.3.3 案例题

1）案例分析

某百货公司开设新分店的投资决策

背景与情境：某百货公司投资部的经理李长安向董事会呈交了以下增设新分店的资料：除了马上将要发生的原始投资，假定所有的现金流量都是年末发生的；调研工作到目前为止共耗费了30万元。

新分店的建筑物及各种配套设施的原始成本为200万元，预计可使用20年，采用直线法计提折旧。在项目周期末，该分店的建筑物及各种配套设施预计能以70万元的价格转让。分店另外还租用某设施，预计每年租金为20万元。百货公司为了协调管理新店，将增加40万元的营运资金投资。估计从新分店取得的年收入为200万元，同时由于该新分店的开设，会使距离不远的公司的另一个分店的年收入下降20万元；新分店每年发生的付现经营成本为90万元（不包括设施每年的租金20万元）。

公司所得税税率为25%，税后资金成本（要求报酬率）为10%。

李长安认为，调研费用是因为决定是否要开设新分店而花费的，所以应该看成新分店的建设期现金流量，即：

新分店的现金流出量=-（200+30+40）=-270（万元）

另外，新分店每年的营业收入为200万元，即新分店取得的销售收入。

问题：

（1）你认为李长安的分析是否正确？

（2）第20年年末新分店的建筑物及配套设施转让收入如何计算？

（3）请计算该新分店的静态投资回收期、投资收益率、净现值与现值指数，并用后两者进行决策评价。

分析要求：

（1）形成性要求

同第1章“主观题”中本题型的“形成性要求”。

（2）成果性要求

① 课业结构、格式与体例参照本《训练手册》“课业范例”的范例5-5-1。

② 同第1章“主观题”中本题型的其他“成果性要求”。

2）课程思政

孟津国资文旅集团破产

背景与情境：2024年2月21日，河南省洛阳市孟津国资文旅集团被法院裁定破产，这是业内首次有国资背景的房企直接宣告破产（之前通常处理方法是介入救援重整，而不是直接破产）。

该公司负债9 036万元，实物资产价值3 334万元，法院认为其有效资产无法清偿全部债权，且不具备重整或和解的可能。

这是一个特别信号，过去，国资房企在面临困境时通常会得到政府的支持，通过重组或合并来解决问题。然而，现在市场和政府的态度都发生了变化，更加倾向于依法处理，即使是国资背景的房企也可能面临破产。

破产原因

财务问题：公司负债累累，资产并不足以覆盖债务，导致偿债压力巨大。

项目回报低：公司主要投资的文化小镇项目未能产生预期的经济效益，无法有效缓解财务负担。

市场变化：房地产市场整体调整，需求减少，进一步加剧了公司的经营困难。

管理挑战：公司可能在战略规划和日常管理上存在不足，未能及时适应市场变化。

政府政策：政府对国资企业的救助态度转变，更加强调市场化和法治化，减少了对困境企业的直接支持。

行业现状与趋势

破产潮：2023年约235家房企宣布破产，2024年一季度已有超过20家申请破产。

市场调整：中小房企，尤其是三四线城市的企业，面临更大的市场压力。

资料来源：佚名. 2024年，首家！国资房企！破产！[EB/OL].[2024-04-01]. https://www.sohu.com/a/768302431_121123914.引文有删减。

问题：

（1）请分析上述现象暗含了哪些课程思政要求和原则。

（2）本案例对你有哪些启示？

研判要求：

（1）形成性要求

同第1章“主观题”中本题型的“形成性要求”。

（2）成果性要求

① 课业结构、格式与体例参照本《训练手册》“课业范例”的范例5-5-2。

② 同第一章“主观题”中本题型的其他“成果性要求”。

5.3.4 实训题

阶段性体验Ⅴ：“项目投资分析与决策”胜任力训练

【训练目的】

见主教材本章章名页“学习目标”中的“实训目标”。

【能力与道德领域】

专业能力——项目投资分析与决策

技术-技能Ⅰ

名称：项目投资现金流量估算“技术-技能”

规范与标准：

（1）能根据投资项目主客观条件，准确确定投资项目的计算期。

（2）能根据投资项目主客观条件，准确分析投资项目现金流量的构成。

（3）能根据投资项目主客观条件，准确计算与分析投资项目每年的现金净流量。

技术-技能Ⅱ

名称：项目投资决策评价指标计算与评价“技术-技能”

规范与标准：

（1）能准确计算投资项目的投资利润率，并准确评价项目可行性。

（2）能准确计算投资项目的静态投资回收期，并准确评价项目可行性。

（3）能准确计算投资项目的净现值，并准确评价项目可行性。

（4）能准确计算投资项目的净现值率，并准确评价项目可行性。

（5）能准确计算投资项目的现值指数，并准确评价项目可行性。

（6）能准确计算投资项目的内含报酬率，并准确评价项目可行性。

技术-技能Ⅲ

名称：项目投资决策方法的应用“技术-技能”

规范与标准：

（1）能较为准确地进行单一投资项目的财务可行性分析与决策。

（2）能准确地计算投资项目的差额投资内含报酬率，并准确评价项目可行性。

（3）能准确地计算投资项目的年等额净回收额，并准确评价项目可行性。

（4）能较为准确地进行多个互斥投资项目的财务可行性分析与决策。

技术-技能Ⅳ

名称：撰写《“项目投资分析与决策”训练报告》“技术-技能”

规范与标准：

（1）能合理设计《“项目投资分析与决策”训练报告》，使其结构、层次较分明。

（2）能依照商务应用文的规范与要求撰写《“项目投资分析与决策”训练报告》。

（3）本教材“网络教学资源包”的《学生考核手册》中的考核表5-2所列各项“考核指标”和“考核标准”。

职业核心能力——与人交流、解决问题、革新创新（中级）

上述能力领域的“基本要求”、“技能点”和“规范与标准”参见“附录三”中的附表3的相关述项。

职业道德——职业情感、职业守则（认同级）

各道德领域的“规范与标准”参见“附录四”的附表4的相关述项。

【训练任务】

（1）对“项目投资分析与决策”专业能力的各“技术-技能”点实施阶段性基本训练。

（2）对“与人交流”“解决问题”“革新创新”等职业核心能力的各“技能点”实施“中级”强化训练。

（3）对“职业情感”“职业守则”等职业道德的各“素质点”实施“认同级”相关训练。

【训练要求】

（1）训练前学生要了解并熟记本训练的“训练目的”、“能力与道德领域”、“训练任务”与“训练要求”，熟记“网络教学资源包”中《学生考核手册》考核表5-1、考核表5-2中的“考核指标”与“考核标准”的内涵，将其作为本训练的操练点和考核点来准备。

（2）通过“训练步骤”，将“训练任务”所列三种训练整合并落实到本训练的“活动过程”和“成果形式”中。

（3）训练后，学生要对本次训练活动进行总结，在此基础上撰写《“项目投资分析与决策”训练报告》。

【情境设计】

将学生分成若干训练组，各训练组结合本训练“成果形式”的“训练课业”题目，在“实训资料”中任选一组进行训练操练。各训练组通过对所选资料的项目投资分析与决策，以及相应《“项目投资分析与决策”训练报告》的准备、撰写、讨论与交流等实践活动的参与和体验，依照本章“训练要求”完成各自的训练任务。

【指导准备】

知识准备：

（1）“项目投资管理”的理论与实务知识。

（2）“附录一”的附表1中，涉及本章“职业核心能力强化训练项”各“技能点”，需要对学生事先培训“‘知识准备’参照范围”内的知识。

（3）“附录三”的附表3和“附录四”的附表4中，涉及本章“职业核心能力强化训练项”各“技术-技能”点和“职业道德相关训练项”各“素质点”，需要对学生事先培训“规范与标准”内的知识。

操作指导：

（1）教师向学生阐明“训练目的”、“能力与道德领域”和“知识准备”。

（2）教师就“知识准备”中的第（2）、（3）项，对学生进行培训。

（3）教师指导学生就现金流量的构成与估算进行熟悉、分析，确定操练项目的现金净流量。

（4）教师指导学生熟悉静态评价指标和动态评价指标，并就操练项目计算与评价相关指标，确定项目的财务可行性。

（5）教师指导学生对单一投资项目的财务可行性和多个互斥项目的财务可行性进行熟悉与比较，并就操练项目的财务可行性进行决策。

（6）教师指导学生完成《“项目投资分析与决策”训练报告》的撰写。

【训练时间】

本章课堂教学内容结束后的双休日和课余时间，为期一周。

【训练步骤】

（1）将班级每5位同学分成一组，每组确定1～2名负责人。

（2）对学生进行项目投资管理的培训，熟悉训练目的与步骤。

（3）分配训练任务，指导学生研究相关问题。

（4）各组在对操练项目进行“项目投资分析与决策”专业训练的过程中，融入对“与人交流”“解决问题”“革新创新”等职业核心能力各“技术-技能”点的“中级”强化训练和对“职业情感”“职业守则”等职业道德各“素质点”的“认同级”相关训练。

（5）撰写作为最终成果的《“项目投资分析与决策训练”报告》。

（6）在班级交流、讨论各组的《“项目投资分析与决策”训练报告》。

（7）根据交流、讨论的结果，各组修订其《“项目投资分析与决策”训练报告》，并使之各具特色。

（8）将经过班级交流和修订，并附有“教师点评”的优秀训练报告在校园网课程平台进行展示，并纳入本校该课程的教学资源库。

【成果形式】

训练课业：《“项目投资分析与决策”训练报告》

课业要求：

（1）《“项目投资分析与决策”训练报告》的内容、结构与体例参照本《训练手册》“课业范例”的范例5-5-3。

（2）各组成员完成的《“项目投资分析与决策”训练报告》须由指导教师、项目组组长和项目组成员三方签字负责。

5.4 实训资料

实训资料 5-4-1

1）宏达公司拟于2025年年初用自有资金购置一台设备，需一次性投资200万元。经测算，该设备使用寿命为5年，税法亦允许按5年计提折旧，设备投入运营后每年可新增利润40万元。假定该设备按直线法计提折旧，无残值，不考虑建设期和公司所得税。

要求：

（1）计算使用期内各年现金净流量。

（2）计算该设备的静态投资回收期。

（3）计算该投资项目的投资利润率。

2）大华公司拟购置一台设备，价款为240 000元，使用寿命为6年，期满净残值为12 000元，按直线法计提折旧，使用该设备每年可为公司增加税后净利润26 000元，公司的资金成本为14%。

要求：

（1）计算各年的现金净流量。

（2）计算该项目的净现值。

（3）计算该项目的现值指数。

3）某企业拟建造一生产设备，预计建设期为1年，所需原始投资200万元，并于建设起点一次性投入。该设备预计使用寿命为5年，使用期满报废清理时无残值。该设备按直线法计提折旧，投产后每年增加净利润60万元。假定适用的行业基准折现率为10%。

要求：

（1）计算项目计算期内各年的现金净流量。

（2）计算项目净现值，并评价其财务可行性。

实训资料 5-4-2

1）某企业拟投资一个新项目，第2年投产，经预测，营业现金净流量的有关资料见表5-1。

已知第5年所得税税率为25%，所得税均在当年缴纳。

要求：按序号计算表中未填数字，并列出计算过程。

2）振兴公司原有设备一台，目前出售可得收入15万元，预计使用10年，已使用5年，预计残值为1.5万元，该公司按直线法计提折旧。该公司现拟购买新设备替换旧设备，新设备的购置成本为80万元，使用年限为5年，按直线法计提折旧，预计残值也为1.5万元。使用新设备后，公司每年的销售收入可从300万元上升到330万元，每年的付现成本从220万元上升到230万元，该公司所得税税率为25%，资金成本为10%。

表5-1 **营业现金净流量预测表** 单位：万元

年份 项目	2	3	4	5
销售收入	350	800	850	（6）
付现成本	（2）	350	500	550
折旧	（1）	200	150	100
税前利润	-50	250	200	（4）
所得税	0	80	70	（5）
税后净值	-50	170	130	（3）
营业现金净流量	200	370	280	280

要求：判断是否应更新该设备。

3）某固定资产投资项目，正常投资期为5年，每年年初投资100万元，共需投资500万元，从第6年年初竣工投产，可使用15年，期末无残值，投产后每年经营现金净流量为150万元。如果把投资期缩短为2年，每年年初投资300万元，2年共投资600万元，竣工投产后的项目寿命期和现金净流量均不变。该企业的资金成本为10%，假设项目终结时无残值，不用垫支流动资金。

要求：用年等额净回收额法判断是否应缩短投资建设期。

实训资料5-4-3

1）某工业项目需要原始投资1 250万元，其中固定资产投资1 000万元，开办费投资50万元，流动资金投资200万元。建设期为1年，建设期发生与购建固定资产有关的资本化利息100万元。固定资产投资和开办费于建设起点投入，流动资金于完工时，即第1年年末投入。该项目寿命期为10年，固定资产按直线法计提折旧，期满有100万元净残值；开办费于投产当年一次摊销完毕；流动资金于终结点一次收回。投产后每年息税前利润分别为120万元、220万元、270万元、320万元、260万元、300万元、350万元、400万元、450万元和500万元。

要求：

（1）计算该项目的项目计算期、固定资产原值、固定资产年折旧额。

（2）计算该项目建设期的现金净流量。

（3）计算该项目运营期所得税前现金净流量。

2）某公司拟投产一新产品，需要购置一套专用设备，预计价款为900 000元，追加流动资金145 822元。公司的会计政策与税法规定相同，设备按5年折旧，采用直线法计提，净残值率为0。该新产品预计销售单价为20元，单位变动成本为12元，每年增加固定付现成本500 000元。该公司所得税税率为40%，投资的最低报酬率为10%。

要求：计算净现值为零时的销售量水平（计算结果保留整数）。

3）兴泰公司目前有两个投资项目可供选择：A项目原始投资额的现值为150万元，第1~10年的现金净流量为29.29万元；B项目的原始投资额为100万元，第1~10年的现金净流量为20.18万元。行业基准折现率为10%。

要求：用差额投资内部收益率法为兴泰公司作出投资决策。

5.5 课业范例

范例5-5-1

案例分析

稀有矿藏开采时机决策

背景与情境：东方股份有限公司（以下简称“东方公司”）在某地拥有一处稀有矿藏，这种矿产品属于稀缺资源，价格在不断上升。根据预测，4年以后该矿产品的价格将上涨30%。因此，东方公司要研究是现在开采矿藏还是以后开采矿藏的问题。无论是现在开采矿藏还是以后开采矿藏，初始投资均相同，发生在投资的第1年年初，建设期为1年，从第2年开始投产，投产后5年就把矿藏全部开采完。假定销售收入与付现成本都在每年年末发生或支付。东方公司的资金成本为10%，适用的所得税税率为25%。其他有关资料见表5-2。

表5-2 **东方公司开采矿藏项目相关资料** 金额单位：万元

项目	金额
固定资产投资	8 000
营运资金垫支	1 000
固定资产残值	0
年产销量（吨）	20 000
现投资开发每吨售价	1
4年后开发每吨售价	1.3
每年付现成本	6 000

问题：

1）分析现在开采方案的项目计算期，并制定相应的现金流量分布表。

2）分析4年以后开采的项目计算期，并制定相应的现金流量分布表。

3）以净现值为依据，为东方公司何时开采稀有矿藏提供建议。

分析要求：

1）形成性要求

同第1章“主观题”中本题型的“形成性要求”。

2）成果性要求

（1）课业结构、格式与体例参照本《训练手册》“课业范例”的范例5-5-1。

（2）同第1章“主观题”中本题型的其他“成果性要求”。

“稀有矿藏开采时机决策”案例分析报告

（项目组组长：　　　　　　　项目组成员：　　　　　　　　　　　）

1）如果现在开采该稀有矿藏，那么包括建设期在内的项目计算期为6年。

第1年年初的现金流量为：-9 000万元。

第1年年末没有现金流入和流出，现金流量为0。

第2年至第4年每年该矿藏的销售单价为1万元/吨，因此，第2年至第4年各年年末的现金净流量为：

$NCF_{2\sim4}$=（20 000×1-6 000-8 000÷5）×（1-25%）+8 000÷5=10 900（万元）

从第5年开始，每年该矿藏的销售单价为1.3万元/吨，因此，第5年年末的现金净流量为：

NCF_5=（20 000×1.3-6 000-8 000÷5）×（1-25%）+8 000÷5=15 400（万元）

第6年该矿藏的销售单价为1.3万元/吨，该年年末可收回投资期期初垫支的营运资金1 000万元，因此第6年年末的现金净流量为：

NCF_6=（20 000×1.3-6 000-8 000÷5）×（1-25%）+8 000÷5+1 000=16 400（万元）

由此，可得现在开采稀有矿藏的现金流量分布表，见表5-3。

表5-3　**现金流量分布表**

年份（年）	0	1	2	3	4	5	6
各年现金流量（万元）	-9 000	0	10 900	10 900	10 900	15 400	16 400

2）如果4年后开采该稀有矿藏，那么包括建设期在内的项目计算期为10年。

第1年年初、第1年年末、第2年年末、第3年年末的现金流量均为0。

第4年年末的现金流量为-9 000万元。

第5年年末的现金流量为0。

第6年该矿藏的销售单价为1.3万元/吨，因此，第6年至第9年各年年末的现金流量为：

$NCF_{6\sim9}$=（20 000×1.3-6 000-8 000÷5）×（1-25%）+8 000÷5=15 400（万元）

第10年该矿藏的销售单价为1.3万元/吨，该年年末可收回投资期期初垫支的营运资金1 000万元，因此第10年年末的现金净流量为：

NCF_{10}=（20 000×1.3-6 000-8 000÷5）×（1-25%）+8 000÷5+1 000=16 400（万元）

由此，可得4年后开采稀有矿藏的现金流量分布表，见表5-4。

表5-4　**现金流量分布表**

年份（年）	0～3	4	5	6	7	8	9	10
各年现金流量（万元）	0	-9 000	0	15 400	15 400	15 400	15 400	16 400

3）根据现在开采方案和4年后开采方案的现金流量分布表，分别计算各自的净现值。

现在开采方案的净现值=10 900×（P/A，10%，3）×（P/F，10%，1）+15 400×（P/F，10%，5）+16 400×（P/F，10%，6）-9 000

≈34 470.84（万元）

4年后开采方案的净现值=15 400×（P/A，10%，4）×（P/F，10%，5）+16 400×（P/F，10%，10）-9 000×（P/F，10%，4）

≈30 499.38（万元）

因此，现在开采净现值更大，公司应该选择现在开采。

范例5-5-2

课程思政

棒杰股份“光伏梦”破灭

背景与情境：2024年8月14日，棒杰股份发布公告称，控股二级子公司扬州棒杰新能源科技有限公司（以下简称扬州棒杰）被债权人江苏普惠健康体检有限公司申请破产重整。后者认为，扬州棒杰无法清偿申请人到期债务且明显缺乏清偿能力，但具有较高的重整价值和可行性。扬州经济技术开发区人民法院已就相关事项设立案号。

棒杰股份原所属纺织服装行业，且业务聚焦于细分的无缝服装行业。2022年，该公司引入了具有光伏产业背景的战略股东，投资设立子公司扬州棒杰，以布局光伏产业，形成“无缝服装+光伏”双主业的业务结构，力图推动主营业务向光伏产业的战略转型升级。棒杰股份看中了N型TOPCon电池业务，宣布转型的当年，该公司正式开建项目，与扬州经济技术开发区管委会签署协议，投资建设年产10 GW高效光伏电池片项目，计划总投资约26亿元。

2023年，不断下滑的产业链价格没有撼动棒杰股份深耕光伏的决心。为扩大产能并加快光伏产业一体化的布局，该公司于当年5月宣布投资建设年产16 GW的N型高效电池片及年产16 G大尺寸光伏硅片切片项目，计划总投资约80亿元。同年7月，该公司公告，拟在扬州新建年产10 GW高效光伏组件及研发中心项目，项目固定资产投资约10亿元。

该公司上述扬州10 GW电池生产线已于2023年三季度末投产。随着产能爬坡的顺利完成及订单逐步交付，棒杰股份于四季度新增了光伏业务收入。但财报显示，其2023年光伏业务主营利润亏损6 128万元，毛利率为-26.7%。

光伏业务未能让棒杰股份成功转型，反而使其在困境中越陷越深。2023年，棒杰股份出现自上市以来首次年度亏损，净亏损0.88亿元。

2024年7月，棒杰股份预告，因光伏行业市场竞争加剧，电池产品价格持续下跌，导致其光伏业务净利润亏损，其上半年亏损额将达1.2亿~1.6亿元。

资料来源：马悦然．跨界不到两年，棒杰股份“光伏梦”破灭［EB/OL］．［2024-08-21］．https：//www.jiemian.com/article/11587582.html.引文有删减。

问题：

1）请分析上述现象暗含了哪些课程思政要求和原则。

2）本案例对你有哪些启示？

研判要求：

1）形成性要求

同第1章“主观题”中本题型的“形成性要求”。

2）成果性要求

（1）课业结构、格式与体例参照本《训练手册》“课业范例”的范例5-5-2。

（2）同第1章“主观题”中本题型的其他“成果性要求”。

“棒杰股份‘光伏梦’破灭”思政研判报告

（项目组组长：　　　　　　项目组成员：　　　　　　　　　　）

1）在实际工作中，企业进行项目投资必须按照严格的项目投资决策评估程序进行，盲目扩张的投资项目将会导致企业受到巨大损失甚至破产。决策者应该本着爱岗敬业、使命感和创新精神，慎重选择投资项目，科学投资，为企业和社会创造更多财富。

2）本案例体现科学的财务决策的重要性。作为财务管理的重要内容，项目投资决策必须进行可行性分析和论证，只有财务可行性、国民经济可行性和技术可行性都通过的项目，企业才能进行投资。项目投资作为事关企业生存与发展的重大决策，如果失败很可能导致企业破产，因此，在作出一项投资决策之前，必须审慎地进行可行性分析，企业应该制定严格的项目投资决策程序，并且严格遵循。

范例5-5-3

盼盼公司制锁车间投资决策

实训资料：盼盼公司拟租用一旧厂房建一个制锁车间，专门生产新式门锁。厂房租金为每年30 000元，并作为成本列支；第1年年初的设备投资额为300 000元，该设备可使用5年，5年后的残值为20 000元，按直线法计提折旧；第1年年初需垫支流动资金80 000元，并在5年后如数收回；门锁售价为5元/把，单位变动成本为3元/把。第1年产销量为140 000把，年固定成本为125 000元（包括厂房租金和设备折旧部分，下同）；后4年产销量均为200 000把，年固定成本均为150 000元。该企业所得税税率为20%，企业资金成本为15%。

要求：

1）制定该制锁车间的现金流量分布表。

2）计算以下投资决策指标：静态投资回收期、净现值、净现值率、获利指数。

3）以动态指标对该项目的可行性进行评价。

“盼盼公司制锁车间投资决策”训练报告

（项目组组长：　　　　　　项目组成员：　　　　　　　　　　）

训练报告见表5-5。

表5-5　　**“盼盼公司制锁车间投资决策”训练报告**

班级：会计2023（1）班　　　　　　　　　　　　　　　　项目组编号：01

项目组组长	吴清	项目组成员	张三、李四……
训练时间	2024年3月20日	训练地点	财务管理训练室
训练目的	（1）对“项目投资决策评价指标计算与评价”“项目投资决策方法的应用”等专业能力的各“技术-技能”点实施阶段性基本训练。（2）对“与人交流”、“解决问题”和“革新创新”等职业核心能力的各“技术-技能”点实施“中级”强化训练。（3）对“职业情感”“职业守则”等职业道德的各“素质点”实施“认同级”相关训练		

续表

训练步骤	（1）根据训练资料，项目组对相关问题进行分析，确定项目组成员的任务与分工，并制订项目组《训练计划》。（2）实施《训练计划》，计算与分析静态投资回收期、净现值、净现值率、获利指数等指标。（3）撰写作为最终成果的《“盼盼公司制锁车间投资决策”训练报告》。（4）在班级交流、讨论各组的《“盼盼公司制锁车间投资决策”训练报告》，并进一步修订和完善

训练成果

由于固定资产投资决策历时较长，因此货币时间价值与风险价值不能忽略。在对其进行财务上的可行性评价时，首先要计算该方案的现金流量。根据现金流量及公司要求的报酬率，可以计算相关评价指标，包括静态投资回收期、净现值等。

（1）盼盼公司制锁车间投资现金流量分析

固定资产年折旧额=（300 000-20 000）÷5=56 000（元）

①第1年年初的现金流量为：

NCF_0=设备投资额+垫支的流动资金=-（300 000+80 000）=-380 000（元）

②第1年年末的现金净流量为：

NCF_1=（140 000×5-140 000×3-125 000）×（1-20%）+56 000=180 000（元）

③第2、3、4年年末的现金净流量为：

$NCF_{2\sim4}$=（200 000×5-200 000×3-150 000）×（1-20%）+56 000=256 000（元）

④第5年年末的现金净流量为：

NCF_5=（200 000×5-200 000×3-150 000）×（1-20%）+56 000+20 000+80 000=356 000（元）

⑤盼盼公司制锁车间投资的现金流量分布表见下表。

盼盼公司制锁车间投资的现金流量分布表

年份（年）	0	1	2	3	4	5
现金流量（元）	-380 000	180 000	256 000	256 000	256 000	356 000

（2）盼盼公司制锁车间投资的现金流量相关决策指标

①静态投资回收期。盼盼公司制锁车间投资的现金流量相关决策指标见下表。

盼盼公司制锁车间投资的现金流量相关决策指标

年份（年）	0	1	2	3	4	5
现金流量（元）	-380 000	180 000	256 000	256 000	256 000	356 000
累计现金流量（元）	-380 000	-200 000	56 000	312 000	568 000	924 000

由上表可知，投资回收期在1～2年之间，则：

P=1+200 000÷256 000=1.78（年）

②净现值的计算步骤如下：

NPV=180 000×（P/F，15%，1）+256 000×（P/F，15%，2）+256 000×（P/F，15%，3）+256 000×（P/F，15%，4）+356 000×（P/F，15%，5）-380 000

=180 000×0.8696+256 000×0.7561+256 000×0.6575+256 000×0.5718+356 000×0.4972-380 000≈461 793.6（元）

③净现值率的计算步骤如下：

NPVR=[180 000×（P/F，15%，1）+256 000×（P/F，15%，2）+256 000×（P/F，15%，3）+256 000×（P/F，15%，4）+356 000×（P/F，15%，5）-380 000]÷380 000≈1.22

④获利指数的计算步骤如下：

PI=[180 000×（P/F，15%，1）+256 000×（P/F，15%，2）+256 000×（P/F，15%，3）+256 000×（P/F，15%，4）+356 000×（P/F，15%，5）]÷380 000≈2.22

（3）盼盼公司制锁车间投资评价

①从静态评价指标来看，盼盼公司制锁车间投资项目的回收期只有1.78年，远远小于其项目计算期5年。因此，该项目可行。

②从动态评价指标来看，该项目的净现值和净现值率都大于0，获利指数大于1。因此，该项目可行

续表

训练体会	通过本训练，我们可以理解项目投资的意义，熟悉项目投资决策评价的相关分析技能，能够运用静态投资回收期、净现值、净现值率、获利指数等指标分析解决实际问题，提升我们对项目投资决策评价技术的理解和应用能力。此外，由于财务工作对专业综合素质的要求较高，企业财务管理人员在分析问题时要细致而全面，工作中要有团队合作精神，要善于与人沟通、与人合作		
补充说明	在本训练中，我们在体验本章“专业能力”基本训练的同时，也尝到了“与人交流”、“解决问题”和“革新创新”等“职业核心能力”（中级）强化训练和“职业情感”“职业守则”等“职业道德”（认同级）相关训练的甜头。我们认识到，要提高“学习迁移能力”和“可持续发展能力”，积极应对未来职业岗位的跨行业流动（这是当代职业的一个显著特征），避免职业道德与企业伦理的缺失，这些训练是必不可少的。我们相信，通过本课程以及后续课程的同类学习与训练，在构建自身“业务胜任能力”的过程中，我们的“职业核心能力”将不断增强，我们的“职业道德”将由“他律”变为“自律”		
项目组成员签名	吴清、张三、李四……	指导教师签名	王华

5.6 参考答案与提示

教学互动5-1

引导提示：

（1）①静态投资回收期=7+30÷（30+30）=7.5（年）

②该项目的建设期为2年，因为在建设期内是没有现金流入的。

该项目的投资方式是分次投入，因为第2年的累计净现金流出量比第1年的大。

该项目的运营期=12−2=10（年）

（2）①第5年的累计净现金流量=−50万元

第6年的累计净现金流量=50万元

静态投资回收期=5+50÷100=5.5（年）

净现值=80×0.8264+100×0.7513+120×0.6830+150×0.6209 +100×0.5645+95×0.5132+95×0.4665+90×0.4241+60×0.3855−100×0.9091−400

=36.2475（万元）

净现值率=净现值÷原始投资现值的绝对值

=36.2475÷|100×0.9091+400|×100%=7.38%

②根据上述计算：净现值>0，净现值率>0，所以该投资项目在财务上具有可行性。

教学互动5-2

引导提示：

（1）A项目的净现值率=29.97÷150=0.20

B项目的净现值率=24÷100=0.24

（2）在净现值法下，因为29.97>24，所以A项目优于B项目。

在净现值率法下，因为0.24>0.20，所以B项目优于A项目。

两个项目的原始投资额不相同，导致两种方法的决策结论相互矛盾。

"5.2 客观题"参考答案

5.2.1 理论题

1）单项选择题

（1）C （2）D （3）D （4）C （5）A （6）A （7）A （8）A （9）C （10）D

2）多项选择题

（1）BCE （2）ABD （3）ABD （4）ADE （5）BD （6）AE （7）AB （8）AB （9）CD （10）BE

3）判断题

（1）√ （2）× （3）× （4）√ （5）× （6）× （7）× （8）√ （9）× （10）×

5.2.2 实务题

1）单项选择题

（1）C （2）A （3）C （4）B （5）D （6）A （7）A （8）B （9）B （10）D

2）多项选择题

（1）BCD （2）BC （3）ABCDE （4）ABDE （5）ABCE （6）DE （7）ABC （8）ACDE （9）ABC （10）ABCDE

3）混合选择题

（1）B （2）ABCD （3）ABCD （4）ABCD （5）ABC

4）判断题

（1）√ （2）√ （3）× （4）√ （5）× （6）× （7）× （8）√ （9）× （10）×

5.2.3 案例题

1）C 2）B 3）ABD 4）ABCD 5）D

5.2.4 训练题

1）单项选择题

（1）A （2）C （3）B （4）D （5）B （6）C （7）A （8）C （9）C （10）D

2）多项选择题

（1）ADE （2）ABCD （3）ABCDE （4）ABC （5）ABCD （6）ADE （7）ABD （8）ABC （9）ABC （10）ABCDE

"5.3　主观题"参考答案

5.3.1　理论题

1）简答题

（1）参考答案：项目投资是对特定项目所进行的一种长期投资行为。对工业企业来讲，主要有以新增生产能力为目的的新建项目投资和以恢复或改善原有生产能力为目的的更新改造项目投资两大类。项目投资有以下三个方面的积极意义：①增强企业经济实力。②提高企业创新能力。③提升企业市场竞争能力。

（2）参考答案：现金流入量是指由于项目投资引起的企业现金收入的增加额。现金流出量是指由于项目投资引起的企业现金支出的增加额。现金净流量是指一定时期内现金流入量减去现金流出量的差额。

（3）参考答案：非贴现评价指标是指在计算过程中不考虑货币时间价值因素的指标，又称静态指标。贴现评价指标是指在计算过程中充分考虑和利用货币时间价值因素的指标，又称动态指标。

（4）参考答案：项目计算期是指投资项目从投资建设开始到最终清理结束整个过程的全部时间，包括建设期和运营期（具体又包括投产期和达产期）。

（5）参考答案：原始总投资是指企业为使该项目完全达到设计生产能力，以及开展正常经营而投入的全部现实资金，包括建设投资（含固定资产投资、无形资产投资和开办费投资）和流动资金投资两项内容。

2）理解题

（1）参考答案：由于项目投资的规模较大、风险较大、回收时间较长，对企业未来发展的影响也较大，因此企业必须遵循一定的决策程序。项目投资的决策程序一般包括以下几个步骤：投资项目的提出、投资项目的可行性分析、投资项目的决策、投资项目的实施与控制。

（2）参考答案：现金净流量的计算应考虑两种情况。

当投入资金为自有资金时：

现金净流量（NCF）=销售收入-付现成本-所得税+该年回收额
=销售收入-（销售成本-非付现成本）-所得税+该年回收额
=营业利润-所得税+非付现成本+该年回收额
=净利润+非付现成本+该年回收额

当投入资金为借入资金时：

现金净流量（NCF）=销售收入-付现成本-所得税+该年回收额+该年利息费用
=该年净利润+该年折旧+该年摊销额+该年回收额+该年利息费用

（3）参考答案：①单一投资项目的财务可行性分析。如果某一投资项目的评价指标同时满足以下条件，则可以断定，该投资项目无论从哪个方面看都具备财务可行性，应当接受此投资方案。这些条件是：NPV≥0、NPVR≥0、PI≥1、IRR≥i（i为资金成本或投资项目的行业基准利率）、$P \le P_0$（P为投资回收期，P_0为标准投资回收期），ROI≥i（i为基准投资收益率）。

如果某一投资项目的评价指标同时不满足上述条件，即同时发生以下情况：NPV

<0、NPVR<0、PI<1、IRR<i、P>P_0、ROI<i，就可以断定，该投资项目无论从哪个方面来看，都不具备财务可行性。毫无疑问，此时应当放弃该投资项目。

当静态投资回收期（次要指标）或投资利润率（辅助指标）的评价结论与净现值等主要指标的评价结论发生矛盾时，应当以主要指标的结论为准。

②互斥项目的财务可行性分析。互斥方案决策的方法主要有净现值法、净现值率法、差额投资内含报酬率法和年等额净回收额法等。净现值法和净现值率法适用于原始投资额相同且项目计算期相等的多方案比较决策，即可以选择净现值或净现值率大的方案作为最优方案。差额投资内含报酬率法和年等额净回收额法适用于原始投资额不相同的多项目比较，后者尤其适用于项目计算期不同的多项目的比较决策。年等额净回收额法是指根据所有投资项目的年等额净回收额指标的大小来选择最优项目的一种投资决策方法。某一方案年等额净回收额等于该方案净现值与相关的资本回收系数的乘积。

5.3.2 实务题

1）规则复习

（1）参考答案：静态投资回收期是指在不考虑货币时间价值的情况下，收回全部投资额所需要的时间。该指标一般以年为单位，包括两种情况：①含建设期的投资回收期（以下以P表示）。②不含建设期的投资回收期（以下以PS表示）。其计算公式为：

P=PS+S （其中S为建设期）

该指标大于标准投资回收期则方案可行，反之不可行。

（2）参考答案：净现值是指在项目计算期内，按行业基准收益率或企业设定的贴现率计算的投资项目未来各年现金净流量现值的代数和。其计算公式为：

$$净现值（NPV）=\sum_{t=0}^{n}\frac{NCF_t}{(1+i)^t}（其中i为贴现率）$$

运用该指标评价项目可行性：当进行单个项目的决策时，若NPV≥0，则项目可行；若NPV<0，则项目不可行。当进行多个互斥投资项目决策时，在净现值大于零的投资项目中，选择净现值较大的投资项目。

（3）参考答案：净现值率是指投资项目的净现值占原始投资额现值总和的百分比。其计算公式为：

$$净现值率（NPVR）=\frac{投资项目净现值}{原始投资额现值总和}\times 100\%$$

净现值率是一个贴现的相对量评价指标。采用净现值率评价项目可行性：当NPVR≥0时，项目可行；当NPVR<0时，项目不可行。

（4）参考答案：现值指数亦称获利指数，是指项目投产后按行业基准收益率或企业设定的贴现率折算的营业期现金净流量的现值合计（报酬总现值）与原始投资额现值合计（投资总现值）之比。其计算公式为：

$$现值指数（PI）=\frac{\sum_{t=S+1}^{n}NCF_t\cdot(P/F,i,t)}{\left|\sum_{t=0}^{S}NCF_t(P/F,i,t)\right|}$$

采用现值指数评价项目可行性：如果PI≥1，则该投资项目可行；如果PI<1，则该投资项目不可行。如果几个投资项目的现值指数都大于1，那么现值指数越大，投资项目越好。

（5）参考答案：内含报酬率又称内部收益率，是指投资项目实际可以实现的收益率，亦可将其定义为能使投资项目的净现值等于零时的贴现率。内含报酬率（IRR）满足下列等式：

$$NPV=\sum_{t=0}^{n}\frac{NCF_t}{(1+IRR)^t}=0$$

内含报酬率的计算是求解一个n次方程，通常采用试误法求IRR的值。内含报酬率是一个贴现正指标，采用内含报酬率评价项目可行性：当内含报酬率≥资金成本（或预期收益率）时，项目可行；否则项目不可行。当进行多个互斥项目决策时，内含报酬率越大越好。

2）业务解析

（1）参考答案：现金流量是指该项目投资所引起的现金流入量和现金流出量的统称，它可以动态地反映该投资项目的投入和产出的相对关系。这时的“现金”是一个广义的现金概念，它不仅包括各种货币资金，而且包括项目投资所需投入的企业所拥有的非货币资金的变现价值。现金流出量是指由项目投资引起的企业现金支出的增加额；现金流入量是指由项目投资引起的企业现金收入的增加额；现金净流量是一定时期内现金流入量减去现金流出量的差额。

当投入资金为自有资金时，经营期现金净流量通常可以表示为：

现金净流量（NCF）=销售收入-付现成本-所得税+该年回收额
=净利润+非付现成本+该年回收额

当投入资金为借入资金时，经营期现金净流量通常可以表示为：

现金净流量（NCF）=销售收入-付现成本-所得税+该年回收额+该年利息费用
=该年净利润+该年折旧+该年摊销额+该年回收额+该年利息费用

（2）参考答案：净现值（NPV）是指在项目计算期内，按行业基准收益率或企业设定的贴现率计算的投资项目未来各年现金净流量现值的代数和。净现值率（NPVR）是指投资项目的净现值占原始投资额现值总和的百分比。净现值率是一个相对数指标，而净现值是绝对数指标。净现值的劣势在于不能以净现值大小比较不同投资规模项目的优劣；而净现值率可以反映不同投资规模项目的投资效率，但其可能导致企业为了追求高的净现值率而放弃净现值大的项目，尤其是在资金充足时。

（3）参考答案：投资项目贴现率可以用以下方法来确定：①以投资项目的资金成本作为贴现率。②以投资的机会成本作为贴现率。③根据投资的不同阶段，分别采取不同的贴现率。④以行业平均资金收益率作为贴现率。

5.3.3　案例题

1）案例分析

分析提示：

（1）李长安的分析不正确。

调研费在这里属于沉没成本，不能看成建设期现金流量。此外，新分店每年的收入除了本身的200万元外，还要考虑对其他分店的影响，因此，新分店的年收入为：

新分店的年收入=200-20=180（万元）

（2）NCF_0=-240万元

$NCF_{1\sim19}$=（200-20）-20-90-［（200-20）-20-90-200÷20］×25%=55（万元）

NCF_{20}=（200-20）-20-90-［（200-20）-20-90-200÷20］×25%+70×（1-25%）+40
=147.5（万元）

（3）静态投资回收期=240÷55≈4.36（年）

净现值=55×（P/A，10%，19）+147.5×（P/F，10%，20）-240≈242（万元）

投资收益率=（55×19+147.5-240）÷20÷240≈19.84%

现值指数=［55×（P/A，10%，19）+147.5×（P/F，10%，20）］÷240≈2.01

由于该新分店的净现值大于0、现值指数大于1，因此开设该新分店可行。

2）课程思政

研判提示：

（1）决策者要能够分析理解项目投资对企业和国家实力提升的重大意义，提升学生爱岗敬业和爱国主义精神；分析理解在项目决策程序中，树立爱岗敬业、使命感和创新精神，慎重选择投资项目。

（2）本案例体现了注重风险价值的现代财务管理理念，作为重大投资决策，项目投资能够增强企业实力，提高企业竞争力，但是要考虑项目投资的风险。项目投资作为事关企业生存与发展的重大决策，如果失败很可能导致企业破产，因此，在作出一项投资决策之前，必须审慎地进行可行性分析，企业应该制定严格的项目投资决策程序，并且严格遵循。

“5.4 实训资料”参考答案

实训资料5-4-1

1）参考答案：（1）NCF_0=-200万元

$NCF_{1\sim5}$=40+200÷5=80（万元）

（2）静态投资回收期=200÷80=2.5（年）

（3）投资利润率=40÷200×100%=20%

2）参考答案：（1）NCF_0=-240 000元

年折旧额=（240 000-12 000）÷6=38 000（元）

$NCF_{1\sim5}$=26 000+38 000=64 000（元）

NCF_6=64 000+12 000=76 000（元）

（2）NPV=64 000×（P/A，14%，5）+76 000×（P/F，14%，6）-240 000=14 344（元）

（3）PI=NPVR+1=14 344÷240 000+1≈1.0598

3）参考答案：（1）NCF0=-200万元

NCF_1=0

$NCF_{2\sim6}$=60+200÷5=100（万元）

（2）NPV=100×［（P/A，10%，6）-（P/A，10%，1）］-200=144.62（万元）

因为NPV=144.62＞0，所以该项目是可行的。

实训资料5-4-2

1）参考答案：NCF_2=-50+（1）=200（万元） （1）=250万元

350-（2）-250=-50（万元） （2）=150万元

NCF_5=（3）+100=280（万元） （3）=180万元

（4）×（1-25%）=180（万元） （4）=240万元

（5）=240×25%=60（万元） （6）=550+100+240=890（万元）

2）参考答案：旧设备年折旧额=（15-1.5）÷5=2.7（万元）

新设备年折旧额=（80-1.5）÷5=15.7（万元）

ΔNCF_0=-80+15=-65（万元）

$\Delta NCF_{1\sim5}$=30×（1-25%）-10×（1-25%）+（15.7-2.7）×25%=18.25（万元）

ΔNPV=18.25×（P/A，10%，5）-65=4.18（万元）

所以应更新改造旧设备。

3）参考答案：正常投资期方案各年的现金净流量如下：

项目计算期=5+15=20（年）

$NCF_{0\sim4}$=-100万元

NCF_5=0

$NCF_{6\sim20}$=150万元

正常投资期方案的NPV=150×（P/A，10%，15）×（P/F，10%，5）-100×（P/A，10%，4）-100

=150×7.6061×0.6209-100×3.1699-100≈291.4（万元）

正常投资期方案的年等额净回收额=291.4÷（P/A，10%，20）≈34.23（万元）

缩短投资期方案各年的现金净流量如下：

项目计算期=2+15=17（年）

$NCF_{0\sim1}$=-300万元

NCF_2=0

$NCF_{3\sim17}$=150万元

缩短投资期方案的NPV=150×（P/A，10%，15）×（P/F，10%，2）-300×（P/F，10%，1）-300

=150×7.6061×0.8264-300×0.9091-300≈370.12（万元）

缩短投资期方案的年等额净回收额=370.12÷（P/A，10%，17）≈46.14（万元）

由于缩短投资期方案的年等额净回收额较高，因此该项目应缩短投资建设期。

实训资料5-4-3

1）参考答案：（1）该项目的寿命10年，建设期为1年。

项目计算期=1+10=11（年）

固定资产原值=1 000+100=1 100（万元）

固定资产年折旧额=（1 100-100）÷10=100（万元）

（2）项目建设期的现金净流量计算如下：

NCF_0=-（1 000+50）=-1 050（万元）

NCF_1=-200万元

（3）项目运营期所得税前现金净流量计算如下：

NCF_2=120+100+50=270（万元） NCF_3=220+100=320（万元）

NCF_4=270+100=370（万元）　NCF_5=320+100=420（万元）

NCF_6=260+100=360（万元）　NCF_7=300+100=400（万元）

NCF_8=350+100=450（万元）　NCF_9=400+100=500（万元）

NCF_{10}=450+100=550（万元）　NCF_{11}=500+100+300=900（万元）

2）参考答案：净现值为零，即预期未来现金净流量的总现值应等于原始投资额流出的现值。

原始投资额流出的现值=900 000+145 822=1 045 822（元）

未来收回的流动资金现值=145 822×（P/F，10%，5）=145 822×0.6209≈90 541（元）

因为：预期未来现金净流量的总现值=未来经营活动现金净流量的现值+未来收回的流动资金现值

所以：未来经营活动现金净流量的现值=预期未来现金净流量的总现值-未来收回的流动资金现值

=1 045 822-90 541=955 281（元）

因为：未来经营活动现金净流量的现值=每年运营阶段的现金净流量×（P/A，10%，5）

所以：每年运营阶段的现金净流量=955 281÷（P/A，10%，5）

=955 281÷3.7908≈252 000（元）

因为：每年运营阶段的现金净流量=每年税后利润+每年折旧

所以：每年税后利润=每年运营阶段的现金净流量-每年折旧=252 000-900 000÷5

=252 000-180 000=72 000（元）

每年税前利润=每年税后利润÷（1-所得税税率）=72 000÷（1-40%）=120 000（元）

销售量=（固定成本+每年税前利润）÷（单价-单位变动成本）

=（500 000+180 000+120 000）÷（20-12）=100 000（件）

3）参考答案：首先，计算差量净现金流量ΔNCF。

ΔNCF_0=-150-（-100）=-50（万元）

$\Delta NCF_{1\sim10}$=29.29-20.18=9.11（万元）

其次，计算差额内部收益率ΔIRR。

-50+9.11×（P/A，ΔIRR，10）=0

（P/A，ΔIRR，10）=50÷9.11≈5.4885

因为：（P/A，12%，10）=5.6502>5.4885

（P/A，14%，10）=5.2161<5.4885

所以：12%<ΔIRR<14%

应用内插法可知：ΔIRR=12.74%

最后，用差额投资内部收益率法进行决策。

因为：ΔIRR=12.74%>10%

所以兴泰公司应当投资A项目。

第6章
证券投资管理

6.1 预习要览

6.1.1 内容提要与结构

1）内容提要

证券投资是指投资者将资金投资于股票、债券、基金及衍生证券等资产，从而获取收益的一种投资行为。进行证券投资的主要目的有以下几个方面：(1) 与企业长期资金计划相配合。(2) 存放暂时闲置的资金。(3) 获得长期稳定的投资收益。(4) 获得被投资企业的控制权。相对于实物投资而言，证券投资的特点为：(1) 流动性强。(2) 价格不稳定。(3) 交易成本低。

证券投资具体可以分为以下几类：(1) 债券投资。(2) 股票投资。(3) 基金投资。(4) 期货投资。(5) 期权投资。(6) 证券组合投资。

企业初次进行证券投资，其投资程序一般按下列步骤进行：(1) 开户。(2) 委托买卖。(3) 清算交割。(4) 过户。

债券投资具有期限性、流动性、安全性与收益性等特点。债券投资要从债券到期收益率、债券的价值和债券投资的风险等方面加以综合分析决策。

债券的价值是债券带来的现金流量的现值，也是债券未来利息和本金的现值。当债券的价值大于购买价格时，该债券才值得购买。

债券到期收益率是指投资者购进债券后，一直持有至到期日可获得的收益率。这个收益率也称债券投资的实际收益率，它是按复利计算的收益率，是能够使债券未来现金流入现值等于债券购入价格的贴现率。如果实际收益率高于投资人要求的报酬率，则该债券应该买进；否则就应放弃。

债券投资的风险主要包括违约风险、利率风险、购买力风险、流动性风险和期限性风险。违约风险是指借款人无法按时支付债券利息和偿还本金的风险。利率风险是指由于利率变动而使投资者遭受损失的风险。购买力风险是指由于通货膨胀而使货币的购买力下降的风险。流动性风险也称变现力风险，是指无法在短期内以合理价格卖掉资产的风险。由于债券投资期限长而给投资者带来的风险就是期限性风险，又称到期风险。

股票投资的特点为永久性、参与性、流通性与风险性。股票的投资收益主要是投资期间的股利收入和买卖价差。股票的内在价值是指股票给投资者带来的现金流量的现值，其模型根据现金流量不同分为零成长股票、固定成长股票与非固定成长股票。除此之外，股票的内在价值还可以用市盈率分析法进行计算。

证券投资基金是一种利益共享、风险共担的集合证券投资方式，即通过发行基金单位，集中投资者的资金，由基金托管人托管，由基金管理人管理和运用资金，从事股票、债券等金融工具投资，并将投资收益按基金投资者的投资比例进行分配的一种间接投资方式。

根据变现方式的不同，证券投资基金可分为开放式基金和封闭式基金；根据组织形态的不同，证券投资基金可分为公司型基金与契约型基金；根据投资标的的不同，证券投资基金可分为股票基金、债券基金、货币基金、期货基金、期权基金、认股权证基金、专门基金等。

证券投资组合又称证券组合，是指投资者在进行证券投资时，不是将所有的资金都投向单一的某种证券，而是有选择地投向一组证券。换句话说，这种同时投资多种证券的做法便称为证券投资组合。

证券投资组合的风险可以分为非系统风险和系统风险。非系统风险又称可分散风险或公司特有风险，是指某些因素对单个证券造成经济损失的可能性，如公司在市场竞争中的失败等。系统风险又称不可分散风险或市场风险，是指由于某些因素而给市场上所有的证券都带来经济损失的可能性。系统风险通常用β系数来计量，β系数越大，则相应的系统风险越大。

证券投资组合的风险和收益率的关系可以用资本资产定价模型计量，即无风险收益率加上风险收益率。证券投资组合可采取以下策略：保守型策略、冒险型策略与适中型策略。进行证券投资组合的方法有：选择足够数量的证券进行组合；把风险大、风险中等、风险小的证券放在一起进行组合；把投资收益呈负相关关系的证券放在一起进行组合。

2）内容结构

本章内容结构如图6-1所示。

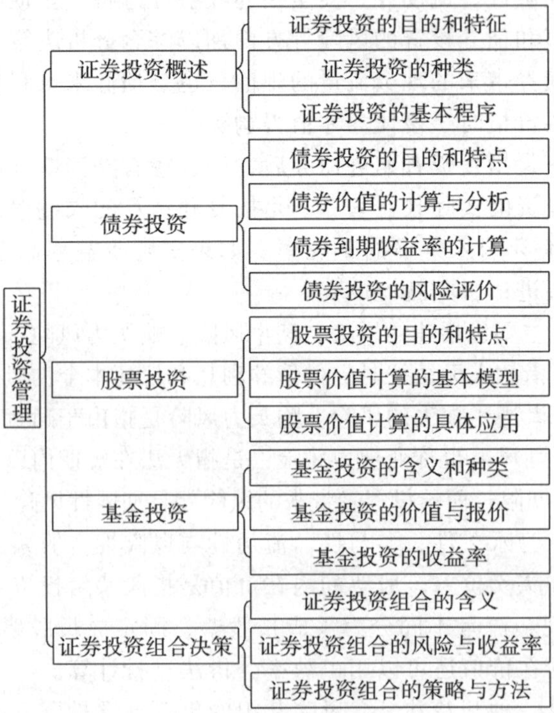

图6-1　本章内容结构图

3）主要概念和观念

（1）主要概念

证券投资 零成长股票 证券投资基金 证券投资组合 非系统风险 系统风险

（2）主要观念

债券到期收益率 债券的价值 债券投资的风险 股票的内在价值 基金收益率 资本资产定价模型 保守型策略 冒险型策略 适中型策略

6.1.2 重点与难点

1）重点理论

证券投资组合的含义与作用 非系统风险的概念 系统风险的概念

2）重点实务

债券投资决策 股票投资决策 市盈率分析法 基金投资决策 证券投资组合决策

3）重点操作

债券价值的计算 股票价值的计算 债券投资的风险评价 投资基金报价与收益率的计算 证券投资组合的风险与收益率的计算

4）难点

非固定成长股票的价值计算 证券投资组合的风险与收益率的计算

6.1.3 主要公式

1）债券价值计算的基本模型

$$V = \sum_{t=1}^{n}\frac{I_t}{(1+i)^t} + \frac{M}{(1+i)^n}$$

$$V = I\cdot(P/A, i, n) + M\cdot(P/F, i, n)$$

2）债券投资的收益率

购进价格=每年利息×年金现值系数+面值×复利现值系数

$$V=I\cdot(P/A, i, n)+M\cdot(P/F, i, n)$$

3）股票价值计算的基本模型

$$V = \frac{D_1}{(1+R_s)^1} + \frac{D_2}{(1+R_s)^2} + \cdots + \frac{D_t}{(1+R_s)^t} + \cdots = \sum_{t=1}^{\infty}\frac{D_t}{(1+R_s)^t}$$

$$V = \sum_{t=1}^{n}\frac{D_t}{(1+R_s)^t} + \frac{P_n}{(1+R_s)^n}$$

4）零成长股票的价值

$$V=\frac{D}{R^s}$$

5）固定成长股票的价值

$$P=\frac{D_0(1+g)}{R_s-g}=\frac{D_1}{R_s-g}$$

$$R_s=\frac{D_1}{P}+g$$

6）市盈率分析法

股票价值=行业平均市盈率×该股票每股收益

股票价格=该股票市盈率×该股票每股收益

7）基金单位净值

基金单位净值=基金净资产价值总额÷基金单位总份额

8）基金的报价

基金认购价=基金单位净值+首次认购费

基金赎回价=基金单位净值-基金赎回费

9）基金投资的收益率

$$\text{基金投资的收益率}=\frac{\text{年末持有份数}\times\text{基金单位净值年末数}-\text{年初持有份数}\times\text{基金单位净值年初数}}{\text{年初持有份数}\times\text{基金单位净值年初数}}$$

10）投资组合的β系数

$$\beta_p=\sum_{i=1}^{n}X_i\cdot\beta_i$$

11）证券投资组合的风险收益

$$R_p=\beta_p\cdot(R_m-R_F)$$

12）资本资产定价模型

$$R_i=R_F+\beta_i\cdot(R_m-R_F)$$

6.2 客观题

6.2.1 理论题

1）单项选择题

（1）在投资人想出售有价证券获取现金时，证券不能立即出售的风险是（　　）。

A.流动性风险　B.期限性风险　C.违约风险　D.购买力风险

（2）一般认为，企业进行短期债券投资的主要目的是（　　）。

A.控制被投资企业

B.获得稳定收入

C.调节现金余额，使现金余额达到合理水平

D.增强资产流动性

（3）企业把资金投资于国库券，可不必考虑的风险是（　　）。

A.再投资风险　B.违约风险　C.购买力风险　D.利率风险

（4）如果组合中包括了全部股票，则投资人（　　）。

A.只承担市场风险　B.只承担特有风险

C.只承担非系统风险　D.没有风险

（5）按照投资基金能否赎回，证券投资基金可以分为（　　）。

A.契约型和公司型　B.封闭式和开放式

C.股权式和证券式　D.股权式和债权式

（6）债券的价值是指（　　）。

A.债券内在价值　B.债券面值

C.债券的市场价格　D.债券本利和

（7）若股票的预计现金股利保持稳定不变，则可以采用（　　）模型评估其价值。

A.固定成长　B.零成长　C.二阶段　D.非固定成长

（8）基金持有份额不固定的是（　　）。

A.开放式基金　B.封闭式基金　C.公司型基金　D.契约型基金

（9）非系统风险（　　）。

A.可以通过投资收益率不同向变动的组合来分散

B.可以通过投资收益率同向变动的组合来分散

C.可以通过减少投资来分散

D.不可分散

（10）投资组合的风险是（　　）。

A.组合中风险最大的投资项目的风险

B.组合中风险最小的投资项目的风险

C.组合中所有投资项目风险的算术平均值

D.组合中所有投资项目风险的加权平均值，权重为各投资项目的金额比重

2）多项选择题

（1）证券投资的系统风险，又称（　　）。

A.市场风险　B.公司特别风险　C.可分散风险

D.不可分散风险　E.财务风险

（2）进行证券投资，应考虑的风险有（　　）。

A.违约风险　B.利率风险　C.购买力风险

D.市场风险　E.经营风险

（3）证券投资的收益包括（　　）。

A.资本利得　B.股利　C.售价

D.债券利息　E.证券交易费用

（4）债券投资与股票投资相比（　　）。

A.收益较高　B.投资风险较小　C.购买力风险较低

D.没有经营控制权　E.收益相对固定

（5）按投资对象的不同，证券投资可分为（　　）。

A.债券投资　B.股票投资　C.组合投资

D.金融证券投资　E.金融投资

（6）债券投资的特点包括（　　）。

A.安全性　B.收益性　C.期限性

D.永久性　E.参与性

（7）股票投资收益来源于（　　）。

A.股利收入　B.买卖价差　C.手续费

D.印花税　E.风险收益

（8）开放式基金的交易价格分为（　　）。

A.认购价　B.赎回价　C.基金单位净值

D.市场交易价格　　E.基金面值

(9) 证券投资组合的风险按可分散程度分为（　　）。

A.系统风险　　B.非系统风险　　C.违约性风险

D.流动性风险　　E.变现性风险

(10) 资本资产定价模型将证券投资收益分为（　　）。

A.无风险收益率　　B.风险收益率　　C.市场组合收益率

D.证券整体收益率　　E.最低收益率

3) 判断题

(1) 当股票种类足够多时，几乎可以把所有的系统风险分散掉。（　　）

(2) 债券的票面利率是评价债券收益的标准。（　　）

(3) 当β系数等于零时，表明投资无风险。（　　）

(4) 因为股票本身具有价值，所以它才能给股票投资者带来报酬。（　　）

(5) 证券投资基金的投资对象只能是股票和债券。（　　）

(6) 工业企业的证券投资属于直接投资。（　　）

(7) 股票的β系数反映股票的非系统风险。（　　）

(8) 债券投资风险一般要小于股票的投资风险。（　　）

(9) 证券投资组合的目的在于获得最大的投资收益。（　　）

(10) 封闭式证券投资基金的价格主要取决于其单位净值。（　　）

6.2.2 实务题

1) 单项选择题

(1) 采用资本资产定价模型确定股票的必要收益率，其中股票投资的风险收益率为（　　）。

A. 股票的β系数

B. 股票的β系数乘以所有股票的平均收益率和无风险收益率的差额

C. 无风险收益率

D. 无风险收益率+股票的β系数

(2) 投资股票的收益来自（　　）。

A.股票出售价格　　B.股利

C.股票资本利得+股利　　D.股票资本利得

(3) 采用市盈率评估股票的内在价值的计算公式为（　　）。

A. 股票的每股收益×行业平均市盈率

B. 股票的每股收益×公司市盈率

C. 股票的市场价格

D. 股票的每股收益×市场市盈率

(4) 面值为60元的普通股股票，预计年固定股利收入为6元/股，如果折现率为8%，那么准备长期持有该股票的投资者能接受的购买价格为（　　）。

A.面值　　B.预计股利之和　　C.股利的现值　　D.面值+第1年股利

(5) 证券投资组合的β系数应该（　　）。

A. 等于组合中所有证券的β系数的加权平均数，权重为各种证券的投资比重
B. 等于组合中风险最小的证券的β系数
C. 等于组合中风险最大的证券的β系数
D. 等于组合中所有证券的β系数之和
(6) 债券的投资价值可以通过确定（ ）计算。
A. 债券的现金流入量现值 B. 债券的利息之和
C. 债券的本金 D. 债券的本利和
(7) 若预计股票的股利持续增长，且增长率固定，则可以采用（ ）模型评估其内在价值。
A. 零成长 B. 固定成长 C. 非固定成长 D. 市盈率
(8) 采用市盈率分析法评价某公司股票的投资价值时采用的公式是（ ）。
A. 行业市盈率乘以公司股票每股收益 B. 公司市盈率乘以公司股票每股收益
C. 行业市盈率乘以行业平均每股收益 D. 公司市盈率乘以行业平均每股收益
(9) 将开放式基金出售给基金公司，可以得到的金额是（ ）。
A. 该开放式基金的单位净值减去赎回费用
B. 该开放式基金的单位净值
C. 该开放式基金的单位净值减去认购费用
D. 该开放式基金的市场价格减去赎回费用
(10) 证券投资组合能够分散股票或证券的（ ）。
A. 所有风险 B. 市场风险 C. 系统风险 D. 非系统风险
2) 多项选择题
(1) 可能引起证券价格下跌的因素包括（ ）。
A. 银行利率上升 B. 通货膨胀率持续降低 C. 银行利率下降
D. 通货膨胀率持续增长 E. 公司亏损
(2) 按照资本资产定价模型，确定特定股票必要收益率所考虑的因素有（ ）。
A. 无风险收益率 B. 公司股票的特有风险
C. 特定股票的β系数 D. 所有股票的年均收益率
E. 股票价格
(3) 按照投资的风险分散理论，以等量资金投资于A、B两个项目，以下说法正确的有（ ）。
A. 若A、B项目完全负相关，则组合后的非系统风险完全抵消
B. 若A、B项目完全负相关，则组合后的非系统风险不扩大也不减少
C. 实际上A、B项目的投资组合可以降低非系统风险，但难以完全消除非系统风险
D. 若A、B项目完全正相关，则组合后的非系统风险不扩大也不减少
E. 无论如何，风险都不会增大，也不会降低
(4)（ ）引起的风险属于可分散风险。
A. 银行调整利率水平 B. 公司劳资关系紧张 C. 公司诉讼失败
D. 市场呈现疲软现象 E. 公司亏损

(5) 避免违约风险的方法有（　　）。

A. 不买质量差的债券　　B. 投资预期报酬率会上升的资产

C. 分散债券的到期日　　D. 购买长期债券

E. 购买国债

(6) 不考虑投资风险，某债券值得投资，可以通过（　　）断定。

A. 债券的内在价值大于市场价格

B. 债券的预期收益率大于投资者要求的报酬率

C. 债券的本利之和超过买价

D. 债券没有违约的可能

E. 票面利率高于银行同期存款利率

(7) 投资（　　）可能会有违约风险。

A. 金融债券　　B. 公司债券　　C. 国库券

D. 贴现债券　　E. 浮动利率债券

(8) 投资股票，采用股利现值法评价时需要考虑的因素包括（　　）。

A. 股票价格　　B. 股利　　C. 股利增长率

D. 市盈率　　E. 市净率

(9) 用资本资产定价模型计算股票的投资收益率，需要的信息包括（　　）。

A. 无风险收益率　　B. 股票的β系数　　C. 市场组合的收益率

D. 股票的价格　　E. 股票的股利

(10) 利息每年支付、到期一次还本的债券的发行价格可以确定为（　　）。

A. 票面利率等于市场利率，平价发行

B. 票面利率大于市场利率，溢价发行

C. 票面利率小于市场利率，折价发行

D. 票面利率大于市场利率，折价发行

E. 票面利率小于市场利率，溢价发行

3) 混合选择题

(1) “解决问题”（中级）的“规范与标准”包括（　　）。

A. 能描述问题，确定目标，提出并选择较佳方案

B. 能准备、制订和实施获得支持的较具体的计划，并充分利用相关资源

C. 能寻找方法，实施检查，鉴定结果，提出改进方式

D. 能确定方法，实施检查，说明结果，利用经验解决新问题

(2) “股票投资技能”的“规范与标准”包括（　　）。

A. 能够明确股票投资的目的和特点

B. 能准确应用股票投资的基本模型进行投资决策

C. 能够准确计算和分析股票价值

D. 能正确运用市盈率法进行股票投资决策

(3) “证券投资价值分析与决策”这一专业能力领域的“技能点”包括（　　）。

A. 债券投资技能　　B. 股票投资技能

C. 基金投资技能　　D. 证券投资组合决策技能

（4）“债券投资技能”的“规范与标准”包括（ ）。

A. 能够正确计算债券价值

B. 能准确计算债券到期收益率

C. 能够对债券投资的风险进行全面评价

D. 能正确有效地选择适当的指标衡量债券价值

（5）“在职业模拟、职业实践或职业生活的自觉行动中，具有体现职业道德内涵的一贯表现”，这是（ ）的“规范与标准”。

A. 职业作风　　B. 职业理想　　C. 职业守则　　D. 职业态度

4）判断题

（1）股票投资的市场风险是无法避免的，不能用多元化投资来回避，而只能靠更高的报酬率来补偿。（ ）

（2）对债券投资收益进行评价时，应以债券价值和到期收益率作为标准，票面利率不影响债券收益。（ ）

（3）在通货膨胀情况下，为了降低购买力风险，投资债券比投资股票要好。（ ）

（4）到期收益率反映的是债券投资人按复利计算的真实收益率。若其高于投资人要求的投资报酬率，则应买进债券。（ ）

（5）在计算长期证券收益率时，应考虑货币时间价值因素。（ ）

（6）通货膨胀的发生属于系统因素，投资公司债券不需要考虑通货膨胀风险。（ ）

（7）股票投资的购买力风险较大。（ ）

（8）证券投资组合的β系数介于组合中β系数最高值和最低值之间。（ ）

（9）证券投资组合不能回避的是系统风险。（ ）

（10）冒险型策略一般选择尽可能多的证券进行投资。（ ）

6.2.3 案例题

股神云南白药宣布：2024 年不炒股了

背景与情境：继数年前“金盆洗手”的上海莱士后，A股中又有新的“股神”选择退出全部二级市场证券投资。1月17日晚间，曾在5年多炒股生涯中一度“年赚22亿”的云南白药，通过披露“投资者调研会议记录”对外表示，公司已退出全部二级市场证券投资，并计划2024年不再开展二级市场证券投资业务。

云南白药披露，截止到2023年9月末，公司交易性金融资产余额2.87亿元，较年初下降88.13%。主要原因是三季度处置了公司持有的全部小米集团股票及部分基金投资。

在进一步聚焦主业、谨慎投资的原则下，公司已于2023年三季度退出全部二级市场证券投资，并计划于2024年不再开展二级市场证券投资业务。

查看云南白药此前的“炒股”经历，被封为“股神”并非没有原因。据公司2019年年报，年内公司持有九州通、红塔证券、中国抗体等多只股票，以及富国鼎利、广发年年红等多只债基，投资成本72.1亿元，获利2.77亿元；到2020年，公司新买入了腾讯控股、小米集团、恒瑞医药、贵州茅台、伊利股份等股票，以138.34亿元的投资成本获利超22亿元，其中仅小米股票就为其带来约15亿元收益。

事实上，云南白药如今“果断收手”也早有预兆。2021年，云南白药一度因“炒股年亏15亿元”成为热搜话题。彼时，曾出现不少投资者建议公司用充裕的现金流“拓展一下其他业务”，而云南白药对此回应称“会审慎对待已开展的二级市场投资”。

资料来源：陈雨禾．昔日“股神”云南白药宣布：2024年不炒股了！[EB/OL]．[2024-01-19]．https：//www.stcn.com/article/detail/1097123.html.引文有删减。

请根据案例在下列各题中填入适当选项：

1）公司进行证券投资的目的包括（　　）。

A.与公司长期资金计划相配合　　B.存放暂时闲置的资金

C.获得长期稳定的投资收益　　D.获得被投资企业的控制权

2）下列不属于证券投资风险的是（　　）。

A.利率风险　　B.流动性风险　　C.坏账风险　　D.购买力风险

3）股票投资的缺点有（　　）。

A.购买力风险高　　B.求偿权居后　　C.价格不稳定　　D.收入稳定性强

4）关于投资者要求的投资收益率，下列说法正确的有（　　）。

A.风险程度越高，要求的报酬率越低

B.无风险报酬率越高，要求的报酬率越高

C.无风险报酬率越低，要求的报酬率越高

D.风险程度、无风险报酬率越高，要求的报酬率越高

5）在这个案例中，上市公司进行证券投资的对象有（　　）。

A.股票　　B.证券投资基金　　C.银行存款　　D.黄金

6.2.4　实训题

1）单项选择题

（1）振宇公司股票的β系数为1.5，无风险收益率为8%，市场上所有股票的平均收益率为15%，则振宇公司股票的必要收益率应为（　　）。

A.15%　　B.18.5%　　C.19.5%　　D.17.5%

（2）2023年2月，利华公司购买某上市公司的股票，其购买价格为50元/股，2024年1月，利华公司持有该股票获得现金股利3元/股，2024年2月，利华公司以60元/股的价格出售该股票，则该股票的投资收益率为（　　）。

A.30%　　B.25%　　C.26%　　D.30%

（3）某公司股票每股盈利4元，市盈率为12倍，行业类似股票的平均市盈率为15倍，则该股票的价格为（　　）元/股。

A.48　　B.60　　C.12　　D.5

（4）面值为60元的普通股股票，预计年固定股利收入为6元/股，如果折现率为8%，那么准备长期持有该股票的投资者能接受的购买价格为（　　）元/股。

A.60　　B.80　　C.75　　D.65

（5）有一笔国债，5年期，平价发行，票面利率为10%，单利计息，到期一次还

本付息，其到期收益率是（　　）。

A.8.4%　　B.11%　　C.10%　　D.12%

（6）甲开放式基金2024年3月21日的单位净值为1.25元，申购费率为1%，投资者投资2 000元购买该基金，可获得（　　）份。

A.1 584　　B.1 600　　C.1 586　　D.1 585

（7）某证券投资组合由三只股票构成，其β系数分别为0.5、1.0和1.5，投资比重各占1/3，则该证券投资组合的β系数为（　　）。

A.1.0　　B.0.5　　C.1.5　　D.3.0

（8）某公司股票每股盈利为4元，市盈率为12倍，行业类似股票的平均市盈率为15倍，则按市盈率法分析该股票的内在价值为（　　）元/股。

A.48　　B.60　　C.12　　D.5

（9）某贴现债券期限为5年，面值是1 000元，市场利率为8%，则该债券预计的发行价格为（　）元。

A.680.6　　B.1 000　　C.600　　D.960

（10）乙开放式基金2024年4月12日单位净值为1.20元，赎回费率为2%，投资者对投资的1 000份该基金申请赎回，则可获得现金（　　）元。

A.1 176　　B.1 200　　C.1 224　　D.1 160

2）多项选择题

（1）关于债券投资价值的判断，下列观点正确的是（　　）。

A. 市场利率由8%上升到10%，则已发行债券的投资价值会下降

B. 市场利率由8%上升到10%，则已发行债券的投资价值不变

C. 市场利率由8%上升到10%，则已发行债券的投资价值会上升

D. 债券的市场交易价格由102元下降到99.5元，则债券的投资价值下降

E. 债券的市场交易价格由102元下降到99.5元，则债券的投资价值不变

（2）某公司股票目前的现金股利为2元/股，预计股利每年增长，且增长率为3%，投资者要求的最低投资报酬率为8%，则（　　）。

A. 该股票的市场价值为41.2元/股

B. 若股票的市场价格低于41.2元/股，则投资者可以购入并长期持有该股票

C. 该公司股票的内在价值为40元/股

D. 若投资者按41.2元/股的价格购入，则下年度的预计报酬率为8%

E. 若在该股票市场价格上升到41.2元/股以上时购入股票，则投资者的投资报酬率将低于8%

（3）投资者于2023年12月31日购买了甲股票1 000股，单价为12.2元，该股票于2024年7月11日分红，每股现金股利为0.15元，投资者于2024年8月31日以每股13.4元的价格出售持有的1 000股甲股票，不考虑股票交易成本和所得税，一年按12个月计算，则（　　）。

A. 投资者投资甲股票的股利收益为0.15元/股

B. 投资者投资甲股票的投资收益为1.35元/股

C. 投资者投资甲股票的年化投资收益率为16.6%

D. 投资者投资甲股票的年化投资收益率为11.1%

E. 考虑所得税和交易成本，投资者投资甲股票的年化投资收益率将高于16.6%

（4）某开放式基金2024年3月31日的资产账面价值合计为3.3亿元，市场价值合计为3.2亿元，负债账面价值为0.92亿元，基金发行在外的份数为2亿份，该开放式基金申购费率为单位净值的3%，赎回费率为单位净值的2%，则（　　）。

A. 该开放式基金2024年3月31日的单位净值为1.14元

B. 该开放式基金2024年3月31日的单位净值为1.19元

C. 该开放式基金2024年3月31日的申购价格为1.1742元/份

D. 某投资者于2024年3月31日申请赎回1 000份该基金，则预计可得现金1 117.2元

E. 某投资者于2024年3月31日申请赎回1 000份该基金，则预计可得现金1 166.2元

（5）某公司持有三只股票甲、乙、丙各1 000股，其β系数分别为0.9、1.0、1.1，市场无风险收益率为6%，股票平均收益率为10%，三只股票目前的市场价格分别为每股8.2元、10元和12.6元，不考虑股票投资的交易佣金，则该公司投资（　　）。

A. 甲股票的预期投资收益率为9.6%　　B. 丙股票的预期投资收益率为10.4%

C. 这三只股票组合的β系数为1.0　　D. 这三只股票组合的β系数为1.01

E. 这三只股票组合的预期投资收益率为10.04%

（6）某公司债券票面利率为10%，半年支付一次利息，5年期，面值为1 000元，市场利率为10%，不考虑交易费用和所得税的影响，则该债券（　　）。

A. 应该按面值发行，发行价格为1 000元

B. 按1 000元的价格购买并持有至到期，投资收益率为10%

C. 该债券应该折价发行

D. 该债券应该溢价发行，发行价格为1 006.99元

E. 按1 000元的价格购买并持有至到期，投资收益率大于10%

（7）甲股票的β系数为1.5，市场无风险收益率为6%，股票平均收益率为10%，该股票的股利为1元/股，预计股利增长率为3%，则（　　）。

A. 甲股票的预期投资收益率为12%

B. 该股票的内在价值为11.44元/股

C. 该股票的预期报酬率为10%

D. 该股票价格在11.44元/股以上时值得购买

E. 该股票价格在11.44元/股以下时值得购买

（8）某开放式基金在2024年3月31日下午收盘时持有甲、乙、丙三只股票，市场价格分别为每股10元、12元和15元，成本价分别为每股11元、10.8元和16元，数量分别为10万股、20万股和5万股，现金资产100万元，固定资产等非现金资产合计20万元，负债总额合计82万元，基金份数为500万份，该基金的申购费率为1%，赎回费率为2%，则（　　）。

A. 该基金的资产总额为535万元

B. 该基金的单位净值为0.906元

C. 投资者3月31日投资1 000元申购基金可得1 092.8245份

D. 投资者3月31日赎回1 000份基金可得现金887.88元

E. 投资者3月31日投资1 000元申购基金可得1 096份

（9）某投资者于2024年4月12日以11.14元/股的价格购买了ZLJS股票3 000股，并于2024年4月13日以11.55元/股的价格售出全部ZLJS股票，投资者给证券公司的交易佣金为万分之五，印花税税率为0.1%，上海证券交易所的过户费为每1 000股10元，起点为1元，一年按360天计算，则（　　）。

A. 投资者投资ZLJS股票的成本为33 470.13元

B. 投资者出售ZLJS股票可得现金34 598.02元

C. 投资者投资ZLJS股票的成本为33 436.71元

D. 投资者投资ZLJS股票的成本为33 466.71元

E. 投资者投资ZLJS股票的年化收益率为625.17%

（10）某公司投资股票甲、乙、丙各10 000股，其β系数分别为1.5、2.0、3.2，市场无风险收益率为6%，股票平均收益率为10%，投资比重分别为30%、50%和20%，不考虑股票投资的交易佣金，则该公司投资（　　）。

A. 甲股票的预期投资收益率为12%　　B. 乙股票的预期投资收益率为14%

C. 该股票组合的β系数为2.23　　D. 该股票组合的β系数为2.09

E. 该股票组合的预期投资收益率为14.36%

6.3 主观题

6.3.1 理论题

1）简答题

（1）什么是证券投资、股票投资、债券投资？

（2）什么是证券投资基金？

（3）什么是证券投资组合？

（4）什么是非系统风险？

（5）什么是系统风险？

2）理解题

（1）如何评价债券投资的风险？

（2）股票内在价值评估主要有哪些模型？各自适用的条件是什么？

（3）请说明证券投资组合的常见策略。

6.3.2 实务题

1）规则复习

（1）债券价值计算的基本模型是什么？如何计算债券的到期收益率？

（2）股票价值计算的基本模型是什么？

（3）如何运用市盈率分析法计算股票的价值？

（4）基金收益率的计算公式是什么？

（5）资本资产定价模型是什么？

2）业务解析

（1）分析说明基金投资价值与报价的确定方法。

（2）分析说明证券投资组合风险收益的确定方法。

（3）比较说明常见的证券投资组合方法的运用。

6.3.3 案例题

1）案例分析

基金最新业绩出炉！最高收益超25% 这些产品净值下跌超40%

背景与情境：8月已落下帷幕，公募基金业绩表现也随之尘埃落定。从2024年前8个月单个权益类基金表现来看，跨境ETF领涨，景顺长城纳指科技ETF以27.14%的业绩表现居于前列。

从主动权益类基金的业绩表现来看，超过七成的股票型基金和混合型基金实现正收益。但是，也有部分权益类基金在市场震荡下没有踩准节奏，收益告负。前8个月共有200余只（按基金代码统计）基金净值下跌超过30%，还有的基金净值下跌超过40%，权益类基金收益首尾差超过70%。

从主动权益类基金的业绩表现来看，由许拓掌管的永赢股息优选A和永赢股息优选C在前8个月分别以24.89%、24.73%的收益居于前列。永赢股息优选为偏股混合型基金，成立于2020年3月，2024年二季度末规模15.36亿元。永赢股息优选A在2023年和2022年收益分别为-1.55%、-18.79%。二季度末，永赢股息优选重仓持有华电国际、中国核电、华能国际、青岛港、中国广核、中国移动等股票。

资料来源：佚名．基金最新业绩出炉！最高收益超25% 这些产品净值下跌超40%［EB/OL］．［2024-09-13］．https：//fund.eastmoney.com/a/202409023173634759.html.引文有删减。

问题：

（1）什么是股票型基金？

（2）2024年股票型基金的投资收益率差异较大的原因是什么？

分析要求：

（1）形成性要求

同第1章“主观题”中本题型的“形成性要求”。

（2）成果性要求

① 课业结构、格式与体例参照本《训练手册》“课业范例”的范例6-5-1。

② 同第1章“主观题”中本题型的其他“成果性要求”。

2）课程思政

珠江股份深陷股市

背景与情境：近日，珠江股份发布2024年半年度业绩预亏公告。经初步测算，珠江股份预计上半年归母净利润为亏损500万~850万元，原因是“受A股市场走势影响，公司持有的股票在二级市场股价下跌，其公允价值下降造成本期利润亏损”。

珠江股份指出，股票的公允价值变动属于非经常性损益，扣除非经常性损益后，公司的归母净利润为正，摆脱此前多年主业为房地产时的困顿局面。上市公司炒股并不罕见。随着中报季拉开序幕，多家上市公司公布业绩预告时也带出了炒股成绩单，只不过从目前看来鲜有好消息。

时代财经了解到，除了珠江股份，南都物业、城建发展、两面针、昂立教育、立昂微等上市公司的利润也受到所持股票股价下跌的影响，净利润被部分吞噬，甚至造成公司整体亏损。

其中，城建发展上半年预亏1.31亿~1.95亿元，公司称主要原因是参股投资企业所持有的交易性金融资产股价大跌，导致公司投资收益呈现较大负值。两面针亦因所持股票的公允价值变动亏损2 100万元，导致公司上半年可能亏损50万~450万元。

2024年上半年，多家公司炒股结果未及预期。从目前已有的公告来看，这些公司在解释利润亏损时大多表示所持股票股价下降导致公允价值变动损益呈现负值。

总之，股票投资是一把"双刃剑"，用好了能增厚业绩，用不好反而"被套"。

资料来源：陈泽旋. 近千家上市公司在炒股 珠江股份剥离地产却陷在股市 半年预亏数百万[EB/OL]. [2024-07-12]. https://finance.eastmoney.com/a/202407123129874383.html.引文有删减。

问题：

（1）请分析上述现象暗含了哪些课程思政要求和原则。

（2）本案例对你有哪些启示？

研判要求：

（1）形成性要求

同第1章"主观题"中本题型的"形成性要求"。

（2）成果性要求

① 课业结构、格式与体例参照本《训练手册》"课业范例"的范例6-5-2。

② 同第1章"主观题"中本题型的其他"成果性要求"。

6.3.4　实训题

阶段性体验Ⅵ："证券投资价值分析与决策"胜任力训练

【训练目的】

见主教材本章章名页"学习目标"中的"实训目标"。

【能力与道德领域】

专业能力——证券投资价值分析与决策

技术-技能Ⅰ

名称：债券投资"技术-技能"

规范与标准：

（1）能明确债券投资的目的和特点。

（2）能正确进行债券价值的计算与分析。

（3）能根据相关条件准确计算债券的到期收益率。

（4）能对债券投资的风险进行全面评价，并作出是否投资的决策。

技术-技能Ⅱ

名称：股票投资"技术-技能"

规范与标准：

（1）能明确股票投资的目的和特点。

（2）能正确运用股票投资的基本模型计算与分析股票的价值，并作出是否投资的决策。

（3）能正确计算和分析零成长股票、固定成长股票和非固定成长股票的价值，并作出是否投资的决策。

（4）能运用市盈率法分析股票价值，并作出是否投资的决策。

技术-技能Ⅲ

名称：基金投资“技术-技能”

规范与标准：

（1）能准确识别基金的种类及特点。

（2）能准确计算和分析基金投资的价值与报价，并作出是否投资的决策。

（3）能准确计算和分析基金收益率，并作出是否投资的决策。

技术-技能Ⅳ

名称：证券投资组合决策“技术-技能”

规范与标准：

（1）能正确理解证券投资组合的意义。

（2）能准确计算和分析证券投资组合的风险与收益率，并作出是否投资的决策。

（3）能运用证券投资组合的策略与方法，作出科学的证券投资组合决策。

技术-技能Ⅴ

名称：撰写《“证券投资价值分析与决策”训练报告》“技术-技能”

规范与标准：

（1）能合理设计《“证券投资价值分析与决策”训练报告》，使其结构、层次较分明。

（2）能依照商务应用文的规范与要求撰写《“证券投资价值分析与决策”训练报告》。

（3）本教材“网络教学资源包”的《学生考核手册》中的考核表6-2所列各项“考核指标”和“考核标准”。

职业核心能力——信息处理、解决问题、革新创新（中级）

上述能力领域的“基本要求”、“技能点”和“规范与标准”参见“附录三”中的附表3的相关述项。

职业道德——职业作风、职业守则（认同级）

各道德领域的“规范与标准”参见“附录四”的附表4的相关述项。

【训练任务】

（1）对“证券投资价值分析与决策”等专业能力的各“技术-技能”点实施阶段性基本训练。

（2）对“信息处理”“解决问题”“革新创新”等职业核心能力的各“技术-技能”点实施“中级”强化训练。

（3）对“职业作风”“职业守则”等职业道德的各“素质点”实施“认同级”相关训练。

【训练要求】

（1）训练前学生要了解并熟记本训练的“训练目的”、“能力与道德领域”、“训练任务”与“训练要求”，熟记“网络教学资源包”中《学生考核手册》考核表6-1、考核表6-2中的“考核指标”与“考核标准”的内涵，将其作为本训练的操练点和考核点来准备。

（2）通过“训练步骤”，将“训练任务”所列三种训练整合并落实到本训练的“活动过程”和“成果形式”中。

（3）训练后，学生对本次训练活动进行总结，在此基础上撰写《“证券投资价值分析与决策”训练报告》。

【情境设计】

将学生分成若干训练组，各训练组结合本训练“成果形式”的“训练课业”题目，在“实训资料”中任选一组进行训练操练。各训练组通过对所选资料的债券投资、股票投资、基金投资和证券投资组合等投资决策方法的应用，以及相应《“证券投资价值分析与决策”训练报告》的准备、撰写、讨论与交流等实践活动的参与和体验，依照本章“训练要求”完成各自的训练任务。

【指导准备】

知识准备：

（1）“证券投资管理”的理论与实务知识。

（2）“附录一”的附表1中，涉及本章“职业核心能力强化训练项”各“技能点”，需要对学生事先培训“‘知识准备’参照范围”内的知识。

（3）“附录三”的附表3和“附录四”的附表4中，涉及本章“职业核心能力强化训练项”各“技术-技能”点和“职业道德相关训练项”各“素质点”，需要对学生事先培训“规范与标准”内的知识。

操作指导：

（1）教师向学生阐明“训练目的”、“能力与道德领域”和“知识准备”。

（2）教师就“知识准备”中的第（2）、（3）项，对学生进行培训。

（3）教师指导学生熟悉债券投资，并就操练项目计算债券的价值与到期收益率，评价其投资可行性。

（4）教师指导学生熟悉股票投资，并就操练项目计算股票的价值，评价其投资可行性。

（5）教师指导学生熟悉基金投资，并就操练项目计算基金的价值和收益率，评价其投资可行性。

（6）教师指导学生熟悉证券投资组合，并就操练项目计算证券投资组合的风险和收益率，评价其投资可行性。

（7）教师指导学生完成《“证券投资价值分析与决策”训练报告》的撰写。

【训练时间】

本章课堂教学内容结束后的双休日和课余时间，为期一周。

【训练步骤】

（1）将班级每5位同学分成一组，每组确定1～2名负责人。

（2）对学生进行证券投资管理的培训，熟悉训练目的与步骤。

（3）分配训练任务，指导学生研究相关问题。

（4）各组在对操练项目进行“证券投资价值分析与决策”专业训练的过程中，融入对“信息处理”“解决问题”“革新创新”等职业核心能力各“技术-技能”点的“中级”强化训练和对“职业作风”“职业守则”等职业道德各“素质点”的“认同级”相关训练。

(5) 撰写作为最终成果的《“证券投资价值分析与决策”训练报告》。

(6) 在班级交流、讨论各组的《“证券投资价值分析与决策”训练报告》。

(7) 根据交流、讨论的结果，各组修订其《“证券投资价值分析与决策”训练报告》，并使之各具特色。

(8) 将经过班级交流和修订，并附有“教师点评”的优秀训练报告在校园网课程平台进行展示，并纳入本校该课程的教学资源库。

【成果形式】

训练课业：《“证券投资价值分析与决策”训练报告》

课业要求：

(1)《“证券投资价值分析与决策”训练报告》的内容、结构与体例参照本《训练手册》“课业范例”的范例6-5-3。

(2) 各组成员完成的《“证券投资价值分析与决策”训练报告》须由指导教师、项目组组长和项目组成员三方签字负责。

6.4 实训资料

实训资料 6-4-1

1）甲公司2024年7月1日发行面值为1 000元、票面利率为8%、期限为5年的债券，每年7月1日付息，5年后还本。

要求：

(1) 如果债券发行时的市场利率为5%，债券发行价格为1 100元，请问是否应投资该债券?

(2) 若该债券的发行价格为1 080元，则债券的到期收益率是多少?

2）甲投资者拟投资购买A公司的股票。A公司上年支付的股利是1元/股，根据有关信息，投资者估计A公司年股利增长率可达10%。A股票的β系数为2.0，证券市场所有股票的平均报酬率为15%，现行国库券利率为8%。

要求：

(1) 计算该股票的预期报酬率。

(2) 计算该股票的内在价值。

3）某投资人的投资组合中包括3种证券：债券占40%，A股票占30%，B股票占30%，其β系数分别为1.0、1.5和2.0，市场全部证券的平均收益率为12%，无风险收益率为5%。

要求：

(1) 计算投资组合的β系数。

(2) 计算投资组合的预期收益率。

4）无风险证券的收益率为8%，市场证券组合的收益率为15%。

要求：

（1）计算证券组合的风险收益率。

（2）如果某一投资计划的β系数为1.2，其短期投资收益率为16%，则该投资计划是否可行？

（3）如果某证券组合的必要收益率是16%，则其β系数是多少？

实训资料6-4-2

1）A企业于2024年1月5日以每张1 050元的价格购买B企业发行的利随本清的企业债券。该债券面值为1 000元，期限为3年，票面年利率为10%，不计复利。购买时市场年利率为8%，不考虑所得税。

要求：

（1）利用债券估价模型评价A企业购买此债券是否合算。

（2）如果A企业于2025年1月5日将该债券以1 190元的市价出售，计算该债券的到期收益率。

2）某公司持有A、B、C三只股票构成的股票组合，它们的β系数分别为2.1、1.0、0.5，它们在证券组合中所占的比重分别为50%、40%、10%，股票的市场收益率为14%，无风险收益率为10%。

要求：

（1）计算证券投资组合的风险收益率。

（2）若证券投资组合为30万元，则其风险收益额是多少？

（3）计算证券投资组合的必要收益率。

3）A公司股票的β系数为2.5，无风险收益率为6%，市场上所有股票的平均收益率为10%。

要求：

（1）计算该公司股票的预期收益率。

（2）若该股票为固定成长股票，成长率为6%，预计1年后的股利为1.5元/股，则该股票的价值为多少？

（3）若股票未来3年股利为零增长，每年股利为1.5元/股，预计从第4年起转为正常增长，增长率为6%，则该股票的价值为多少？

实训资料6-4-3

1）某投资者打算购买A公司的股票，他期望的最低报酬率为15%。预计A公司未来3年的股利将按每年20%的速度递增。在此之后转为正常增长，股利增长率为12%。公司最近支付的股利是2元/股。

要求：

（1）计算该公司股票的内在价值。

（2）请指出市价在什么范围时这只股票值得购买。

2）某投资者于1月1日以每张980元的价格购买上市公司债券10张，该债券面值1 000元，票面年利率为8%，每半年付息一次，期限为3年，当年7月1日收到上半年利息40元，9月30日以995元卖出。该投资者要求的年投资报酬率为7%，假设不考虑货币时间价值。

要求： 评价该债券是否值得投资，要求通过计算该债券的投资收益率完成。

3）某基金公司发行的是开放式基金，2024年基金的相关资料见表6-1。

表6-1 **2024年基金的相关资料**

项　目	年　初	年　末
基金账面价值（万元）	1 000	1 200
负债账面价值（万元）	300	320
基金市场账面价值（万元）	1 500	2 000
基金单位（万份）	500	600

假设公司收取首次认购费，认购费为基金净值的5%，不再收取赎回费。

要求：

（1）计算该基金年初的基金净资产价值总额、基金单位净值、基金认购价和基金赎回价。

（2）计算该基金年末的基金净资产价值总额、基金单位净值、基金认购价和基金赎回价。

6.5 课业范例

范例6-5-1

案例分析

股票价值投资决策

背景与情境： 某投资者2025年欲购买股票，现有A、B两家公司可供选择。从A、B两家公司2024年12月31日的有关会计报表及补充资料中获知，A公司2024年税后净利润为80 000万元，发放的每股股利为5元，市盈率为5倍，A公司发行在外的普通股股数为10 000万股，每股面值10元；B公司2024年税后净利润为40 000万元，发放的每股股利为2元，市盈率为5倍，其对外发行的普通股股数为10 000万股，每股面值为10元。预计A公司未来5年内的股利恒定，此后转为正常增长，增长率为6%；预计B公司的股利将持续增长，年增长率为4%。假定目前无风险收益率为8%，股票的必要收益率为12%，A公司股票的β系数为2.0，B公司股票的β系数为1.5。

问题：

1）通过计算股票价值并与股票价格进行比较，判断两公司的股票是否应该购买。

2）若投资购买两种股票各10 000股，该投资组合的预期报酬率为多少？该投资组合的风险如何（综合β系数）？

3）请为投资者选择一种简单可行的降低投资风险的投资组合方法。

分析要求：

1）形成性要求

同第1章“主观题”中本题型的“形成性要求”。

2）成果性要求

（1）课业结构、格式与体例参照本《训练手册》“课业范例”的范例6-5-1。

（2）同第1章“主观题”中本题型的其他“成果性要求”。

“股票价值投资决策”案例分析报告

（项目组组长：　　　　　　　项目组成员：　　　　　　　　　　）

1）利用资本资产定价模型计算A、B两公司股票的投资报酬率：

R_A=8%+2.0×（12%−8%）=16%　R_B=8%+1.5×（12%−8%）=14%

由于A公司的股利在未来5年内固定，之后转为正常增长，因此A公司股票价值采用二阶段模型计算，可得：

V_A=5×（P/A，16%，5）+［5×（1+6%）］÷（16%−6%）×（P/F，16%，5）≈41.6（元/股）

由于B公司的股利持续增长，因此B公司股票价值采用固定增长模型计算，可得：

V_B=［2×（1+4%）］÷（14%−4%）=20.8（元/股）

采用市盈率法计算A、B两家公司股票目前的市场价格：

A股票的每股盈余=80 000÷10 000=8（元/股）

A股票的每股市价=5×8=40（元/股）

B股票的每股盈余=40 000÷10 000=4（元/股）

B股票的每股市价=5×4=20（元/股）

由于，A公司股票价值（41.6元/股）高于其市价（40元/股）。因此，A公司股票值得投资。

同样，B公司股票价值（20.8元/股）高于其市价（20元/股）。因此，B公司股票值得投资。

2）计算该投资组合的预期报酬率和该投资组合的综合β系数：

该投资组合的预期报酬率=（10 000×40）÷（10 000×40+10 000×20）×16%+（10 000×20）÷（10 000×40+10 000×20）×14%

≈15.33%

综合β系数=（10 000×40）÷（10 000×40+10 000×20）×2+（10 000×20）÷（10 000×40+10 000×20）×1.5

≈1.83

3）由于A公司股票的β系数为2.0，大于B公司股票的β系数1.5，构建两者的投资组合后，投资组合的β系数为1.83，小于A公司股票的β系数。因此，投资者通过投资组合，可以选择投资风险较低的股票，从而降低股票的投资风险。

范例6-5-2

课程思政

方大特钢“炒股记”

背景与情境：方大特钢使用4.3亿元的企业自有资金，通过中信信托进行委托理财，并且设立了方大特钢QDIl信托投资项目202201期，主要用于投资阳光保险发行的H股股票。阳光保险在港股市场上市之后，开盘即创造辉煌，迅速创造出了阶段性的历史高价5.83港元，然后股票价格就出现了持续性的下跌，特别是在2024年第一季度，股票价格更是出现了加速下跌的态势。

阳光保险上市16个月，股价也下跌了16个月，由5.83港元下跌到2.58港元，下跌幅度达到55.4%。仅仅从最近一个季度来看，方大特钢所投资的4.3亿元的股票所对应浮动的亏损高达1.2亿元。

比较有意思的是，方大特钢自身的经营业绩也呈现出一定的波动。在近3年中，出现了2个年度的持续性、大幅度下降。2021年，企业的利润是27.32亿元，同比增长27.7%。可是，2022年度方大特钢归属于母公司的净利润是10.62亿元，同比下降的比例竟然超过了60%，高达61.13%。在2023年度，企业的经营业绩再次出现下降，下降的幅度达到了35.16%。

资料来源：佚名. 上市公司炒股巨亏：4.3亿本金，一个季度浮亏1.2亿？[EB/OL]. [2024-04-14]. https://www.toutiao.com/article/7357573884168094244/? app=news_article&timestamp.引文有删减。

问题：

1）请分析上述现象暗含了哪些课程思政要求和原则。

2）本案例对你有哪些启示？

研判要求：

1）形成性要求

同第1章“主观题”中本题型的“形成性要求”。

2）成果性要求

（1）课业结构、格式与体例参照本《训练手册》“课业范例”的范例6-5-2。

（2）同第1章“主观题”中本题型的其他“成果性要求”。

“方大特钢‘炒股记’”思政研判报告

（项目组组长：　　　　　　项目组成员：　　　　　　）

1）在实际工作中，对于非金融企业来说，证券投资不是企业的主营业务，企业将大量资源用于证券投资是不正确的。企业应该本着爱岗敬业的精神，分析主业与证券投资的关系，集中主要资源经营主营业务，进行证券投资时要与主业相配合，证券投资不应该是企业的主营业务。

2）本案例体现了收益与风险权衡的原则，另外企业应该主业突出，形成自己的竞争优势。非证券投资类企业进行证券投资一般是为了利用闲置资金获取投资收益，或者是为了获得其他企业的控制权，或者是为了获得稳定的收益等，不能将证券投资作为主业。

本案例的启示是，证券投资既可能带来高额收益，也可能带来巨大亏损。作为非证券投资类企业应该主业突出，注意规避证券投资风险，以免给企业带来不必要的损失。决策者应该加强风险意识和责任意识，慎重选择证券投资对象。

范例6-5-3

训练资料：某投资者2024年欲投资购买股票，现由A、B、C三家公司的股票组成投资组合。已知：A、B、C三家公司股票的β系数分别为0.8、1.2、2.0，现行国库券的收益率为8%，市场上所有股票的平均收益率为14%。

要求：

1）分别计算这三种股票的预期收益率。

2）假设该投资者准备长期持有A公司股票，A公司股票去年的每股股利为2元，预计年股利增长率为8%，当前每股市价为40元，则投资者投资A公司股票是否合算？

3）若投资者按5：2：3的比例分别购买了A、B、C三家公司的股票，计算该投资组合的β系数和预期收益率。

"股票投资及其组合投资决策"训练报告

（项目组组长：　　　　　　项目组成员：　　　　　　　　）

训练报告：训练报告见表6-2。

表6-2　"股票投资及其组合投资决策"训练报告

班级：会计2023（1）班　　　　　　　　　　　　　　项目组编号：01

项目组组长	吴清	项目组成员	张三、李四……
训练时间	2024年5月10日	训练地点	财务管理训练室
训练目的	（1）对"股票投资"与"证券投资组合决策"等专业能力的各"技术-技能"点实施阶段性基本训练。（2）对"信息处理"、"解决问题"和"革新创新"等职业核心能力的各"技术-技能"点实施"中级"强化训练。（3）对"职业作风""职业守则"等职业道德的各"素质点"实施"认同级"相关训练		
训练步骤	（1）根据训练资料，项目组对相关问题进行分析，确定项目组成员的任务与分工，并制订项目组的《训练计划》。（2）实施《训练计划》，计算与分析股票价值与预期收益率。（3）撰写作为最终成果的《"股票投资及其组合投资决策"训练报告》。（4）在班级交流、讨论各组的《"股票投资及其组合投资决策"训练报告》，并进一步修订和完善		
训练成果	股票投资的预期收益率一般采用资本资产定价模型计算。资本资产定价模型由两个部分构成，即无风险收益率（R_F）和风险收益率（R_P）。无风险收益率可以用1年期的国库券收益率表示，而风险收益率可以用股票的β系数乘以风险价格（R_m-R_F）表示，因此股票投资的预期收益率$R=R_F+β×(R_m-R_F)$。股票的价值采用股利贴现模型计算，在股票投资决策中，股票市价应低于股票的价值，否则股票不值得投资。投资组合的收益率是组合内各种股票收益率的线性组合，而投资组合的β系数是组合内各种股票β系数的线性组合，其权重为各种股票在投资组合中的投资金额比率。 （1）A、B、C公司股票各自的预期收益率 ①A公司股票的预期收益率为： $R_A=8\%+0.8×(14\%-8\%)=12.8\%$ ②B公司股票的预期收益率为： $R_B=8\%+1.2×(14\%-8\%)=15.2\%$ ③C公司股票的预期收益率为： $R_C=8\%+2.0×(14\%-8\%)=20\%$ （2）A公司股票的投资价值 由于A公司股票股利保持固定增长，因此可采用固定成长股票模型对其价值进行估计，可得： $V_A=2×(1+8\%)÷(12.8\%-8\%)=45$（元/股） 由于A公司股票的价值（45元/股）超过市价（40元/股），因此A公司股票值得投资。此时，若按40元/股的市价购买A公司股票，可使投资者的投资收益率超过其预期收益率12.8%，获得5元/股的超额报酬。 （3）投资组合的β系数和预期收益率 投资组合的β系数$=β_A×W_A+β_B×W_B+β_C×W_C=0.8×[5÷(5+3+2)]+1.2×[2÷(5+3+2)]+2.0×[3÷(5+3+2)]=1.24$ 其中，W_A、W_B、W_C分别为A、B、C公司股票在投资组合中的投资金额比重。 投资组合的预期收益率$=R_A×W_A+R_B×W_B+R_C×W_C=12.8\%×[5÷(5+3+2)]+15.2\%×[2÷(5+3+2)]+20\%×[3÷(5+3+2)]=15.44\%$ 或者： 投资组合的预期收益率$=R_F+β×(R_m-R_F)=8\%+1.24×(14\%-8\%)=15.44\%$ （4）降低股票投资风险的建议 股票投资是一种高风险与高收益并存的投资方式，为了降低投资风险，投资者可以采取组合投资的方式，只要投资组合内的各种股票风险不是完全相同的，就可以降低投资风险，当然这样也会降低投资预期收益率		

续表

训练体会	通过本训练，我们可以理解投资预期收益率与风险的关系、投资组合的构建、投资组合风险和收益率的计算、投资价值的评估，熟悉投资价值、投资风险和收益率等相关分析技能，能够运用投资组合的计算与分析方法解决实际问题，提升我们对证券投资收益与风险优化技术的理解和应用能力。此外，由于财务工作对专业综合素质的要求较高，因此企业财务管理人员在分析问题时要细致而全面，工作中要有团队合作精神，要善于与人沟通、与人合作		
补充说明	在本训练中，我们在体验本章“专业能力”基本训练的同时，也尝到了“信息处理”、“解决问题”和“革新创新”等“职业核心能力”（中级）强化训练和“职业作风”“职业守则”等“职业道德”（认同级）相关训练的甜头。我们认识到，要提高“学习迁移能力”和“可持续发展能力”，积极应对未来职业岗位的跨行业流动（这是当代职业的一个显著特征），避免职业道德与企业伦理的缺失，这些训练是必不可少的。我们相信，通过本课程以及后续课程的同类学习与训练，在构建自身“业务胜任能力”的过程中，我们的“职业核心能力”将不断增强，我们的“职业道德”将由“他律”变为“自律”		
项目组成员签名	吴清、张三、李四……	指导教师签名	王华

6.6 参考答案与提示

教学互动6-1

引导提示：

（1）甲公司债券的价值=1 000×（P/F，6%，5）+1 000×8%×（P/A，6%，5）

=1 000×0.7473+1 000×8%×4.2124

≈1 084.29（元）

因为：发行价格1 041元<债券价值1 084.29元。

所以：甲公司债券收益率>6%。

下面用7%再测试一次，其现值计算如下：

P=1 000×8%×（P/A，7%，5）+1 000×（P/F，7%，5）

=1 000×8%×4.1002+1 000×0.7130≈1 041（元）

计算数据为1 041元，等于债券发行价格，说明甲公司债券收益率为7%。

（2）乙公司债券的价值=（1 000+1 000×8%×5）×（P/F，6%，5）

=（1 000+1 000×8%×5）×0.7473≈1 046.22（元）

因为：发行价格1 050元>债券价值1 046.22元。

所以：乙公司债券收益率<6%。

下面用5%再测试一次，其现值计算如下：

P=（1 000+1 000×8%×5）×（P/F，5%，5）

=（1 000+1 000×8%×5）×0.7835≈1 096.90（元）

因为：发行价格1 050元<债券价值1 096.90元。

所以：5%<乙公司债券收益率<6%。

应用内插法：

乙公司债券收益率=5%+（1 096.90-1 050）÷（1 096.90-1 046.22）×（6%-5%）≈5.93%

（3）丙公司债券的价值P=1 000×（P/F，6%，5）=1 000×0.7473=747.30（元）

（4）因为：甲公司债券收益率高于A公司的必要收益率，发行价格低于债券价值。

所以：甲公司债券具有投资价值。

因为：乙公司债券收益率低于A公司的必要收益率，发行价格高于债券价值。

所以：乙公司债券不具有投资价值。

因为：丙公司债券的发行价格高于债券价值。

所以：丙公司债券不具有投资价值。

决策结论：A公司应当选择购买甲公司债券的方案。

（5）A公司的投资收益率=［（1 050-1 041）+1 000×8%×1］÷1 041≈8.55%

教学互动6-2

引导提示：

（1）计算M、N公司股票价值：

M公司股票价值（V_M）=0.15×（1+6%）÷（8%-6%）=7.95（元/股）

N公司股票价值（V_N）=0.60÷8%=7.50（元/股）

（2）分析与决策：由于M公司股票现行市价为9元/股，高于其投资价值7.95元/股，因此M公司股票目前不宜投资购买。

由于N公司股票现行市价为7元/股，低于其投资价值7.50元/股，因此N公司股票值得投资，甲企业应购买N公司股票。

教学互动6-3

引导提示：

（1）A股票必要收益率=5%+0.91×（15%-5%）=14.1%

（2）B股票价值=2.2×（1+4%）÷（16.7%-4%）=18.02（元/股）

因为股票的价值18.02元/股高于股票的市价15元/股，所以可以投资B股票。

（3）投资组合中A股票的投资比例=1÷（1+3+6）×100%=10%

投资组合中B股票的投资比例=3÷（1+3+6）×100%=30%

投资组合中C股票的投资比例=6÷（1+3+6）×100%=60%

投资组合的β系数=0.91×10%+1.17×30%+1.8×60%≈1.52

投资组合的必要收益率=5%+1.52×（15%-5%）=20.2%

（4）本题中资本资产定价模型成立，所以预期收益率等于按照资本资产定价模型计算的必要收益率，即A、B、C股票组成的投资组合的预期收益率大于A、B、D股票组成的投资组合的预期收益率，所以如果不考虑风险大小，应选择A、B、C投资组合。

"6.2 客观题"参考答案

6.2.1 理论题

1）单项选择题

（1）A （2）C （3）B （4）A （5）B （6）A （7）B （8）A （9）A （10）D

2）多项选择题

（1）AD （2）ABCD （3）ABCD （4）BDE （5）ABCD （6）ABC （7）AB （8）AB （9）AB （10）AB

3）判断题

（1）× （2）× （3）√ （4）× （5）× （6）√ （7）√ （8）× （9）√ （10）√

6.2.2 实务题

1）单项选择题

（1）B （2）C （3）A （4）C （5）A （6）A （7）B （8）A （9）A （10）D

2）多项选择题

（1）ADE （2）ACD （3）CD （4）BCE （5）AE （6）AB （7）ABDE （8）ABC （9）ABC （10）ABC

3）混合选择题

（1）ABD （2）ABCD （3）ABCD （4）ABC （5）A

4）判断题

（1）√ （2）× （3）× （4）√ （5）√ （6）√ （7）√ （8）× （9）√ （10）√

6.2.3 案例题

1）ABCD 2）C 3）BC 4）BD 5）AB

6.2.4 实训题

1）单项选择题

（1）B （2）C （3）A （4）C （5）A （6）A （7）A （8）B （9）A （10）A

2）多项选择题

（1）AE （2）ABDE （3）ABCE （4）ACD （5）ABDE （6）DE （7）ABE （8）ABCD （9）BCE （10）ABDE

"6.3 主观题"参考答案

6.3.1 理论题

1）简答题

（1）参考答案：证券投资是指投资者将资金投资于股票、债券、基金及衍生证券等资产，从而获取收益的一种投资行为。股票投资是指投资者将资金投向股票，通过股票的买卖和收取股利获得收益的投资行为。债券投资是指投资者购买债券以取得资金收益的一种投资活动。

(2) 参考答案：证券投资基金是指一种利益共享、风险共担的集合证券投资方式，即通过发行基金单位，集中投资者的资金，由基金托管人托管，由基金管理人管理和运用资金，从事股票、债券等金融工具投资，并将投资收益按基金投资者的投资比例进行分配的一种间接投资方式。

(3) 参考答案：证券投资组合又称证券组合，是指投资者在进行证券投资时，不是将所有的资金都投向单一的某种证券，而是有选择地投向一组证券。换句话说，这种同时投资多种证券的做法称为证券投资组合。

(4) 参考答案：非系统风险又称可分散风险或公司特有风险，是指某些因素对单个证券造成经济损失的可能性，如公司在市场竞争中的失败等。这种风险可通过证券持有的多样化来抵消，即多买几家公司的股票，其中某些公司的股票收益上升，另一些公司的股票收益下降，从而将风险抵消。因此，这种风险被称为可分散风险。

(5) 参考答案：系统风险又称不可分散风险或市场风险，是指由于某些因素而给市场上所有的证券都带来经济损失的可能性。例如，宏观经济状况的变化、国家税法的变化、国家财政政策和货币政策的变化，以及世界能源状况的改变等都会使股票收益发生变动。这些风险影响所有的证券，因此不能通过证券组合分散掉。对投资者来说，这种风险是无法消除的，故被称为不可分散风险，但这种风险对不同的企业有不同的影响。

2) 理解题

(1) 参考答案：债券投资的风险主要包括违约风险、利率风险、购买力风险、流动性风险和期限性风险。违约风险是指借款人无法按时支付债券利息和偿还本金的风险。利率风险是指由于利率变动而使投资者遭受损失的风险。购买力风险是指由于通货膨胀而使货币的购买力下降的风险。流动性风险也称变现力风险，是指无法在短期内以合理价格卖掉资产的风险。由于债券投资期限长而给投资者带来的风险，叫作期限性风险，又称到期风险。

(2) 参考答案：股票价值的计算类似于债券价值的计算，也就是计算股票未来现金流入的现值。

股票价值计算的基本模型为：$V=\frac{D_1}{(1+R_s)^1}+\frac{D_2}{(1+R_s)^2}+\cdots+\frac{D_n}{(1+R_s)^n}+\cdots$

具体有以下模型：

① 零成长股票的价值。零成长股票是指预期股利金额每年是固定的，即 $D_1=D_2=D_3=\cdots=D_n$（n为∞），则股利支付过程是永续年金。由于永续年金的现值是由永续年金除以贴现率来决定的，故该种股票的价值为：$V=D\div R_s$。

② 固定成长股票的价值。由于企业是在不断发展的，因此股票的股利也应当是变化的。在稳定增长的股利政策下，企业的股利可能会按一定的比例稳定上升。如果企业的股利不断稳定增长，并假设每年股利的增长率均为g，当g固定时，上述公式可简化为：$P=\frac{D_0(1+g)}{R_s-g}=\frac{D_1}{R_s-g}$。

③ 非固定成长股票的价值。非固定成长股票价值的计算，实际上就是固定成长股票价值计算的分段运用。

（3）参考答案：在证券投资组合理论的发展过程中，形成了各种各样的派别，从而也形成了不同的组合策略，现介绍其中最常见的几种：

①保守型策略。这种策略认为，最佳证券投资组合策略是要尽量模拟市场现状，将尽可能多的证券包括进来，以便分散全部可分散风险，得到与市场所有证券的平均收益同样的收益。②冒险型策略。这种策略认为，与市场完全一样的组合不是最佳组合，只要投资组合做得好，就能击败市场和超越市场，取得远远高于平均水平的收益。在这种组合中，一些成长型的股票比较多，而那些低风险、低收益的证券不多。另外，这种组合的随意性强，变动频繁。③适中型策略。这种策略认为证券的价格，特别是股票的价格，是由特定企业的经营业绩决定的。市场上股票价格的一时沉浮并不重要，只要企业经营业绩好，股票一定会升到其本来的价值水平上。

6.3.2 实务题

1）规则复习

（1）参考答案：债券价值计算的基本模型是：

$$V=\sum_{t=1}^{n}\frac{I_t}{(1+i)^t}+\frac{M}{(1+i)^n}$$

式中：V为债券的价值；I_t为第t年的债券利息；n为现在至债券到期的年限；i为贴现率，一般采用当时的市场利率或投资人要求的最低报酬率；M为债券的面值。

债券的到期收益率是指投资者购进债券后，一直持有至到期日可获得的收益率。这个收益率也称债券投资的实际收益率，它是按复利计算的收益率，是能够使债券未来现金流入现值等于债券购入价格的贴现率。

债券的到期收益率也可用简便算法求得近似结果：

$$R=\frac{I+(M-P)\div N}{(M+P)\div 2}\times 100\%$$

式中：I为每年的利息；M为到期归还的本金；P为买价；N为年数。

（2）参考答案：股票价值计算的基本模型是：

$$V=\frac{D_1}{(1+R_s)^1}+\frac{D_2}{(1+R_s)^2}+\cdots+\frac{D_n}{(1+R_s)^n}+\cdots=\sum_{t=1}^{\infty}\frac{D_t}{(1+R_s)^t}$$

式中：V为股票的价值；D_t为第t年的股利；R_s为贴现率，即股票的必要报酬率；t为年份。

（3）参考答案：市盈率分析法是以股票的市盈率和每股收益的乘积来评价股票价值的方法。其具体步骤是：首先根据证券机构或相关刊物中提供的同行业股票过去若干年的平均市盈率，乘以该股票当前的每股收益，推导出股票价值；然后用该股票的市盈率，乘以该股票的每股收益，得出该股票的市场价格。

（4）参考答案：基金收益率用以反映基金增值的情况，它通过基金净资产的价值变化来衡量。基金收益率的计算公式为：

$$\text{基金收益率}=\frac{\text{年末持有份数}\times\text{基金单位净值年末数}-\text{年初持有份数}\times\text{基金单位净值年初数}}{\text{年初持有份数}\times\text{基金单位净值年初数}}$$

（5）参考答案：资本资产定价模型为：

$K_i=R_F+\beta_i\cdot(K_m-R_F)$

式中：K_i为第i种股票或第i种证券组合的必要收益率；R_F为无风险收益率；β_i为第i种股票或第i种证券组合的β系数；K_m为所有股票或所有证券组合的平均收益率。

2）业务解析

（1）参考答案：封闭式基金的买卖价格受市场供求关系的影响，并不必然反映公司的净资产值。开放式基金的柜台交易价格完全以基金单位净值为基础，其通常采用两种报价形式：认购价（卖出价）和赎回价（买入价）。认购价一般是基金单位资产净值加5%左右的首次购买费。赎回价是基金券所代表的资产净值减去一定的赎回费。

（2）参考答案：不可分散风险的程度通常用β系数来计量。投资组合的β系数是单个证券β系数的加权平均数，权重为各种证券在投资组合中所占的比重。其计算公式为：

$$\beta_p=\sum_{i=1}^{n}X_i\cdot\beta_i$$

证券投资组合的风险收益是投资者因承担不可分散风险而要求的、超过时间价值的那部分额外收益。其计算公式为：

$R_p=\beta_p\cdot(R_m-R_F)$

（3）参考答案：证券投资组合的方法有很多，最常见的方法通常有以下几种：①选择足够数量的证券进行组合。②把风险大、风险中等、风险小的证券放在一起进行组合。这种组合方法又称1/3法，是指把全部资金的1/3投资于风险大的证券，1/3投资于风险中等的证券，1/3投资于风险小的证券。③把投资收益呈负相关关系的证券放在一起进行组合。

6.3.3 案例题

1）案例分析

分析提示：

（1）股票型基金又称股票基金，是指投资于股票市场的基金。随着2015年8月8日股票型基金仓位新规的生效，即股票型基金的股票仓位不能低于80%（60%以上的基金资产投资于股票的基金规定已成为历史）。

（2）作为股票型基金的重要资产之一，股票价格大涨或者大跌带动了股票型基金资产价值大幅度上升或者贬值，因此，股票型基金收益与其持有的股票价格变动密切相关较高。

2）课程思政

研判提示：

（1）在实际工作中，对于非金融企业来说，企业应该集中主要资源经营主营业务，进行证券投资时要与主业相配合，证券投资不应该是企业的主营业务，企业将大量资源用于证券投资是不正确的。决策者应该本着爱岗敬业的思想，加强责任意识和风险意识，综合考虑收益与风险权衡的原则，慎重选择投资对象。另外，企业应该主业突出，形成自己的竞争优势。

（2）本案例的启示是，证券投资既可能带来高额收益，也可能带来巨大亏损。作为非证券投资类企业应该主业突出，注意规避证券投资风险，以免给企业带来不必要的损失。

“6.4 实训资料”参考答案

实训资料 6-4-1

1）参考答案：（1）当市场利率为5%时：

债券的内在价值=1 000×8%×（P/A，5%，5）+1 000×（P/F，5%，5）=1 129.86（元）

因为市价低于债券价值，所以应该购买该债券。

（2）设债券的到期收益率为I，则有：

1 000×8%×（P/A，I，5）+1 000×（P/F，I，5）=1 080（元）

解方程得：I≈6.09%

2）参考答案：（1）该股票的预期报酬率=8%+2.0×（15%−8%）=22%

（2）该股票的内在价值=1×（1+10%）÷（22%−10%）≈9.17（元/股）

3）参考答案：（1）投资组合的β系数=40%×1.0+30%×1.5+30%×2.0=1.45

（2）投资组合的预期收益率=5%+1.45×（12%−5%）=15.15%

4）参考答案：（1）证券组合的风险收益率 R_P=15%−8%=7%

（2）必要收益率K=8%+1.2×（15%−8%）=16.4%

此时，短期投资收益率（16%）低于必要收益率（16.4%），所以该投资计划不可行。

（3）因为：16%=8%+β×（15%−8%）

所以：β≈1.14

实训资料 6-4-2

1）参考答案：（1）债券价值V=1 000×（1+3×10%）×（P/F，8%，3）=1 300×0.7938
=1 031.94（元）

由于债券买价（1 050元）大于债券价值（1 031.94元），因此A企业购买此债券不合算。

（2）1 050=1 190×（P/F，K，2）

（P/F，K，2）=1 050÷1 190≈0.8824

由于（P/F，6%，2）=0.8900，（P/F，7%，2）=0.8734，则：

到期收益率K=6%+（0.8900−0.8824）÷（0.8900−0.8734）×1%≈6.46%

所以，该债券的到期收益率约为6.46%。

2）参考答案：（1）该证券投资组合的β系数=2.1×50%+1.0×40%+0.5×10%=1.5

风险收益率=β×（14%−10%）=6%

（2）风险收益额=30×6%=1.8（万元）

（3）该证券投资组合的必要收益率=10%+6%=16%

3）参考答案：（1）该公司股票的预期收益率=6%+2.5×（10%−6%）=16%

（2）该股票的价值=1.5÷（16%−6%）=15（元/股）

（3）该股票的价值=1.5×（P/A，16%，3）+1.5×（1+6%）÷（16%−6%）×（P/F，16%，3）

≈13.56（元/股）

实训资料 6-4-3

1）参考答案：（1）首先，计算高速增长期间股利的现值，即第1～3年股利现值。

第1～3年股利现值=2×（1+20%）×（P/F，15%，1）+2×（1+20%）^{2}×（P/F，15%，2）+2×（1+20%）^{3}×（P/F，15%，3）

≈6.54（元/股）

其次，计算高速增长期期末的现值，即第4年年末股票的价值。

第4年年末股票的价值=［D_3×（1+12%）］÷（K−g）=［2×（1+20%）^{3}×（1+12%）］÷（15%−12%）

≈129.02（元/股）

再次，计算正常增长阶段股利现值。

正常增长阶段股利的现值=129.02×（P/F，15%，3）≈84.83（元/股）

最后，计算该股票的内在价值。

该股票的内在价值=6.54+84.83=91.37（元/股）

（2）该股票价格在91.37元/股以内都值得购买。

2）参考答案：投资收益率=［40+（995−980）］÷980×100%÷（9÷12）≈7.48%

由于投资收益率为7.48%，高于其要求的投资报酬率（7%），故该债券值得投资。

3）参考答案：（1）年初基金净资产价值总额=1 500−300=1 200（万元）

年初基金单位净值=1 200÷500=2.4（元/份）

年初基金认购价=2.4×（1+5%）=2.52（元/份）

年初基金赎回价=2.4×（1+0）=2.4（元/份）

（2）年末基金净资产价值总额=2 000−320=1 680（万元）

年末基金单位净值=1 680÷600=2.8（元/份）

年末基金认购价=2.8×（1+5%）=2.94（元/份）

年末基金赎回价=2.8×（1+0）=2.8（元/份）

第7章 营运资金管理

7.1 预习要览

7.1.1 内容提要与结构

1）内容提要

营运资金管理的目的是通过管理活动的实施，保证企业的营运资金具有足够的流动性，同时努力提高企业的盈利能力。营运资金具有周转期短、形态波动大、变现性强、来源多且灵活的特点。企业持有现金的动机包括交易动机、预防动机和投机动机。

持有现金的成本包括机会成本、管理成本、转换成本和短缺成本。机会成本是指企业因持有现金而丧失的再投资收益，一般可用企业投资收益率来表示。机会成本与现金持有量呈正相关关系。管理成本是指企业为管理现金而发生的管理费用。管理成本具有固定成本的性质，它与现金持有量之间无明显的比例关系。转换成本是指在现金与有价证券转换过程中所发生的固定成本。转换成本一般只与交易的次数有关，而与现金持有量的多少无关。短缺成本是指企业因现金短缺而遭受的损失。

最佳现金持有量可以通过成本分析模式来确定，也可以通过存货模式来确定。

成本分析模式是根据企业持有现金的机会成本、管理成本和短缺成本来确定最佳现金持有量的一种方法。成本分析模式适用范围广泛，尤其适用于现金收支波动较大的企业。

存货模式是将现金看成企业的一种特殊存货，按照存货管理中经济批量法的原理，确定企业最佳现金持有量的方法。存货模式的优点是计算结果比较精确，它以现金支出均匀发生、持有成本和转换成本易于预测为前提条件。

企业应加强现金的日常管理，即要尽快加速账款的回收和现金的周转，尽量延缓现金支出的时间，充分利用闲置现金，从而提高现金的使用效益。

应收账款的功能主要有增加销售、扩大市场占有率或开拓新市场，以及减少存货等。持有应收账款的成本包括管理成本、机会成本和坏账成本。管理成本是指企业对应收账款进行管理而耗费的开支，是应收账款成本的重要组成部分。管理成本主要包括对顾客信用情况调查的费用、收集信息的费用、催收账款的费用和账簿的记录费用等。机会成本是指企业将资金投资于应收账款，而不能进行其他投资所丧失的收益。这一成本的大小通常与企业维持赊销业务所需要的资金数量和资金成本有关。坏账成本是指由于某种原因导致企业的应收账款不能收回而给企业造成的损失，这一成本与应收账款金额呈正相关关系。

信用政策也称赊销政策，它是企业基于对客户资信情况的认定，而对客户给予先行交货而后收款的结算优惠。信用政策由信用标准、信用期限、现金折扣政策、收账政策等组成。

信用标准是指客户获得企业商业信用所应具备的条件，一般用坏账损失率表示。信用标准一般可采用定性分析、定量分析或者两者结合的方法。信用标准的定性分析主要考虑以下问题：(1) 同行业竞争对手的情况。(2) 企业承担违约风险的能力。(3) 对客户的资信情况进行调查。信用标准的定量分析即利用客户财务报表所提供的数据，通过计算基本的财务指标来判断客户的信用级别。

信用期限是指企业允许客户从购货到付款之间的时间，即企业为客户规定的最长付款期限。企业应将信用期限延长产生的边际收益与其成本相比较，以确定最佳信用期限。

现金折扣是指企业为了鼓励客户尽早（在规定的期限内）付款而给予的价格扣减。现金折扣包括两方面的内容：一是折扣期限，即客户在多长时间内付款给予折扣；二是现金折扣率，即在折扣期内给予客户多少现金折扣。当企业给予客户某种现金折扣时，企业应当考虑折扣所能带来的收益与成本孰高孰低，权衡利弊，最终确定最佳方案。

收账政策是指当企业的应收账款不能如期收回时，企业所采取的收账策略和方法。合理的收账政策应在权衡增加的收账费用和减少的坏账损失后作出。

企业应收账款的日常管理措施主要包括调查客户信用状况、分析应收账款账龄、组织应收账款回收和建立坏账准备。

存货的功能主要有保证正常生产经营活动、适应市场需求的变化、便于均衡组织生产，以及降低进货成本等。存货的成本包括取得成本、储存成本与缺货成本。取得成本是指为取得某种存货而支出的成本，取得成本又可分为订货成本和购置成本。储存成本是指为保持存货而发生的成本，包括存货占用资金应计的利息（即机会成本）、仓储成本、保险费用、存货破损和变质损失等。缺货成本是指由于存货供应中断而造成的损失，包括材料供应中断造成的停工损失、产成品库存缺货造成的拖欠发货损失、丧失销售机会的损失等。

企业存货的最优化，关键在于确定经济订货批量。经济订货批量是指一定时期储存成本和订货成本之和最低时的采购批量。再订货点是订购下一批存货时本批存货的储存量。企业按照某一订货批量（如经济订货批量）和再订货点发出订单后，如果存货用量突然增大或到货延迟，就会发生缺货或供应中断。为了防止由此造成的损失，企业就需要在正常存货储备的基础上，建立保险储备。

在存货的日常管理中，最常见的方法为存货ABC分类管理法。存货ABC分类管理法就是遵循“保证重点，照顾一般”的原则，采用科学的分类方法，把重点存货与一般存货加以划分，分别进行管理的一种有效的管理方法。

2）内容结构

本章内容结构如图7-1所示。

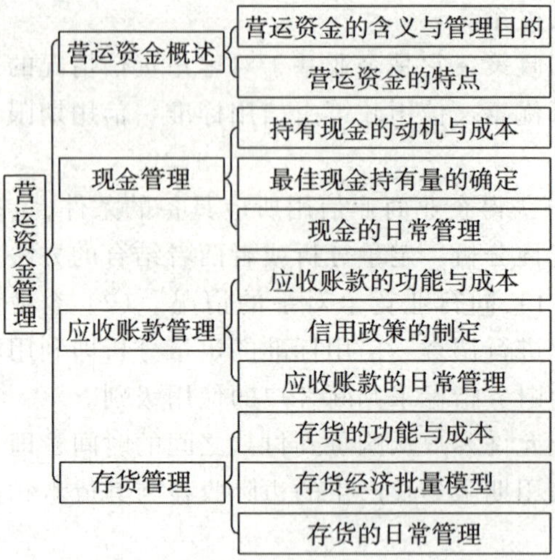

图7-1 本章内容结构图

3）主要概念和观念

（1）主要概念

营运资金　机会成本　管理成本　转换成本　短缺成本　信用政策　信用期限　信用标准　收账政策　取得成本　储存成本　缺货成本

（2）主要观念

成本分析模式　存货模式　应收账款的成本　存货经济批量模型　存货ABC分类管理法

7.1.2 重点与难点

1）重点理论

持有现金的成本　持有应收账款的成本　信用政策的概念　存货的成本

2）重点实务

最佳现金持有量的计算　应收账款机会成本的计算　信用政策的制定　应收账款账龄分析　存货经济订货批量的确定

3）重点操作

信用标准的制定　信用期限的确定　收账政策的制定　存货的日常管理

4）难点

信用政策的制定　现金折扣政策的制定　存货经济订货批量的确定

7.1.3 主要公式

1）最佳现金持有量的成本分析模式

现金总成本=机会成本+管理成本+短缺成本

2）最佳现金持有量的存货模式

$$TC=\frac{C}{2}R+\frac{T}{C}F$$

最佳现金持有量 $C^{*}=\sqrt{\frac{2TF}{R}}$

3）应收账款的机会成本

应收账款的机会成本=日赊销额×平均收现期×变动成本率×资金成本

4）持有存货总成本

$$TC=TC_a+TC_c+TC_s$$

$$=F_1+\frac{D}{Q}K+DU+F_2+K_c\frac{Q}{2}+TC_s$$

5）经济订货批量模型

经济订货批量 $Q^*=\sqrt{\frac{2KD}{K_C}}$

每年最佳订货次数 $N^*=\sqrt{\frac{DK_C}{2K}}$

与批量有关的存货总成本 $TC^*=\sqrt{2KDK_C}$

最佳订货周期 $t^*=\frac{1}{\sqrt{\frac{DK_C}{2K}}}$

经济订货批量占用资金 $I^*=\sqrt{\frac{KD}{2K_C}}U$

6）经济订货批量模型的改进

再订货点=平均每天正常用量×订货提前期

保险储备=（预计每天最大用量-平均每天正常用量）×订货提前期

有保险储备的再订货点=平均每天正常用量×订货提前期+保险储备

7.2 客观题

7.2.1 理论题

1）单项选择题

（1）企业持有货币资金的主要原因是（　　）。

A.满足交易性、预防性、收益性需要　　B.满足交易性、投机性、收益性需要

C.满足交易性、预防性、投机性需要　　D.满足交易性、投资性、收益性需要

（2）应收账款的成本包括（　　）。

A.资金成本　　B.短缺成本　　C.管理成本　　D.主营业务成本

（3）下列各项中，信用条件构成要素不包括（　　）。

A.信用期限　　B.现金折扣　　C.折扣期限　　D.商业折扣

（4）流动资产减去流动负债后的余额为（　　）。

A.流动资金　　B.营运资金　　C.净资产　　D.存货

（5）基本经济订货批量模型所依据的假设不包括（　　）。

A.所需存货市场供应充足　　B.存货价格稳定

C.仓储条件不受限制　　D.允许缺货

（6）营运资金不包括（　　）占用的资金。

A.土地使用权　　B.现金　　C.有价证券　　D.存货

（7）营运资金的特点之一是（　　）。

A.变现性强　B.盈利性强　C.规模庞大　D.投资风险大

(8) 应收账款具有（　）功能。

A.降低存货　B.增加机会成本　C.减少坏账　D.降低管理费用

(9) 现金折扣政策包括现金折扣和（　）的规定。

A.信用期　B.收账政策　C.信用标准　D.现金折扣期限

(10) 因存货不足造成的损失称为（　）。

A.坏账损失　B.储存成本　C.变动成本　D.缺货成本

2) 多项选择题

(1) 应收账款信用条件的组成要素有（　）。

A.信用期限　B.现金折扣期　C.现金折扣率

D.商业折扣　E.信用额度

(2) 缺货成本是指由于不能及时满足生产经营需要而给企业带来的损失，包括（　）。

A.商誉（信誉）损失　B.延期交货的罚金

C.采取临时措施而发生的超额费用　D.停工待料损失

E.储存成本减少

(3) 通常，在基本模型下确定经济批量时，应考虑的成本有（　）。

A.采购成本　B.进货费用　C.储存成本

D.缺货成本　E.现金折扣

(4) 存货ABC分类管理法的标准主要有（　）。

A.重量　B.金额　C.品种数量

D.体积　E.总价

(5) 利用成本分析模式确定最佳现金持有量时，应考虑的成本费用项目有（　）。

A.机会成本　B.短缺成本　C.转换成本

D.管理成本　E.总成本

(6) 营运资金管理的内容包括（　）的管理。

A.流动资产　B.流动负债　C.股票筹资

D.项目投资　E.收益分配

(7) 现金的机会成本取决于（　）。

A.现金持有量　B.机会成本率

C.现金与有价证券的转换成本　D.现金的管理成本

E.短缺成本

(8) 应收账款的机会成本取决于（　）。

A.变动成本　B.生产成本　C.平均收现期

D.资金成本　E.预计坏账损失率

(9) 固定性进货费用包括（　）。

A.差旅费　B.运输费

C.办公场所固定资产折旧费　D.采购人员基本工资

E.采购人员奖金

(10) 存货管理中与采购批量呈反向变动关系的成本有（　　）。

A.购置成本　　B.变动性进货费用　　C.变动性储存成本

D.缺货成本　　E.固定性存储成本

3）判断题

(1) 营运资金就是流动资产。（　　）

(2) 在成本分析模式下，机会成本、管理成本和短缺成本之和最小时的现金持有量是最佳的。（　　）

(3) 流动资金在企业的正常经营中是必需的，企业的流动资金，特别是其中的现金越多越好。（　　）

(4) 在存货ABC分类管理法中，C类物资是指数量少、价值低的物资。（　　）

(5) 现金折扣又叫商业折扣。（　　）

(6) 持有额外的现金以防止物价上涨，这种动机叫作交易性动机。（　　）

(7) 股票投资占用的资金不属于营运资金。（　　）

(8) 集中银行法是加速收款的方法之一。（　　）

(9) 收账费用属于应收账款的坏账成本之一。（　　）

(10) 停工损失不是缺货成本。（　　）

7.2.2 实务题

1）单项选择题

(1) 在存货经济订货批量模型中，要使存货决策相关总成本最低，这个相关总成本需要考虑的是（　　）。

A.存货单位进价　B.固定性储存成本　C.缺货成本　D.单位储存成本

(2) 在存货管理模式下，确定现金最佳持有量时不需要考虑的成本或因素是（　　）。

A.短缺成本　B.转换成本　C.机会成本　D.年度现金需要量

(3) 延长应收账款的信用期，好处是（　　）。

A.降低机会成本　B.增加销售量　C.坏账损失减少　D.收账费用减少

(4) 对现金折扣的表述，正确的是（　　）。

A.现金折扣又叫商业折扣　B.折扣率越低，企业付出的代价越高

C.现金折扣的目的是加快账款的回收　D.为了增加利润，应当取消现金折扣

(5) 企业为应对紧急情况而留存现金，主要是出于（　　）的需要。

A.交易　B.预防　C.投机　D.安全

(6) 企业为了达到营运资金管理的目的，可采取（　　）措施。

A.力争现金流量同步　B.减少流动资产数量

C.增加非流动负债　D.股票筹资

(7) 为了降低现金的机会成本，企业可以（　　）。

A.减少现金持有量　B.增加短期投资

C.增加现金转换数量　D.减少现金转换次数

(8) 采取严格的信用标准的有利之处是（　　）。

A.增加销售　B.增加边际贡献　C.减少坏账　D.缩短信用期限

（9）为了防止意外事件导致材料供应中断，企业应该（　）。

A.加大采购批量　B.增加采购次数　C.增加保险储备　D.减少储存数量

（10）数量较少、金额较大的存货属于（　）类存货。

A.A　B.B　C.C　D.D

2）多项选择题

（1）现金日常管理应注意（　）。

A.缩短收款时间　B.推迟付款日期

C.利用闲置资金　D.尽量不用现金

E.尽量保持现金流入与流出同步

（2）企业在制定应收账款信用政策时，要考虑的要素有（　）。

A.信用期限　B.现金折扣期　C.现金折扣率

D.商业折扣　E.信用标准

（3）用存货分析模式确定最佳现金持有量时，应考虑的成本费用项目有（　）。

A.现金管理费用　B.现金与有价证券的转换成本

C.持有现金的机会成本　D.现金短缺成本

E.持有现金的实际成本

（4）企业应收账款周转率提高，意味着（　）。

A.销售成本降低　B.短期偿债能力增强

C.收账费用水平降低　D.赊账业务减少

E.利润增加

（5）企业增加存货持有量，可能会导致（　）。

A.变动性进货成本下降　B.固定性储存成本下降

C.变动性储存成本上升　D.缺货成本下降

E.存货单价下降

（6）营运资金管理要求做到（　）。

A.合理确定营运资金占用数量　B.合理确定短期资本的来源结构

C.加快资金周转　D.获得净现值

E.利用闲置现金

（7）增加现金持有量可以（　）。

A.减少机会成本　B.减少转换成本　C.减少短缺成本

D.减少现金管理费用　E.增加转换成本

（8）合理的信用政策包括的内容有（　）。

A.信用标准　B.信用期限　C.现金折扣政策

D.收账费用　E.坏账损失预计

（9）企业可采取（　）的方法，控制现金支出。

A.利用现金浮游量支付　B.推迟应付款

C.力争现金流入量与流出量同步　D.邮政信箱系统收款

E.集中银行法收款

(10) 按照存货ABC分类管理法，对于C类存货，企业可以（ ）。

A.按品种严格控制　　B.按经济订货批量采购

C.按品种确定保险储备　　D.实行实地盘存制

E.定期汇总记录

3）混合选择题

(1)“与人合作”（中级）的“技能点”包括（ ）。

A.理解合作目标　　B.制订合作计划

C.完成合作任务　　D.改善合作效果

(2)“与人合作”（中级）的“规范与标准”包括（ ）。

A.能与本部门同事、组织内部横向部门、组织外部相关部门共同制订合作计划

B.能与他人协同工作，处理合作过程中的矛盾

C.能判断合作障碍，表达不同意见，接受批评建议，弥补双方失误

D.能及时全面检查工作成效，不断改善合作方式

(3)“应收账款管理技能”的“规范与标准”包括（ ）。

A.计算与分析持有应收账款的成本

B.正确制定信用标准、信用期限和收账政策

C.合理制定应收账款管理策略

D.撰写《“营运资金管理”训练报告》

(4)“存货管理技能”的“规范与标准”包括（ ）。

A.能准确地计算与分析持有存货的成本

B.能准确计算经济订货批量

C.能准确计算存货成本并确定存货再订货点和保险储备

D.能有效地运用存货ABC分类管理法

(5)“职业理想”的“规范与标准”要求，对将要从事的（ ）有积极的向往和执着的追求。

A.职业种类、职业方向、事业成就　　B.职业种类、职业方向、职业工作

C.职业认同、职业种类、职业荣誉　　D.职业工作、职业荣誉、事业成就

4）判断题

(1) 为了降低现金的机会成本，企业必须增加现金持有量。（ ）

(2) 营运资金越多，企业的经营风险越小。（ ）

(3) 存货的取得成本是由购置成本和订货成本两部分构成的，这两部分成本都是实际发生的，都是存货控制决策中的相关成本。（ ）

(4) 增加收账费用，就会减少坏账损失，当收账费用增加到一定程度时，就不会发生坏账损失。（ ）

(5) 企业是否延长信用期限，应将延长信用期限后增加的销售利润与增加的机会成本、管理成本和坏账成本进行比较。（ ）

(6) 营运资金的规模相对较小，因此管理不善也没有大的影响。（ ）

(7) 现金的收益性较弱，因此，企业应减少现金持有量，最好不持有现金。（ ）

(8) 应收账款增加销售收入，也会增加一系列成本，因此增加应收账款应综合考

虑成本收益。 ( )

(9) 应收账款的账龄分析属于应收账款事前信用分析。 ( )

(10) 存货可以防止停工损失，因此应该尽可能地增加存货数量。 ( )

7.2.3 案例题

英方软件使用部分超募资金永久补充流动资金

背景与情境：经中国证券监督管理委员会《关于同意上海英方软件股份有限公司首次公开发行股票注册的批复》（证监许可〔2022〕3040 号）同意注册，公司首次向社会公众发行人民币普通股 20 946 737 万股，每股面值为人民币 1.00 元，发行价格为人民币 38.66 元/股，募集资金总额为人民币 809 800 852.42 元。扣除发行费用人民币 78 137 499.03 元，募集资金净额为人民币 731 663 353.39 元。

为满足流动资金需求，提高募集资金使用效率，在保证募集资金投资项目建设的资金需求和募集资金项目正常进行的前提下降低财务成本，维护上市公司和股东的利益，根据《上市公司监管指引第 2 号——上市公司募集资金管理和使用的监管要求》、《上海证券交易所科创板上市公司自律监管指引第 1 号——规范运作》和公司《募集资金管理制度》的相关规定，公司拟使用部分超募资金人民币 4 700.00 万元用于永久补充流动资金，有利于提高募集资金的使用效率，符合公司发展战略和全体股东的利益。

资料来源：英方软件. 关于使用部分超募资金永久补充流动资金的公告 [EB/OL]. [2024-09-04]. http: //www.cninfo.com.cn/new/disclosure/detail?orgId=gfbj0837417&announcementId=1221124704&announcementTime=2024-09-04.引文有删减。

请根据案例在下列各题中填入适当选项：

1）企业持有现金的动机有（ ）。

A.交易动机 B.预防动机

C.投机动机 D.在银行里维持补偿性余额

2）营运资金是指（ ）。

A.流动资产 B.流动资产减去流动负债

C.净资产 D.流动负债

3）存货的功能主要包括（ ）。

A.防止停工待料 B.适应市场变化 C.降低进货成本 D.维持均衡生产

4）存货的主要成本包括（ ）。

A.进货成本 B.缺货成本 C.储存成本 D.管理成本

5）在这个案例中，加强营运资金管理的意义有（ ）。

A.提高市场占有率 B.降低财务费用

C.提升公司盈利能力 D.减少公司资产

7.2.4 实训题

1）单项选择题

(1) 假定A公司全年需用C产品2 400吨，每次订货成本为400元，每吨产品年储备成本为12元，则每年最佳订货次数为（　　）次。

A.14　　B.5　　C.3　　D.6

（2）假定某企业每月现金需要量为250 000元，现金与有价证券的每次转换金额和转换成本分别为50 000元和40元，其每月现金的转换成本为（　）元。

A.200　　B.1 250　　C.40　　D.5 000

（3）假定某企业每月现金需要量为160 000元，现金与有价证券的转换成本为30元，有价证券的月利率为0.6%，则该企业的最佳现金余额为（　）元。

A.80 000　　B.40 000　　C.20 000　　D.160 000

（4）某企业年赊销额为500万元（一年按360天计算），应收账款周转率为10次，变动成本率为60%，资金成本为8%，则该企业应收账款的机会成本为（　）万元。

A.2.4　　B.30　　C.3.6　　D.4.2

（5）在对存货实行ABC分类管理的情况下，A、B、C三类存货的金额比重大致为（　）。

A.0.7∶0.2∶0.1　　B.0.1∶0.2∶0.7　　C.0.5∶0.3∶0.2　　D.0.2∶0.3∶0.5

（6）某企业若采用某种措施可使企业应收账款的平均余额由现在的500万元减至200万元。企业综合资金成本为10%，因该种措施每年将增加相关费用10万元，则该企业该措施的收益净额为（　　）万元。

A.10　　B.18　　C.20　　D.24

（7）某企业规定的信用条件为"3/10，1/20，N/30"，某客户从该企业购入原价为10 000元的原材料，并于第18天付款，则该客户实际支付的货款为（　　）元。

A.9 700　　B.9 800　　C.9 900　　D.10 000

（8）某企业销售商品，年赊销额为500万元，信用条件为"2/10，1/20，N/40"，预计将会有60%的客户享受2%的现金折扣，30%的客户享受1%的现金折扣，其余的客户均在信用期内付款，则该企业应收账款的平均收账天数为（　）天。

A.14　　B.15　　C.16　　D.无法计算

（9）某公司每月月初出售有价证券获得现金，每次获得现金的数量为100万元，有价证券的投资收益率为18%，则该公司的现金机会成本为（　）万元。

A.18　　B.216　　C.9　　D.108

（10）某企业目前信用条件为"N/30"，赊销额为3 600万元。如果将信用期延长到60天，预计赊销额将增加到7 200万元。若该企业变动成本率为60%，资金成本为10%，则该企业应收账款占用资金的变化额为（　）万元。

A.36　　B.54　　C.360　　D.540

2）多项选择题

（1）某公司2024年4月份预计持有现金数量为400万元，其中为了应付日常开支持有的现金数量为240万元，为了防止物价上涨等因素而额外持有的现金数量为100万元，则以下分析正确的有（　）。

A. 该公司因交易性动机持有的现金数量为240万元

B. 该公司因预防性动机持有的现金数量为100万元

C. 该公司因投机性动机持有的现金数量为60万元

D. 该公司4月份持有现金340万元，基本能满足日常开支需求，而不会出现现金不足的现象

E. 该公司持有过多的现金（60万元）毫无意义

（2）预计某企业全年现金需要量为16 000元，现金和有价证券的转换成本为50元，有价证券的年收益率为10%，该企业采用存货管理模式管理现金，那么（　　）。

A. 该企业的最佳现金持有量为4 000元

B. 该企业每隔3个月转换一次现金，现金持有成本最低

C. 该企业现金管理的最佳现金转换成本为200元

D. 该企业现金管理的最佳现金机会成本为200元

E. 该企业现金管理决策总成本最低为400元

（3）某公司采取现金销售方式销售甲产品，每年销售量为12万件，每件售价15元，变动成本率为60%，固定成本为1万元。若采用赊销方式，信用条件为“N/30”，预计销售量为15万件，收账费用为2.2万元，坏账损失率为3%，该公司有价证券投资年化收益率为20%，则以下分析正确的有（　　）。

A. 采用新的政策，该公司应收账款的机会成本为2.25万元

B. 采用新的政策，该公司坏账损失为6.75万元

C. 采用新的政策，该公司将增加边际收益90万元

D. 采用新的政策，该公司将增加税前利润78.8万元

E. 在比较现金销售政策与赊销政策时，固定成本1万元必须考虑

（4）某企业全年耗用X材料10 800吨，每次的订货成本为120元，每吨X材料年储备成本为5元，该企业采用经济订货批量对X材料进行管理，则（　　）。

A. 最佳订货批量为720吨　　B. 最佳订货次数为15次

C. 相关总成本为3 600元　　D. 最佳储存成本为1 800元

E. 最佳订货成本为1 800元

（5）某公司目前有甲、乙、丙三种原材料存货，其中甲材料单价为1 200元/千克，数量为100千克；乙材料单价为30元/千克，数量为500千克；丙材料单价为0.1元/千克，数量为30 000千克。该公司采取ABC分类管理法管理这三种材料存货，那么（　　）。

A. 甲材料为A类存货

B. 丙材料为A类存货

C. 这三种存货应该受到同样重视，采取相同的管理方法

D. 甲材料的采购量应该严格控制

E. 丙材料数量庞大，所以采购量应该严格控制

（6）某企业制订了甲、乙、丙、丁四种现金持有方案，现金持有量分别为2.5万元、5万元、7.5万元和10万元，机会成本率为15%，管理成本为1万元，短缺成本分别为1.2万元、0.65万元、0.25万元和0，采用成本分析模式，则（　　）。

A. 甲方案的总成本为2.575万元　　B. 乙方案的机会成本为0.75万元

C. 丙方案为最佳方案　　D. 丁方案的机会成本最大

E. 丁方案的总成本最大

（7）某企业销售商品，年赊销额为500万元，变动成本率为60%，固定成本为100万元。信用条件为“2/10，1/20，N/40”，预计将会有60%的客户享受2%的现金折扣，30%的客户享受1%的现金折扣，其余的客户均在信用期内付款，该企业资金成本为12%，那么（　　）。

A.该企业应收账款平均收账天数为16天

B.该企业需要额外投入资金300万元

C.该企业需要额外投入资金400万元

D.应收账款机会成本为1.6万元

E.应收账款机会成本为2.66万元

（8）下列各项中，决定预防性现金需求数额的因素有（　　）。

A.企业临时融资的能力

B.企业预测现金收支的可靠性

C.金融市场上的投资机会

D.企业愿意承担短缺风险的程度

E.企业抗风险能力

（9）E公司的年赊销收入为720万元，平均收账期为60天，坏账损失为赊销额的10%，年收账费用为5万元。该公司认为通过增加收账人员等措施，可以使平均收账期缩短为50天，坏账损失为赊销额的7%，假设E公司的资金成本为6%，变动成本率为50%，那么该公司（　　）。

A.新收账政策将降低机会成本、坏账损失和收账费用

B.新收账政策将降低机会成本、坏账损失，但会提高收账费用

C.新收账政策将降低坏账损失21.6万元

D.新收账政策的收账费用上限为7.2万元

E.新收账政策由于资金投入减少，机会成本下降

（10）某公司全年耗用X材料10 800吨，每次的订货成本为120元，每吨材料年储备成本为5元，预计该材料每天最大耗用量为40吨，订货提前期为15天，一年按360天计算，该公司采用经济订货批量对X材料存货进行管理，则（　　）。

A.最佳经济订货批量为450吨

B.假定材料每天耗用量比较稳定和均衡，则再订货点为450吨

C.每两次订货时间间隔为24天

D.公司的保险储备为150吨

E.公司的保险储备为600吨

7.3 主观题

7.3.1 理论题

1）简答题

（1）什么是营运资金？

（2）什么是信用政策？

(3) 什么是经济订货批量?
(4) 什么是信用期限?
(5) 什么是保险储备?
2) 理解题
(1) 营运资金有什么特点?
(2) 应收账款的机会成本如何计算?
(3) 经济订货批量的假设条件是什么?

7.3.2 实务题

1) 规则复习
(1) 运用成本分析模式如何确定最佳现金持有量?
(2) 存货模式如何确定最佳现金持有量?
(3) 订货成本的计算公式是什么?
(4) 如何定量分析客户的信用状况? 其计算公式是什么?
(5) 经济订货批量的计算公式是什么?
2) 业务解析
(1) 比较并分析成本分析模式与存货模式的异同。
(2) 分析说明现金折扣政策的制定方法。
(3) 分析说明经济订货批量的改进模型与基本模型的不同。

7.3.3 案例题

1) 案例分析

盼盼公司信用政策的决策

背景与情境: 盼盼公司生产销售一种防盗门锁，每年赊销额为240万元，该企业产品变动成本率为80%，资金利润率为25%。企业现有A、B两种信用政策可供选用，有关资料见表7-1。

表7-1 **盼盼公司信用政策备选方案** 金额单位：万元

项　目	A政策	B政策
平均收账期（天）	60	45
坏账损失率（%）	5	4
应收账款平均余额		
收账成本		
应收账款机会成本		
坏账损失		
年收账费用	1.8	7
收账成本合计		

吴德英认为，A政策的应收账款机会成本为10万元（240×60÷360×25%），B政策的应收账款机会成本为7.5万元（240×45÷360×25%），坏账损失分别为12万元和9.6万元，年收账费用分别为1.8万元和7万元，综合考虑，A政策的收账成本合计为23.8万元，B政策的收账成本合计为24.1万元。因此，盼盼公司应选择A政策。

问题：

（1）你认为吴德英的分析正确吗？

（2）计算表7-1中的空白部分（一年按360天计算）。

（3）对上述收账政策进行决策。

（4）若盼盼公司倾向于选择B政策，判断在其他条件不变的情况下，B政策收账费用的上限为多少。

分析要求：

（1）形成性要求

同第1章“主观题”中本题型的“形成性要求”。

（2）成果性要求

① 课业结构、格式与体例参照本《训练手册》“课业范例”的范例7-5-1。

② 同第1章“主观题”中本题型的其他“成果性要求”。

2）课程思政

比音勒芬现金管理

背景与情境：比音勒芬服饰股份有限公司（以下简称“公司”）于2024年8月29日召开第五届董事会第四次会议、第五届监事会第三次会议，审议通过了《关于使用闲置自有资金进行现金管理的议案》，同意公司及子公司在不影响正常生产经营和确保资金安全的情况下，使用不超过人民币18亿元的闲置自有资金进行现金管理。此次审议的现金管理额度期限自董事会通过之日起12个月内有效，在上述额度及有效期内，资金可滚动使用。具体内容详见2024年8月31日公司指定信息披露媒体《证券时报》、《中国证券报》、《上海证券报》、《证券日报》和巨潮资讯网（www.cninfo.com.cn）的相关公告。根据上述决议，公司就近日购买理财产品的相关事宜公告如下：

一、购买理财产品的基本情况（见表7-2）

表7-2 公司购买理财产品的基本情况

受托方	产品名称	产品类型	金额（万元）	起息日	到期日	预期年化收益率	资金来源
上海浦东发展银行股份有限公司广州东湖支行	利多多公司稳利24JG6520期（三层看涨）人民币对公结构性存款	保本浮动收益型	30 000	2024.9.2	2025.2.28	1.10%~2.55%	自有资金

二、风险控制措施

尽管公司会选择低风险理财产品投资，但金融市场受宏观经济的影响较大，不排除该项投资受到市场波动的影响。

针对投资风险，拟采取措施如下：

1.公司将及时分析和跟踪理财产品投向、项目进展情况。

……

三、对公司的影响

1.公司本次使用闲置自有资金购买安全性高、流动性好的短期理财产品是在确保日常运营和资金安全的前提下实施的，不影响公司日常资金正常周转需要，不会影响公司主营业务的正常开展。

……

资料来源：比音勒芬. 关于使用闲置自有资金进行现金管理的进展公告［EB/OL］.［2024-09-14］. http：//www. cninfo. com. cn/new/disclosure/detail? orgId=9900026776&announcementId=1221124772&announcementTime=2024-09-04.引文有删减。

问题：

（1）请分析上述现象暗含了哪些课程思政要求和原则。

（2）本案例对你有哪些启示？

研判要求：

（1）形成性要求

同第1章“主观题”中本题型的“形成性要求”。

（2）成果性要求

① 课业结构、格式与体例参照本《训练手册》“课业范例”的范例7-5-2。

② 同第1章“主观题”中本题型的其他“成果性要求”。

7.3.4 实训题

阶段性体验Ⅶ：“营运资金管理”业务胜任能力训练

【训练目的】

见主教材“章名页”之“学习目标”中的“训练目标”。

【能力与道德领域】

专业能力——营运资金管理

技术-技能Ⅰ

名称：现金管理“技术-技能”

规范与标准：

（1）能较为准确地分析持有现金的动机与成本。

（2）能运用成本分析模式确定最佳现金持有量。

（3）能运用存货模式确定最佳现金持有量。

（4）能根据主客观条件，制定日常现金管理策略。

技术-技能Ⅱ

名称：应收账款管理“技术-技能”

规范与标准：

（1）能根据主客观条件，较为准确地分析并计算持有应收账款的成本。

（2）能根据主客观条件，准确地制定信用标准、信用期限和收账政策。

（3）能根据主客观条件，制定应收账款管理策略。

技术-技能Ⅲ

名称：存货管理“技术-技能”

规范与标准：

（1）能根据主客观条件，较为准确地分析并计算存货的成本。

（2）能准确计算经济订货批量和每年最佳订货次数。

（3）能准确计算并确定再订货点和保险储备量。

（4）能较为有效地运用存货ABC分类管理法。

技术-技技能Ⅳ

名称：撰写《“营运资金管理”训练报告》“技术-技能”

规范与标准：

（1）能合理设计《“营运资金管理”训练报告》，使其结构、层次较分明。

（2）能依照商务应用文的规范与要求撰写《“营运资金管理”训练报告》。

（3）本教材“网络教学资源包”的《学生考核手册》中的考核表7-2所列各项“考核指标”和“考核标准”。

职业核心能力——与人合作、解决问题、革新创新（中级）

上述能力领域的“基本要求”、“技能点”和“规范与标准”参见“附录三”中附表3的相关述项。

职业道德——职业理想、职业守则（认同级）

各道德领域的“规范与标准”参见“附录四”的附表4的相关述项。

【训练任务】

（1）对“营运资金管理”等专业能力的各“技术-技能”点实施阶段性基本训练。

（2）对“与人合作”“解决问题”“革新创新”等职业核心能力的各“技术-技能”点实施“中级”强化训练。

（3）对“职业理想”“职业守则”等职业道德的各“素质点”实施“认同级”相关训练。

【训练要求】

（1）训练前学生要了解并熟记本训练的“训练目的”、“能力与道德领域”、“训练任务”与“训练要求”，熟记“网络教学资源包”中《学生考核手册》考核表7-1、考核表7-2中的“考核指标”与“考核标准”的内涵，将其作为本训练的操练点和考核点来准备。

（2）通过“训练步骤”，将“训练任务”所列三种训练整合并落实到本训练的“活动过程”和“成果形式”中。

（3）训练后，学生对本次训练活动进行总结，在此基础上撰写《“营运资金管理”训练报告》。

【情境设计】

将学生分成若干训练组，各训练组结合本训练“成果形式”的“训练课业”题目，在“训练资料”中任选一组进行训练操练。各训练组通过对所选资料的现金管理、应收账款管理和存货管理，以及相应的《“营运资金管理”训练报告》的准备、撰写、讨论与交流等实践活动的参与和体验，依照本章“训练要求”完成各自训练任务。

【指导准备】

知识准备：

（1）“营运资金管理”的理论与实务知识。

（2）本教材“附录一”的附表1中，涉及本章“职业核心能力强化训练项”各相关“技术-技能”点，需要对学生事先培训“‘知识准备’参照范围”内的知识。

（3）本教材“附录三”的附表3和“附录四”的附表4中，涉及本章“职业核心能力强化训练项”各“技术-技能”点和“职业道德相关训练项”各“素质点”，需要对学生事先培训“规范与标准”内的知识。

操作指导：

（1）教师向学生阐明“训练目的”、“能力与道德领域”和“知识准备”。

（2）教师就“知识准备”中的第（2）、（3）项，对学生进行培训。

（3）教师指导学生熟悉现金的日常管理，分析确定操练项目的最佳现金持有量。

（4）教师指导学生熟悉应收账款的管理理论与技巧，并就操练项目制定信用政策。

（5）教师指导学生熟悉存货的日常管理，分析确定操练项目的经济订货批量。

（6）教师指导学生完成《“营运资金管理”训练报告》的撰写。

【训练时间】

本章课堂教学内容结束后的双休日和课余时间，为期一周。

【训练步骤】

（1）将班级每5位同学分成一组，每组确定1~2名负责人。

（2）对学生进行营运资金管理的培训，熟悉训练目的与步骤。

（3）分配训练任务，指导学生研究相关问题。

（4）各组在对操练项目进行“营运资金管理”专业训练的过程中，融入对“与人合作”“解决问题”“革新创新”等职业核心能力各“技术-技能”点的“中级”强化训练和对“职业理想”“职业守则”等职业道德各“素质点”的“认同级”相关训练。

（5）撰写作为最终成果的《“营运资金管理”训练报告》。

（6）在班级交流、讨论各组的《“营运资金管理”训练报告》。

（7）根据交流、讨论的结果，各组修订其《“营运资金管理”训练报告》，并使之各具特色。

（8）将经过班级交流和修订，并附有“教师点评”的优秀训练报告在校园网课程平台进行展示，并纳入本校该课程的教学资源库。

【成果形式】

训练课业：《“营运资金管理”训练报告》

课业要求：

（1）《“营运资金管理”训练报告》的内容、结构与体例参照本《训练手册》“课业范例”的范例7-5-3。

（2）各组成员完成的《“营运资金管理”训练报告》须由指导教师、项目组组长和项目组成员三方签字负责。

7.4　实训资料

实训资料 7-4-1

1）甲公司目前正在着手评价乙公司的信用标准。经考察，甲公司拟利用乙公司的利息保障倍数（x1）、速动比率（x2）、资产负债比率（x3）、存续时间（x4）作为信用分析指标，这些指标对应的数值依次为8.3、2.8、0.3、3.2，各项指标对应的权重系数分别为3、12、−30、2。其各项指标折算的信用分数分别为90分、80分、80分、60分，各项指标对应的权重系数依次为0.40、0.25、0.20、0.15。甲公司的信用等级标准是：40分以下为信用状况较差，40~50分之间为一般，50分以上为良好。

要求：利用两种模型判断乙公司的信用状况。

2）甲公司2024年销售额为1 200 000元（全部赊销），不计收账政策对销售收入的影响，该公司应收账款的机会成本为10%，变动成本率为60%。甲公司在不同收账政策条件下的有关资料见表7-3。

表7-3　**甲公司的收账政策**

项　目	现行收账政策	建议收账政策
年收账费用（元）	20 000	40 000
应收账款平均收现期（天）	60	30
坏账损失率（%）	5	3

要求：根据上述资料，对甲公司要不要改变现行收账政策进行决策。

3）某企业全年需耗用甲材料2 500千克，该种材料的单位成本为10元，平均每次订货成本为100元，单位储存成本为存货单位成本的2%。

要求：计算该企业的经济订货批量、最佳订货次数、最佳订货周期、与批量有关的存货总成本、经济订货批量平均占用的资金。

实训资料 7-4-2

1）华夏公司原本采用30天按发票金额付款的信用政策，现在拟将信用期限放宽至60天，仍按发票金额付款但不给予折扣。假设相同风险投资的最低报酬率为12%，其他有关数据见表7-4。

表7-4　　华夏公司的信用政策　　金额单位：元

项　目	30天	60天
销售量（件）	50 000	60 000
销售额（18元/件）	900 000	1 080 000
销售成本	645 000	765 000
其中：变动成本（12元/件）	600 000	720 000
固定成本	45 000	45 000
可能发生的收账费用	2 000	3 000
可能发生的坏账损失	4 000	8 000

要求：根据有关资料，确定华夏公司要不要改变信用期限。

2）某企业每年需要耗用甲材料5 000千克，该材料的单位采购成本为8元，单位存货年变动储存成本为3元，平均每次订货成本为1 200元。

要求：

（1）计算经济订货批量。

（2）计算最佳订货次数。

（3）计算最佳订货周期。

（4）计算与批量有关的存货总成本。

（5）计算经济订货批量平均占用的资金。

（6）假设材料的订货提前期为4天，保险储备为50千克，计算再订货点。

实训资料7-4-3

1）大力公司现有甲、乙、丙、丁四个现金持有量方案，它们各自的机会成本、短缺成本和管理成本见表7-5。

表7-5　　现金持有量备选方案　　金额单位：元

项目＼方案	甲	乙	丙	丁
现金持有量	60 000	120 000	180 000	240 000
机会成本率（%）	8	8	8	8
短缺成本	22 400	12 950	4 500	0
管理成本	45 000	45 000	45 000	45 000

要求：计算这四个现金持有量方案各自的总成本，进而为大力公司作出最佳现金持有量决策提供建议。

2）博远公司目前的信用条件为“1/10，N/30”，该公司计划在2025年将信用条件改为“2/10，N/50”，同时放宽信用标准和收账政策。在不同的信用政策下，博远公司的经营情况见表7-6。

表7-6 **博远公司的经营情况**

项　目	原有信用政策下2024年的经营情况	新信用政策下预计2025年的经营情况
销售收入（全部赊销）（万元）	480	540
变动成本率（%）	60	60
信用标准（允许坏账损失率）（%）	3	3
平均坏账损失率（%）	2	3
信用条件（天）	30	50
平均收账期（天）	21	24
应收账款的机会成本（利率）（%）	12	12

在不同的信用政策下，博远公司的收账情况见表7-7。

表7-7 **博远公司的收账情况** 单位：%

项　目	原有信用政策下	新的信用政策下
10天以内付款的客户比重（按购货额占公司销售额的比重计算，下同）	50	60
10～30天以内付款的客户比重	40	0
30～40天以内付款的客户比重	10	20
40～50天以内付款的客户比重	0	20
合　计	100	100

要求：如果你是公司的财务顾问，请对公司的新信用政策提出意见和建议。

3）苏平公司本年度需耗用乙材料36 000千克，该材料的采购成本为200元/千克，年度储存成本为16元/千克，平均每次订货成本为20元。

要求：

（1）计算本年度乙材料的经济订货批量。

（2）计算本年度乙材料经济订货批量下的相关总成本。

（3）计算本年度乙材料经济订货批量下的平均资金占用额。

（4）计算本年度乙材料的最佳订货次数。

7.5 课业范例

范例7-5-1

案例分析

海生公司信用政策决策

背景与情境：海生公司于1990年注册登记成立，其经营范围主要是生产和销售家用电器。在成立初期，公司凭借产品质量过硬、售后服务周到等优势，在市场中不断扩大销售份额、扩充自身经营领域。公司的财务总监方先生属于风险厌恶者，对于风险一般采取规避的态度，因此公司将信用政策制定得非常严格，对客户的信用要求有很高的标准，对所提供的信用优惠政策的范围也进行了严格限制，以此来防止坏账等损失的发生。然而，鉴于当时的市场供求环境和竞争程度，公司的销售未受到很大影响，客户的数量仍然呈现逐步上升的趋势。

但是，随着市场经济的发展，家电企业不断涌现，竞争对手不断增加，家电行业的竞争逐渐加剧，此时海生公司的销售量开始出现下滑的态势。公司管理层为此召开了会议，分析了产生这种情况的原因。与会人员包括总经理高先生、财务总监方先生、技术总监王先生、销售部门经理姚先生等。经过调研取证、讨论分析，与会人员发表了各自的意见。

技术总监王先生通过对现有证据的充分论证认为，公司产品在质量、功能、品种、特性等方面是处于行业前列的，而且公司的生产技术亦在不断更新，已经采用了FMS（弹性制造系统），可以依据市场需求的变化来调整生产，因而销售下滑的原因不是出于技术问题。

销售部门经理姚先生通过在销售过程中客户对产品的反馈意见证实，王先生所说的确属实。姚先生依据销售部对市场进行的调研指出，公司售后服务工作周到，得到了现有客户的认可；公司销售环节采取了有奖销售、商业折扣等促销手段，然而成效不大，客户数量有减无增，其主要原因是公司信用政策制定得过于严格，信用期限短，对于客户信用要求的标准太高，提供的信用优惠政策范围限制严格。同时，姚先生还指出，家电行业的主要客户是家电销售超市和销售公司，由于家电产品的单位价格都比较高，因而这些客户为了避免占用大量资金，在管理上倾向于先赊购商品，待商品销售后再结算货款。然而，海生公司由于信用政策严格，使得部分客户望而生怯。因此，姚先生建议，适当调整现有信用政策，适当放宽优惠政策的范围，降低对客户信用要求的标准，这样才能吸引更多的客户。姚先生的建议将矛头指向了财务总监方先生，方先生对此陈述了自己的观点。

方先生认为，放宽信用政策、延长信用期限、降低标准，虽然可以增加销售量，但也会将一些信用度较低的客户引入企业，使客户群鱼龙混杂，不利于公司的管理，而且会加大发生坏账的可能性，增加公司的机会成本、呆账损失和后期收账费用，因而这样做有可能得不偿失。

在双方僵持不下时，总经理高先生决定，由财务总监方先生、销售部门经理姚先生牵头组成工作小组，对放宽信用政策后公司收益变化的情况进行调研分析，并在三个月内提交分析报告，届时公司将依据该报告作出相应决策。

会议后，财务总监方先生、销售部门经理姚先生立即商讨并研究成立了工作小组，该小组成员由财务部门、销售部门、市场调研等部门的工作人员组成。工作小组成立后，方先生、姚先生召开会议商榷工作方案，分配工作任务。最后，工作小组制订出工作计划，该计划的简要内容如下：(1) 首先由市场调研部门对现在的市场状况进行调查分析，搜集同行业企业的信用政策信息，并进行归类总结，以供参考。(2) 由销售部门依据市场调研部门的调查结果及销售情况的历史资料，对在不同信用政策情况下，本公司的销售状况进行市场分析预测，估算出赊销收入金额。(3) 以销售部门的预测为基础，由财务部门会同信用管理等相关部门，在不同信用政策情况下，对本公司的收益、成本费用等相关资料进行收集、预测和计算分析。(4) 依据财务部门的计算分析结果，形成分析报告，提交管理层决策。

按照工作计划，小组成员开始分头行动。经过两个多月的努力，小组成员的数据采集工作结束了，其数据的基本情况为：

(1) 公司目前执行的信用政策

信用期限为30天；不提供现金折扣；对信用等级评价为A^+和A的客户提供赊销。公司目前的年赊销收入为2 000万元，坏账损失率为3%，年收账费用为50万元。公司的变动成本率为40%，资金成本为15%。

(2) 公司可选择的信用政策方案

A：将信用期限延长至60天，将客户的信用标准放宽为A^+、A、A^-三个等级，仍然不提供现金折扣。在这种信用政策条件下，公司的年赊销收入额将增至3 500万元，坏账损失率为5%，年收账费用为80万元。

B：将信用期限延长至90天，将客户的信用标准放宽为A^+、A、A^-、B^+四个等级，并为在30天内付款的客户提供2%的现金折扣。在这种信用政策条件下，公司的年赊销收入额将增至5 500万元，约有40%的客户享受现金折扣优惠，此时的坏账损失率为10%，年收账费用为120万元。

C：将信用期限延长至120天，将客户的信用标准放宽为A^+、A、A^-、B^+四个等级，并为在30天内付款的客户提供5%的现金折扣，为在60天内付款的客户提供2%的现金折扣。在这种信用政策条件下，公司的年赊销收入额将增至6 500万元，约有20%的客户享受5%的现金折扣优惠，约有30%的客户享受2%的现金折扣优惠，此时的坏账损失率为15%，年收账费用为250万元。

问题：

1）计算公司目前信用政策的收益。

2）分别计算A、B、C三种信用政策的收益。

3）你建议公司采取哪一种信用政策？

4）海生公司的信用政策决策在营运资金管理方面给了你哪些启示？

分析要求：

1）形成性要求

同第1章“主观题”中本题型的“形成性要求”。

2）成果性要求

(1) 课业结构、格式与体例参照本《训练手册》“课业范例”的范例7-5-1。

(2) 同第1章“主观题”中本题型的其他“成果性要求”。

“海生公司信用政策决策”案例分析报告

(项目组组长：　　　　　　项目组成员：　　　　　　　　　　)

1）现有信用政策下公司的收益状况计算如下：

(1) 年赊销额=2 000万元

现金折扣=0

变动成本=2 000×40%=800（万元）

信用成本前的收益=2 000-800=1 200（万元）

（2）应收账款的平均余额=2 000÷360×30≈166.67（万元）

应收账款平均占用资金=166.67×40%≈66.67（万元）

应收账款机会成本=66.67×15%≈10（万元）

（3）坏账损失=2 000×3%=60（万元）

（4）收账费用=50万元

（5）信用成本=10+60+50=120（万元）

（6）信用成本后的收益=1 200-120=1 080（万元）

2）采用A方案后公司的收益状况计算如下：

（1）年赊销额=3 500万元

现金折扣=0

变动成本=3 500×40%=1 400（万元）

信用成本前的收益=3 500-1 400=2 100（万元）

（2）应收账款的平均余额=3 500÷360×60≈583.33（万元）

应收账款平均占用资金=583.33×40%≈233.33（万元）

应收账款机会成本=233.33×15%≈35（万元）

（3）坏账损失=3 500×5%=175（万元）

（4）收账费用=80万元

（5）信用成本=35+175+80=290（万元）

（6）信用成本后收益=2 100-290=1 810（万元）

采用B方案后公司的收益状况计算如下：

（1）年赊销额=5 500万元

平均现金折扣率=2%×40%=0.8%

现金折扣=5 500×0.8%=44（万元）

年赊销净额=5 500-44=5 456（万元）

变动成本=5 500×40%=2 200（万元）

信用成本前的收益=5 500-2 200-44=3 256（万元）

（2）应收账款平均收账期=30×40%+90×60%=66（天）

应收账款的平均余额=5 500÷360×66≈1 008.33（万元）

应收账款平均占用资金=1 008.33×40%≈403.33（万元）

应收账款机会成本=403.33×15%≈60.5（万元）

（3）坏账损失=5 500×10%=550（万元）

（4）收账费用=120万元

（5）信用成本=60.5+550+120=730.5（万元）

（6）信用成本后的收益=3 256-730.5=2 525.5（万元）

采用C方案后公司的收益状况计算如下：

（1）年赊销额=6 500万元

平均现金折扣率=5%×20%+2%×30%=1.6%

现金折扣=6 500×1.6%=104（万元）

年赊销净额=6 500−104=6 396（万元）

变动成本=6 500×40%=2 600（万元）

信用成本前的收益=6 500−2 600−104=3 796（万元）

（2）应收账款平均收账期=30×20%+60×30%+120×50%=84（天）

应收账款的平均余额=6 500÷360×84≈1 516.67（万元）

应收账款平均占用资金=1 516.67×40%≈606.67（万元）

应收账款机会成本=606.67×15%≈91（万元）

（3）坏账损失=6 500×15%=975（万元）

（4）收账费用=250万元

（5）信用成本=91+975+250=1 316（万元）

（6）信用成本后的收益=3 796−1 316=2 480（万元）

3）建议公司调整现有信用政策，采用B方案，因为B方案可以使公司的收益最大化。

4）海生公司信用政策决策的案例，给了我如下启示：

（1）应收账款是企业的一项资金投放，是企业为了扩大销售和盈利而进行的投资。投资必然要发生成本，这就需要企业对应收账款进行管理，而管理的最终目的是使企业获得最大利润。应收账款管理效果的好坏依赖于企业的信用政策。

（2）企业信用政策的内容包括信用期限、信用标准、现金折扣政策等。信用期限是指企业允许客户从购货到付款之间的时间；信用标准是指客户获得企业的商业信用所应具备的条件。企业的信用期限过短、信用标准过于严格，不足以吸引客户，在竞争中会使销售额下降；然而若企业的信用期限过长、信用标准过于宽松，虽然可以增加销售，但是也会造成企业应收账款机会成本、坏账损失、收账费用的增加，增加的收入会被增长的成本费用所抵消。现金折扣是企业对客户在商品价格上所做的扣减。现金折扣的主要目的是吸引客户为享受优惠而提前付款，缩短企业的平均收款期，但提供现金折扣也会减少企业收入。综上所述，企业在制定信用政策时，应同时考虑其给企业带来的收益与成本，权衡利弊，进行决策。最终决策的标准是选择使企业利润最大的信用政策。

范例7-5-2

课程思政

承兴系应收账款骗局

背景与情境：“300亿承兴系诈骗案”迎来新判决。记者获悉，上海市金融法院近日作出一审判决，“承兴系”相关公司被判向诺亚旗下上海歌斐资产管理有限公司（下称“上海歌斐”）支付34.1亿元并承担相关费用。而对京东贸易（下称“京东公司”）的诉讼请求，因缺乏依据，上海金融法院不予支持。

该案起因系2015年2月至2019年6月，承兴系公司利用其与京东公司、苏宁公司开展采购业务的供应链贸易背景，以应收账款转让及回购等方式进行融资。在融资过程中，承兴系公司实际控制人罗静安排承兴系公司虚构其对京东公司、苏宁公司的应收账款，同湘财证券、摩山保理、诺亚公司旗下上海歌斐公司、云南信托、安徽众信先后签订应收账款债权转让及回购合同、保理合同等。

承兴系公司员工通过在京东公司、苏宁公司办公场所，以伪造的工牌冒充两家公司员工与上述机构访谈、交接资料及面签合同，并拦截债权转让邮寄材料，开设账户仿冒京东公司账户回款等方式和手段，诈骗上述机构300余亿元，截至案发损失共计88亿余元，其中湘财证券损失9亿余元，摩山保理损失27亿余元，云南信托损失15亿余元，上海歌斐损失34亿余元，安徽众信损失0.99亿元。

资料来源：余继超．“300亿诈骗案”迎新判决：承兴系公司被判赔34亿元，京东不再躺枪［N］．国际金融报，2024-05-09。

问题：

1）请分析上述现象暗含了哪些课程思政要求和原则。

2）本案例对你有哪些启示？

研判要求：

1）形成性要求

同第1章“主观题”中本题型的“形成性要求”。

2）成果性要求

（1）课业结构、格式与体例参照本《训练手册》“课业范例”的范例7-5-2。

（2）同第1章“主观题”中本题型的其他“成果性要求”。

“承兴系应收账款骗局”思政研判报告

（项目组组长：　　　　　　项目组成员：　　　　　　　　）

1）在实际工作中，作为企业的一项重要流动资产——应收账款，对其的管理是营运资金管理的一项重要内容，所以企业应该加强应收账款管理，不重视应收账款管理工作是不正确的。企业决策者应该树立责任意识，发挥创新精神，在制定和实行信用政策时，既能保护企业资产的安全完整，又能获得更大收益。

2）本案例体现了理财必须坚持的基本观念——风险价值观念。应收账款的投资既有盈利的一面，也有损失的潜在风险。企业应该做好应收账款的事前、事中和事后的管理工作。本案例带来的启示是，应收账款投资既能实现销售收入，又会产生各项成本与可能的损失，企业在赊销产品时应该加强应收账款的事前、事中和事后控制，尽可能实现最大收益。

范例7-5-3

太平洋公司信用政策决策

实训资料：太平洋公司正在考虑改变其信用政策以增加销售和市场份额。当前的信用政策是销售后30天内付款，没有折扣。公司管理层正在考虑引入一个折扣方案，即如果客户在销售后10天内付款，可以享受2%的现金折扣。公司预计，改变信用政策后，销售额将增加10%，但同时会有15%的应收账款成为坏账，而当前的坏账率是5%。公司的年销售额为1 000万元，变动成本率为60%，应收账款的年平均收账期为45天。公司的资金成本为10%。一年按365天计算。

要求：

1）改变信用政策前后的年销售额和预期坏账损失。

2）改变信用政策前后的年平均应收账款余额。

3）改变信用政策的净收益（或损失）。

4）基于以上分析，公司是否应该改变信用政策？

“太平洋公司信用政策决策分析”训练报告

（项目组组长： 项目组成员： ）

训练报告见表7-8。

表7-8 “太平洋公司信用政策决策分析”训练报告

班级：会计2023（1）班 项目组编号：01

项目组组长：	吴清	项目组成员	张三、李四……
训练时间	2024年5月20日	训练地点	财务管理训练室
训练目的	（1）对“营运资金管理”等专业能力的各“技术-技能”点实施阶段性基本训练。（2）对“与人合作”“解决问题”“革新创新”等职业核心能力的各“技术-技能”点实施“中级”强化训练。（3）对“职业理想”“职业守则”等职业道德的各“素质点”实施“认同级”相关训练		
训练步骤	（1）根据训练资料，项目组对相关问题进行分析，确定项目组成员的任务与分工，并制订项目组的《训练计划》。（2）实施《训练计划》，对太平洋公司的相关收益与成本进行分析。（3）撰写作为最终成果的《“太平洋公司信用政策决策分析”训练报告》。（4）在班级交流、讨论各组的《“太平洋公司信用政策决策分析”训练报告》，并进一步修订和完善		
训练成果	企业营运资金管理的基本目标就是最大限度地服务于企业的长远财务规划，围绕经营活动现金流量的创造，实现企业价值最大化。当然，流动资产自身没有创造现金流量的能力，对企业价值的形成没有直接的影响。但在资本投资性质及其效率既定的情况下，无能、低效的营运资金管理却会在很大程度上削弱企业经营活动现金流量的创造力。因此，企业应合理确定现金持有量，保持良好的流动资产结构，加快应收账款的回收，从而使企业的营运资金能够按照预定的目标运营，进而实现企业价值最大化。 （1）计算改变信用政策前后的年销售额和预期坏账损失 原始信用政策下的年销售额 = 1 000（万元） 改变信用政策后的年销售额 = 1 000×（1 + 10%）= 1 100（万元） 原始信用政策下的预期坏账损失： 坏账损失 = 年销售额 ×坏账率 = 1 000× 5% = 50（万元） 改变信用政策后的预期坏账损失： 坏账损失 = 年销售额 × 坏账率 = 1 100×15% = 165（万元） （2）计算改变信用政策前后的年平均应收账款余额 原始信用政策下的年平均应收账款余额 = 年销售额 / 365 ×平均收账期 原始信用政策下的年平均应收账款余额 = 1 000 / 365 × 45 = 121.67（万元） 改变信用政策后的年平均收账期缩短为10天，因此： 改变信用政策后的年平均应收账款余额 = 1 100 / 365 × 10 = 30.14（万元） （3）计算改变信用政策的净收益（或损失） 改变信用政策后的年销售额增加带来的收益增加 = 1 100 – 1 000 = 100（万元） 由于销售额增加导致的额外坏账损失 = 165 – 50 = 115（万元） 由于收账期缩短导致的资金成本节约 = （121.67 – 30.14）×10% = 9.157（万元） 净收益（损失）= 收益增加 – 额外坏账损失 – 资金成本节约 净收益（损失）= 100 – 115 + 9.157 = –5.843（万元） （4）基于以上分析，公司是否应该改变信用政策？ 根据上述计算，改变信用政策后，公司将面临5.843万元的净损失。这表明引入现金折扣政策将导致公司的总成本增加，超过了由于销售额增加所带来的收益。因此，从财务角度来看，公司不应该改变其信用政策 （5）在考虑改变信用政策时，公司不仅要考虑销售额的增加，还要考虑由此带来的坏账损失增加和资金成本的变化。在这个案例中，虽然销售额有所增加，但坏账损失的增加和资金成本的节约并没有达到一个理想的平衡点，导致整体净收益为负。因此，公司应维持现有的信用政策，或者进一步分析是否可以采取措施减少坏账损失，或者寻找其他方式来提高资金的使用效率，以实现更好的财务表现		

续表

训练体会	通过本训练，我们可以理解营运资金管理的概念与意义，熟悉应收账款管理的相关分析技能，能够运用应收账款决策管理分析方法解决实际问题，提升我们对应收账款决策方法与意义的理解和应用能力。此外，由于财务工作对专业综合素质的要求较高，企业财务管理人员在分析问题时要细致而全面，工作中要有团队合作精神，要善于与人沟通、与人合作		
补充说明	在本训练中，我们在体验了本章“专业能力”基本训练的同时，也尝到了“与人合作”“解决问题”“革新创新”等“职业核心能力”（中级）强化训练和“职业理想”“职业守则”等“职业道德”（认同级）相关训练的甜头。我们认识到，要提高“学习迁移能力”和“可持续发展能力”，积极应对未来职业岗位的跨行业流动（这是当代职业的一个显著特征），避免职业道德与企业伦理的缺失，这些训练是必不可少的。我们相信，通过本课程以及后续课程的同类学习与训练，在构建自身“业务胜任能力”的过程中，我们的“职业核心能力”将不断增强，我们的“职业道德”将由“他律”变为“自律”		
项目组成员签名	吴清、张三、李四……	指导教师签名	王华

7.6 参考答案与提示

教学互动 7-1

引导提示：

解：根据所给资料计算各方案的相关总成本如下：

TC（甲）=15 000×10%+8 500=10 000（元）

TC（乙）=25 000×10%+4 000=6 500（元）

TC（丙）=35 000×10%+3 500=7 000（元）

TC（丁）=45 000×10%+2 200=6 700（元）

可见，乙方案的现金总成本最低，因此选用乙方案，即持有25 000元现金最好。

教学互动 7-2

引导提示：

$$\text{原方案的总成本}=\text{应收账款平均余额}\times\text{变动成本率}\times\text{资金成本}+\text{赊销额}\times\text{原坏账损失率}+\text{原收账费用}$$

$$=720\times(60\div360)\times50\%\times6\%+720\times10\%+5=80.6\text{（万元）}$$

$$\text{新增收账费用上限}=80.6-[720\times(50\div360)\times50\%\times6\%+720\times7\%]-5=22.2\text{（万元）}$$

故采取新收账措施而增加的收账费用不应超过22.2万元。

通常，缩短信用期限会减少坏账损失及应收账款的机会成本，但也会增加收账费用，增加的收账费用的上限不能超过减少的成本费用，否则就不应改变。

教学互动7-3

引导提示：

（1）本年度乙材料的经济进货批量= $\sqrt{\dfrac{2\times 36\,000\times 20}{16}}$ =300（千克）

（2）本年度乙材料相关总成本= $\sqrt{2\times 36\,000\times 20\times 16}$ =4 800（元）

（3）本年度乙材料的经济进货批量下的平均资金占用额=300×200÷2=30 000（元）

（4）本年度乙材料最佳进货批次=36 000÷300=120（次）

"7.2 客观题"参考答案

7.2.1 理论题

1）单项选择题

（1）C （2）C （3）D （4）B （5）D （6）A （7）A （8）A （9）D （10）D

2）多项选择题

（1）ABC （2）ABCD （3）BC （4）BC （5）ABD （6）AB （7）AB （8）ACD （9）CD （10）BD

3）判断题

（1）× （2）√ （3）× （4）× （5）× （6）× （7）× （8）√ （9）× （10）×

7.2.2 实务题

1）单项选择题

（1）D （2）A （3）B （4）C （5）B （6）A （7）A （8）C （9）C （10）A

2）多项选择题

（1）ABCD （2）ABCD （3）BC （4）BD （5）ACE （6）ABC （7）BC （8）ABCD （9）ABC （10）DE

3）混合选择题

（1）BCD （2）ABC （3）ABC （4）ABCD （5）A

4）判断题

（1）× （2）√ （3）× （4）× （5）× （6）× （7）× （8）√ （9）× （10）×

7.2.3 案例题

1）ABC 2）B 3）ABCD 4）ABC 5）BC

7.2.4 实训题

1）单项选择题

（1）D （2）A （3）B （4）A （5）A （6）C （7）C （8）C （9）C （10）D

2）多项选择题

（1）ABCD （2）ABCDE （3）ABCD （4）ABCDE （5）AD （6）ABCD （7）ABD （8）BCDE （9）BCD （10）BCD

"7.3 主观题"参考答案

7.3.1 理论题

1）简答题

（1）参考答案：营运资金有广义和狭义之分。广义的营运资金又称总营运资金，是指一家企业投放在流动资产上的资金，具体包括现金、有价证券、应收账款、存货等占用的资金。狭义的营运资金是流动资产与流动负债的差额。这是一个抽象的概念，并不特指某项资产，但它是判断和分析企业流动资金运作状况和财务风险程度的重要依据，这个概念主要在研究企业的偿债能力和财务风险时使用。

（2）参考答案：信用政策也称赊销政策，它是企业基于对客户资信情况的认定，而对客户给予先行交货而后收款的结算优惠。这种优惠实质上是企业给客户提供的一种短期融资。信用政策由信用标准、信用期限、现金折扣政策、收账政策等组成。

（3）参考答案：经济订货批量是指一定时期储存成本和订货成本之和最低时（不考虑缺货成本）的采购批量。储存成本与采购批量的大小直接相关，这是因为储存成本的高低取决于存货的储存量，而储存量又是由每次的采购批量所决定的。存货控制的目的就是要找到能使这两种成本合计数最低的点，即经济订货批量。

（4）参考答案：信用期限是指企业允许客户从购货到付款之间的时间，即企业为客户规定的最长付款期限。

（5）参考答案：企业按照某一订货批量（如经济订货批量）和再订货点发出订单后，如果存货用量突然增大或到货延迟，就会发生缺货或供应中断。为了防止由此造成的损失，就需要在正常存货储备的基础上，多储备一些存货以备应急之用，即需要建立保险储备。保险储备（或称安全存量）是指为防止耗用突然增加或交货误期等而建立的储备。

2）理解题

（1）参考答案：营运资金一般具有以下特点：①周转期短；②形态波动大；③变现性强；④来源多且灵活。

（2）参考答案：应收账款的机会成本是指企业将资金投资于应收账款，而不能进行其他投资所丧失的收益。这一成本的大小通常与企业维持赊销业务所需要的资金数量和资金成本有关。应收账款的机会成本的计算公式为：

应收账款的机会成本=日赊销额×平均收现期×变动成本率×资金成本

（3）参考答案：经济订货批量是建立在一系列假设条件基础之上的，这些假设条件包括：①存货需求量稳定并且能预测确定；②存货的耗费或销售比较均衡；③不允许缺货，即无缺货成本，这是因为良好的存货管理本身就不应出现缺货成本；④存货单位采购成本不变，不考虑数量折扣；⑤企业现金充足，不会因现金短缺而影响进货；⑥市场供应充足，能及时补充存货，即需要订货时便可立即取得存货。

7.3.2　实务题

1）规则复习

（1）参考答案：成本分析模式是根据企业持有现金的机会成本、管理成本和短缺成本来确定最佳现金持有量的方法。其计算公式为：

现金总成本=机会成本+管理成本+短缺成本

成本分析模式就是对以上三种不同的现金成本进行分析，找出三种成本之和最低点的现金持有量，该点就是最佳现金持有量。

（2）参考答案：存货模式的目的是要计算出能使现金管理总成本最小的C值。在此模式中，现金管理总成本包括两个方面：现金持有成本与现金转换成本。如果现金持有量高，则持有成本较高，但由于转换次数减少，所以转换成本可降低；反之，现金持有量低，则持有成本较低，但转换成本又会上升。最佳现金持有量就是使这两种成本之和最低时的现金持有量。

（3）参考答案：订货成本的计算公式为：

订货成本=订货的固定成本+订货的变动成本=$F_1+\frac{D}{Q}K$

（4）参考答案：利用客户财务报表所提供的数据，通过计算基本的财务指标来判断客户的信用级别。

模型一：$Y=a_1x_1+a_2x_2+\cdots+a_nx_n=\sum_{i=1}^{n}a_ix_i$

式中：Y为信用分析对象的信用分数；a_i为第i个信用分析指标的权重系数；x_i为第i个信用分析指标的数值（财务比率）。

模型二：$Y=b_1z_1+b_2z_2+\cdots+b_nz_n=\sum_{i=1}^{n}b_iz_i$

式中：Y为信用分析对象的信用分数；b_i为第i个信用分析指标的权重系数（权重之和为100%）；z_i为第i个信用分析指标的分数（0~100分）。

（5）参考答案：经济订货批量的计算公式为：

经济订货批量 $Q^*=\sqrt{\frac{2KD}{K_C}}$

2）业务解析

（1）参考答案：成本分析模式与存货模式的共同之处在于二者都要求持有现金总成本最低，都只考虑总成本的某些项目，持有现金的全部成本之和并非最低。二者的区别在于前者不考虑转换成本，而后者不考虑管理成本、缺货成本。

（2）参考答案：现金折扣是企业为了鼓励客户尽早（在规定的期限内）付款而给予的价格扣减。现金折扣包括两方面的内容：一是折扣期限，即在多长时间内给予折扣；二是折扣率，即在折扣期内给予客户多少折扣。企业采用多大程度的现金折扣，要与信用期限结合起来考虑。现金折扣能鼓励顾客尽早付款，但也会带来折扣损失。当企业给予顾客某种现金折扣时，应当考虑折扣所能带来的收益与成本孰高孰低，权衡利弊，最终确定最佳方案。

（3）参考答案：经济订货批量的改进模型放宽了基本模型中的一些假设，如放宽了能及时补货这一假设。这一假设的放宽形成了再订货点模型。该模型没有改变每次最佳订货数量，但改变了订货时间，即不能等到货物用完再去补货。保险储备则进一步加大了再订货点，即要比基本模型订货的时间更早。

7.3.3 案例题

1）案例分析

分析提示：

（1）吴德英的分析不完全正确，其主要错误在于机会成本的计算。A政策应收账款的机会成本为8万元（240×60÷360×80%×25%），B政策应收账款的机会成本为6万元（240×45÷360×80%×25%）。

（2）空白部分数据见表7-9。

表7-9 **盼盼公司信用政策备选方案** 金额单位：万元

项　目	A政策	B政策
平均收账期（天）	60	45
坏账损失率（%）	5	4
应收账款平均余额	40（240×60÷360）	30（240×45÷360）
收账成本		
应收账款机会成本	8（40×80%×25%）	6（30×80%×25%）
坏账损失	12（240×5%）	9.6（240×4%）
年收账费用	1.8	7
收账成本合计	21.8（8+12+1.8）	22.6（6+9.6+7）

（3）计算表明，A政策的收账成本较B政策低，故应选用A政策。

（4）若公司采用B政策，则要求B政策的净收益至少要等于A政策，即B政策的收账成本合计不能超过21.8万元，因此B政策的收账费用上限为6.2万元（21.8−6−9.6）。

2）课程思政

研判提示：

（1）在实际工作中，现金作为企业的一项重要流动资产，其管理是营运资金管理的一项重要内容，企业应该加强现金管理，确定合理的现金持有量。企业过度持有现金是不正确的。企业决策者应该树立责任意识，遵循爱岗敬业精神，保护现金资产的安全完整和高效利用。

（2）本案例体现了理财必须坚持的基本观念——风险价值观念。现金是企业运营中不可或缺的资源，但是过度持有现金会使资金闲置从而造成浪费，企业应该合理制定现金管理制度，并严格执行。本案例的启示是，现金能够作为支付手段和偿债手段，是保持企业正常运营必不可少的因素之一。但是，过度持有现金则会造成企业资源浪费，损害企业的盈利性。

“7.4 实训资料”参考答案

实训资料7-4-1

1）参考答案：模型一：Y=8.3×3+2.8×12−0.3×30+3.2×2=55.9（分）

模型二：Y=90×0.4+80×0.25+80×0.2+60×0.15=81（分）

由于采用两种模型计算的结果都大于50分，因此评价乙公司的信用状况比较好。

2）参考答案：现行收账政策的收账成本=机会成本+收账费用+坏账损失

=1 200 000×10%×60÷360+20 000+1 200 000×5%

=100 000（元）

建议收账政策的收账成本=机会成本+收账费用+坏账损失

=1 200 000×10%×30÷360+40 000+1 200 000×3%=86 000（元）

由于改变信用政策会导致收账成本下降，因此公司应该改变信用政策。

3）参考答案：经济订货批量=$\sqrt{2 \times 2\,500 \times 100 \times 2}$=500（千克）

最佳订货次数=2 500÷500=5（次）

最佳订货周期=360÷5=72（天）

与批量有关的存货总成本=$\sqrt{2 \times 2\,500 \times 100 \times 2}$=1 000（元）

经济订货批量平均占用的资金=500÷2×10=2 500（元）

实训资料 7-4-2

1）参考答案：采用30天信用期政策的收益=900 000−600 000−600 000×12%×（30÷360）−2 000−4 000

=288 000（元）

采用60天信用期政策的收益=1 080 000−720 000−720 000×12%×（60÷360）−3 000−8 000

=334 600（元）

由此可见，公司改变信用期政策能增加公司收益，建议公司改变信用期政策。

2）参考答案：（1）经济订货批量=$\sqrt{2 \times 5\,000 \times 1\,200 \div 3}$=2 000（千克）

（2）最佳订货次数=5 000÷2 000=2.5（次）

（3）最佳订货周期=360÷2.5=144（天）

（4）与批量有关的存货总成本=$\sqrt{2 \times 5\,000 \times 1\,200 \times 3}$=6 000（元）

（5）经济订货批量平均占用的资金=2 000÷2×8=8 000（元）

（6）每日平均需求量=5 000÷360≈13.89（千克）

再订货点=4×13.89+50=105.56（千克）

实训资料 7-4-3

1）参考答案：四个现金持有量方案各自的总成本见表7-10。

表7-10 **四个现金持有量方案各自的总成本** 单位：元

项目＼方案	甲	乙	丙	丁
现金持有量	60 000	120 000	180 000	240 000
机会成本	4 800	9 600	14 400	19 200
短缺成本	22 400	12 950	4 500	0
管理成本	45 000	45 000	45 000	45 000
总成本	72 200	67 550	63 900	64 200

由于丙方案的总成本最低，因此丙方案是最佳现金持有量方案。

2）参考答案：首先，计算改变信用政策增加的收益。

改变信用政策增加的收益=540×（1-60%）-480×（1-60%）=24（万元）

其次，计算改变信用政策增加的成本。

①计算改变信用政策增加的应收账款持有成本。

原有信用政策下应收账款持有成本=480÷360×60%×（0.5×10+0.4×30+0.1×40）×12%
=2.016（万元）

新信用政策下应收账款持有成本=540÷360×60%×（0.6×10+0.2×40+0.2×50）×12%
=2.592（万元）

改变信用政策增加的应收账款持有成本=2.592-2.016=0.576（万元）

②计算改变信用政策增加的坏账成本。

原有信用政策下的坏账成本=480×2%=9.6（万元）

新信用政策下的坏账成本=540×3%=16.2（万元）

改变信用政策增加的坏账成本=16.2-9.6=6.6（万元）

③计算改变信用政策增加的现金折扣成本。

原有信用政策下的现金折扣成本=480×50%×1%=2.4（万元）

新信用政策下的现金折扣成本=540×60%×2%=6.48（万元）

改变信用政策增加的现金折扣成本=6.48-2.4=4.08（万元）

改变信用政策增加的总成本=0.576+6.6+4.08=11.256（万元）

通过以上计算可知，改变信用政策后，博远公司增加的收益额为24万元，增加的成本为11.256万元，因此改变信用政策是可以的。但公司改变信用政策后的销售额以及将发生的坏账成本均存在着相当大的不确定性，所以决策者仍应当慎重考虑是否改变公司的信用政策。

3）参考答案：（1）本年度乙材料的经济订货批量=$\sqrt{\dfrac{2\times 36\,000\times 20}{16}}$=300（千克）

（2）本年度乙材料经济订货批量下的相关总成本=$\sqrt{2\times 36\,000\times 20\times 16}$=4 800（元）

（3）本年度乙材料经济订货批量下的平均资金占用额=300÷2×200=30 000（元）

（4）本年度乙材料最佳订货次数=36 000÷300=120（次）

第 8 章
收益分配管理

8.1 预习要览

8.1.1 内容提要与结构

1）内容提要

收益分配管理是对企业收益分配的主要活动及其形成的财务关系的组织与调节，是企业将一定时期内所创造的经营成果在企业内、外部各利益相关者之间进行有效分配的过程。收益分配应当遵循依法分配原则、分配与积累并重原则、兼顾各方利益原则、投资与收益对等原则。收益分配的一般程序是弥补亏损、提取法定盈余公积、提取任意盈余公积、向投资者分配利润或股利。

股利政策的种类有剩余股利政策、固定或稳定增长的股利政策、固定股利支付率政策、低正常股利加额外股利政策。

剩余股利政策是指公司生产经营所获得的净利润应首先满足公司的资金需求，如果还有剩余，则分配股利；如果没有剩余，则不分配股利。根据这一政策，公司应按如下步骤确定其股利分配额：(1) 根据公司的投资计划确定公司的最佳资本预算。(2) 根据公司的目标资本结构及最佳资本预算预计公司资金需求中所需要的权益资本数额。(3) 尽可能用留存收益来满足资金需求中所需要增加的股东权益数额。(4) 留存收益在满足公司股东权益增加需求后，如果有剩余，再用来发放股利。

固定或稳定增长的股利政策是指公司将每年派发的股利额固定在某一特定水平上，或是在此基础上维持某一固定比率逐年稳定增长。公司只有在确信未来的盈利增长不会发生逆转时，才会宣布实施固定或稳定增长的股利政策。

固定股利支付率政策是指公司将每年净收益的某一固定百分比作为股利分派给股东，这一百分比通常被称为股利支付率。股利支付率一经确定，一般不得随意变更。在这一股利政策下，只要公司的税后利润一经确定，所派发的股利也就相应确定了。

低正常股利加额外股利政策是指公司事先设定一个较低的正常股利额，每年除了按正常的股利额向股东发放现金股利外，还在公司盈利情况较好、资金较为充裕的年度向股东发放高于每年正常股利的额外股利。

股利支付形式可以采用现金股利、股票股利、财产股利和负债股利四种，前两种方式比较常见，后两种方式在实务中较少采用。现金股利是以现金形式支付的股利，它是股利支付最常见的方式。股票股利是公司以增发股票的方式所支付的股利，我国实务中通常也称其为“红股”。财产股利是以现金以外的其他资产支付的股利，主要是以公司所拥有的其他公司的有价证券，如公司债券、公司股票等，作为股利发放给股东。负债股利是以负债方式支付的股利，通常以应付票据的方式支付给股东，有时也以发行公司债券的方式支付给股东。

公司在选择了股利政策，以及确定了股利支付水平和方式后，就应当进行股利发放。公司股利的发放必须遵循相关的要求，按照日程安排来进行。一般情况下，股利的发放要经过预案公布日、宣布日、股权登记日、除息日等几个阶段。

股票股利不会直接增加股东的财富，不会导致公司资产的流出或负债的增加，也不会增加公司的财产，但是会引起所有者权益各项目的结构发生变化。股票股利对股东的意义为：(1) 获得股票价值相对上升的利益。(2) 预示着公司将会有较大的发展。(3) 可以从中获得纳税上的好处。股票股利对公司的意义为：(1) 有利于控制现金流出。(2) 可以降低每股市场价格。(3) 向投资者传递企业将会继续发展的信息，从而提高投资者对企业的信心，在一定程度上稳定股票价格。

股票分割是指股份公司用某一特定数额的新股，按一定比例交换一定数额的流通在外的股份的行为。股票分割的主要目的是便于股票的流通转让。股票分割的意义：(1) 可以降低公司股票价格。(2) 可以传递公司远期发展良好的信号。(3) 可以增加股东的现金股利。(4) 有助于公司购并的实施。(5) 可以为新股发行做准备。

股票回购是指上市公司从股票市场上购回本公司发行在外的一定数额的股票的行为，是替代现金股利的一种方法。股票回购的意义为：(1) 稳定公司股价。(2) 帮助股东从股票回购中获得少纳税或延迟纳税的好处。(3) 分配公司超额现金。(4) 作为反收购措施。(5) 改善资本结构，追求财务杠杆利益。股票回购的负面效应为：(1) 财务风险效应。(2) 支付风险效应。(3) 容易导致内幕交易，从而操纵股价。

2) 内容结构

本章内容结构如图8-1所示。

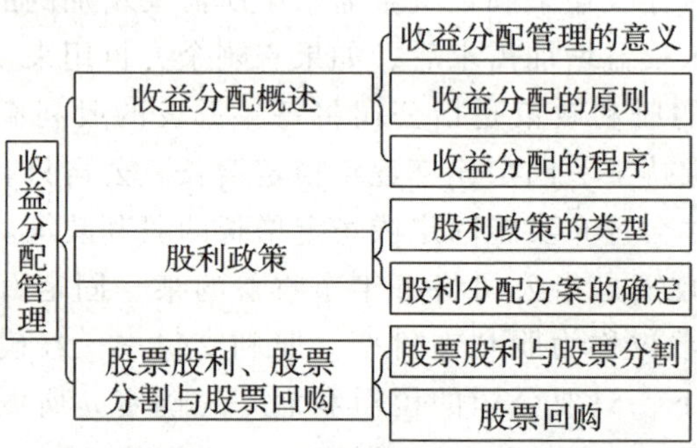

图8-1　本章内容结构图

3) 主要概念和观念

(1) 主要概念

收益分配管理　现金股利　股票股利　财产股利　负债股利　预案公布日　宣布日　股权登记日　除息日　股票分割　股票回购

(2) 主要观念

收益分配原则　剩余股利政策　固定或稳定增长的股利政策　固定股利支付率政策　低正常股利加额外股利政策

8.1.2　重点与难点

1）重点理论

收益分配管理的概念与意义　剩余股利政策的概念　固定或稳定增长的股利政策的概念　固定股利支付率政策的概念　低正常股利加额外股利政策的概念

2）重点实务

收益分配程序　确定股利支付形式

3）重点操作

股利政策的制定　股利分配方案的确定　股票分割的操作　股票回购的操作

4）难点

股利政策的制定

8.2　客观题

8.2.1　理论题

1）单项选择题

（1）下列不属于利润分配的项目是（　　）。

A.法定盈余公积　　B.任意盈余公积

C.所得税　　D.股利

（2）“送红股”是指发放（　　）。

A.现金股利　　B.负债股利　　C.股票股利　　D.财产股利

（3）可最大限度满足企业对再投资的权益资金需要的股利政策是（　　）。

A.固定股利政策　　B.剩余股利政策

C.固定股利支付率政策　　D.正常股利加额外股利政策

（4）领取股利的权利与股票相分离的日期是（　　）。

A.股权登记日　　B.除息日　　C.股利宣告日　　D.股利发放日

（5）稳定的股利政策的缺点是（　　）。

A.股利的支付与企业盈利脱节　　B.有助于消除投资者心中的不确定感

C.能使综合资金成本最低　　D.股利的支付与企业的盈利紧密结合

（6）稳定增长的股利政策是指（　　）稳定增长。

A.股利额　　B.股利增长率　　C.股利支付率　　D.留存收益率

（7）股票回购是指公司买（　　）的股票。

A.公司本身　　B.子公司　　C.其他公司　　D.优先股股东

（8）留存收益包括（　　）。

A.股票股利　　B.现金股利　　C.财产股利　　D.负债股利

（9）固定股利支付率政策的优点是（　　）。

A.股利数量稳定　　B.有助于保持最佳资本结构

C.股利支付具有灵活性　　D.股利发放与公司盈利紧密结合

（10）股利分配预案一般由公司（　　）制订。

A.总经理　　B.财务副总经理　　C.股东大会　　D.董事会

2）多项选择题

（1）固定股利政策（　　）。

A.有助于消除投资者的不确定感　　B.股利的支付与盈利相脱节

C.有可能使企业财务状况恶化　　D.适用于盈利稳定的企业

E.可最大限度地满足企业对再投资的权益资金的需求

（2）影响企业股利政策的法律因素有（　　）。

A.资本保全限制　　B.资本积累限制　　C.避税考虑

D.偿债能力限制　　E.股东意愿

（3）股票股利对股东的好处有（　　）。

A.若股价以不同的比例下降，可增加利得收益

B.可获得纳税上的好处

C.能节约现金

D.可增加企业的所有者权益

E.增加资产总额

（4）在股利支付程序中涉及的时间界限有（　　）。

A.股利宣告日　　B.股权登记日　　C.除息日

D.股利发放日　　E.年报公布日

（5）财务管理中常用的股利政策有（　　）。

A.剩余股利政策　　B.固定股利政策　　C.浮动股利政策

D.固定股利支付率政策　　E.正常股利加额外股利政策

（6）税后净利润的分配步骤包含（　　）。

A.弥补亏损　　B.提取法定盈余公积

C.提取任意盈余公积　　D.向投资者分配利润

E.形成未分配利润

（7）收益分配的原则包括（　　）。

A.依法分配　　B.分配与积累并重　　C.兼顾各方利益

D.风险与收益平衡　　E.维持变现能力

（8）股利的支付形式包括（　　）。

A.现金股利　　B.财产股利　　C.负债股利

D.股票股利　　E.股票回购

（9）剩余股利政策的特点有（　　）。

A.优先保证再投资需要　　B.资本结构稳定　　C.股利稳定

D.股利与盈利密切相关　　E.有利于股价稳定

（10）股票股利对股东来说有以下意义（　　）。

A.直接增加股东财富　　B.直接增加企业价值　　C.提高股票价格

D.降低股价　　E.使股东获得纳税上的好处

3）判断题

（1）股份公司的股利分配政策遵循“无利不分”的原则，公司当年无盈利就不能

支付股利。（　　）

（2）固定股利支付率政策能使股利与公司盈余紧密结合，以体现“多盈多分、少盈少分”的原则。（　　）

（3）一个新股东要想取得本期股利，必须在除权日之前购入股票，否则即使持有股票也无权领取股利。（　　）

（4）按照利润分配的积累优先原则，对于企业税后的利润分配，不论在什么条件下均应优先提取法定盈余公积。（　　）

（5）只要公司拥有足够的现金，就可以发放现金股利。（　　）

（6）公司发生累计亏损，仍然可以分配股利。（　　）

（7）固定股利政策与固定股利支付率政策实际上是同一种股利分配政策。（　　）

（8）送红股可以用税后利润送股。（　　）

（9）股票分割也叫股票分拆。（　　）

（10）股票回购不影响股东财富。（　　）

8.2.2　实务题

1）单项选择题

（1）某企业年初未分配利润有借方余额，当当年净利润大于0且净利润大于年初未分配利润的借方余额时，则当年计提的法定盈余公积的基数为（　　）。

A. 当年的净利润

B. 当年的净利润减去年初未分配利润的借方余额

C. 年初未分配利润的借方余额

D. 当年可以不提法定盈余公积

（2）在公司实现税后利润后，应该首先（　　）。

A. 提取法定盈余公积　　B. 向投资者分配股利

C. 提取任意盈余公积　　D. 税后补亏

（3）要保持目标资本结构，应采用的股利政策是（　　）。

A. 固定股利支付率政策　　B. 固定股利政策

C. 低正常股利加额外股利政策　　D. 剩余股利政策

（4）稳定的股利政策的缺点是（　　）。

A. 股利的支付与企业盈利脱节　　B. 有助于消除投资者心中的不确定感

C. 能使综合资金成本最低　　D. 股利的支付与企业的盈利紧密结合

（5）我国公司常采用的股利分配方式是（　　）。

A. 现金股利和财产股利　　B. 现金股利和负债股利

C. 现金股利和股票股利　　D. 股票股利和财产股利

（6）公司法定盈余公积计提的基数是（　　）。

A. 当年的净利润　　B. 当年的利润总额

C. 当年的累计净利润　　D. 当年净利润弥补亏损后的余额

（7）采用剩余股利政策，公司首先要确定的是（　　）。

A. 当年的现金股利　　B. 当年的股利支付率

C.当年的投资需求　　D.当年的留存收益

(8) 公司为了迅速降低股价，可以（　　）。

A.大量分配现金股利　　B.进行股票回购

C.进行股票股利　　D.进行股票分割

(9) 为了吸引投资者，使投资者获得稳定的股利收入，公司应该采取（　　）。

A.固定股利支付率政策　　B.固定或稳定增长的股利政策

C.低正常股利加额外股利政策　　D.剩余股利政策

(10) 不会减少公司资产总额的股利支付形式是（　　）。

A.股票股利　　B.现金股利　　C.财产股利　　D.负债股利

2) 多项选择题

(1) 股票股利（　　）。

A. 常被资金短缺的企业采用

B. 可节约企业的现金支出

C. 会减少企业的资产和所有者权益

D. 不会减少企业的资产和所有者权益

E. 是我国上市公司最常见的股利支付方式之一

(2) 企业采用固定股利政策的考虑包括（　　）。

A.避免股利变动大使外界对企业有不良猜测

B.使以股利收入为生活来源的股东满意

C.吸引机构投资者对本企业投资

D.抵消通货膨胀的影响

E.保持固定的资本结构

(3) 为吸引机构投资者，企业应采用的股利政策有（　　）。

A.剩余股利政策　　B.低正常股利加额外股利政策

C.固定股利支付率政策　　D.固定或稳定增长的股利政策

E.不支付现金股利

(4) 支付股票股利（　　）。

A. 实际上是一种向投资者再融资的方式

B. 只涉及所有者权益的内部调整

C. 不改变所有者权益总额

D. 只对企业有好处，对股东没好处

E. 增加了股本，因此增加了股东权益和资产总额

(5) 在制定股利政策时，需要从企业内部的（　　）等几个方面来考虑。

A.偿债能力限制　　B.资产的流动性　　C.投资机会

D.盈利的稳定性　　E.股东控制权

(6) 关于法定盈余公积的提取，正确的有（　　）。

A.按当年净利润弥补亏损后的余额提取

B.法定盈余公积达到注册资本的50%后，可不再提取

C.直接按当年净利润提取

D.按当年的累计净利润提取

E.法定盈余公积可用于转增资本

（7）我国上市公司常见的股利支付形式包括（　　）。

A.股票股利　　B.现金股利　　C.财产股利

D.负债股利　　E.股票分割

（8）使股东股利收入不稳定的股利政策有（　　）。

A.剩余股利政策　　B.固定或稳定增长的股利政策

C.浮动股利政策　　D.固定股利支付率政策

E.低正常股利加额外股利政策

（9）股票分割会（　　）。

A.增加股票数量　　B.增加股东财富　　C.增加资产总额

D.增加股东权益总额　　E.降低股价

（10）股票回购会导致以下变化（　　）。

A.公司资产减少　　B.公司负债比率上升

C.股东权益总额不变　　D.股东财富必然减少

E.股东财富可能增加

3）混合选择题

（1）“革新创新”（中级）的“技能点”包括（　　）。

A.揭示不足并提出改进　　B.作出创新方案

C.作出并实施创新方案　　D.评估创新方案

（2）“革新创新”（中级）的“规范与标准”包括（　　）。

A.能在新的需求条件下揭示事物的不足，提出改进事物的创新点和具体方案

B.能从多种选择中确认最佳方案，并利用外界信息、资源和条件实施创新活动

C.能按常规方式和专业要求，对创新改进方法和结果的价值进行评估，根据实际条件进行调整，并指导他人的创新活动

D.针对问题调整工作方案，总结经验，指导他人，提出进一步创新改进的方法

（3）“股利分配政策比较与设计技能”的“规范与标准”包括（　　）。

A.能正确比较各种股利政策的优缺点

B.能合理设计公司最佳股利分配方案

C.能设计适合公司的股利支付方式

D.能准确分析公司收益的构成

（4）“股票分割与股票回购技能”的“规范与标准”有（　　）。

A.能制定公司股利分配政策

B.能设计合理的股票分割方案

C.能设计合理的股票回购方案

D.能准确比较股票分割与股票回购的差异

（5）“对职业选择或模拟选择有充分的认知和积极的倾向与行动”，这是（　　）的“规范与标准”。

A.职业情感　　B.职业观念　　C.职业态度　　D.职业理想

4）判断题

（1）成长中的企业，一般采用低股利政策；而处于经营收缩期的企业，则可能采用高股利政策。（　）

（2）发放股票股利增加了市场上流通的股票股数，从而使每位股东所持股票的市场价值总额增加。（　）

（3）企业不能用资本发放股利，但可以在没有累计盈余的情况下提取盈余公积。（　）

（4）如果发放股票股利的比例小于股价下跌的比例，股东就可获得收益。（　）

（5）公司要使股利与公司盈余紧密结合，体现多盈多分、少盈少分的原则，则必须采取低正常股利加额外股利政策。（　）

（6）公司税前的利润应该首先弥补以前的年度亏损，然后计算和缴纳所得税。（　）

（7）公司提取任意盈余公积的目的是尽可能少分配股利。（　）

（8）公司采取的低正常股利加额外股利政策可以使股东在公司盈利较差或资金紧张的年份也能获得一个较低的股利收入。（　）

（9）股票分割就是股票股利。（　）

（10）股票回购也是股利分配的一种形式。（　）

8.2.3 案例题

IBM为何调整股利政策

背景与情境：1989年以前，IBM公司的股利每年以7%的速度增长。1989—1991年，IBM公司的股利稳定在每年4.89美元/股，即平均每季度1.22美元/股。1992年1月26日9时2分，《财务新闻直线》公布了IBM公司新的股利政策，每股季度股利从1.22美元调整为0.54美元，下降超过50%，从而使维持多年的稳定的股利政策发生了变化。董事会指出：这个决定是在慎重考虑IBM公司的盈利和未来公司的长期发展的基础上作出的，同时考虑到了给广大股东一个合适的回报率。这是一个为了维护股东和公司未来的长期利益、维持公司稳健的财务状况，以及综合考虑多种影响因素之后作出的决定。1993年，IBM公司的问题积累成堆，其股利不得不从每年2.16美元/股再次削减到每年1.00美元/股。在此之前，许多投资者和分析人士已经预计到IBM公司将削减其股利，因为它没有充分估计到微型计算机的巨大市场，没有尽快从大型计算机市场转向微型计算机市场。IBM公司的大量资源被套在销路不好的产品上。同时，在20世纪80年代，IBM公司将一些有利可图的项目，如软件开发、芯片等拱手让给微软和英特尔，使得它们后来获得了丰厚的、创纪录的利润。结果是：IBM公司在1992年创造了美国企业历史上最大的年度亏损，股票价格下跌60%，股利削减56%。

面对IBM公司的问题，管理层人员不得不提出辞职。到了1994年，新的管理层推行的改革开始奏效，公司由1993年的亏损转为盈利，1994年的每股盈利达到4.92美元，1995年的每股盈利则高达11美元。由于IBM公司恢复了盈利，因此，其股利政策又被重新提到议事日程上来。

请根据案例，在下列各题中填入适当选项：

1）股利波动较大会给股东带来公司不稳定的感觉，不利于稳定股票价格的股利分配政策是（　　）。

A.剩余股利政策　　B.固定或稳定增长的股利政策

C.固定股利支付率政策　　D.低正常股利加额外股利政策

2）以股票股利的方式支付股利会引起（　　）。

A.公司资产的流出　　B.负债的增加

C.股东权益的减少　　D.股东权益各项目的结构发生变化

3）剩余股利政策的根本目的是（　　）。

A.调整资本结构　　B.增加留存收益分配

C.更多使用自有资金进行投资　　D.降低综合资金成本

4）公司的经营需要常常会对股利分配产生影响，下列叙述正确的是（　　）。

A.为保持一定的资产流动性，公司不愿支付过多的现金股利

B.保留盈余无须筹资费用，故从资金成本角度考虑，公司愿意采取低股利政策

C.成长型公司多采取高股利政策，而处于收缩期的公司多采用低股利政策

D.举债能力强的公司有能力及时筹措到所需资金，可能采取较宽松的股利政策

5）在这个案例中，公司是否支付股利受（　　）因素的影响。

A.未来资金需求　B.股东意愿　C.公司资产流动性　D.收益稳定性

8.2.4 实训题

1）单项选择题

（1）某企业年初未分配利润的借方余额为50万元，当年净利润为100万元，则当年以10%提取的法定盈余公积为（　　）万元。

A.15　B.5　C.7.5　D.10

（2）某企业年初未分配利润的贷方余额为50万元，当年净利润为100万元，则当年以10%提取的法定盈余公积为（　　）万元。

A.15　B.5　C.7.5　D.10

（3）某公司2024年度净利润为4 000万元，预计2025年投资所需的资金为2 000万元，假设目标资本结构中负债资金占60%，按照15%的比例计提盈余公积，公司采用剩余股利政策发放股利，则2024年度可向投资者支付的股利为（　　）万元。

A.2 600　B.3 200　C.2 800　D.2 200

（4）某公司现有发行在外的普通股200万股，每股面值1元，资本公积300万元，未分配利润800万元，股票市价10元/股，若按10%的比例发放股票股利并按市价折算，则该公司报表中资本公积的数额将会增加（　　）万元。

A.180　B.280　C.480　D.300

（5）某公司现有流通在外普通股1 000万股，公司进行股票分割，约定按1∶10的比例进行分割，分割前股本为2 000万元，资本公积为5 000万元，未分配利润为16 000万元，则分割后股本为（　　）万元。

A.20 000　B.2 000　C.200　D.18 000

（6）某公司当年的净利润为1 000万元，未分配利润账户贷方余额为200万元，

公司注册资本为2 000万元，法定盈余公积为1 000万元，法定盈余公积计提比例为10%，则该公司当年提取的法定盈余公积数额为（　　）万元。

A.100　　B.200　　C.120　　D.0

（7）某公司的股利分配方案为每10股派1元，某股东持有1 000股该公司的股票，则该股东实际分到手的现金为（　　）元。

A.1 000　　B.1　　C.100　　D.90

（8）某公司2024年每股净利润为0.5元，公司采取固定股利支付率政策，股利支付率为20%，则当年每股现金股利为（　　）元。

A.0.5

B.0.2

C.0.1

D.具体金额还取决于公司未来投资的需求

（9）某公司目前总股数为10亿股，决定采取股票股利支付方式，按10%的比例发放股票股利并按市价折算，股票市价为6元/股，则送股后该公司未分配利润减少（　　）亿元。

A.6　　B.10　　C.60　　D.1

（10）在某公司2023年度的利润分配决议中，股权登记日为2024年4月15日。甲投资者于2024年4月15日下午2点57分买入1 000股该公司股票，乙投资者于2024年4月16日买入1 000股该公司股票，以下说法正确的是（　　）。

A.甲能参加公司2023年度利润分配

B.乙能参加公司2023年度利润分配

C.甲、乙都能参加公司2023年度利润分配

D.甲、乙都不能参加公司2023年度利润分配

2）多项选择题

（1）某公司2023年实现税后利润1 000万元，2023年年初，未分配利润账户有借方余额200万元，按10%计提法定盈余公积，不计提任意盈余公积，采取将税后利润的30%作为股利发放给股东的方式，以下说法正确的有（　　）。

A.税后利润首先补亏200万元

B.该公司提取的法定盈余公积为80万元

C.分配的现金股利为300万元

D.分配之后，该公司的未分配利润为贷方余额420万元

E.分配之后，该公司的未分配利润为贷方余额520万元

（2）假设某公司2023年税后净利润为2 000万元，2024年的投资计划需要资金2 200万元，公司的目标资本结构为权益资金占60%，债务资金占40%，采取剩余股利政策，则以下说法正确的有（　　）。

A.该公司留存收益为1 320万元

B.该公司分配的现金股利为1 320万元

C.该公司分配的现金股利为680万元

D.该公司需要向外筹集债务资金880万元

E. 2024年资本结构中权益资金比重为60%

（3）某上市公司于2024年4月10日公布2023度的最后分红方案，其发布的公告如下："2024年4月9日在北京召开股东大会，通过了2024年4月2日董事会关于每股分派0.2元的2023年股息分配方案。股权登记日为4月25日，除息日是4月26日，股东可以在5月10日至25日之间通过深圳证券交易所按交易方式领取股息。特此公告。"以下说法正确的是（　　）。

A. 2024年4月10为股利宣告日

B. 2024年4月25日收市时是该公司的股东，即可领取本次分配的股利

C. 2024年4月26日成为该公司的股东，就可以领取本次分配的股利

D. 2024年4月2日为预案公布日

E. 一般情况下，预计公司股票的价格会在2024年4月26日下跌

（4）某上市公司在2024年发放股票股利前，其资产负债表上的股东权益账户情况如下：普通股（面值1元）2 000万元，资本公积4 000万元，盈余公积2 000万元，未分配利润3 000万元。假设该公司宣布发放30%的股票股利，现有股东每持10股，即可获得赠送的3股普通股，则分配之后（　　）。

A. 公司流通在外的股数为2 600万股

B. 公司的股东权益总额仍然为11 000万元

C. 股东的财富预计增加30%

D. 公司的盈余公积将增加30%

E. 公司未分配利润减少600万元

（5）某公司决定进行股票回购，预计出资21亿元，在公开市场上回购6 000万股股票，每股价格为35元，预计回购完成后，公司会发生的变化有（　　）。

A. 公司流通在外的股数减少6 000万股

B. 公司的总资产减少21亿元

C. 公司的股票预计会上涨到35元/股

D. 公司的资产负债率将会上升

E. 公司为股东延迟纳税提供了便利条件

（6）某公司宣布2024年利润分配方案为：以2024年年末股本总数10亿股为基数，按每10股派发0.7元（含税）的比例向全体股东派发现金股利，并按每10股送4.5股的比例向全体股东送股，同时按每10股转增5.5股的比例向全体股东进行资本公积转增股本，则该公司分配后（　　）。

A.净资产减少7 000万元　　B.未分配利润减少7 000万元

C.公司股数增加10亿股　　D.股东财富增加1倍

E.理论上，每股股价应该下跌50%

（7）某公司现有发行在外的普通股100万股，每股面值1元，资本公积300万元，未分配利润800万元，股票市价20元/股，按10%的比例发放股票股利并按市价折算，则送股后，以下说法正确的有（　　）。

A.股东权益总额减少200万元　　B.股东权益总额不变

C.资本公积为490万元　　D.未分配利润不变

E.未分配利润减少200万元

（8）某公司现有发行在外的普通股100万股，每股面值1元，资本公积300万元，盈余公积900万元，未分配利润800万元，股票市价20元/股，以盈余公积转增股本比例为10转1，并按市价折算，则送股后，以下说法正确的有（　　）。

A.股东权益总额减少200万元　　B.股东权益总额不变

C.资本公积为490万元　　D.未分配利润不变

E.未分配利润减少200万元

（9）某公司宣布2024年度股利分配方案为每10股派现2元，并每10股以资本公积转增5股。某股东在股权登记日收盘时持有该公司1 000股股票，则分配方案完成后，该股东的财富为（　　）。

A.现金180元　　B.股票数量2 000股

C.在公司中享有的净资产增加1倍　　D.在公司中享有的净资产不变

E.在公司中享有的净资产减少180元

（10）某公司采取送红股的方式发放股利，每10股送5股，在股权登记日收盘时股价为每股12元，除权日收盘时股价为每股7.8元，某股东在股权登记日收盘时持有该公司股票1 000股，则以除权日收盘时股价计算，关于该股东的财富，以下说法正确的有（　　）。

A.持股数量增加了500股　　B.股东财富增加了50%

C.股东财富不变　　D.股东财富减少了1.67%

E.股东财富减少了2.5%

8.3 主观题

8.3.1 理论题

1）简答题

（1）什么是收益分配管理？

（2）什么是剩余股利政策、固定或稳定增长的股利政策、固定股利支付率政策，以及低正常股利加额外股利政策？

（3）什么是现金股利、股票股利、财产股利，以及负债股利？

（4）什么是股票分割？

（5）什么是股票回购？

2）理解题

（1）公司如何根据自身特点制订股利分配方案？

（2）股票股利与股票分割有什么异同？

（3）股票回购对公司有什么影响？

8.3.2 实务题

1）规则复习

（1）收益分配的程序如何？

（2）根据剩余股利政策，公司确定其股利分配额的步骤是什么？

（3）如何安排公司的股利发放日程？

（4）股票股利对股价有何影响？

（5）股票分割对股价有何影响？

2）业务解析

（1）分析说明收益分配的原则。

（2）比较分析固定或稳定增长的股利政策、固定股利支付率政策的优缺点。

（3）比较分析股票股利与股票回购对公司的意义。

8.3.3 案例题

1）案例分析

XDL股份有限公司股利分配政策

背景与情境：XDL股份有限公司2023年度股东大会于2024年5月12日在公司会议室召开，出席会议的股东及股东授权委托的代表人数为5人，代表公司股份83 980 000股，占公司股份总数的72.4%，符合《中华人民共和国公司法》及《公司章程》的规定。会议由董事长HG先生主持，公司董事、监事和高级管理人员列席会议。大会以记名投票方式逐项表决，审议通过了14项议案。其中，《2023年度利润分配及资本公积转增股本的预案》和《2023年度利润分配政策》经股东审议表决全部通过。

（1）《2023年度利润分配及资本公积转增股本的预案》

经天健华天有限责任会计师事务所审计，公司2023年实现税后净利润41 559 077.48元，按净利润的10%提取法定盈余公积，计4 155 907.75元，加上以前年度未分配利润35 749 771.33元，减去本年度实际已支付的2023年股利34 800 000元，实际可供股东分配的利润为38 352 941.06元。公司董事会决定，2023年度利润暂不分配，剩余未分配利润38 352 941.06元转入下一年度一并分配。表决结果为：83 980 000股同意，占出席股东大会有表决权股份总数的100%；0股弃权，占出席股东大会有表决权股份总数的0%；0股反对，占出席股东大会有表决权股份总数的0%。

截至2023年12月31日，公司资本公积余额为450 757 619.43元，公司董事会审议决定，以2023年年底公司总股本11 600万元为基数，实施资本公积转增股本，转增比例为每10股转增10股，共计转增股本11 600万元，实施资本公积转增股本后，公司总股本为23 200万元，资本公积余额为334 757 619.43元，同时授权公司董事会修改公司章程有关条款并办理工商变更登记手续。表决结果为：83 980 000股同意，占出席股东大会有表决权股份总数的100%；0股弃权，占出席股东大会有表决权股份总数的0%；0股反对，占出席股东大会有表决权股份总数的0%。

（2）《2023年度利润分配政策》

预计2023年度公司分配股利1~2次，2023年实现的净利润用于股利分配的比例不超过80%。公司2023年度未分配利润主要用于下一年度股利分配。股利分配主要采用派发现金或送红股的形式，预计现金股息占股利分配的比例不超过80%。具体分配方案依据公司实际情况由公司董事会提出预案，报公司股东大会审议决定。根据公司发展和当年盈利情况，公司董事会保留对2023年利润分配政策作出调整的权利。表决结果为：83 980 000股同意，占出席股东大会有表决权股份总数的100%；0股弃权，占出席股东大会有表决权股份总数的0%；0股反对，占出席股东大会有表决权股份总数的0%。

杨红松认为，该公司虽然没有用净利润发放现金股利或股票股利，但是采取了以资本公积转增股本的做法，这也属于利润分配的形式之一。因此，不能说该公司没有进行利润分配，“公司董事会决定，2023年度利润暂不分配”的表述不正确。

问题：

（1）杨红松的分析是否正确？公司董事会的提法是否正确？

（2）简述该公司的利润分配程序及每一环节的利润分配数额。

（3）“公司董事会决定，2023年度利润暂不分配”是指不分配什么？

（4）结合案例，说明送股对公司的影响。

分析要求：

（1）形成性要求

同第1章“主观题”中本题型的“形成性要求”。

（2）成果性要求

① 课业结构、格式与体例参照本《训练手册》“课业范例”的范例8-5-1。

② 同第1章“主观题”中本题型的其他“成果性要求”。

2）课程思政

美兰股份股票回购

背景与情境：基于对公司未来发展前景的信心和内在价值的认可，同时为提升投资者信心、维护中小股东利益，在综合考虑公司经营情况、财务状况及未来盈利能力等因素的基础上，公司计划进行股份回购。回购的股份将依法予以注销并相应减少注册资本，以实现维护公司市场形象、维护投资者利益的目标。

为保护投资者利益，结合公司目前的财务状况、经营状况及近期公司股价，确定本次回购价格不超过4元/股，具体回购价格由公司股东大会授权董事会在回购实施期间，综合公司二级市场股票价格、公司财务状况和经营状况确定。

截至2024年9月2日，公司通过回购股份专用证券账户，以做市转让方式回购公司股份796 600股，占公司总股本1.37%，占拟回购总数量上限的13.74%，最高成交价为3.90元/股，最低成交价为3.55元/股，已支付的总金额为3 044 436元（不含印花税、佣金等交易费用），占公司拟回购资金总额上限的13.12%。

资料来源：美兰股份．创新美兰（合肥）股份有限公司回购进展情况公告［EB/OL］．［2024-09-02］．http：//www.cninfo.com.cn/new/disclosure/detail？orgId=9900026707&announcementId=1221123272&announcementTime=2024-09-03.引文有删减。

问题：

（1）请分析上述现象暗含了哪些课程思政要求和原则。

（2）本案例对你有哪些启示？

研判要求：

（1）形成性要求

同第1章“主观题”中本题型的“形成性要求”。

（2）成果性要求

① 课业结构、格式与体例参照本《训练手册》“课业范例”的范例8-5-2。

② 同第1章“主观题”中本题型的其他“成果性要求”。

8.3.4 实训题

阶段性体验Ⅷ：“收益分配管理”胜任力训练

【训练目的】

见主教材本章章名页“学习目标”中的“实训目标”。

【能力与道德领域】

专业能力——收益分配管理

技术-技能Ⅰ

名称：收益分配程序操作“技术-技能”

规范与标准：

（1）能准确地分析收益构成。

（2）能准确地弥补亏损以及提取法定盈余公积和任意盈余公积。

（3）能准确地计算可供投资者分配的利润。

技术-技能Ⅱ

名称：股利分配政策比较与设计“技术-技能”

规范与标准：

（1）能根据主客观条件，较为准确地比较与分析剩余股利政策、固定或稳定增长的股利政策、固定股利支付率政策和低正常股利加额外股利政策。

（2）能根据主客观条件，设计适合公司的最佳股利分配政策。

（3）能根据主客观条件，选择适合公司的股利支付方式。

技术-技能Ⅲ

名称：股票分割与股票回购“技术-技能”

规范与标准：

（1）能较为准确地比较与分析股票分割与股票回购的差异。

（2）能根据主客观条件，设计合理的股票分割方案。

（3）能根据主客观条件，设计合理的股票回购方案。

技术-技能Ⅳ

名称：撰写《“收益分配管理”训练报告》“技术-技能”

规范与标准：

（1）能合理设计《“收益分配管理”训练报告》，使其结构、层次较分明。

（2）能依照商务应用文的规范与要求撰写《“收益分配管理”训练报告》。

（3）本教材“网络教学资源包”的《学生考核手册》中的考核表8-2所列各项“考核指标”和“考核标准”。

职业核心能力——信息处理、解决问题、革新创新（中级）

上述能力领域的“基本要求”、“技术-技能”点和“规范与标准”参见“附录三”中的附表3的相关述项。

职业道德——职业态度、职业守则（认同级）

各道德领域素质点的“规范与标准”参见“附录四”的附表4的相关述项。

【训练任务】

（1）对“收益分配管理”等专业能力的各“技术-技能”点实施阶段性基本训练。

（2）对“信息处理”“解决问题”“革新创新”等职业核心能力的各“技术-技能”点实施“中级”强化训练。

（3）对“职业态度”“职业守则”等职业道德的各“素质点”实施“认同级”相关训练。

【训练要求】

（1）训练前学生要了解并熟记本训练的“训练目的”、“能力与道德领域”、“训练任务”与“训练要求”，熟记“网络教学资源包”中《学生考核手册》考核表8-1、考核表8-2中的“考核指标”与“考核标准”的内涵，将其作为本训练的操练点和考核点来准备。

（2）通过“训练步骤”，将“训练任务”所列三种训练整合并落实到本训练的“活动过程”和“成果形式”中。

（3）训练后，学生要对本次训练活动进行总结，在此基础上撰写《“收益分配管理”训练报告》。

【情境设计】

将学生分成若干训练组，各训练组结合本训练“成果形式”的“训练课业”题目，在“训练资料”中任选一组进行训练操练。各训练组通过对所选资料的可供投资者分配利润的计算、股利分配政策的比较与设计、股利支付方式的确定，以及相应《“收益分配管理”训练报告》的准备、撰写、讨论与交流等实践活动的参与和体验，依照本章“训练要求”完成各自的训练任务。

【指导准备】

知识准备：

（1）“收益分配管理”的理论与实务知识。

（2）“附录一”的附表1中，涉及本章“职业核心能力强化训练项”各“技术-技能”点，需要对学生事先培训“‘知识准备’参照范围”内的知识。

（3）“附录三”的附表3和“附录四”的附表4中，涉及本章“职业核心能力强化训练项”各“技术-技能”点和“职业道德相关训练项”各“素质点”，需要对学生事先培训“规范与标准”内的知识。

操作指导：

（1）教师向学生阐明“训练目的”、“能力与道德领域”和“知识准备”。

（2）教师就“知识准备”中的第（2）、（3）项，对学生进行培训。

（3）教师指导学生熟悉收益分配管理，分析确定收益分配的程序。

（4）教师指导学生熟悉股利政策，并就操练项目设计合适的股利分配方案。

（5）教师指导学生熟悉股利支付方式，分析确定操练项目的股利支付方式。

（6）教师指导学生完成《“收益分配管理”训练报告》的撰写。

【训练时间】

本章课堂教学内容结束后的双休日和课余时间，为期一周。

【训练步骤】

（1）将班级每5位同学分成一组，每组确定1~2名负责人。

（2）对学生进行收益分配管理的培训，熟悉训练目的与步骤。

（3）分配训练任务，指导学生研究相关问题。

（4）各组在对操练项目进行“收益分配管理”专业能力的过程中，融入对“信息处理”“解决问题”“革新创新”等职业核心能力各“技术-技能”点的“中级”强化训练和对“职业态度”、“职业守则”等职业道德各“素质点”的“认同级”相关训练。

（5）撰写作为最终成果的《“收益分配管理”训练报告》。

（6）在班级交流、讨论各组的《“收益分配管理”训练报告》。

（7）根据交流、讨论的结果，各组修订其《“收益分配管理”训练报告》，并使之各具特色。

（8）将经过班级交流和修订并附有“教师点评”的优秀训练报告在校园网课程平台进行展示，并纳入本校该课程的教学资源库。

【成果形式】

训练课业：《“收益分配管理”训练报告》

课业要求：

（1）《“收益分配管理”训练报告》的内容、结构与体例参照本《训练手册》“课业范例”的范例8-5-3。

（2）各组成员完成的《“收益分配管理”训练报告》须由指导教师、项目组组长和项目组成员三方签字负责。

8.4 实训资料

实训资料8-4-1

1）A公司2019年亏损20万元，2020年盈利2万元，2021年盈利3万元，2022年盈利5万元，2023年盈利8万元，2024年盈利10万元。假设无纳税调整事项，所得税税率为25%。

要求：

（1）计算2023年A公司是否应缴纳所得税，以及能否进行利润分配。

（2）计算2024年A公司是否应缴纳所得税。若缴纳所得税，则A公司应缴纳多少？

（3）计算2024年A公司是否应提取法定盈余公积。如果按15%的比率提取法定盈余公积，则应提取多少？

2）正大股份有限公司发行在外普通股6 000万股，去年实现净利润4 500万元，分配现金股利每股0.45元，而今年公司的净利润只有3 750万元。该公司对未来发展仍有信心，决定投资3 600万元引进新生产线，所需资金的60%来自举债，另外40%来自权益资本。公司采用剩余股利分配政策。

要求：计算该公司今年可供分配的每股现金股利。

3）HX公司2024年2月28日公布了2023年度财务报告，并提出了2023年度的利润分配预案：以2023年年末的总股本为基数，向全体股东每10股派发现金股利5元；同时提出了按10∶3的比例以资本公积转增股本的方案。2024年3月26日，公司召开股东大会，审议通过了公司2023年度利润分配及资本公积转增股本方案。公司董事会于2024年4月13日发布分红派息公告称："以2023年年末总股份205 085 492股为基数，每10股转增3股派5元（含税）。股权登记日为2024年4月18日，除权除息日为2024年4月19日，新增可流通股份上市日为2024年4月20日，现金股利发放日为2024年4月26日。"

要求：

（1）写出HX公司股利发放的具体日程安排。

（2）如果某一股东在2024年4月20日购入该公司1 000股流通股，那么该股东是否可以享受此次股利分配？

实训资料8-4-2

1）康达生股份有限公司是一家从事药品制造的上市公司。上市5年来，公司一直保持着较好的发展势头和较高的盈利水平，每年的净利润基本上都以10%的速度持续增长。公司总股本为8 000万股。近5年来，公司每年都分配现金股利，没有分配股票股利，也没有实施资本公积转增股本的方案。2023年，公司实现净利润5 800万元，分配现金股利2 610万元。2024年，公司实现税后利润6 400万元，尚未分配。2024年年末，公司的资本结构为权益资本占55%，债务资本占45%。公司2025年准备扩大生产能力，需要增加资本总额10 000万元。2025年年初，公司董事会讨论了2024年度的股利分配方案。财务部门设计了以下几种利润分配方案：

（1）采用固定或稳定增长的股利政策，每年分配的现金股利按照10%的速度稳定增长。

（2）采用固定股利支付率政策，保持上年的股利支付率。

（3）如果公司管理层认为，目前公司的资本结构是较为理想的资本结构，公司将继续采用剩余股利政策。2025年，公司投资所需债务资本通过长期借款来满足，所需权益资本通过2024年的留存收益来满足，多余的利润用来分配现金股利。

（4）采用低正常股利加额外股利政策，公司确定的低正常股利为每股0.30元；由于2024年的盈利状况较为理想，考虑再额外增加每股0.10元的股利。

要求：针对上述各种利润分配方案，分别计算该公司2024年度应分配的现金股利。

2）甲公司2024年年末的股东权益如下：

普通股（面值1元，流通在外10 000万股）	10 000万元
资本公积	1 640万元
盈余公积	850万元
未分配利润	7 110万元
股东权益合计	19 600万元

假定该公司在2025年3月的年度股东大会上，通过了如下的利润分配方案：以2024年年末的总股本为基数，向全体股东分配20%的股票股利，假如利润分配前的股票每股市价为15元。

要求：计算股票股利分配后，公司股东权益总额及结构对单一股东权益及股票价格的影响。

实训资料8-4-3

1）《LQ股份有限公司2023年度利润分配实施公告》如下：

本公司董事会及全体董事保证本公告内容不存在任何虚假记载、误导性陈述或者重大遗漏，并对其内容的真实性、准确性和完整性承担个别及连带责任。

重要内容提示：每10股派发现金股利0.6元（含税）并转增1股；扣税前每股现金股利0.06元，扣税后每股红利0.054元；股权登记日为2024年5月24日；除权（息）日为2024年5月25日；新增流通股上市流通日为2024年5月26日；现金股利发放日为2024年5月31日。

（1）通过利润分配方案的股东大会届次和日期。

2024年4月2日，LQ股份有限公司2024年度股东大会审议通过了《关于审议公司2023年度利润分配及以资本公积转增股本的预案》。股东大会决议公告于2024年4月3日刊登在《中国证券报》、《上海证券报》及上海证券交易所网站（http：//www.sse.com.cn）。

（2）利润分配、资本公积转增股本方案。

①利润分配、资本公积转增股本方案：以2023年年末股本总数412 610 000股为基数，按每10股派0.6元（含税）的比例向全体股东派发现金股利，共计派发现金股利2 475.66万元，本年净利润结余5 749.91万元作为未分配利润，转以后年度分配；本年度不实行送股。同时以2023年年末股本总数412 610 000股为基数，按每10股转增1股的比例向全体股东进行资本公积转增股本，共计转增4 126.1万股。

②发放年度：2023年度。

（3）股权登记日、除权（息）日、新增可流通股份上市日及红利发放日。

①股权登记日：2024年5月24日。

②除权（息）日：2024年5月25日。

③新增流通股份上市流通日：2024年5月26日。

④现金股利发放日：2024年5月31日。

（4）分派对象。

截至股权登记日2024年5月24日下午，上海证券交易所收市后，在中国证券登记结算有限责任公司上海分公司登记在册的全体股东。

……

特此公告

LQ股份有限公司

2024年5月19日

要求：

（1）分析LQ股份有限公司2023年度股利分配的相关日程安排。

（2）分析我国上市公司的股利支付形式。

（3）资本公积转增股本是否属于利润分配？

2）某公司某年末股东权益的总额及构成情况如下：

普通股200万元（普通股100万股，每股面值2元）；资本公积100万元；留存收益500万元；合计800万元。

现在有两个方案：一是公司宣布分配10%的股票股利；二是公司实施股票分割计划，将原来面值为2元的一股分割成面值为1元的两股。

要求：

（1）分析两种方案实施后公司的股东权益将如何变化。

（2）若公司两个方案实施前的股价为每股11元，请分析第二个方案实施后股票价格将发生什么变化。

3）顺达公司2023年提取盈余公积后的净利润为800万元，2023年支付股利320万元。2024年投资计划所需资金700万元，公司的目标资本结构为自有资金占60%，借入资金占40%。

要求：

（1）若公司实行剩余股利政策，2024年净利润与2023年净利润相同，则该公司2024年可向投资者发放多少股利？

（2）若公司实行固定或稳定增长的股利政策，2024年净利润比2023年净利润净增长5%，则该公司2024年向投资者支付的股利为多少？

（3）若公司实行固定股利支付率政策，公司每年按40%的比例分配股利，2024年净利润比2023年净利润净增长5%，则该公司2024年应向投资者分配的股利为多少？

（4）若公司实行低正常股利加额外股利政策，规定当净利润增长5%时，以增长后净利润的1%作为额外股利，2024年净利润增长5%，则该公司2024年应向投资者支付的股利为多少？

8.5 课业范例

范例8-5-1

案例分析

某电力公司历年分红派息情况

背景与情境：以下是某电力公司网站关于其历年分红派息的描述：

公司自2007年上市以来，一直不忘回馈股东，17年来，年年分红，平均年度利润分红比例超过50%，即公司将利润的一半回馈给公司股东，其中有3年在现金分红的同时还实行了送股或转增股。自上市以来，公司共计募集资金27.6亿元（含发行费用），累计向股东派现69.19亿元（含税），累计派现额相当于筹资额的2.51倍，累计派发现金股利在深沪两市名列前茅。该电力公司历年分红派息情况见表8-1。

表 8-1 **某电力公司历年分红派息情况表**

年度	每股收益（元/股）	分红派息方案
2007	0.908	每10股送2股转增6股派发2.00元现金股利
2008	0.514	每10股派发6.00元现金股利
2009	0.450	A股每10股派发3.30元，B股每10股派发1.90元，转为B股的原法人股每10股派发1.40元
2010	0.676	每10股送2股派发2.00元现金股利
2011	0.606	每10股转增3股派发3.00元现金股利
2012	0.538	每10股派发4.00元现金股利
2013	0.648	每10股派发3.00元现金股利
2014	0.377	中期每10股送2股转增8股派发0.40元现金股利，年终每10股派发1.50元现金股利
2015	0.398	每10股派发现金股利2.20元
2016	0.447	每10股派发现金股利2.30元
2017	0.472	每10股派发现金股利2.50元
2018	0.357	每10股派发现金股利1.80元
2019	0.271	每10股派发现金股利1.80元
2020	0.288	每10股派发现金股利1.80元
2021	0.248	每10股派发现金股利1.60元
2022	0.011	每10股派发现金股利0.80元
2023	0.438	每10股派发现金股利2.00元
累计派发现金股利69.19亿元		

另外，公司在2007年上市时的发行价格为9.80元/股，2023年12月31日，股票收盘价为5.88元/股。不考虑股票投资的交易费用和所得税。

问题：

1）该电力公司自2007年以来采取了哪些股利分配方式？

2）如果一个A股股东于2007年在一级市场上购买了1 000股该公司股票，持有至2023年12月31日，在此期间其没有通过从股市购买股票的方式增加该电力股票，请计算该股东历年来从公司获取的现金股利及2023年12月31日持有的股票数量。

3）请对该公司历年的分红派息进行评价。

分析要求：

1）形成性要求

同第1章“主观题”中本题型的“形成性要求”。

2）成果性要求

（1）课业结构、格式与体例参照本《训练手册》“课业范例”的范例8-5-1。

（2）同第1章“主观题”中本题型的其他“成果性要求”。

“某电力公司历年分红派息情况”案例分析报告

（项目组组长：　　　　　　　　项目组成员：　　　　　　　　　）

1）从该电力公司网站公布的数据可以看出，公司自2007年上市以来，采取了现金股利和股票股利的分配方式。其中，2008年、2009年、2012年、2013年、2015年、2016年、2017年、2018年、2019年、2020年、2021年、2022年、2023年，公司采取的是纯现金股利分配方式；2007年、2010年、2011年、2014年公司采取的是送红股与现金股利相结合的方式。

2）若投资者于2007年在一级市场上购买了1 000股该公司A股股票，则其投资额为9 800元，2007年度分红为200元，获得红股和转增股票800股；2008年度获得现金股利1 080元（1 800×0.6）；2009年度获得现金股利594元（1 800×0.33）；2010年度获得现金股利360元（1 800×0.2），获得红股360股，该股东的股份增加到2 160股；2011年度获得现金股利648元（2 160×0.3），获得红股648股（2 160×0.3），该股东的股份增加到2 808股；2012年度获得现金股利1 123.2元（2 808×0.4）；2013年度获得现金股利842.4元（2 808×0.3）；2014年中期获得现金股利112.32元（2 808×0.04），获得红股2 808股，该股东的股份增加到5 616股，2014年年终获得现金股利842.4元（5 616×0.15）；2015年度获得现金股利1 235.52元（5 616×0.22）；2016年度获得现金股利1 291.68元（5 616×0.23）；2017年度获得现金股利1 404元（5 616×0.25）；2018年度获得现金股利1 010.88元（5 616×0.18）；2019年度获得现金股利1 010.88元（5 616×0.18）；2020年度获得现金股利1 010.88元（5 616×0.18）；2021年度获得现金股利898.56元（5 616×0.16）；2022年度获得现金股利449.28元（5 616×0.08）；2023年度获得现金股利1 123.2元（5 616×0.2）。共计获得现金股利为15 237.2元（200+1 080+594+360+648+1 123.2+842.4+112.32+842.4+1 235.52+1 291.68+1 404+1 010.88+1 010.88+1 010.88+898.56+449.28+1 123.2）。2023年年末，该股东持有股票5 616股。

3）总体而言，公司的现金股利分配率在50%以上，体现了“多盈利、多分配”的特点，给股东以较大的投资回报。分配的现金股利是其向股东筹资的2.51倍，从这个意义上讲，长期持有该电力公司股票，股东能够获得相对高的收益。该电力公司的股利分配政策基本上能满足股东财富增值的要求，较好地实现了股东财富最大化的目标。

范例8-5-2

课程思政

南京银行中期分红

背景与情境：南京银行发布2024年中期利润分配方案公告 。公告显示，南京银行董事会9月2日召开第十届董事会第六次会议，根据股东大会的授权，审议通过了2024年中期利润分配方案，决定以本公司2024年6月30日普通股总股本10 343 793 521

股计算，向全体普通股股东每10股派送现金股利3.587元人民币（含税），共计派发现金股利37.103亿元，占合并报表中归属于上市公司股东的净利润的32.00%。

公告称，由于本公司发行的可转债处于转股期，若总股本在实施权益分派的股权登记日前发生变动，届时本公司将维持分配总额不变，以实施权益分派的股权登记日普通股总股本为基数，相应调整每股分配金额，并在分红派息实施公告中明确具体分配情况。分配完成后，结余未分配利润结转以后分配。

资料来源：佚名. 南京银行：拟实施2024年度中期分红 每10派3.587元［EB/OL］.［2024-09-03］. https：//www.163.com/dy/article/JB5F7O2H05568W0A.html.引文有删减。

问题：

1）请分析上述现象暗含了哪些课程思政要求和原则。

2）本案例对你有哪些启示？

研判要求：

1）形成性要求

同第1章“主观题”中本题型的“形成性要求”。

2）成果性要求

（1）课业结构、格式与体例参照本《训练手册》“课业范例”的范例8-5-2。

（2）同第1章“主观题”中本题型的其他“成果性要求”。

“南京银行中期分红”思政研判报告

（项目组组长： 项目组成员： ）

1）决策者应该能够分析与理解遵纪守法的理念，在收益分配中遵守法律法规对收益分配的规定；能够树立起承担社会责任与回报股东的思想，合理制定股利分配政策与股利支付形式。在实际工作中，收益分配是财务管理的一个重要内容，企业应该重视收益分配工作。在充分考虑公司未来盈利能力和资金需求前提下，加大分红是对投资者回报的较好方式。

2）本案例体现了股东财富和企业价值最大化的思想，企业应该为股东利益着想，在实现利润后应该考虑以合理适当的方式回报股东。本案例的启示是，企业的收益分配应该根据其内外部条件制定合理的股利政策，以实现企业价值和股东财富最大化。

范例8-5-3

东方钢铁公司股利政策决策分析

训练资料：东方钢铁公司是一家大型钢铁公司，公司业绩一直很稳定，其盈余的长期增长率为12%。2023年，公司税后盈利为10 000万元，当年发放股利共2 500万元。2022年，因公司面临一个投资机会，预计其盈利可达到14 000万元，而该公司投资总额为9 000万元，预计2024年以后公司会恢复12%的增长率。公司目标资本结构中的负债和权益比为4：5。目前，公司面临股利分配政策的选择，可供选择的股利分配政策有固定股利支付率政策、剩余股利政策，以及固定或稳定增长的股利政策。

要求：如果你是该公司的财务分析人员，请你计算2024年公司实行不同股利政策时的股利水平，并比较不同的股利政策，作出你认为正确的选择。

“东方钢铁公司股利政策决策分析”训练报告

（项目组组长： 项目组成员： ）

训练报告见表8-2。

表8-2 “东方钢铁公司股利政策决策分析”训练报告

班级：会计2023（1）班 项目组编号：01

项目组组长	吴清	项目组成员	张三、李四……
训练时间	2024年5月30日	训练地点	财务管理训练室
训练目的	（1）对“收益分配程序操作”与“股利分配政策比较与设计”等专业能力的各“技能点”实施阶段性基本训练。（2）对“信息处理”“解决问题”“革新创新”等职业核心能力的各“技能点”实施“中级”强化训练。（3）对“职业态度”“职业守则”等职业道德的各“素质点”实施“认同级”相关训练		
训练步骤	（1）根据训练资料，项目组对相关问题进行分析，确定项目组成员的任务与分工，并制订项目组的《训练计划》。（2）实施《训练计划》，对东方钢铁公司的盈利情况与股利政策进行分析。（3）撰写作为最终成果的《“东方钢铁公司股利政策决策分析”训练报告》。（4）在班级交流、讨论各组的《“东方钢铁公司股利政策决策分析”训练报告》，并进一步修订和完善		
训练成果	收益分配不仅是资本运动的终点，也是下一次资本运动的起点。收益分配决定着公司留存收益和现金股利的多少，会影响公司下一次资本运动的规模和结构，对公司未来的筹资和投资决策产生重大影响。股利政策不仅会影响股东的财富，而且会影响公司在资本市场上的形象和股票的价格，更会影响公司的长、短期利益。因此，合理的股利政策对公司及股东来讲是非常重要的。 1.公司在不同股利政策下的现金股利数量 （1）实行固定股利支付率政策时，计算步骤如下： 2023年股利支付率=2 500÷10 000×100%=25% 2024年支付股利=12 000×25%=3 000（万元） （2）实行剩余股利政策时，计算步骤如下： 内部权益融资额=9 000×5÷9=5 000（万元） 2024年支付股利=12 000-5 000=7 000（万元） （3）实行固定或稳定增长的股利政策时，计算步骤如下： 2024年支付股利=2 500×（1+12%）=2 800（万元） 2.对不同股利政策的比较分析与建议 （1）固定股利支付率政策的优点：①使股利与公司盈余紧密结合，体现了“多盈多分、少盈少分、无盈不分”的股利分配原则。②由于公司的获利能力在年度间是经常变动的，因此每年的股利也应当随着公司收益的变动而变动，并保持分配股利与留存收益间一定的比例关系。固定股利支付率政策要求公司每年按固定的比例从税后利润中支付现金股利，从公司支付能力的角度来看，这是一种稳定的股利政策。固定股利支付率政策的缺点：①传递的信息容易成为公司的不利因素。因为波动的股利向市场传递的信息是公司未来收益前景不明确等，很容易给投资者带来公司经营状况不稳定、投资风险较大的不良印象。②容易使公司面临较大的财务压力。如果公司现金流量状况不好，却还要按固定比例支付股利，就很容易给公司带来较大的财务压力。③缺乏财务弹性。④合适的固定股利支付率的确定难度大		

续表

训练成果	(2) 剩余股利政策的优点：留存收益优先保证再投资的需要，从而有助于降低再投资的资金成本，保持最佳的资本结构，实现公司价值的长期最大化。剩余股利政策的缺点：如果公司完全遵照剩余股利政策分配股利，股利的发放额就会每年随投资机会和盈利水平的波动而波动。即使在盈利水平不变的情况下，股利发放额也将与投资机会反方向波动：投资机会越多，股利的发放额越少；反之，投资机会越少，股利的发放额越多。而在投资机会维持不变的情况下，股利发放额将因公司每年盈利的波动而同方向波动。因此，剩余股利政策不利于投资者安排收入与支出，也不利于公司树立良好的形象，一般适用于初创阶段的公司。 (3) 固定或稳定增长的股利政策的优点：①传递给股票市场和投资者一家公司经营状况稳定、管理层对未来充满信心的信号，有利于树立公司在资本市场上的良好形象，增强投资者对公司的信心，进而有利于稳定公司股价。②有利于吸引那些打算进行长期投资的股东，这部分股东希望其投资的获利能够成为其稳定的收入来源，以便安排各种经常性的消费和其他支出。固定或稳定增长的股利政策的缺点：①股利分配只升不降，股利支付与公司盈利相脱离，即无论盈利多少，公司均应按固定的乃至稳定增长的比例派发股利。②公司在发展过程中，难免会出现经营状况不好的时期，如果这时仍执行固定或稳定增长的股利政策，那么派发的股利金额将大于公司实现的盈利，从而侵蚀公司的留存收益，给公司的财务运作带来很大的压力，并最终影响公司正常的生产经营活动。 (4) 根据上述分析，东方钢铁公司应选择固定或稳定增长的股利政策		
训练体会	通过本训练，我们可以理解收益分配管理的概念与意义，熟悉不同股利政策的特点、分配方案的相关分析技能，能够运用股利政策分析方法解决实际问题，提升我们对股利政策的理解和应用能力。此外，由于财务工作对专业综合素质的要求较高，企业财务管理人员在分析问题时要细致而全面，工作中要有团队合作精神，要善于与人沟通、与人合作		
补充说明	在本训练中，我们在体验本章“专业能力”基本训练的同时，也尝到了“信息处理”“解决问题”“革新创新”等“职业核心能力”(中级)强化训练和“职业态度”“职业守则”等“职业道德”(认同级)相关训练的甜头。我们认识到，要提高“学习迁移能力”和“可持续发展能力”，积极应对未来职业岗位的跨行业流动(这是当代职业的一个显著特征)，避免职业道德与企业伦理的缺失，这些训练是必不可少的。我们相信，通过本课程以及后续课程的同类学习与训练，在构建自身“业务胜任能力”的过程中，我们的“职业核心能力”将不断增强，我们的“职业道德”将由“他律”变为“自律”		
项目组成员签名	吴清、张三、李四……	指导教师签名	王华

8.6 参考答案与提示

教学互动8-1

引导提示：

（1）计算公司本年度净利润

本年净利润=（800-200×10%）×（1-25%）=585（万元）

（2）计算应计提的法定盈余公积和任意盈余公积

法定盈余公积=585×10%=58.5（万元）

任意盈余公积=585×10%=58.5（万元）

（3）计算公司可供投资者分配的利润

可供投资者分配的利润=585-58.5-58.5+181.92=649.92（万元）

（4）每股支付的现金股利

每股支付的现金股利=（649.92×16%）÷60≈1.73（元）

教学互动8-2

引导提示：

（1）2025年投资方案所需的自有资金额=700×60%=420（万元）

2025年投资方案所需从外部借入的资金额=700×40%=280（万元）

（2）2024年度应分配的现金股利=净利润-2024年投资方案所需的自有资金额

=900-420=480（万元）

（3）2024年度应分配的现金股利=上年分配的现金股利=550万元

可用于2025年投资的留存收益=900-550=350（万元）

2025年投资需要额外筹集的资金额=700-350=350（万元）

（4）该公司的股利支付率=550÷1 000×100%=55%

（5）因为公司只能从内部筹资，所以2025年的投资需要从2024年的净利润中留存700万元，所以2024年度应分配的现金股利=900-700=200（万元）。

教学互动8-3

引导提示：

（1）发放股票股利后的普通股股数=200×（1+10%）=220（万股）

发放股票股利后的普通股股本=2×220=440（万元）

发放股票股利后的资本公积=160+（35-2）×20=820（万元）

现金股利=0.2×220=44（万元）

利润分配后的未分配利润=840-35×20-44=96（万元）

（2）股票分割后的普通股股数=200×2=400（万股）

股票分割后的普通股股本=1×400=400（万元）

股票分割后的资本公积=160万元

股票分割后的未分配利润=840万元

“8.2 客观题”参考答案

8.2.1 理论题

1）单项选择题

（1）C （2）C （3）B （4）B （5）A （6）A （7）A （8）A （9）D （10）D

2）多项选择题

（1）ABCD （2）ABCD （3）AB （4）ABCD （5）ABDE （6）ABCDE （7）ABC （8）ABCD （9）AB （10）DE

3）判断题

（1）× （2）√ （3）√ （4）× （5）× （6）× （7）× （8）√ （9）√ （10）×

8.2.2 实务题

1）单项选择题

（1）B （2）D （3）D （4）A （5）C （6）D （7）D （8）D （9）B （10）A

2）多项选择题

（1）ABDE （2）ABC （3）BD （4）ABC （5）ABCD （6）ABE （7）AB （8）ADE （9）AE （10）ABE

3）混合选择题

（1）ACD （2）ABC （3）ABC （4）BCD （5）C

4）判断题

（1）√ （2）× （3）× （4）√ （5）× （6）× （7）× （8）√ （9）× （10）×

8.2.3 案例题

1）C 2）D 3）C 4）AD 5）ABCD

8.2.4 实训题

1）单项选择题

（1）B （2）D （3）C （4）C （5）B （6）D （7）D （8）C （9）A （10）A

2）多项选择题

（1）ABCD （2）ACDE （3）ABDE （4）ABE （5）ABCDE （6）AB （7）BCE （8）BCD （9）AB （10）AE

“8.3 主观题”参考答案

8.3.1 理论题

1）简答题

（1）参考答案：收益分配管理是对企业收益分配的主要活动及其形成的财务关系的组织与调节，是企业将一定时期内所创造的经营成果在企业内、外部各利益相关者之间进行有效分配的过程。

（2）参考答案：剩余股利政策是指公司生产经营所获得的净利润应首先满足公司的资金需求，如果还有剩余，则分配股利；如果没有剩余，则不分配股利。

固定或稳定增长的股利政策是指公司将每年派发的股利数额固定在某一特定水平，或是在此基础上维持某一固定比率逐年稳定增长。

固定股利支付率政策是指公司将每年净收益的某一固定百分比作为股利分派给股东，这一百分比通常被称为股利支付率。股利支付率一经确定，一般不得随意变更。

低正常股利加额外股利政策是指公司事先设定好一个较低的正常股利额，每年除了按正常的股利额向股东发放现金股利外，还在公司盈利情况较好、资金较为充裕的年度向股东发放高于每年度正常股利的额外股利。

（3）参考答案：现金股利是以现金形式支付的股利，它是股利支付最常见的方式。

股票股利是公司以增发股票的方式所支付的股利，我国实务中通常也称其为“红股”。

财产股利是以现金以外的其他资产支付的股利，主要是以公司所拥有的其他公司的有价证券，如公司债券、公司股票等，作为股利发放给股东。

负债股利是以负债方式支付的股利，通常以应付票据的方式支付给股东，有时也以发行公司债券的方式支付给股东。

（4）参考答案：股票分割又称拆股，是指股份公司用某一特定数额的新股，按一定比例交换一定数额的流通在外的股份的行为。

（5）参考答案：股票回购是指上市公司从股票市场上购回本公司发行在外的一定数额的股票的行为。

2）理解题

（1）参考答案：公司的股利分配与公司的盈利有关，且应遵循一定的顺序。公司在进行股利分配时，可以采用现金股利或股票股利等多种形式。此外，公司的股利分配与其后续的投资、筹资也有关，因此公司必须考虑到市场可能的反应。公司在制订股利分配方案时，必须从以下几个方面进行考虑：①未来投资项目对资金的需求。②财务决策的影响，如财务杠杆、资本结构决策等。③企业的融资能力。④收益的稳定性。⑤资产的变现能力。公司向股东支付股利，可采用剩余股利政策、固定或稳定增长的股利政策、固定股利支付率政策、低正常股利加额外股利政策，也可采用现金股利、股票股利、财产股利和负债股利等支付方式。

（2）参考答案：从股票股利和股票分割对市场的影响来看，两者的共同之处在于，股票股利和股票分割都对投资者传递了较为积极的信息；不同之处在于，股票分割必定能够促使股票市价下跌，而股票股利则不一定能够促使股票市价下跌。一般来说，当股票股利的数额较大时，股票市价才可能大幅下跌。因此，只有在股价急剧上涨且预期难以下跌时，公司才采用股票分割的方法降低股价；而在股价上涨幅度不大时，公司通常采用发放股票股利的方法，将股价维持在理想的范围之内。

（3）参考答案：股票回购的积极作用包括以下方面：①稳定公司股价。②帮助股东从股票回购中获得少纳税或推迟纳税的好处。③分配公司超额现金。④作为反收购措施。⑤改善资本结构，追求财务杠杆利益。股票回购的负面效应包括以下方面：A.财务风险效应。B.支付风险效应。C.容易导致内幕交易，从而操纵股价。

8.3.2　实务题

1）规则复习

（1）参考答案：根据《中华人民共和国公司法》的规定，公司进行利润分配涉及的项目包括盈余公积和股利两部分。公司税后利润分配的顺序是：弥补亏损——提取法定盈余公积——提取任意盈余公积——向投资者分配利润或股利。

（2）参考答案：公司按如下步骤确定其股利分配额：①根据公司的投资计划确定公司的最佳资本预算。②根据公司的目标资本结构及最佳资本预算预计公司资金需求中所需要的权益资本数额。③尽可能用留存收益来满足资金需求中所需要增加的股东权益数额。④留存收益在满足了公司股东权益增加需求后，如果有剩余，再用来发放股利。

（3）参考答案：公司在选择了股利政策、确定了股利支付水平和方式后，就应当进行股利的发放。公司股利的发放必须遵循相关的要求，按照日程安排来进行。一般情况下，股利的发放需要按照下列日程来进行：①预案公布日。②宣布日。③股权登记日。④除息日。

（4）参考答案：对于股东来说，采取送红股的形式分配利润优于不分配利润。这种方式不会直接增加股东的财富，也不增加股票的含金量，但送红股有可能提高股票投资者的经济效益。发放股票股利以后，股价会下跌，但下跌幅度要小于送股方式的比例，因此总的股价会上涨。

（5）参考答案：股票分割能迅速大幅度降低股票价格，但一般来讲，只有在股价急剧上涨且预期难以下跌的时候，公司才会采用股票分割的办法降低股价。此外，股票分割还可以传递公司远期发展良好的信号。因此，股票分割一般会导致股价下跌，但总的股价会上涨。

2）业务解析

（1）参考答案：收益分配的原则包括：①依法分配原则。企业的收益分配必须依法进行。②分配与积累并重原则。企业的收益分配必须坚持积累与分配并重的原则。③兼顾各方利益原则。企业的收益分配必须兼顾各方的利益。④投资与收益对等原则。企业进行收益分配时应当体现“谁投资谁受益”、收益大小与投资比例相对等的原则。

（2）参考答案：固定或稳定增长的股利政策是指公司将每年派发的股利数额固定在某一特定水平或是在此基础上维持某一固定比率逐年稳定增长。公司只有在确信未来的盈利增长不会发生逆转时，才会宣布实施固定或稳定增长的股利政策。固定股利支付率政策是指公司将每年净收益的某一固定百分比作为股利分派给股东。这一百分比通常被称为股利支付率，股利支付率一经确定，一般不得随意变更。每年分配的股利数量前者是稳定的，而后者不稳定；前者股利分配与收益脱节，但后者股利分配与收益紧密结合，体现了“多盈多分、少盈少分、无盈不分”的原则。

（3）参考答案：股票股利不会直接增加股东的财富，不会导致公司资产的流出或负债的增加，也不会增加公司的财产，但是会引起所有者权益各项目的结构发生变化。股票股利对公司的意义是：①有利于控制现金流出。②可以降低每股市场价格。③往往会向投资者传递企业将会继续发展的信息，从而提高投资者对企业的信心，在一定程度上稳定股票价格。但是公司采用股票股利支付形式，有可能被认为是公司现金周转不灵的征兆。

股票回购对公司的意义是：①可以稳定公司股价，公司在股价过低时回购股票，是维护公司形象的有力途径。②可以分配公司超额现金。股票回购会引起公司股票每股收益和每股市价上升。假定市盈率不变，则股东所持有的股份的总价值将会随之增加，从而起到分配超额现金的作用。③股票回购是一种反收购措施，有助于公司管理者竞争，免受对手企图收购的威胁。④可以改善公司资本结构，追求财务杠杆利益。但股票回购也会给公司带来财务风险及支付风险，容易导致内幕交易，从而操纵股价。

8.3.3 案例题

1）案例分析

分析提示：

（1）杨红松的分析不正确，用资本公积转增股本不属于利润分配活动，没有涉及税后利润的分配。“公司董事会决定，2023年度利润暂不分配”的提法不正确，因为提取法定盈余公积也是利润分配的必要环节，是向股东分配现金股利和送红股的前一环节。

（2）按净利润的10%提取法定盈余公积，计4 155 907.75元；未分配利润为38 352 941.06元。

（3）“公司董事会决定，2023年度利润暂不分配”是指不向股东分配现金股利或送红股与转增股本。

（4）由案例可以看出，送股使得公司流通在外的股票数量增加，但公司资产总额、负债总额及股东权益总额没有改变，只是股东权益内部结构改变，部分股东权益金额由未分配利润转至股本账户。

2）课程思政

研判提示：

（1）决策者应该本着爱岗敬业精神，分析股票回购与股票分割对企业和股东的影响，创造性地利用股票分割与股票回购，提高股东财富。在实际工作中，股票回购会影响公司的财务状况和股东利益；股票回购可能会促使股价上涨；公司在股价较低、股东财富受到损失时进行股票回购是符合股东利益要求的。

（2）本案例体现了股东财富和企业价值最大化的思想。企业应该为股东利益着想，想办法提高股东财富和股东收益。本案例的启示是，上市公司应该结合自身条件和股票市场状况，抓住合理的时机进行股票回购，以实现企业价值和股东财富最大化。

“8.4 实训资料”参考答案

实训资料8-4-1

1）参考答案：（1）根据税法的规定，公司在缴纳所得税之前，可以用税前利润先弥补前5年的亏损，之后才需要缴纳所得税。

2023年缴纳所得税之前A公司未分配利润余额=-20+2+3+5=-10（万元）

2023年A公司可以弥补以前年度亏损8万元，弥补之后，未分配利润借方余额仍有2万元。因此，2023年A公司不用缴纳所得税，也不能进行利润分配。

（2）2024年A公司可以用税前利润弥补亏损，需缴纳所得税。

应纳所得税=（10-2）×25%=2（万元）

（3）补亏之后未分配利润在贷方。

余额=10-2-2=6（万元）

应提取法定盈余公积=6×15%=0.9（万元）

2）参考答案：公司权益性投资需要用到的税后利润=3 600×40%=1 440（万元）

每股现金股利=（3 750-1 440）÷6 000=0.385（元）

3）参考答案：（1）2024年2月28日是分配预案公布日；2024年4月13日为宣布日；2024年4月18日为股权登记日；2024年4月19日为除息日。

（2）该股东在2024年4月20日购进公司股票，由于购进股票之日在除息日之后，因此该股东不能参与公司此次股利分配。

实训资料8-4-2

1）参考答案：采用稳定增长的股利政策，则有：

2024年度应分配的现金股利=2 610×（1+10%）=2 871（万元）

采用固定股利支付率政策，保持上年的股利支付率，则有：

2024年度应分配的现金股利=6 400×（2 610÷5 800）=2 880（万元）

采用剩余股利政策，则有：

2024年度应分配的现金股利=6 400-10 000×45%=1 900（万元）

采用低正常股利加额外股利政策，则有：

2024年度应分配的现金股利=（0.3+0.1）×8 000=3 200（万元）

2）参考答案：股票股利分配后的甲公司股东权益总额=19 600万元

股票股利分配后甲公司股本=10 000+10 000×20%×1=12 000（万元）

未分配利润=7 110-10 000×20%×1=5 110（万元）

资本公积=1 640万元

盈余公积=850万元

股票股利分配后，对单一股东而言，股数增加20%，但持股比例不变，股价一般要下跌，但跌幅不确定。

实训资料8-4-3

1）参考答案：（1）LQ股份有限公司2023年度股利分配的相关日程安排如下：

预案公布日为2024年4月2日；股利宣告日为2024年5月19日；股权登记日为2024年5月24日；除权日为2024年5月25日。股利发放日安排如下：新增股票流通日为2024年5月26日，现金股利发放日为2024年5月31日。

（2）我国上市公司的股利支付形式有现金股利、股票股利、财产股利和负债股利。前两者较为常见，后两者目前较为少见，但并非为法律禁止。

（3）资本公积转增股本不属于利润分配。

2）参考答案：（1）第一个方案实施后，股票数量增加10万股，股本增加20万元，留存收益减少20万元，股东权益及其他各项指标不变。第二个方案实施后，股票数量为200万股，面值为1元/股，股东权益其他各项指标不变。

（2）第二个方案实施后，股票除权价格将为5.5元/股。

3）参考答案：（1）2024年公司净利润为1 120万元，采用剩余股利政策时，需要保留的留存收益为420万元（700×60%），剩余全部作为现金股利发放，即发放现金股利700万元。

（2）若公司实行固定或稳定增长的股利政策，2024年净利润比2023年净利润净增长5%，则该公司2024年向投资者支付股利为336万元。

（3）若公司实行固定股利支付率政策，公司每年按40%的比例分配股利，2024年净利润比2023年净利润净增长5%，则该公司2024年净利润为1 176万元，应向投资者分配的股利为470.4万元。

（4）若公司实行低正常股利加额外股利政策，规定当净利润增长5%时，以增长后净利润的1%作为额外股利，2024年净利润增长5%，则该公司2024年应向投资者支付的股利为331.76万元（320+1 176×1%）。

第9章
财务预算

9.1 预习要览

9.1.1 内容提要与结构

1）内容提要

财务预算是一系列专门反映企业在未来一定预算期内预计财务状况和经营成果，以及现金收支等价值指标的各种预算的总称，包括现金预算、预计利润表、预计资产负债表等内容。编制财务预算是企业财务管理的一项重要工作，它具有以下作用：(1) 明确目标；(2) 协调各部门的工作；(3) 有利于控制与考核；(4) 合理配置资源。

按照不同的分类标准，企业预算可以分为不同的种类。根据预算内容的不同，企业预算可以分为业务预算（经营预算）、专门决策预算、财务预算。业务预算是指与企业日常经营活动直接相关的经营业务的各种预算。专门决策预算是指企业不经常发生的、一次性的重要决策预算。财务预算是指反映企业在计划期内有关预计现金收支、财务状况和经营成果的预算。财务预算是企业全面预算体系中的最后环节。

根据预算指标覆盖时间长短的不同，企业预算可以分为长期预算和短期预算。预算期在一年以内（含一年）的预算称为短期预算，预算期在一年以上的预算称为长期预算。

财务预算的编制程序具体可分为下达目标、编制上报、审查平衡、审议批准、下达执行等步骤。

财务预算的编制方法主要有固定预算方法和弹性预算方法、增量预算方法和零基预算方法、定期预算方法和滚动预算方法。

固定预算是指根据预算内正常的、可实现的某一业务量水平编制的预算，一般适用于固定费用或者数额比较稳定的预算项目。

弹性预算是指按照预算期内可预见的多种业务量水平而编制的、能够适用于不同业务量情况的预算。

增量预算是指以基期成本费用水平为基础，结合预算期业务量水平以及有关降低成本的措施，通过调整部分原有成本费用项目而编制的预算。

零基预算是指对预算收支以零为基点，对预算期内各项支出的必要性和合理性、各项收入的可行性，以及预算数额的大小逐项审议决策，从而确定收支水平的预算。

定期预算是指以某个特定的会计年度作为预算期而编制的预算。

滚动预算是指随时间的推移和市场条件的变化而自行延伸并进行同步调整的

预算。

业务预算是指反映企业在计划期内日常发生的各种具有实质性的基本活动的预算。业务预算主要包括销售预算、生产预算、直接材料预算、直接人工预算、制造费用预算、产品成本预算、销售及管理费用预算等。

销售预算是指企业为规划一定预算期内组织销售活动所引起的预计销售收入而编制的一种日常业务预算。销售预算一般是企业生产经营全面预算的编制起点，其他预算的编制都以销售预算作为基础。销售预算需要在销售预测的基础上，根据企业年度目标利润确定的预计销售量和销售价格等参数进行编制。

生产预算是指为规划一定预算期内预计生产量水平而编制的一种日常业务预算。生产预算是在销售预算的基础上编制的，其主要内容包括销售量、期初和期末存货、生产量。

直接材料预算是指为规划一定预算期内组织生产活动和材料采购活动所预计发生的直接材料需用量、采购数量和采购成本而编制的一种经营预算。直接材料预算编制的依据主要包括生产预算的预计生产量、单位产品的材料消耗定额、预算期间的期初和期末存料量、材料预计单价、采购材料的付款条件等。

直接人工预算是指为规划一定预算期内人工工时的消耗水平和人工成本水平而编制的一种经营预算。直接人工成本包括直接工资和按直接工资的一定比例计算的其他直接费用。直接人工预算是以生产预算为基础编制的，其主要内容包括预计生产量、单位产品工时、人工总工时、每小时人工成本和人工总成本。

制造费用预算是指为规划生产成本中除直接材料和直接人工以外的其他一切费用而编制的一种日常业务预算。制造费用预算通常分为变动制造费用预算和固定制造费用预算两部分。变动制造费用预算以生产预算为基础来编制。固定制造费用预算可在上年实际开支水平的基础上结合本年预算情况来编制。

产品成本预算是指为规划预算期的单位产品成本、生产成本、销售成本，以及期初和期末产成品存货成本等内容而编制的一种日常业务预算。产品成本预算是生产预算、直接材料预算、直接人工预算、制造费用预算的汇总，其主要内容是产品的单位成本和总成本。

销售及管理费用预算是指为规划预算期与组织产品销售活动和一般行政管理活动有关的费用而编制的一种业务预算。销售及管理费用预算编制的主要依据是预算期全年和各季度的销售量，以及各种有关的标准耗用量和标准价格资料。

现金预算是为了反映企业在计划期间预计的现金收支的详细情况而编制的预算。现金预算实际上是其他预算中有关现金收支部分的汇总，以及收支差额平衡措施的具体计划。现金预算包括现金收入、现金支出、现金溢余或短缺、资金的筹集和运用四个部分。

财务报表预算包括预计利润表和预计资产负债表。

预计利润表是预算编制人员在企业各项经营预算的基础上，根据权责发生制原则编制的利润表。预计利润表与实际利润表的内容和格式相同，只不过数据是面向预算期的，它是在汇总销售、成本、销售及管理费用、营业外收支、资本支出等预算的基础上编制的。

预计资产负债表与实际资产负债表的内容和格式相同，只不过预计资产负债表的数据是反映预算期期末的财务状况。该表是利用本期期初的资产负债表，根据销售、生产、资本等预算的有关数据加以调整编制的，是反映企业预算期期末财务状况的总括性预算。

2）内容结构

本章内容结构如图9-1所示。

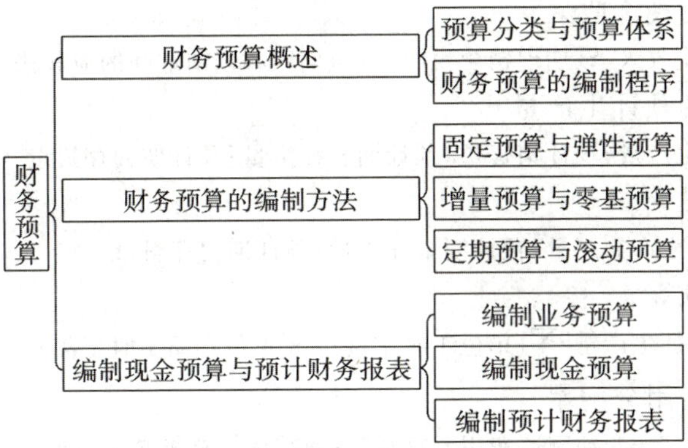

图9-1 本章内容结构图

3）主要概念和观念

（1）主要概念

财务预算 业务预算 销售预算 生产预算 直接材料预算 直接人工预算 制造费用预算 产品成本预算 销售及管理费用预算 现金预算 预计利润表 预计资产负债表

（2）主要观念

预算体系 固定预算 弹性预算 增量预算 零基预算 定期预算 滚动预算

9.1.2 重点与难点

1）重点理论

财务预算的含义与作用 固定预算的概念 弹性预算的概念 增量预算的概念 零基预算的概念 滚动预算的概念

2）重点实务

编制销售预算 编制生产预算 编制直接材料预算 编制直接人工预算 编制制造费用预算 编制产品成本预算 编制销售及管理费用预算

3）重点操作

编制现金预算 编制预计利润表 编制预计资产负债表

4）难点

编制现金预算

9.1.3 主要公式

1）预计销售收入

某种产品预计销售收入=该种产品预计单价×该种产品预计销售量

2）预算期所有产品的预计销售收入总额

所有产品的预计销售收入总额=$\sum$某种产品预计销售收入

3）预算期发生的与销售收入相关的增值税销项税额

某期增值税销项税额=该期预计销售收入总额×该期适用的增值税税率

4）预算期含税销售收入

某期含税销售收入=该期预计销售收入+该期预计销项税额

5）预算期经营现金收入

某预算期经营现金收入=该期现销含税收入+该期回收以前期间的应收账款

6）某种产品的预计生产量

某种产品的预计生产量=预计销售量+预计期末存货量-预计期初存货量

7）预计采购量

预计采购量=预计生产需用量+预计期末存料量-预计期初存料量

8）直接人工预算

直接人工预算=预计生产量×$\sum$(单位工时工资率 × 单位产品工时定额)

9）变动制造费用分配率

变动制造费用分配率=变动制造费用预算总额÷直接人工标准总工时×100%

10）现金预算

当前可动用现金合计=期初现金余额+现金收入

现金溢余或短缺=当前可动用现金合计-现金支出

期末现金余额=现金溢余或短缺+资金的筹集与运用

9.2 客观题

9.2.1 理论题

1）单项选择题

（1）下列预算中，不属于日常业务预算的是（　　）。

A.生产成本预算　B.销售预算　C.现金预算　D.直接材料预算

（2）能够同时以实物量指标和价值量指标分别反映企业经营收入和相关现金收入的预算是（　　）。

A.现金预算　B.销售预算

C.生产预算　D.产品生产成本预算

（3）在财务预算中，用以反映企业预算期期末财务状况的财务报表是（　　）。

A.现金预算　B.预计利润表

C.预计资产负债表　D.预计现金流量表

（4）以下各项中，不属于财务预算的是（　　）。

A.预计现金流量表　B.现金预算

C.生产成本预算　D.预计资产负债表

（5）在基期成本费用水平的基础上，结合预算期业务量及有关降低成本的措施，通过调整有关原有成本项目而编制预算的一种方法称为（　　）。

A.静态预算　B.零基预算　C.滚动预算　D.增量预算

(6) 整个预算体系的起点是( )。

A.销售预算 B.材料采购预算 C.生产预算 D.现金预算

(7) 制造费用预算属于( )。

A.业务预算 B.生产预算 C.成本预算 D.期间费用预算

(8) 不属于产品成本预算内容的是( )。

A.单位产品成本预算 B.生产成本预算

C.直接人工预算 D.销售成本预算

(9) 能够反映现金收支计划的预算是( )。

A.销售预算 B.材料采购预算 C.资本支出预算 D.现金预算

(10) 预计资产负债表与实际资产负债表的内容和格式相同,其反映的是( )的财务状况。

A.当期期末 B.预算期期初

C.预算期上一期期初 D.预算期期末

2) 多项选择题

(1) 下列各项中,属于现金支出预算内容的有( )。

A.直接材料 B.直接人工 C.购置固定资产

D.制造费用 E.生产预算

(2) 下列各项中,属于日常业务预算内容的有( )。

A.生产预算 B.产品成本预算 C.现金预算

D.制造费用预算 E.资本预算

(3) 下列各项中,属于滚动预算优点的有( )。

A.透明度高 B.及时性强 C.连续性

D.完整性 E.工作量少

(4) 下列项目中,属于产品生产成本预算内容的有( )。

A.期末存货成本 B.本期销售成本 C.本期生产成本

D.直接人工预算 E.直接材料预算

(5) 在财务预算中,专门用以反映企业未来一定预算期内预计财务状况和经营成果的预算为( )。

A.现金预算 B.预计资产负债表 C.预计利润表

D.预计现金流量表 E.利润预算

(6) 预算具有以下作用( )。

A.明确目标 B.协调各部门的工作 C.合理配置资源

D.有助于业绩评价 E.有助于考核

(7) 预算的编制程序有( )。

A.下达目标 B.编制上报 C.审查平衡

D.审议批准 E.下达执行

(8) 直接材料预算包括以下内容( )。

A.预计材料采购量 B.预计采购金额 C.预计现金支出

D.制造费用预算 E.应收账款预算

(9) 现金预算的内容包括(　　)。

A.现金收入　　B.现金支出　　C.现金余缺

D.资金的筹集或运用　　E.现金流量表预算

(10) 生产预算的内容包括(　　)。

A.预计生产量　　B.预计期末存货量　　C.预计期初存货量

D.预计销售量　　E.人工工时

3) 判断题

(1) 财务预算是关于企业在未来一定时间内财务状况和经营成果及现金收支等价值指标的各种预算总称。(　　)

(2) 生产预算是日常业务预算中唯一仅以实物量作为计量单位的预算，不直接涉及现金收支。(　　)

(3) 能够克服固定预算缺点的预算方法是滚动预算。(　　)

(4) 滚动预算的主要特点是预算期永远保持12个月。(　　)

(5) 销售预算是关于销售数量和销售收入的预算。(　　)

(6) 滚动预算适用于年度预算的编制。(　　)

(7) 直接人工预算要单独编制直接人工工资现金支出预算。(　　)

(8) 相对来说，弹性预算适用于业务量不同的预算，适用范围更广。(　　)

(9) 现金收支预算属于业务预算的内容之一。(　　)

(10) 预计利润表也是根据权责发生制编制的。(　　)

9.2.2 实务题

1) 单项选择题

(1) 企业预算是从编制(　　)开始的。

A.生产预算　　B.销售预算　　C.产品成本预算　　D.现金预算

(2) 在编制预算时，预算期必须与会计年度口径一致的编制方法是(　　)。

A.定期预算　　B.零基预算　　C.滚动预算　　D.弹性预算

(3) 在编制制造费用预算时，应将制造费用预算扣除(　　)，调整为现金收支的费用。

A.变动制造费用　　B.管理人员工资　　C.折旧　　D.水电费

(4) 直接材料预算主要是根据(　　)编制的。

A.销售预算　　B.生产预算　　C.现金预算　　D.产品成本预算

(5) 在预计利润表中，利息支出是依据(　　)确定的。

A.销售预算　　B.生产预算

C.产品生产成本预算　　D.现金预算

(6) 直接材料预算要以(　　)为基础。

A.销售预算　　B.直接人工预算　　C.生产预算　　D.产品成本预算

(7) 现金预算中可供使用现金数为预算期(　　)。

A.期初现金余额　　B.本期现金收入

C.期初现金余额+本期现金收入　　D.本期现金收入-期初现金余额

(8) 增量预算是以（　　）的成本费用水平为基础。

A.预算期预计　　B.基期实际

C.根据预算期业务量调整　　D.根据基期业务量调整

(9) 现金预算中的现金收入主要来自（　　）。

A.资本支出预算　　B.销售预算

C.预计利润表　　D.预计资产负债表

(10) 编制了现金预算，通常就可以不再编制的预算是（　　）。

A.销售预算　　B.预计资产负债表

C.预计现金流量表　　D.预计利润表

2) 多项选择题

(1) 从实用角度来看，弹性预算主要用于编制（　　）。

A.特种决策预算　　B.成本预算　　C.利润预算

D.销售及管理费用预算　　E.预计利润表

(2) 编制现金预算的依据有（　　）。

A.销售预算　　B.直接材料预算　　C.生产预算

D.直接人工预算　　E.预计资产负债表

(3) 在编制全面预算时，必须编制（　　）。

A.日常业务预算　　B.财务预算　　C.生产预算

D.特种决策预算　　E.预计利润表

(4) 生产预算是编制（　　）的依据。

A.直接材料预算　　B.直接人工预算　　C.产品成本预算

D.现金预算　　E.销售预算

(5) 在下列各项中，被纳入现金预算的有（　　）。

A.经营性现金收入　　B.经营性现金支出　　C.资本性现金支出

D.现金收支差额　　E.预算期期初现金余额

(6) 生产预算编制必须考虑预算期的（　　）。

A.销售量　　B.期初存货量　　C.期末存货量

D.预计资产负债表　　E.预计利润表

(7) 编制产品成本预算时，数据来自（　　）。

A.生产预算　　B.直接材料预算　　C.直接人工预算

D.制造费用预算　　E.管理费用预算

(8) 现金预算的编制内容及要求包括（　　）。

A.现金收入　　B.现金支出　　C.现金收支差额平衡

D.以其他预算为基础　　E.是编制业务预算的基础

(9) 预计财务报表可以起到以下作用（　　）。

A.控制企业资金　　B.控制成本　　C.控制利润

D.向外提供会计信息　　E.反映企业资金运动结果

(10) 预计利润表的编制要以（　　）为基础。

A.现金预算　　B.销售预算　　C.产品成本预算

D.预计现金流量表　　　　　E.预计资产负债表

3）混合选择题

（1）“与人合作”（中级）的“基本要求”包括（　　）。

A.理解个人与他人、群体的合作目标，有效地接受上级指令；准确、顺利地执行合作计划；调整工作进度，改进工作方式；检查工作效果

B.与本部门同事、内部横向部门、外部相关部门共同制订合作计划；协调合作过程中的矛盾关系，按照计划完成任务；在合作过程中遇到障碍时，提出改进意见，推进合作进程

C.根据情况变化和合作各方的需要，调整合作目标；在变动的工作环境中，控制合作进程；预测和评价合作效果，达成合作目的

D.在工作岗位上表现出更强的组织和管理能力，通过运用与人交流的能力适应更复杂的工作需要

（2）“财务预算编制”这一专业能力领域的“技能点”包括（　　）。

A.财务预算编制方法比较与选择技能　　B.业务预算编制技能

C.现金预算编制技能　　　　　　　　　D.预计财务报表编制技能

（3）“业务预算编制技能”的“规范与标准”包括（　　）。

A.能准确编制销售预算和生产预算

B.能准确编制直接材料预算和直接人工预算

C.能准确编制制造费用预算和产品成本预算

D.能准确编制销售及管理费用预算

（4）“现金预算编制技能”的“规范与标准”包括（　　）。

A.能准确分析与预算现金收入　　　　B.能准确分析与预算现金支出

C.能准确分析与预算现金余缺　　　　D.能合理进行现金筹措及运用

（5）“对职业、职业选择、职业工作、营销人员职业道德和企业营销伦理等问题具有正确的看法”，这是（　　）的“规范与标准”。

A.职业理想　　　B.职业观念　　　　C.职业态度　　　D.职业守则

4）判断题

（1）在编制制造费用预算时，应将固定资产折旧费剔除。（　　）

（2）在编制零基预算时，应以企业现有的费用水平为基础。（　　）

（3）销售及管理费用预算是根据生产预算而编制的。（　　）

（4）预计资产负债表是以本期期初实际资产负债表各项目的数字为基础，进行必要的调整后编制的。（　　）

（5）固定预算的编制完全依赖一种业务量。（　　）

（6）资本支出预算的现金支出在现金预算中反映，因此资本支出预算也属于财务预算。（　　）

（7）定期预算是以某个特定的会计年度作为预算期而编制的预算。（　　）

（8）固定制造费用预算要求采用零基预算的方法编制。（　　）

（9）销售及管理费用预算可以采用变动成本法编制。（　　）

（10）预计资产负债表可以采用企业实际的资产负债表的格式编制。（　　）

9.2.3 案例题

某航空公司预算管理系统

背景与情境：某航空有限责任公司（以下简称“S航”）于1992年11月成立，1993年9月开航，是一家由5家企业共同投资经营的股份制航空运输企业，主要经营航空客、货运输业务。S航拥有24架B737系列飞机，总资产36.2亿元，员工1 900多人，下辖2个分公司、5个子公司、30多个驻外营业部，经营国内航线80多条。

S航的管理者对企业发展和航空运输有独到的认识，他们通过认真分析外部经营环境、找准市场定位、实施有效战略，为企业指明了前进的方向。

S航认为，市场竞争的取胜之道无非两条：一是“巧取”；二是“豪夺”。然而，S航的规模和实力不具备“豪夺”的条件，所以只能“巧取”，尤其是在涉及企业长远利益的战略目标、方针的设计上，必须做到“巧”“准”“稳”。为此，S航全面分析了国内各航空企业的战略选择和战略布局，注意避开国企在战略选择上的一些失误，以及其他欠缺之处，同时以美国西南航空公司的低成本运作模式作为参照，科学地确定公司的战略目标和方针，为公司的长远发展奠定了坚实可靠的基础，从根本上确立了公司在市场竞争中的优势。

S航总经理董××曾说过：“我认为，低成本战略是竞争战略中最具杀伤力的战略，其看似简单，却需要严谨地分析各种竞争因素，才可能找到一条可执行的低成本道路。在现实情况下，我们要对低成本战略的内涵予以丰富，坚持核心理念，把成本优势转化为消费诱因与动因，这才是实现我们目标的正确方向。”

如何让航线成本核算成为航空公司制定有效营销策略的重要依据？如何有效控制企业的经营成本？如何实现低成本战略，并在市场竞争中脱颖而出？为此，S航找到了国内最大的ERP软件制造商——用友软件股份有限公司（以下简称“用友公司”）。根据S航的战略目标及经营管理的具体情况，用友公司采用NC全面预算系统的费用计划及财务计划，并结合应收、应付、报账中心、总账等系统对运营成本与费用进行全面计划与控制。用友NC全面预算管理解决方案为S航走具有中国特色的低成本航空发展道路奠定了坚实的基础。

S航的计划/预算管理工作由财务部门负责。财务部门每年10月下达预算样表，两周内集团本部的各部门及下属二级公司根据自身情况安排编制本公司的预算。S航根据自身的管理需求，对各部门的费用项目进行预警控制，对部分费用项目进行事前控制。预算体系包括两部分：财务预算——按照会计科目和辅助项目制定预算样表；费用预算——按照收支项目，各部门制定预算样表。

按照费用最大集合，虚拟部门制定预算样表；垂直分解预算样表到各部门，各部门填制计划。应该由专项归口部门管理的预算，必须由归口部门操作员根据各部门填制的计划，按垂直汇总方式生成部门专项预算的合计数。多部门、多费用列示表通过表间取数生成。

请根据案例在下列各题中填入适当选项：

1）预算的主要作用有（　　）。

A.明确目标　　　　　　　　　　B.协调各部门的工作

C.有利于控制与考核　　　　　　　　D.合理配置资源

2）下列各项中，属于财务预算的有（　　）。

A.现金预算　　　　　　　　B.预计现金流量表

C.预计资产负债表　　　　　　　　D.预计利润表

3）业务预算包括（　　）。

A.销售预算　　　　　　　　B.经营费用预算

C.管理费用预算　　　　　　　　D.现金预算

4）在编制预算时，应考虑预算期内一系列可能达到的业务量水平的编制方法是（　　）。

A.固定预算　　B.增量预算　　C.弹性预算　　D.滚动预算

5）在这个案例中，其预算体系包括（　　）。

A.财务预算　　B.费用预算　　C.资本预算　　D.专门预算

9.2.4 实训题

1）单项选择题

（1）在企业每季度的销售收入中，本季度收到现金60%，另外40%的现金要到下一季度才能收回。若预算年度第四季度的销售收入为40 000万元，则预计资产负债表中年末“应收账款”项目金额为（　　）万元。

A.16 000　　B.24 000　　C.40 000　　D.20 000

（2）某企业编制“直接材料预算”，预计第四季度期初材料存量为456千克，季度材料生产需用量2 120千克，预计期末材料存量为350千克，材料单价为10元/千克，若材料采购货款有50%在本季度付清，另外50%在下一季度付清，则该企业预计资产负债表年末“应付账款”项目为（　　）元。

A.11 130　　B.14 630　　C.10 070　　D.13 560

（3）某企业编制“生产预算”，预计第一季度期初存货为120件，预计销售量第一季度为1 500件，第二季度为1 600件，预计期末存货为150件。该企业通常按下期销售量的10%安排期末存货，则“生产预算”中第一季度的预计生产量为（　　）件。

A.1 540　　B.1 460　　C.1 810　　D.1 530

（4）某企业按百分比法编制弹性利润预算表，预算销售收入为800万元，变动成本为600万元，固定成本为130万元，营业利润为70万元，如果预算销售收入达到1 000万元，则预算营业利润为（　　）万元。

A.120　　B.87.5　　C.270　　D.100

（5）某企业编制“现金预算”，预计6月初短期借款为100万元，月利率为1%，该企业不存在非流动负债，预计6月末现金短缺25万元。现金不足时，该企业通过银行借款解决（利率不变），借款额为5万元的整数倍，6月末，现金余额要求不低于10万元。假设企业每月支付一次利息，借款在期初，还款在期末，则应向银行借款的最低金额为（　　）万元。

A.40　　B.35　　C.55　　D.75

（6）在公司年度预算中预计业务量为100%时，销售收入为1 000万元，变动成本为600万元，预计固定成本为200万元，则在公司业务量为80%时，预计息税前利润为（　　）万元。

A.200　　B.160　　C.120　　D.320

（7）公司预计2024年第一季度销售甲产品10 000件，单价10元，当季现金销售比例为50%，增值税税率为13%，2023年年末应收账款为0，则预计公司2024年第一季度收到销售现金为（　　）万元。

A.10　　B.5　　C.11.3　　D.5.65

（8）公司2024年第四季度的固定制造费用预算项目为：维护费1万元，折旧费1万元，管理费1万元，保险费和财产税1万元，则2024年第四季度公司固定制造费用预算现金支出数为（　　）万元。

A.4　　B.3　　C.2　　D.1

（9）公司2024年全年预计产量为6 060件，期初存货量为0，生产成本预算总额为303 000元，预计存货量为180件，则公司2024年预计销售成本为（　　）元。

A.9 000　　B.4 500　　C.294 000　　D. 303 000

（10）企业2024年第三季度预计产量为1 030件，预计单位产品工时定额为10小时，工资率为5元/小时，预计全部能销售出去，但只有50%货款当季收到，则2024年第三季度人工总成本预算为（　　）元。

A.10 300　　B.51 500　　C.5 150　　D.25 750

2）多项选择题

（1）已知A公司预算年度第一季度收回货款55%，第二季度收回货款40%，第三季度收回货款5%，预算年度期初应收账款金额为28万元，其中包括上年第三季度销售的应收账款10万元，第四季度销售的应收账款18万元，则下列说法正确的有（　　）。

A. 上年第四季度的销售额为25万元

B. 上年第三季度的销售额为200万元

C. 上年第三季度销售的应收账款10万元在预算年度第一季度可以全部收回

D. 第一季度收回的期初应收账款为28万元

E. 公司第一季度的销售收入在年内可以全部收到现金

（2）甲公司2024年第二季度预计生产量为1 030件，预计每件产品需要耗用材料3千克，材料单价为5元，第二季度初有材料存货760千克，预计第三季度预计生产量为1 550件。公司预计要为下一个季度准备生产用材料的20%，则下列说法正确的有（　　）。

A. 预计第二季度需要材料4 020千克

B. 第二季度要为第三季度生产准备材料的数量为930千克

C. 第二季度需要采购材料3 260千克

D. 预计第二季度材料采购金额为16 300元

E. 预计第二季度材料采购金额为20 100元

（3）大华公司2024年预计全年生产产品640 000件，预计单位产品间接人工费用和间接材料费用分别为5元、5元，预计全年发生固定制造费用1 020 000元（其中，维护费120 000元，折旧费用900 000元），保险费和财产税合计360 000元，则大华公司2024年制造费用预算为（　　）。

A. 变动制造费用总额为640万元

B. 制造费用预算总额为778万元

C. 预计制造费用支付现金总额为688万元

D. 预计制造费用支付现金总额为640万元

E. 单位产品制造费用为1.22元

（4）某公司2023年年底现金余额为120万元，预计2024年第一季度销售现金收入为700万元，各项现金支出合计为850万元，公司可以通过向银行借款弥补现金缺口，但借款必须为1 000元的整数倍。另外，公司现金管理制度规定，每个季度的期末现金余额不得低于100万元，则该公司（　　）。

A. 2024年第一季度可动用现金合计为820万元

B. 2024年第一季度现金缺口为30万元

C. 2024年第一季度最低需要向银行借款30万元

D. 2024年第一季度最低需要向银行借款130万元

E. 2024年第一季度预计向银行借款160万元，第二季度期初现金余额为130万元

（5）大华公司只生产一种产品，2024年预计产品销售单价为20元，单位变动生产成本为9元，每销售一件产品预计需要增加管理费用1元，增加销售费用2元，全年固定制造费用30 000元，固定销售与管理费用20 000元，则大华公司2024年的弹性利润预算为（　　）。

A. 销售量为1万件时，边际贡献总额为8万元

B. 销售量为1万件时，利润总额为3万元

C. 销售量为1.2万件时，边际贡献总额为9.6万元

D. 销售量为1.2万件时，利润总额为4.6万元

E. 在相关范围内，销售量虽变化但固定成本总额恒为5万元

（6）某企业编制"直接材料预算"，预计第四季度期初材料存量450千克，季度生产材料需用量2 000千克，预计期末材料存量为350千克，材料单价为10元，若材料采购货款有50%在本季度付清，另外50%在下一季度付清，第三季度末预计应付账款为5 000元，则该企业预计第四季度的直接材料预算数据为（　　）。

A. 直接材料采购量为1 900千克　　B. 直接材料采购量为2 100千克

C. 直接材料采购金额为19 000元　　D. 直接材料采购金额为21 000元

E. 材料采购现金支出为9 500元

（7）公司2024年第四季度预计产量为16 000件，预计发生制造费用如下：变动制造费用64 000元，固定制造费用32 000元，其中固定资产折旧费用为16 000元，固定的车间管理费用为10 000元，车间发生的固定财产税和维修费用共计6 000元，则该公司2024年第四季度关于制造费用预算的说法正确的有（　　）。

A. 单位变动制造费用为4元

B. 单位固定制造费用为1元

C. 制造费用预算总额为96 000元

D. 制造费用现金支出为96 000元

E. 制造费用现金支出为80 000元

（8）龙源公司的2024年单位产品成本预算如下：直接人工工时2小时，工资率为5元/小时，直接材料耗用量为5千克，单价2元；变动制造费用分配率为2元/小时，固定制造费用分配率为1元/小时，产量预计为5 000件，期初无产成品存货，期末产成品存货为1 000件，则下列说法正确的有（　　）。

A. 2024年预计单位产品生产成本为26元

B. 2024年预计年末产成品存货成本为26 000元

C. 2024年预计固定制造费用为5 000元

D. 2024年预计销售成本为130 000元

E. 2024年预计变动制造费用为10 000元

（9）公司预计2024年全年生产能力充分利用，可生产产品12万件，预计单价为8元，单位变动生产成本为5元（产量在30万件以内单位变动成本都是5元），使用的机器，年最大产量为12万件，每台机器包括固定资产折旧在内的固定制造费用为6万元，除此之外，无其他固定制造费用，则编制该公司的弹性预算可得到的信息为（　　）。

A. 产量为10万件时，总成本为56万元

B. 产量为13万件时，总成本为71万元

C. 产量为10万件时，总资产报酬为30万元

D. 产量为12万件时，总资产报酬为30万元

E. 产量为14万件时，总资产报酬为30万元

（10）三环公司2024年第一季度预计甲产品的销售量为10 000件，单价为80元，货款当季可收到60%，其余40%下季度收到。2024年年初预计应收账款为20 000元，可在第一季度全部收到现金，则下列说法正确的有（　　）。

A. 预计三环公司2024年第一季度的销售收入为80万元

B. 预计三环公司2024年第一季度的销售现金收入为80万元

C. 预计三环公司2024年第一季度的销售现金收入为48万元

D. 预计三环公司2024年第一季度销售现金收入为50万元

E. 预计三环公司2024年第二季度期初应收账款为32万元

9.3 主观题

9.3.1 理论题

1）简答题

（1）什么是财务预算？

（2）什么是弹性预算、零基预算、滚动预算？

（3）什么是业务预算、现金预算和预计财务报表？

（4）什么是直接材料预算？

（5）什么是产品成本预算？

2）理解题

（1）全面预算体系的构成及预算之间的相互关系是什么？

（2）零基预算有哪些优势和劣势？

（3）现金预算由哪些部分组成？

9.3.2 实务题

1）规则复习

（1）如何编制销售预算？

（2）如何编制生产预算？

（3）如何编制直接材料预算？

（4）如何编制制造费用预算？

（5）如何编制现金预算？

2）业务解析

（1）比较分析固定预算与弹性预算的区别。

（2）比较分析增量预算与零基预算的区别。

（3）比较分析定期预算与滚动预算的区别。

9.3.3 案例题

1）案例分析

苏州新苏纶纺织有限公司预算管理模式分析

背景与情境：苏州新苏纶纺织有限公司（简称“新苏纶”）是一家传统的纺织企业，市场相对稳定，整个企业处于稳步发展的阶段。在这一时期，如果采用扩大销售的方法来提高企业的利润，并不是非常有效。因此，应把提高企业利润的重心放在加强成本费用的管理上。为与企业的发展阶段相适应，新苏纶在进行预算管理时，采用以成本费用为中心的预算管理模式，对企业的成本费用进行事前、事中和事后管理。为形成以成本费用为中心的预算管理模式，新苏纶设计了预算管理框架。

（1）预算的编制方法

新苏纶采用零基预算的方法，每月由各部门对其资金收支情况进行预算，总会计师和总经理确认预算合理以后，财务部门将整个企业的预算进行汇总，形成整个企业的月份资金使用总预算。各部门有时需要根据业务发展态势调整本月预算。在出现这种情况时，要求追加用款的部门需要填写“月度用款追加计划申请表”，说明申请追加用款的理由及金额，总经理审批通过后，方可加入预算范围内。

（2）预算的执行和控制

公司对预算的执行情况采用双轨制进行记录，即财务人员对每一笔支出都需要填制凭证，在总账子系统中自动登记总账和明细账。同时，经手人必须填写“申请领用支票及申请付款工作联系单”，并在“限额费用使用手册”上进行登记，控制成本费用的发生。限额费用使用手册类似于为预算管理所设计的责任会计账。

为了进行预算控制，公司需要对各部门的差旅费、业务招待费等项目设置预算并进行实时控制，根据预算数和实际数计算出差异额，同时把各种控制项目用相应的科目分部门进行反映和控制。

（3）预算的考评

月末对限额费用使用手册进行汇总，得到资金费用使用汇总表，随后将汇总表和预算进行比较，找出两者的差异，并进一步分析差异形成的原因。新苏纶对各部门的费用支出在进行预算的基础上实行有效的控制，从而对整个企业的成本费用起到了非常好的监控作用。此外，事后的差异分析也为各部门的业绩考核提供了依据，使企业的奖惩制度有了实行的基础。

陈春认为，零基预算能合理地安排资金，加强对成本费用的控制，因此能极大地提高公司的经营效率，零基预算可以说是预算管理的“灵丹妙药”。

问题：

（1）如何看待陈春关于零基预算的认识？

（2）分析新苏纶预算管理的意义及目标。

分析要求：

（1）形成性要求

同第1章“主观题”中本题型的“形成性要求”。

（2）成果性要求

① 课业结构、格式与体例参照本《训练手册》“课业范例”的范例9-5-1。

② 同第1章“主观题”中本题型的其他“成果性要求”。

2）课程思政

完善预算结余管理　防范年底突击花钱

背景与情境：元旦、春节将至，中共中央办公厅、国务院办公厅印发了《关于做好2024年元旦春节期间有关工作的通知》，强调要及时防治年底突击花钱现象，抓早抓小、防微杜渐。中共中央纪委印发了《关于做好2024年元旦春节期间正风肃纪工作的通知》，要求坚决纠治年底“四风”问题。

年底突击花钱的问题，广大干部群众十分关注。现实中，有的部门和单位秉持着“有钱不花，过期作废”的错误认知，以预算内的支出没有用完为借口突击花钱，造成大量资金浪费。这种“为花钱而花钱”的做法与党中央倡导厉行勤俭节约的要求背道而驰，也偏离了财务预算本意，违反财经纪律，还容易助长不正之风甚至滋生腐败。近年来，随着各级财务制度更加规范、监督更加有力，这一问题得到改善，但通过违规先行拨付支付方式“套现”、“提现”、重复施工、巧立名目乱发津补贴等途径搞突击花钱的行为依然存在，极易滋生“劳民伤财”的形式主义、官僚主义问题，以及违反“中央八项规定精神”，造成恶劣影响，必须下大力气纠治。

防治年底突击花钱现象，必须严明纪律要求，压实各方责任，形成工作合力。各级党委（党组）要树牢过“紧日子”的意识，严格遵守中央关于预算执行和财务管理的制度，拒绝铺张浪费乱花钱、违规安排支出突击花钱；各级财政部门也要认真履责，加强资金拨付审核把关和跟踪检查，从源头上补齐漏洞、防范风险。

资料来源：张培．坚决防治突击花钱［EB/OL］．［2023-12-27］．https：//www.scjc.gov.cn/scjc/zhyw01/2023/12/27/47330e32f45747a6b074b6096325e8d8.shtml.引文有删减。

问题：

(1) 请分析上述现象暗含了哪些课程思政要求和原则。

(2) 本案例对你有哪些启示？

研判要求：

(1) 形成性要求

同第1章“主观题”中本题型的“形成性要求”。

(2) 成果性要求

① 课业结构、格式与体例参照本《训练手册》“课业范例”的范例9-5-2。

② 同第1章“主观题”中本题型的其他“成果性要求”。

9.3.4 实训题

阶段性体验Ⅸ：“财务预算编制”胜任力训练

【训练目的】

见主教材本章章名页“学习目标”中的“实训目标”。

【能力与道德领域】

专业能力——财务预算编制

技术-技能Ⅰ

名称：财务预算编制方法比较与选择“技术-技能”

规范与标准：

(1) 能比较固定预算和弹性预算的编制技巧、适用范围。

(2) 能比较增量预算和零基预算的编制技巧、适用范围。

(3) 能比较定期预算和滚动预算的编制技巧、适用范围。

技术-技能Ⅱ

名称：业务预算编制“技术-技能”

规范与标准：

(1) 能正确分析与编制销售预算。

(2) 能正确分析与编制生产预算。

(3) 能正确分析与编制直接材料预算。

(4) 能正确分析与编制直接人工预算。

(5) 能正确分析与编制制造费用预算。

(6) 能正确分析与编制产品成本预算。

(7) 能正确分析与编制销售及管理费用预算。

技术-技能Ⅲ

名称：现金预算编制“技术-技能”

规范与标准：

(1) 能准确分析与预算现金收入。

(2) 能准确分析与预算现金支出。

(3) 能准确分析与预算现金收支余缺。

(4) 能合理进行现金筹措及运用。

技术-技能Ⅳ

名称：预计财务报表编制“技术-技能”

规范与标准：

（1）能准确分析与编制预计利润表。

（2）能准确分析与编制预计资产负债表。

技术-技能Ⅴ

名称：撰写《“财务预算编制”训练报告》“技术-技能”

规范与标准：

（1）能合理设计《“财务预算编制”训练报告》，使其结构、层次较分明。

（2）能依照商务应用文的规范与要求撰写《“财务预算编制”训练报告》。

（3）本教材“网络教学资源包”的《学生考核手册》中的考核表9-2所列各项“考核指标”和“考核标准”。

职业核心能力——与人合作、解决问题、革新创新（中级）

上述能力领域的“基本要求”、“技术-技能”点和“规范与标准”参见“附录三”中的附表3的相关述项。

职业道德——职业观念、职业守则（认同级）

各道德领域的“规范与标准”参见“附录四”的附表4的相关述项。

【训练任务】

（1）对“财务预算编制”等专业能力的各“技术-技能”点实施阶段性基本训练。

（2）对“与人合作”“解决问题”“革新创新”等职业核心能力的各“技术-技能”点实施“中级”强化训练。

（3）对“职业观念”“职业守则”等职业道德的各“素质点”实施“认同级”相关训练。

【训练要求】

（1）训练前学生要了解并熟记本训练的“训练目的”“能力与道德领域”“训练任务”“训练要求”，熟记“网络教学资源包”中《学生考核手册》考核表9-1、考核表9-2中的“考核指标”与“考核标准”的内涵，将其作为本训练的操练点和考核点来准备。

（2）通过“训练步骤”，将“训练任务”所列三种训练整合并落实到本训练的“活动过程”和“成果形式”中。

（3）训练后，学生要对本次训练活动进行总结，在此基础上撰写《财务预算编制训练报告》。

【情境设计】

将学生分成若干训练组，各训练组结合本训练“成果形式”的“训练课业”题目，在“训练资料”中任选一组进行训练操练。各训练组通过对所选资料的业务预算的编制、现金预算的编制和预计财务报表的编制，以及相应《“财务预算编制”训练报告》的准备、撰写、讨论与交流等实践活动的参与和体验，依照本章“训练要求”完成各自的训练任务。

【指导准备】

知识准备：

(1)“财务预算”的理论与实务知识。

(2)“附录一”的附表1中，涉及本章“职业核心能力强化训练项”各“技术-技能”点，需要对学生事先培训“‘知识准备’参照范围”内的知识。

(3)“附录三”的附表3和“附录四”的附表4中，涉及本章“职业核心能力强化训练项”各“技术-技能”点和“职业道德相关训练项”各“素质点”，需要对学生事先培训“规范与标准”内的知识。

操作指导：

(1)教师向学生阐明“训练目的”、“能力与道德领域”和“知识准备”。

(2)教师就“知识准备”中的第(2)、(3)项，对学生进行培训。

(3)教师指导学生就操练项目的业务预算编制方法进行熟悉，并准确编制业务预算。

(4)教师指导学生就操练项目的现金预算编制方法进行熟悉，并准确编制现金预算。

(5)教师指导学生就操练项目的预计财务报表编制方法进行熟悉，并准确编制预计财务报表。

(6)教师指导学生完成《“财务预算编制”训练报告》的撰写。

【训练时间】

本章课堂教学内容结束后的双休日和课余时间，为期一周。

【训练步骤】

(1)将班级每5位同学分成一组，每组确定1~2名负责人。

(2)对学生进行财务预算编制的培训，熟悉训练目的与步骤。

(3)分配训练任务，指导学生研究相关问题。

(4)各组在对操练项目进行“财务预算编制”的专业训练过程中，融入对“与人合作”“解决问题”“革新创新”等职业核心能力各“技术-技能”点的“中级”强化训练和对“职业观念”“职业守则”等职业道德各“素质点”的“认同级”相关训练。

(5)撰写作为最终成果的《“财务预算编制”训练报告》。

(6)在班级交流、讨论各组的《“财务预算编制”训练报告》。

(7)根据交流、讨论的结果，各组修订其《“财务预算编制”训练报告》，并使之各具特色。

(8)将经过班级交流和修订，并附有“教师点评”的优秀训练报告在校园网课程平台进行展示，并纳入本校该课程的教学资源库。

【成果形式】

训练课业：《“财务预算编制”训练报告》

课业要求：

(1)《“财务预算编制”训练报告》的内容、结构与体例参照本《训练手册》“课业范例”的范例9-5-3。

(2)各组成员完成的《“财务预算编制”训练报告》须由指导教师、项目组组长和项目组成员三方签字负责。

9.4 实训资料

实训资料 9-4-1

1）某企业编制2024年的弹性利润预算的有关资料见表9-1。

表9-1 **弹性利润预算相关资料** 单位：元

项 目	预 算	备 注
销售收入	800 000	
销售成本	450 000	其中：固定制造费用80 000
销售及管理费用	160 000	其中：固定销售及管理费用85 000

要求：

（1）计算该企业2024年边际贡献的预算数。

（2）计算该企业2024年利润的预算数。

2）某企业生产和销售A种产品，2024年四个季度的预计销售量分别为1 000件、1 500件、2 000件和1 800件。A种产品预计单位售价为100元。假设在每季度销售收入中，本季度收回现金60%，另外40%要到下一季度才能收回。上年年末应收账款余额为60 000元。

要求：

（1）计算各季度销售收入预算数。

（2）计算各季度现金收入预算数。

（3）计算年末应收账款预算数。

3）某企业拟编制2024年9月份的现金收支预算。预计2024年9月初的现金余额为9 000元；月初应收账款为40 000元，预计可收回60%；本月销售收入为200 000元，预计现销比例为40%；本月采购材料费用为40 000元，预计现付比例为50%；月初应付账款为30 000元，需在月内全部付清；月内需支付的工资为35 000元，制造费用为18 000元，销售费用为13 000元，管理费用为36 000元；购置设备需支付的现金为20 000元。企业现金不足时，可向银行借款，借款金额为2 000元的整数倍；现金多余时，可购买有价证券。企业月末现金余额不得低于8 000元。

要求：

（1）计算9月经营现金收入。

（2）计算9月经营现金支出。

（3）计算9月现金收支差额。

（4）确定最佳资金筹措或运用数。

（5）确定月末现金余额。

4）某企业生产B种产品，2024年四个季度的预计销售量分别为2 000件、1 800件、2 400件和2 200件；年初结存量为400件；预计各季度的期末结存量为下一季度销售量的20%；预计2025年第一季度的销售量为2 100件。

要求： 计算各季度生产量的预算数。

实训资料 9-4-2

1）某企业的装配车间，正常年生产能力的机器工作小时为6 000小时，有关制造费用的资料见表9-2。

表9-2 **某企业制造费用统计表**

费用项目	变动费用率（元/小时）	固定费用（元）
间接材料	15	1 200
间接人工	3	48 000
维修费用	3	3 600
水电费	2	2 400
折旧费		90 000
办公费		1 800
其他费用		5 400
小　计	23	152 400

要求：

（1）若2024年的生产能力预计为5 400小时，计算装配车间的制造费用预算。

（2）若2024年的生产能力预计为6 600小时，固定费用中的折旧费将增长5%，计算装配车间的制造费用预算。

2）某企业的一个生产车间，年生产甲产品的能力为30 000件，每件产品工时定额为2小时，2024年有关制造费用的资料见表9-3。

表9-3 **2024年某企业制造费用统计表** 单位：元

费用项目	每小时变动费用	全年固定成本	全年实际费用
间接材料	0.50	11 000	26 340
间接人工	0.30	3 000	15 050
电　力	0.18	2 000	8 800
修理费	0.12	4 000	7 200
折　旧		9 000	10 000
其　他		5 000	6 000
合　计	1.10	34 000	73 390

如果年产量达到正常生产能力的110%，则固定成本中的间接材料将增加1%，修理费将增加5%，折旧将增加10%。

要求： 根据上述资料，按正常生产能力的90%、100%、110%、120%编制制造费用弹性预算。

3）假定滨海公司在预算年度（2024年）生产销售甲、乙两种产品，甲产品的销售单价为80元，乙产品的销售单价为100元，增值税税率为13%。每季度的商品销售收入在当季收到40%，其余部分在下一季收讫。基期（2023年）期末的甲产品应收账款余额为675 000元。2024年，滨海公司销售预算见表9-4。

表9-4 **2024年滨海公司销售预算** 金额单位：元

摘要		第一季度	第二季度	第三季度	第四季度	全年
预计销售数量（件）	甲产品	1 600	1 800	2 000	1 800	7 200
	乙产品	2 000	2 200	2 400	2 200	8 800
预计销售价格（元/件）	甲产品	80	80	80	80	80
	乙产品	100	100	100	100	100
预计销售收入	甲产品					
	乙产品					
	合计					
增值税销项税额						
含税销售收入						
预计现金收入	期初应收账款					
	第一季度销售收入					
	第二季度销售收入					
	第三季度销售收入					
	第四季度销售收入					
	现金收入合计					

要求：请将表9-4填写完整。

实训资料9-4-3

1）大华公司有关资料如下：

（1）大华公司3—7月份的销售量分别为10 000件、11 000件、12 000件、13 000件、12 000件，单价（不含税）为10元。在每月含税销售收入中，当月收到现金60%，下月收到现金40%，增值税税率为13%。

（2）各月商品采购成本按下月含税销售收入的80%计算，所购货款于当月支付现金40%，下月支付现金60%。

（3）大华公司4—6月份的制造费用分别为10 000元、11 000元、12 000元，每月制造费用中包括折旧费5 000元。

（4）大华公司4月份购置固定资产，需要现金20 000元。

（5）大华公司在现金不足时，向银行借款（为1 000元的整数倍），短期借款利率为6%；现金多余时，归还短期借款（为1 000元的整数倍）。借款在期初，还款在期末。3月末的长期借款余额为20 000元，借款年利率为12%，短期借款余额为0。假设短期借款和长期借款均在每季度末支付利息。

（6）大华公司规定的现金余额的额定范围为7 000~8 000元，假设大华公司消费税税率为8%，城市维护建设税税率为7%，教育费附加征收率为3%，其他资料见表9-5。

表9-5 **大华公司现金预算** 单位：元

项目 \ 月份	4	5	6
期初现金余额	15 000		
经营现金收入			
直接材料采购支出			
直接工资支出	5 000	5 500	5 500
制造费用支出			
其他付现费用	500	400	600
应交税金及附加			
预交所得税			10 000
购置固定资产	20 000		
现金余缺			
举借短期借款			
归还短期借款			
支付借款利息			
期末现金余额			

要求：根据以上资料，完成大华公司4—6月份现金预算的编制工作。

2）某商业企业只经销一种商品A，该商品的进货成本为5元/件，平均在15天后付款。编制预算时，月底存货为次月销售量的10%加1 000件。2024年2月底，该企业的实际存货量为4 000件，应付账款余额为77 500元。2024年3月，预计销售量为40 000件，2024年4月，预计销售量为25 000件。

要求：

（1）计算该企业2024年3月的预计采购量。

（2）计算该企业2024年3月的采购现金支出合计。

3）华泰科技服装股份有限公司生产男士运动套装，每套服装消耗布料成本为184元，直接人工成本为25.6元/套，变动制造费用为6.4元/套，每年固定制造费用为1 860 000元，预计2024年生产50 000套。由于市场波动较大，实际产量可能与预计产量发生偏离。

要求：请编制华泰科技服装股份有限公司2024年男士套装，实际产量为预计产量的80%~120%，即产量分别为40 000套、45 000套、50 000套、55 000套、60 000套的生产成本的弹性预算。

9.5 课业范例

范例9-5-1

案例分析

麦灿公司全面预算

背景与情境：麦灿公司生产经营甲、乙两种产品，2024年年初的应收账款数据、各季度预测的销售价格和销售数量等资料见表9-6。

表9-6 **2024年度麦灿公司的预计销售资料**

项目		季度				年初应收账款（元）	增值税税率	收现率	
		一	二	三	四			首期	二期
甲产品	销售单价（元/件）	65	65	65	70	19 000	13%	60%	40%
	预计销售量（件）	800	1 000	1 200	1 000				
乙产品	销售单价（元/件）	80	80	80	75	12 000			
	预计销售量（件）	500	800	1 000	1 200				

资料显示，到第四季度，甲、乙两种产品的单价与前三个季度相比都有所变动；每种产品每季度的销售收入中有60%于当季收到现金，其余40%要到下季收讫。

麦灿公司甲、乙两种产品2024年期初的实际存货量和年末的预计存货量等资料见表9-7。

表9-7 **2024年度麦灿公司的存货资料**

品种	年初产成品存货量（件）	年末产成品存货量（件）	年初在产品存货量（件）	年末在产品存货量（件）	预计期末产成品占下期销量的百分比（%）	年初产成品成本（元）	
						单位成本	总成本
甲产品	80	120	0	0	10	40	3 200
乙产品	50	130	0	0	10	62	3 100

麦灿公司甲、乙两种产品2024年度需用的各种材料消耗定额及其采购单价资料见表9-8；各种材料年初和年末的存货量，以及有关账户余额等资料见表9-9。

表9-8　　2024年度麦灿公司的材料消耗定额及采购单价资料

产品品种	材料	季度 一	二	三	四	资料来源
甲产品材料消耗定额（千克）	A材料	3	3	3	4	
	B材料	2	2	2	2	
乙产品材料消耗定额（千克）	A材料	5	5	5	4.5	
	C材料	2	2	2	2	
材料采购单价（元/千克）	A材料	4	4	4	4	
	B材料	5	5	5	5	
	C材料	6	6	6	6	
	D材料				10	

表9-9　　2024年度麦灿公司的材料存货量及其他资料

材料名称	年初存货量（千克）	年末存货量（千克）	预计期末存货量占下期需用量的百分比	增值税税率	年初余额（元） 应付账款	库存材料	付现率 首期	二期
A材料	1 500	1 800	20%	13%	14 400	10 200	60%	40%
B材料	480	720	30%					
C材料	300	500	30%					
D材料	0	1 000	为下一年度开发丙产品做准备，于第四季度购买					

表9-8显示，到第四季度，甲、乙两种产品消耗A材料的定额都将进行调整，预计C材料的单价也将有所变动。企业每季度的采购金额中，有60%于当季支付现金，其余40%要到下季付讫。

麦灿公司在编制预算时采用变动成本法，变动制造费用按各产品直接人工工时比例分配，2024年度的直接人工工时资料及制造费用预算见表9-10。除折旧费以外的各项制造费用均以现金支付，其中租赁费3 000元是根据年初作出的专门决策确定的。

问题：

1）编制麦灿公司2024年度的销售预算、经营现金收入预算、生产预算、直接材料需用量预算、直接材料采购预算、现金支出预算与制造费用预算。

2）请简要分析财务预算在企业管理中的作用。

表9-10　　**2024年度麦灿公司的直接人工工时资料及制造费用预算**　　金额单位：元

变动制造费用			固定制造费用			备注
1	间接材料	10 000	1	管理人员工资	9 100	
2	间接人工成本	7 600	2	折旧费	15 347	
3	维修费	6 145	3	办公费	6 500	
4	水电费	7 280	4	保险费	3 200	
5	其　他	4 173	5	租赁费	3 000	
	合　计	35 198	6	其　他	1 000	
				合　计	38 147	
	直接人工工时总数（小时）	29 332		减：折旧费	15 347	非付现成本
分配率=35 198÷29 332≈1.20（元/小时）				现金支出合计	22 800	
				各季度支出数=22 800÷4=5 700		

分析要求：

1）形成性要求

同第1章“主观题”中本题型的“形成性要求”。

2）成果性要求

（1）课业结构、格式与体例参照本《训练手册》“课业范例”的范例9-5-1。

（2）同第1章“主观题”中本题型的其他“成果性要求”。

“麦灿公司全面预算”案例分析报告

（项目组组长：　　　　　　项目组成员：　　　　　　　　）

1）麦灿公司2024年度的销售预算、经营现金收入预算、生产预算、直接材料需用量预算、直接材料采购预算、现金支出预算与制造费用预算见表9-11至表9-17。

表9-11　　**2024年度麦灿公司销售预算**

项　目		季度：一	二	三	四	全　年	资料来源
销售单价（元/件）	甲产品	65	65	65	70		见表9-6
	乙产品	80	80	80	75		见表9-6
预计销售量（件）	甲产品	800	1 000	1 200	1 000	4 000	见表9-6
	乙产品	500	800	1 000	1 200	3 500	见表9-6
预计销售收入（元）	甲产品	52 000	65 000	78 000	70 000	265 000	
	乙产品	40 000	64 000	80 000	90 000	274 000	
	合　计	92 000	129 000	158 000	160 000	539 000	
增值税销项税额（元）		11 960	16 770	20 540	20 800	70 070	
含税销售收入（元）		103 960	145 770	178 540	180 800	609 070	

表 9-12　**2024 年度麦灿公司经营现金收入预算**　单位：元

项　目	季　度				全　年	资料来源
	一	二	三	四		
含税销售收入	103 960	145 770	178 540	180 860	609 070	见表 9-11
期初应收账款	31 000				31 000	见表 9-6
第一季度经营现金收入	62 376	41 584			103 960	年末应收账款余额为 72 320
第二季度经营现金收入		87 462	58 308		145 770	
第三季度经营现金收入			107 124	71 416	178 540	
第四季度经营现金收入				108 480	108 480	
经营现金收入合计	93 376	129 046	165 432	179 896	567 750	

表 9-13　**2024 年度麦灿公司生产预算**　单位：件

品　种	项　目	季　度				全　年	资料来源
		一	二	三	四		
甲产品	预计销售量（销售预算）	800	1 000	1 200	1 000	4 000	见表 9-6
	加：预计期末产成品存货量	100	120	100	120	120	见表 9-7
	减：期初产成品存货量	80	100	120	100	80	见表 9-7
	预计生产量	820	1 020	1 180	1 020	4 040	
乙产品	预计销售量（销售预算）	500	800	1 000	1 200	3 500	见表 9-6
	加：预计期末产成品存货量	80	100	120	130	130	见表 9-7
	减：期初产成品存货量	50	80	100	120	50	见表 9-7
	预计生产量	530	820	1 020	1 210	3 580	

表 9-14　**2024 年度麦灿公司直接材料需用量预算**

产品品种	项　目		季　度				全　年	资料来源
			一	二	三	四		
甲产品	材料单耗（千克/件）	A 材料	3	3	3	4		见表 9-8
		B 材料	2	2	2	2		见表 9-8
	预计生产量（件）		820	1 020	1 180	1 020	4 040	见表 9-13
	预计生产需用量（千克）	A 材料	2 460	3 060	3 540	4 080	13 140	
		B 材料	1 640	2 040	2 360	2 040	8 080	
乙产品	材料单耗（千克/件）	A 材料	5	5	5	4.5		见表 9-8
		C 材料	2	2	2	2		见表 9-8
	预计生产量（件）		530	820	1 020	1 210	3 580	见表 9-13
	预计生产需用量（千克）	A 材料	2 650	4 100	5 100	5 445	17 295	
		C 材料	1 060	1 640	2 040	2 420	7 160	

表9-15 **2024年度麦灿公司直接材料采购预算** 金额单位：元

材料品种	项目	季度 一	季度 二	季度 三	季度 四	全年	资料来源
A材料	材料采购单价（不含税）	4	4	4	4	4.00	见表9-8
	甲产品需用量（千克）	2 460	3 060	3 540	4 080	13 140	见表9-14
	乙产品需用量（千克）	2 650	4 100	5 100	5 445	17 295	见表9-14
	材料总需用量（千克）	5 110	7 160	8 640	9 525	30 435	
	加：期末材料存量（千克）	1 432	1 728	1 905	1 800	1 800	见表9-9
	减：期初材料存量（千克）	1 500	1 432	1 728	1 905	1 500	见表9-9
	本期采购量（千克）	5 042	7 456	8 817	9 420	30 735	
	材料采购成本（不含税）	20 168	29 824	35 268	37 680	122 940	材料采购单价×本期采购量
B材料	材料采购单价（不含税）	5	5	5	5	5.00	见表9-8
	甲产品需用量（千克）	1 640	2 040	2 360	2 040	8 080	见表9-14
	乙产品需用量（千克）	0	0	0	0	0	见表9-14
	材料总需用量（千克）	1 640	2 040	2 360	2 040	8 080	
	加：期末材料存量（千克）	612	708	612	720	720	见表9-9
	减：期初材料存量（千克）	480	612	708	612	480	见表9-9
	本期采购量（千克）	1 772	2 136	2 264	2 148	8 320	
	材料采购成本（不含税）	8 860	10 680	11 320	10 740	41 600	材料采购单价×本期采购量
C材料	材料采购单价（不含税）	6	6	6	6	6.00	见表9-8
	甲产品需用量（千克）	0	0	0	0	0	见表9-14
	乙产品需用量（千克）	1 060	1 640	2 040	2 420	7 160	见表9-14
	材料总需用量（千克）	1 060	1 640	2 040	2 420	7 160	
	加：期末材料存量（千克）	492	612	726	500	500	见表9-9
	减：期初材料存量（千克）	300	492	612	726	300	见表9-9
	本期采购量（千克）	1 252	1 760	2 154	2 194	7 360	
	材料采购成本（不含税）	7 512	10 560	12 924	13 164	44 160	材料采购单价×本期采购量
D材料	材料采购单价（不含税）				10	10.00	见表9-8
	本期采购量（千克）				1 000	1 000	见表9-9
	材料采购成本（不含税）	0	0	0	10 000	10 000	材料采购单价×本期采购量
预计材料采购成本合计（不含税）		36 540	51 064	59 512	71 584	218 700	
增值税进项税额		4 750	6 638	7 737	9 306	28 431	
预计采购金额合计		41 290	57 702	67 249	80 890	247 131	

表 9-16　　2024年度麦灿公司现金支出预算　　单位：元

项　目	季　度				全　年	资料来源
	一	二	三	四		
预计采购金额合计	41 290	57 702	67 249	80 890	247 131	见表 9-15
期初应付账款	14 400				14 400	见表 9-9
第一季度采购现金支出	24 774	16 516			41 290	
第二季度采购现金支出		34 621	23 081		57 702	
第三季度采购现金支出			40 349	26 900	67 249	
第四季度采购现金支出				48 534	48 534	
现金支出合计	39 174	51 137	63 430	75 434	229 175	

根据表 9-16 中的数据，还可以很方便地计算出麦灿公司年末应付账款余额：

年末应付账款余额=80 890-48 534=32 356（元）

表 9-17　　2024年度麦灿公司制造费用预算　　金额单位：元

项　目		季　度				全　年
		一	二	三	四	
变动制造费用分配率		1.20	1.20	1.20	1.20	1.20
直接人工工时（小时）	甲产品	2 460	3 060	3 540	2 856	11 916
	乙产品	2 650	4 100	5 100	5 566	17 416
	小　计	5 110	7 160	8 640	8 422	29 332
变动制造费用	甲产品	2 952	3 672	4 248	3 427	14 299
	乙产品	3 180	4 920	6 120	6 679	20 899
	小　计	6 132	8 592	10 368	10 106	35 198
固定制造费用		5 700	5 700	5 700	5 700	22 800
现金支出合计		11 832	14 292	16 068	15 806	57 998

2）编制财务预算是企业财务管理的一项重要工作，它具有以下作用：

（1）明确目标。企业的总目标可以通过财务目标得到体现，而财务预算则是具体化的财务目标。通过财务预算的编制，企业总目标被分解落实为各部门的具体目标，并且被分门别类、有层次地表达为企业在销售、生产、成本和费用、收入和利润等方面量化的具体目标。编制财务预算有助于企业内部各部门和职工了解本部门或本人的经济活动与企业目标之间的关系，有助于明确各部门及人员在业务量、收入和成本等方面应达到的水平和努力的方向。

（2）协调各部门的工作。各级各部门因其职责不同，往往会出现互相冲突的现象。例如，销售部门提出一个庞大的销售计划，但是生产部门却没有相应的生产能力。企业通过编制财务预算，围绕企业的财务目标，可以综合平衡与协调各部门的冲突，统筹兼顾，全面安排，以确定对企业整体最优的方案，从而把企业经营过程中的各环节、各方面的工作严密地组织起来，使各部门的工作协调一致。

（3）有利于控制与考核。财务预算是企业控制经济活动的依据和衡量经济活动合理性的标准。当预算确定并进入实施阶段以后，企业应设法控制经济活动并使其按预算进行。当实际状态和预算存在较大差异时，企业应查明原因并采取措施调整和改善其经营活动。实际偏离预算的差异不仅是企业控制经济活动的依据，也是企业评定各预算执行单位工作业绩的重要标准。将实际数与预算数对比进行考核，比将本期实际数与以往实际数的对比考核更有现实意义。

（4）合理配置资源。企业的资源都是有限的，应该予以有效运用。通过编制财务预算，企业可以将资源优先分配给获利能力强的部门、项目及产品，从而使企业的资源配置更加合理。

范例9-5-2

课程思政

从预算报告看2024年财政政策

背景与情境：2024年，全国一般公共预算支出28.5万亿元，比上年增加超过1万亿元。同时，政府债券规模明显增加，新增地方政府专项债券加上新增发行超长期特别国债，总额达4.9万亿元。

"今年在财政适度加力的背景下，关键是要把这些钱花好、用好，用到最重要的地方。"对外经济贸易大学政府管理学院院长、教授李明表示，要优化财政管理，加强政策协同，提升财政政策质效。从财政管理来讲，就是要坚持内部挖潜，向管理要效能；从政策协同来看，就是要加强统筹协调，放大组合效应。

"具体来看，要加强财政资源统筹，增强预算管理完整性；优化财政资源配置机制，打破支出固化僵化格局，集中财力办大事；完善财政转移支付体系，加强转移支付定期评估和退出管理，优化资金分配，研究建立完善促进高质量发展的转移支付激励约束机制；落实落细已出台的中央与地方财政事权和支出责任划分改革相关方案，稳步推进省以下财政体制改革。"李明说。

在优化财政支出结构方面，李明表示，强化国家重大战略任务和基本民生财力保障，既要用好有限的增量资金，又要下大力气盘活、调整存量，将使用效果不好的资金腾出来用于保重点。

"此外，要加强绩效管理，完善预算编制有目标、预算执行有监控、预算完成有评价、评价结果有反馈、反馈结果有应用的全过程管理机制，强化信息技术支撑，持续提升财政资源配置效率和资金使用效益。"李明说。

资料来源：李嘉亮．从预算报告看2024年财政政策［EB/OL］．［2024-03-28］．https://h5.newaircloud.com/newsepaper/detail/10257_145349_1674872_23757305_zgcjb.html.引文有删减。

问题：

1）请分析上述现象暗含了哪些课程思政要求和原则。

2）本案例对你有哪些启示？

研判要求：

1）形成性要求

同第1章“主观题”中本题型的“形成性要求”。

2）成果性要求

（1）课业结构、格式与体例参照本《训练手册》“课业范例”的范例9-5-2。

（2）同第1章“主观题”中本题型的其他“成果性要求”。

“从预算报告看2024年财政政策”思政研判报告

（项目组组长：　　　　项目组成员：　　　　　　　）

1）预算作为一项重要的财务工作，要求各个部门和个人能够在编制全面预算时兼顾各方利益，树立大局面，实现企业和谐发展；能够创新思维，利用多种预算方式提高企业预算管理的效率。我国的预算管理工作已经取得了成就，但是目前仍然存在一些需要注意的问题，仍然有改进的空间。

2）企业预算的决策者和执行者，需要本着爱岗敬业精神，合理编制预算，提高预算执行力度。本案例体现了财务管理必须科学、严谨，要重视财务管理各个环节和各项工作。本案例的启示是，企业如同国家一样，进行财务管理活动时必须遵循规范、科学、合理的程序，重视预算的编制、执行和控制各个环节。

范例9-5-3

华发股份公司2024年4月现金预算

资料：华发股份公司2024年1—3月的实际销售额分别为38 000万元、36 000万元和41 000万元，预计4月份的销售额为40 000万元（销售额均为不含税销售收入）。每月销售收入中有70%能于当月收现，20%于次月收现，10%于第三个月收讫，不存在坏账。假定该公司销售的产品在流通环节须缴纳消费税，适用的增值税税率为13%，消费税税率为10%，城市维护建设税税率为7%，教育费附加征收率为3%，并于当月以现金缴纳。该公司3月末的现金余额为80万元，应付账款余额为5 000万元（需在4月份付清），不存在其他应收、应付款项。

4月份有关项目预计资料如下：采购材料8 000万元（当月付款70%），假定该企业生产所使用的材料都是在当期内采购的；工资及其他支出8 400万元（用现金支付）；制造费用8 000万元（其中，折旧费等非付现费用为4 000万元）；销售费用和管理费用为1 000万元（用现金支付）；预交所得税为1 900万元；购买设备费用为12 000万元（用现金支付）。现金不足时，通过向银行借款解决。4月末现金余额要求不低于100万元。

要求：根据上述资料，分析计算华发股份公司2024年4月的下列现金预算指标：

1）经营性现金流入。

2）应交税金及附加。

3）经营性现金流出。

4）现金余缺。

5）应向银行借款的最低金额。

6）4月末应收账款余额。

“华发股份公司2024年4月现金预算”训练报告

（项目组组长：　　　　　　　项目组成员：　　　　　　　　　　　　）

训练报告见表9-18。

表9-18　“华发股份公司2024年4月现金预算”训练报告

班级：会计2023（1）班　　　　　　　　　　　　　　　　　　项目组编号：01

项目组组长	吴清	项目组成员	张三、李四……
训练时间	2024年6月10日	训练地点	财务管理训练室
训练目的	（1）对“现金预算”等专业能力的各“技术-技能”点实施阶段性基本训练。（2）对“与人合作”“解决问题”“革新创新”等职业核心能力的各“技术-技能”点实施“中级”强化训练。（3）对“职业观念”“职业守则”等职业道德的各“素质点”实施“认同级”相关训练		
训练步骤	（1）根据训练资料，项目组对相关问题进行分析，确定项目组成员的任务与分工，并制订项目组的《训练计划》。（2）实施《训练计划》，对华发股份公司2024年4月的现金预算进行分析。（3）撰写作为最终成果的《“华发股份公司2024年4月现金预算”训练报告》。（4）在班级交流、讨论各组的《“华发股份公司2024年4月现金预算”训练报告》，并进一步修订和完善		
训练成果	现金预算是为了反映企业在计划期间预计的现金收支的详细情况而编制的预算。现金预算实际上是其他预算有关现金收支部分的汇总，以及收支差额平衡措施的具体计划。它的编制要以其他各项预算为基础，或者说其他预算在编制时要为现金预算做好数据准备。 编制现金预算可以提高企业对财务风险的规避能力，提高资金的利用效率，促进企业内部的合作与交流，以及为企业提供绩效评价标准。现金预算的内容包括现金收入、现金支出、现金溢余或短缺、资金的筹集和运用四个部分。 （1）经营性现金流入 某预算期经营现金收入=该期现销含税收入+该期回收以前期的应收账款 某期现销含税收入=该期含税销售收入×该期预计现销率 某期回收以前期的应收账款=本期期初应收账款×该期预计应收账款回收率 2024年4月华发股份公司的经营性现金流入=36 000×（1+13%）×10%+41 000×（1+13%）×20%+40 000×（1+13%）×70%=44 974（万元） （2）应交税金及附加 某期增值税销项税额=该期预计销售收入总额×该期适用的增值税税率 2024年4月华发股份公司的应交增值税=（40 000-8 000）×13%=4 160（万元） 2024年4月华发股份公司的税金及附加=40 000×10%+（40 000×10%+4 160）×（7%+3%）=4 816（万元） 2024年4月华发股份公司的应交税金及附加=4 160+4 816=8 976（万元） （3）经营性现金流出 经营性现金流出=直接材料采购+工资及其他支出+制造费用+销售费用和管理费用+应交税金及附加+预交所得税		

续表

训练成果	直接材料采购=8 000×（1+13%）×70%+5 000=11 328（万元） 工资及其他支出=8 400万元 制造费用=8 000−4 000=4 000（万元） 销售费用和管理费用=1 000万元 应交税金及附加=4 816+4 160=8 976（万元） 预交所得税=1 900万元 2024年4月华发股份公司的经营性现金流出=11 328+8 400+4 000+1 000+8 976+1 900 =35 604（万元） （4）现金余缺 当前可动用现金合计=期初现金余额+现金收入 现金溢余或短缺=当前可动用现金合计−现金支出 2024年4月华发股份公司的现金余缺=80+44 974−35 604−12 000=−2 550（万元） （5）应向银行借款的最低金额 期末现金余额=现金溢余（短缺）+资金的筹集与运用 2024年4月华发股份公司应向银行借款的最低金额=期末现金余额+现金短缺=2 550+100=2 650（万元） （6）预算期期末应收账款余额 预算期期末应收账款余额=预算期期初应收账款余额+该期含税销售收入−本期经营现金收入 2024年4月末华发股份公司应收账款余额=41 000×（1+13%）×10%+40 000×（1+13%）×30% =18 193（万元）
训练体会	通过本训练，我们可以理解现金预算的概念与意义，熟悉现金预算编制的相关分析技能，能够运用现金预算分析方法解决实际问题，提升我们对现金预算的理解和应用能力。此外，由于财务工作对专业综合素质的要求较高，企业财务管理人员在分析问题时要细致而全面，工作中要有团队合作精神，要善于与人沟通、与人合作
补充说明	在本训练中，我们在体验本章“专业能力”基本训练的同时，也尝到了“与人合作”“解决问题”“革新创新”等“职业核心能力”（中级）强化训练和“职业观念”“职业守则”等“职业道德”（认同级）相关训练的甜头。我们认识到，要提高“学习迁移能力”和“可持续发展能力”，积极应对未来职业岗位的跨行业流动（这是当代职业的一个显著特征），避免职业道德与企业伦理的缺失，这些训练是必不可少的。我们相信，通过本课程以及后续课程的同类学习与训练，在构建自身“业务胜任能力”的过程中，我们的“职业核心能力”将不断增强，我们的“职业道德”将由“他律”变为“自律”

项目组成员签名	吴清、张三、李四……	指导教师签名	王华

9.6 参考答案与提示

教学互动9-1

引导提示：

（1）该企业一车间制造费用的相关资料见表9-19。

表9-19 该企业一车间制造费用的相关资料 金额单位：元

项　目	每小时变动费用	生产能力（定额工时）			
		90%	100%	110%	120%
		54 000（小时）	60 000（小时）	66 000（小时）	72 000（小时）
变动制造费用					
间接材料	0.50	27 000	30 000	33 000	36 000
间接人工	0.30	16 200	18 000	19 800	21 600
电力	0.18	9 720	10 800	11 880	12 960
修理费	0.12	6 480	7 200	7 920	8 640
小　计	1.10	59 400	66 000	72 600	79 200
固定制造费用					
间接材料		11 000	11 000	11 110	11 110
间接人工		3 000	3 000	3 000	3 000
电力		2 000	2 000	2 000	2 000
修理费		4 000	4 000	4 200	4 200
折旧		9 000	9 000	9 900	9 900
其他		5 000	5 000	5 000	5 000
小　计		34 000	34 000	35 210	35 210
费用合计		93 400	100 000	107 810	114 410

（2）2025年制造费用弹性预算见表9-20。

表9-20 2025年制造费用弹性预算 单位：元

项　目	预　算	实　际	差　异
间接材料	44 110	26 340	-17 770
间接人工	22 800	15 050	-7 750
电力	13 880	8 800	-5 080
修理费	12 120	7 200	-4 920
折旧	9 900	10 000	100
其他	5 000	6 000	1 000
合　计	107 810	73 390	-34 420

教学互动9-2

引导提示：

（1）①第一季度：100×1 000=100 000（元）

第二季度：100×1 500=150 000（元）

第三季度：100×2 000=200 000（元）

第四季度：100×1 800=180 000（元）

②第一季度：60 000+100 000×60%=120 000（元）

第二季度：100 000×40%+150 000×60%=130 000（元）

第三季度：150 000×40%+200 000×60%=180 000（元）

第四季度：200 000×40%+180 000×60%=188 000（元）

③180 000×40%=72 000（元）

（2）①耗用量：

第一季度：1 960×5=9 800（千克）

第二季度：1 920×5=9 600（千克）

第三季度：2 360×5=11 800（千克）

第四季度：2 180×5=10 900（千克）

材料采购量预算：

第一季度：9 800+3 000−2 800=10 000（千克）

第二季度：9 600+2 800−3 200=9 200（千克）

第三季度：11 800+3 200−3 600=11 400（千克）

第四季度：10 900+3 600−3 400=11 100（千克）

②材料采购成本预算：

第一季度：10 000×3=30 000（元）

第二季度：9 200×3=27 600（元）

第三季度：11 400×3=34 200（元）

第四季度：11 100×3=33 300（元）

材料采购现金支出预算：

第一季度：10 000+30 000×60%=28 000（元）

第二季度：30 000×40%+27 600×60%=28 560（元）

第三季度：27 600×40%+34 200×60%=31 560（元）

第四季度：34 200×40%+33 300×60%=33 660（元）

（3）①第一季度：3 000+4 500+9 000+30 000+3 000+6 000+5 000=60 500（元）

第二季度：3 200+4 800+9 600+30 000+3 000+6 000+5 000=61 600（元）

第三季度：3 500+5 250+10 500+30 000+3 000+6 000+5 000=63 250（元）

第四季度：4 000+6 000+12 000+30 000+3 000+6 000+5 000=66 000（元）

②第一季度：3 000+4 500+9 000+30 000+3 000+5 000=54 500（元）

第二季度：3 200+4 800+9 600+30 000+3 000+5 000=55 600（元）

第三季度：3 500+5 250+10 500+30 000+3 000+5 000=57 250（元）

第四季度：4 000+6 000+12 000+30 000+3 000+5 000=60 000（元）

（4）现金预算见表9-21。

表9-21　**现金预算**

2025年度

单位：元

项目	第一季度	第二季度	第三季度	第四季度	全年合计
期初余额	4 000	（6）4 713	（12）4 920	4 561	（25）4 000
加：现金收入	（1）12 800	16 300	17 700	（17）19 100	65 900
可动用现金合计	16 800	（7）21 013	22 620	（18）23 661	（26）69 900
减：现金支出					
采购材料	4 675	4 470	（13）4 740	4 990	（27）18 875
人工成本	6 780	7 380	7 980	（19）8 520	30 660
费用	（2）2 632	2 713	2 794	2 869	（28）11 008
支付股息	1 000	—	—	—	（29）1 000
购买设备	—	500	1 500	—	（30）2 000
现金支出合计	（3）15 087	15 063	（14）17 014	（20）16 379	（31）63 543
现金收支差额	1 713	（8）5 950	5 606	（21）7 282	（32）6 357
银行借款	（4）3 000	—	—	—	3 000
偿还借款	—	（9）1 000	1 000	（22）1 000	（33）3 000
利息	—	（10）30	（15）45	（23）105	（34）180
期末余额	（5）4 713	（11）4 920	（16）4 561	（24）6 177	（35）6 177

"9.2　客观题"参考答案

9.2.1　理论题

1）单项选择题

（1）C　（2）B　（3）C　（4）C　（5）D　（6）A　（7）A　（8）C　（9）D　（10）D

2）多项选择题

（1）ABCD　（2）ABD　（3）BCD　（4）ABC　（5）ABC　（6）ABCDE　（7）ABCDE　（8）ABC　（9）ABCD　（10）BCD

3）判断题

（1）√　（2）√　（3）×　（4）×　（5）×　（6）×　（7）×　（8）√　（9）×　（10）√

9.2.2　实务题

1）单项选择题

（1）B　（2）A　（3）C　（4）B　（5）D　（6）C　（7）C　（8）B　（9）B

(10) C

2）多项选择题

(1) BCD (2) ABD (3) ABCE (4) ABCD (5) ABCDE (6) ABC (7) ABCD (8) ABCD (9) ABC (10) ABC

3）混合选择题

(1) B (2) ABCD (3) ABCD (4) ABCD (5) B

4）判断题

(1) × (2) × (3) × (4) × (5) √ (6) × (7) √ (8) × (9) √ (10) √

9.2.3 案例题

1）ABCD 2）ACD 3）ABC 4）C 5）AB

9.2.4 训练题

1）单项选择题

(1) A (2) C (3) A (4) A (5) B (6) C (7) D (8) B (9) C (10) B

2）多项选择题

(1) BCE (2) ABCD (3) ABCE (4) ABDE (5) ABCDE (6) AC (7) ACE (8) AB (9) ADE (10) ADE

"9.3 主观题"参考答案

9.3.1 理论题

1）简答题

(1) 参考答案：财务预算是一系列专门反映企业在未来一定预算期内预计财务状况和经营成果，以及现金收支等价值指标的各种预算的总称，包括现金预算、预计利润表、预计资产负债表等内容。

(2) 参考答案：弹性预算是企业为克服固定预算的缺点而设计的，它是按照预算期内可预见的各种业务量水平而编制的、能够适应不同业务量情况的预算。

零基预算是企业为克服增量预算的缺点而设计的，它是对预算收支以零为基点，对预算期内各项支出的必要性和合理性、各项收入的可行性，以及预算数额的大小，逐项审议决策，从而确定收支水平的预算。它一般适用于不经常发生的或者预算编制基础变化较大的预算项目，如对外投资预算。

滚动预算是企业为克服定期预算的缺点而设计的，它是随时间的推移和市场条件的变化而自行延伸并进行同步调整的预算，一般适用于季度预算的编制。

(3) 参考答案：业务预算是反映企业在计划期内日常发生的具有实质性的基本活动的预算，它主要包括销售预算、生产预算、直接材料预算、直接人工预算、制造费用预算、产品成本预算、销售及管理费用预算等。

现金预算是为了反映企业在计划期间预计的现金收支的详细情况而编制的预算。

预计财务报表包括预计利润表和预计资产负债表。因为已经编制了现金预算，通常没有必要再编制预计现金流量表。预计利润表是预算编制人员在企业各项经营预算的基础上，根据权责发生制原则编制的利润表。预计利润表综合反映了企业计划期内的预计销售收入、销售成本和预计可实现的利润或可能发生的亏损，它可以揭示企业预期的盈利情况，有助于管理人员及时调整经营策略。预计利润表与实际利润表的内容和格式相同，只不过数据是面向预算期的。预计资产负债表与实际资产负债表的内容和格式相同，只不过预计资产负债表的数据反映的是预算期期末的财务状况。预计资产负债表是利用本期期初的资产负债表，根据销售、生产、资本等预算的有关数据加以调整编制的，是反映企业预算期期末财务状况的总括性预算。

（4）参考答案：直接材料预算是指为规划一定预算期内组织生产活动和材料采购活动所预计发生的直接材料需用量、采购数量和采购成本而编制的一种经营预算。

（5）参考答案：产品成本预算是指为规划预算期的单位产品成本、生产成本、销售成本，以及期初和期末产成品存货成本等内容而编制的一种日常业务预算。

2）理解题

（1）参考答案：全面预算体系包括业务预算、财务预算和资本决策预算。

各预算之间的主要联系如下：企业以经营目标为基础，确定本年度的销售预算，并结合企业财力确定资本支出预算等专门决策预算；根据“以销定产”的原则，以销售预算为年度预算的编制起点，进一步确定生产预算，然后延伸到直接材料、直接人工和制造费用等预算；各个业务预算和专门决策预算为企业的现金预算提供了依据。预计利润表和预计资产负债表最后编制，是对前面各种业务预算、专门决策预算以及现金预算的综合。财务预算是企业全面预算体系中的最后环节，它可以从价值方面总括地反映企业的专门决策预算与业务预算的结果，因此财务预算在企业的全面预算体系中占有重要的地位。

（2）参考答案：零基预算以企业的战略目标为出发点，确定必需的费用开支项目，有利于企业长远目标的实现。同时，这种方法也可以充分发挥各级管理人员的积极性、主动性和创造性，促进各预算部门精打细算，合理有效地进行资源分配，将有限的资金用在刀刃上。但是，零基预算要求一切从零出发，在编制费用预算时需要完成大量的基础工作，编制时间较长。为减少预算编制的工作量，预算编制人员每隔几年才按此方法编制一次预算。

（3）参考答案：现金预算是为了反映企业在计划期间预计的现金收支的详细情况而编制的预算。现金预算实际上是其他预算有关现金收支部分的汇总，以及收支差额平衡措施的具体计划。它的编制要以其他各项预算为基础，或者说其他预算在编制时要为现金预算做好数据准备。现金预算包括现金收入、现金支出、现金溢余或短缺、资金的筹集和运用四个部分。

9.3.2　实务题

1）规则复习

（1）参考答案：销售预算是指为规划一定预算期内组织销售活动所引起的预计销售收入而编制的一种日常业务预算。销售预算一般是企业生产经营全面预算的编制起点，其他预算的编制都以销售预算为基础。销售预算需要在销售预测的基础上，根据企业年度目标利润确定的预计销售量和销售价格等参数进行编制。其编制程序如下：

①计算各种产品的预计销售收入。②预计预算期所有产品的销售收入总额。③预计在预算期发生的与销售收入相关的增值税销项税额。④预计预算期含税销售收入。⑤预计预算期经营现金收入。

（2）参考答案：生产预算是指为规划一定预算期内预计生产量水平而编制的一种日常业务预算。该预算只使用实物量为计量单位，可以为成本费用预算提供实物量依据。有了销售预算后，就可以根据其每季度的销售量，按产品名称、数量分别编制生产预算。应注意的是，预算期间必须备有充足的产品以供销售，还应考虑计划期初和期末的存货情况。因此，生产预算是在销售预算的基础上编制的，其主要内容有销售量、期初和期末存货、生产量。

（3）参考答案：直接材料预算是指为规划一定预算期内因组织生产活动和材料采购活动预计发生的直接材料需用量、采购数量和采购成本而编制的一种经营预算。直接材料预算编制的依据主要包括生产预算的预计生产量、单位产品的材料消耗定额、预算期间的期初和期末存料量、材料预计单价、采购材料的付款条件等。直接材料预算编制的方法是，先按材料类别计算出预计采购量，然后乘以单价，最后填入预算表。

（4）参考答案：制造费用预算是指为规划生产成本中除直接材料和直接人工以外的其他一切费用而编制的一种日常业务预算。制造费用预算通常分为变动制造费用预算和固定制造费用预算两部分。变动制造费用预算以生产预算为基础来编制。如果有完善的标准成本资料，则用单位产品的标准成本与产量相乘，即可得到相应的预算金额。如果没有标准成本资料，就需要逐项预计计划产量需要的各项制造费用。固定制造费用预算可在上年实际开支水平的基础上，结合本年预算情况进行编制。

（5）参考答案：现金预算是为了反映企业在计划期间预计的现金收支的详细情况而编制的预算。现金预算实际上是其他预算有关现金收支部分的汇总，以及收支差额平衡措施的具体计划。它的编制要以其他各项预算为基础，或者说其他预算在编制时要为现金预算做好数据准备。现金预算的内容包括现金收入、现金支出、现金溢余或短缺、资金的筹集和运用四个部分。现金收入、现金支出、现金溢余或短缺、资金的筹集和运用这四个部分之间的基本关系如下：

期初现金余额+现金收入=当前可动用现金合计

当前可动用现金合计-现金支出=现金溢余或短缺

现金溢余或短缺+资金的筹集和运用=期末现金余额

现金预算以各项业务预算为基础，企业通过确定现金收入和计划现金支出，编制现金预算。

2）业务解析

（1）参考答案：固定预算又称静态预算，是把企业预算期的业务量固定在某一预计水平上，以此为基础来确定其他项目预计数的预算方法。弹性预算与固定预算对称，它关键在于把所有的成本按其性态分为变动成本与固定成本两大部分。固定预算与弹性预算的主要区别：固定预算是针对某一特定业务量编制的；弹性预算是针对一系列可能达到的预计业务量水平编制的。

（2）参考答案：增量预算与零基预算的区别：增量预算是以基期成本费用水平为

基础编制的，这种预算的编制较容易，但可能会造成预算冗余，从而不能很好地控制一些不必要费用的发生。零基预算的编制要求一切从零开始，这种预算能对环境变化作出较快的反应，能够更好地复核成本状况，但耗时巨大，参加预算工作的人员先要经过培训，并且需要全员参与。

（3）参考答案：定期预算是指在编制预算时通常以某个特定的会计年度作为预算期的一种预算编制方法。这种预算由于受预算期的限制，会导致企业管理者的决策视野仅局限于本期规划的经营活动，通常不考虑下期的经营活动，从而形成人为的预算间断，因此这种预算不能适应连续不断的生产经营过程，不利于企业的长远发展。此外，这种预算无法随情况的变化及时调整，当预算中所规划的各种经营活动在预算期内发生重大变化时，预算就会滞后过时，进而成为虚假预算。滚动预算是随时间的推移和市场条件的变化而自行延伸并进行同步调整的预算，一般适用于季度预算的编制。定期预算与滚动预算的最大区别：前者的预算期为一个完整的会计年度；后者的预算期不是固定不变的。

9.3.3 案例题

1）案例分析

分析提示：

（1）陈春的这种认识只看到了零基预算的积极意义，即零基预算在合理分配资源、提高预算执行力、减少浪费等方面具有较大的优势，但是过分地夸大了零基预算的作用。同时，零基预算也不是什么“灵丹妙药”，更不是完美无缺的。零基预算过程中需要大量有效的管理、沟通，还要对介入其中的管理者进行培训，管理者也可能在确认恰当的决策单元、收集充足的数据、确定最小努力水平、对不同项目进行排序，以及处理大量决策等方面面临一些问题。对于许多项目，零基预算可能缺乏工作量和业绩标准，或者项目影响没有被很好地估计和定义，从而导致整个分析并不完美。因此，零基预算应该被看成一种长期的管理发展过程，而不是一劳永逸的灵丹妙药。

（2）企业要实现预算管理，首先应根据企业现阶段的发展水平和管理需求选择适当的预算管理模式。企业通过全面评估外部环境与自身实力编制全面预算，以此规划来年的经营活动，可以减少决策的盲目性，提高管理水平。

实现预算管理主要的任务包括：统筹协调各部门的目标和活动；预计年度经营计划的财务效果和对现金流量的影响；确定各责任中心的经营责任；为控制各部门的费用支出和评价各部门的绩效提供依据。

财务预算可以分部门、核算单位自上而下、自下而上编制，由高层确定业务方向、经营战略、增长目标，基层根据实际情况进行编制，同时上下反复沟通，确保预算的可操作性。企业可以建立多级预算控制体系，将各责任中心的一切收支都纳入预算，并将关键财务指标（如收入、成本、费用、利润、现金流量）细分到各个分公司、各个部门，从而更详细地明确责任。

在每期经营活动实际完成后，企业还要将实际业绩与当初的预算进行对比分析，如经营是否按照当初的预测进行、是否有偏差、偏差有多大、原因在哪里等，以便及时发现问题，纠正偏差，保证预算的顺利实施。

新苏纶结合企业的发展水平和管理要求，将成本费用控制作为一项重点工作来抓，对各部门的差旅费、业务招待费等项目设置预算并进行实时控制，取得了非常好的效果。

2）课程思政

分析提示：

（1）企业应该本着爱岗敬业精神，在编制全面预算时兼顾各方利益，树立大局观，实现企业各个部分的和谐发展；能够创新思维，利用多种预算方式提高企业预算管理的效率。在实际工作中，预算是一项重要的财务管理工作，企业和决策者应该认真对待。决策者不严格执行预算是不正确的。

（2）本案例体现了财务管理必须科学、严谨，要重视财务管理各个环节的各项工作。企业应该重视预算工作，有效地发挥预算对企业资源配置、提高经济效益的作用。同时，预算也是考核和业绩评价的重要依据。本案例的启示是，企业如同国家一样，进行财务管理活动时必须遵循规范、科学、合理的程序，重视预算的编制、执行和控制等环节。

“9.4 实训资料”参考答案

实训资料 9-4-1

1）参考答案：

（1）该企业2024年边际贡献的预算数=800 000−（450 000−80 000）−（160 000−85 000）

=355 000（元）

（2）该企业2024年利润的预算数=800 000−450 000−160 000=190 000（元）

2）参考答案：

（1）第一季度销售收入预算数=100×1 000=100 000（元）

第二季度销售收入预算数=100×1 500=150 000（元）

第三季度销售收入预算数=100×2 000=200 000（元）

第四季度销售收入预算数=100×1 800=180 000（元）

（2）第一季度现金收入预算数=60 000+100 000×60%=120 000（元）

第二季度现金收入预算数=100 000×40%+150 000×60%=130 000（元）

第三季度现金收入预算数=150 000×40%+200 000×60%=180 000（元）

第四季度现金收入预算数=200 000×40%+180 000×60%=188 000（元）

（3）年末应收账款预算数=180 000×40%=72 000（元）

3）参考答案：

（1）本月经营现金收入=40 000×60%+200 000×40%=104 000（元）

（2）本月经营现金支出=40 000×50%+30 000+35 000+18 000+13 000+36 000=152 000（元）

（3）本月现金收支差额=9 000+104 000−152 000−20 000=−59 000（元）

（4）由于−59 000元+借款金额≥8 000元，且借款金额为2 000元的整数倍，所以企业应向银行借款68 000元。

（5）月末现金余额=-59 000+68 000=9 000（元）

4）参考答案：

第一季度生产量的预算数=2 000+1 800×20%-400=1 960（件）

第二季度生产量的预算数=1 800+2 400×20%-1 800×20%=1 920（件）

第三季度生产量的预算数=2 400+2 200×20%-2 400×20%=2 360（件）

第四季度生产量的预算数=2 200+2 100×20%-2 200×20%=2 180（件）

实训资料 9-4-2

1）参考答案：

（1）装配车间的制造费用预算=23×5 400+152 400=276 600（元）

（2）装配车间的制造费用预算=23×6 600+152 400+90 000×5%=308 700（元）

2）参考答案：

制造费用弹性预算见表9-22。

表9-22 制造费用弹性预算 金额单位：元

项目	每小时变动费用	生产能力（定额工时）			
		90%	100%	110%	120%
		54 000（小时）	60 000（小时）	66 000（小时）	72 000（小时）
变动制造费用					
间接材料	0.50	27 000	30 000	33 000	36 000
间接人工	0.30	16 200	18 000	19 800	21 600
电力	0.18	9 720	10 800	11 880	12 960
修理费	0.12	6 480	7 200	7 920	8 640
小计	1.10	59 400	66 000	72 600	79 200
固定制造费用					
间接材料		11 000	11 000	11 110	11 110
间接人工		3 000	3 000	3 000	3 000
电力		2 000	2 000	2 000	2 000
修理费		4 000	4 000	4 200	4 200
折旧		9 000	9 000	9 900	9 900
其他		5 000	5 000	5 000	5 000
小计		34 000	34 000	35 210	35 210
费用合计		93 400	100 000	107 810	114 410

3）参考答案：

2024年滨海公司销售预算见表9-23。

表9-23　　2024年滨海公司销售预算　　金额单位：元

摘　要		第一季度	第二季度	第三季度	第四季度	全　年
预计销售数量（件）	甲产品	1 600	1 800	2 000	1 800	7 200
	乙产品	2 000	2 200	2 400	2 200	8 800
预计销售价格（元／件）	甲产品	80	80	80	80	80
	乙产品	100	100	100	100	100
预计销售收入	甲产品	128 000	144 000	160 000	144 000	576 000
	乙产品	200 000	220 000	240 000	220 000	880 000
	合　计	328 000	364 000	400 000	364 000	1 456 000
增值税销项税额		42 640	47 320	52 000	47 320	189 280
含税销售收入		370 640	411 320	452 000	411 320	1 645 280
预计现金收入	期初应收账款	675 000				675 000
	第一季度销售收入	148 256	222 384			370 640
	第二季度销售收入		164 528	246 792		411 320
	第三季度销售收入			180 800	271 200	452 000
	第四季度销售收入				222 384	222 384
	现金收入合计	823 256	386 912	427 592	493 584	2 131 344

实训资料 9-4-3

1）参考答案：大华公司现金预算见表9-24。

表9-24中部分数据计算如下：

4月份经营现金收入=10 000×10×（1+13%）×40%+11 000×10×（1+13%）×60%=119 780（元）

5月份经营现金收入=11 000×10×（1+13%）×40%+12 000×10×（1+13%）×60%=131 080（元）

6月份经营现金收入=12 000×10×（1+13%）×40%+13 000×10×（1+13%）×60%=142 380（元）

4月份直接材料采购支出=11 000×10×80%×（1+13%）×60%+12 000×10×80%×（1+13%）×40%
=103 056（元）

5月份直接材料采购支出=12 000×10×80%×（1+13%）×60%+13 000×10×80%×（1+13%）×40%
=112 096（元）

6月份直接材料采购支出=13 000×10×80%×（1+13%）×60%+12 000×10×80%×（1+13%）×40%
=113 904（元）

4月份制造费用支出=10 000−5 000=5 000（元）

5月份制造费用支出=11 000−5 000=6 000（元）

6月份制造费用支出=12 000−5 000=7 000（元）

表9-24　　**大华公司现金预算**　　单位：元

月份	4	5	6
期初现金余额	15 000	7 542	7 778
经营现金收入	119 780	131 080	142 380
直接材料采购支出	103 056	112 096	113 904
直接工资支出	5 000	5 500	5 500
制造费用支出	5 000	6 000	7 000
其他付现费用	500	400	600
应交税金及附加	11 682	12 848	16 302
预交所得税			10 000
购置固定资产	20 000		
现金余缺	−10 458	1 778	−3 148
举借短期借款	18 000	6 000	12 000
归还短期借款			
支付借款利息			990
期末现金余额	7 542	7 778	7 862

4月份应交增值税=11 000×10×13%−12 000×10×80%×13%=1 820（元）

5月份应交增值税=12 000×10×13%−13 000×10×80%×13%=2 080（元）

6月份应交增值税=13 000×10×13%−12 000×10×80%×13%=4 420（元）

4月份应交消费税=11 000×10×8%=8 800（元）

5月份应交消费税=12 000×10×8%=9 600（元）

6月份应交消费税=13 000×10×8%=10 400（元）

4月份城建税及教育费附加=（1 820+8 800）×10%=1 062（元）

5月份城建税及教育费附加=（2 080+9 600）×10%=1 168（元）

6月份城建税及教育费附加=（4 420+10 400）×10%=1 482（元）

4月份应交税金及附加=1 820+8 800+1 062=11 682（元）

5月份应交税金及附加=2 080+9 600+1 168=12 848（元）

6月份应交税金及附加=4 420+10 400+1 482=16 302（元）

6月份支付借款利息=20 000×3×12%÷12+18 000×3×6%÷12+6 000×2×6%÷12+12 000×1×6%÷12
=990（元）

2）参考答案：

（1）2024年3月的预计采购量=销售量+该种商品期末结存量−该种商品期初结存量
=40 000+（25 000×10%+1 000）−4 000=39 500（件）

（2）2024年3月的采购现金支出合计=77 500+39 500×5×50%=176 250（元）

3）参考答案：华泰科技服装股份有限公司2024年男士套装生产成本的弹性预算见表9-25。

表9-25 华泰科技服装股份有限公司2024年男士套装生产成本的弹性预算 金额单位：元

生产能力		80%	90%	100%	110%	120%
产量（套）		40 000	45 000	50 000	55 000	60 000
成本项目	单位成本（元/套）	总成本	总成本	总成本	总成本	总成本
直接材料	184	7 360 000	8 280 000	9 200 000	10 120 000	11 040 000
直接人工	25.6	1 024 000	1 152 000	1 280 000	1 408 000	1 536 000
变动制造费用	6.4	256 000	288 000	320 000	352 000	384 000
小 计	216	8 640 000	9 720 000	10 800 000	11 880 000	12 960 000
固定制造费用		1 860 000	1 860 000	1 860 000	1 860 000	1 860 000
生产成本预算额		10 500 000	11 580 000	12 660 000	13 740 000	14 820 000

第 10 章 财务分析

10.1 预习要览

10.1.1 内容提要与结构

1）内容提要

财务分析是以企业财务报告及其他相关资料为主要依据，对企业的财务状况和经营成果进行评价和剖析，反映企业在运营过程中的利弊得失和发展趋势，从而为改进企业财务管理工作和优化经济决策提供重要的财务信息。财务分析的意义包括：(1) 评价企业财务状况；(2) 评价企业盈利能力；(3) 评价企业资产管理水平；(4) 评价企业成本费用水平；(5) 评价企业未来发展能力。

财务分析的基本内容包括偿债能力分析、营运能力分析、盈利能力分析和发展能力分析，四者是相辅相成的。财务分析也有其局限性，主要体现在财务报表本身的局限性、财务报表的可靠性和财务分析的比较基础。

财务分析的基本方法主要有趋势分析法、比率分析法和因素分析法。

趋势分析法又称水平分析法，是将两期或连续数期财务报告中相同指标进行对比，确定其增减变动的方向、数额和幅度，以说明企业财务状况和经营成果的变动趋势的一种方法。采用这种方法，可以分析引起企业财务状况和经营成果变化的主要原因和变动的性质，并预测企业未来的发展前景。趋势分析法主要有以下三种：(1) 重要财务指标的比较；(2) 会计报表的比较；(3) 会计报表项目构成的比较。

比率分析法是指利用财务报表中两项相关数值的比率揭示企业财务状况和经营成果的一种分析方法。根据分析的目的和要求的不同，比率指标的类型可以分为构成比率、效率比率和相关比率三种。使用比率指标时应注意以下几点：(1) 对比项目的相关性；(2) 对比口径的一致性；(3) 衡量标准的科学性。

因素分析法也称因素替换法、连环替代法，它是用来确定几个相互联系的因素对分析对象——综合财务指标或经济指标的影响程度的一种分析方法。因素分析法包括连环替代法、差额分析法两种。应用这一方法时必须注意以下几个问题：(1) 因素分解的关联性；(2) 因素替代的顺序性；(3) 顺序替代的连环性；(4) 计算结果的假定性。

短期偿债能力是指企业以流动资产对流动负债及时、足额偿还的保证程度，是衡量企业当前财务能力，特别是流动资产变现能力的重要标志。偿债能力分析分为短期偿债能力分析与长期偿债能力分析。短期偿债能力分析的指标主要有流动比率、速动比率和现金流动负债比率。长期偿债能力分析的主要指标有资产负债率、产权比率、负债与有形净资产比率和利息保障倍数。

流动比率是指企业流动资产与流动负债的比率，表示企业每一元流动负债有多少流动资产作为偿还的保证，反映了企业的流动资产偿还流动负债的能力。

速动比率又称酸性测试比率，是企业速动资产与流动负债的比率。

现金流动负债比率是指企业一定时期内的经营现金净流量与流动负债的比率，可以从现金流量的角度反映企业当期偿付短期负债的能力。

资产负债率又称负债比率，是企业的负债总额与资产总额的比率。它表示在企业资产总额中债权人提供的资金所占的比重，以及企业资产对债权人权益的保障程度。

产权比率也称资本负债率，是指负债总额与所有者权益总额的比率，是企业财务结构稳健与否的重要标志。

负债与有形净资产比率是指负债总额与有形净资产的比例关系，表示企业有形净资产对债权人权益的保障程度。

利息保障倍数又称已获利息倍数，是企业息税前利润与利息费用的比率，是衡量企业偿付负债利息能力的指标。

营运能力分析是指通过计算企业资金周转的有关指标分析其资产利用的效率，是对企业管理层管理水平和资产运用能力的分析。营运能力分析的指标包括应收账款周转率、存货周转率、总资产周转率、固定资产周转率等。

应收账款周转率也称应收账款周转次数，是指企业一定时期内商品或产品营业收入净额与平均应收账款余额的比率，是反映应收账款周转速度的一项指标。

存货周转率也称存货周转次数，是指企业一定时期内的营业成本与存货平均余额的比率，是反映企业的存货周转速度和销货能力的一项指标，也是衡量企业生产经营中存货营运效率的一项综合性指标。

总资产周转率是指企业营业收入净额与平均资产总额的比率，可以用来反映企业全部资产的利用效率。

固定资产周转率是企业营业收入净额与固定资产平均净值的比率，反映企业固定资产周转情况，从而衡量企业固定资产利用效率。

盈利能力就是企业资金增值的能力，通常体现为企业收益数额的大小与水平的高低。盈利能力分析的指标包括营业利润率、成本费用利润率、资产净利率、净资产收益率、盈余现金保障倍数、每股收益、市盈率、股利支付率、每股净资产等。

营业利润率是指企业一定时期内营业利润与营业收入的比率。

成本费用利润率是指企业一定时期内利润总额与成本费用总额的比率。

资产净利率是指企业净利润与平均资产总额的比率，是反映企业资产综合利用效果的指标。

净资产收益率亦称净值报酬率或权益报酬率，是指企业一定时期内的净利润与平均净资产的比率。净资产收益率可以反映投资者投入企业的自有资本获取净收益的能力，即反映投资与报酬的关系，因而是评价企业资本经营效率的核心指标。

盈余现金保障倍数是指企业一定时期内经营现金净流量与净利润的比值，反映了企业当期净利润中现金收益的保障程度，真实地反映了企业盈余的质量，是评价企业盈利状况的辅助指标。

每股收益反映了每一股普通股的获利水平。每股收益越高，表明每一股普通股可获得的利润越多，股东投资收益越高。

市盈率也称价格盈余比率或价格与收益比率，是指普通股每股市价与每股收益的比率。

股利支付率是指以每股现金股利除以每股收益得出的比值，反映每股收益中实际支付现金股利的水平。

每股净资产也称每股账面价值，是股东权益总额除以发行在外的股票数量得出的比值。

发展能力分析的指标包括营业收入增长率、资本保值增值率、资本积累率、总资产增长率、营业利润增长率等。

营业收入增长率是指企业本年营业收入增长额与上年营业收入总额的比率，反映企业营业收入的增减变动情况，是评价企业成长状况和发展能力的重要指标。

资本保值增值率是指企业扣除客观因素后的本年年末所有者权益总额与年初所有者权益总额的比率，反映企业当年资本在企业自身努力下的实际增减变动情况。

资本积累率是指企业本年所有者权益增长额与年初所有者权益的比率，反映企业当年资本的积累能力，是评价企业发展潜力的重要指标。

总资产增长率是指企业本年总资产增长额同年初资产总额的比率，反映企业本期资产规模的增长情况。

营业利润增长率是指企业本年营业利润增长额与上年营业利润总额的比率，反映企业营业利润的增减变动情况。

财务综合分析是指将营运能力、偿债能力和盈利能力等方面的分析纳入一个有机的整体中，对企业经营状况、财务状况进行全面解剖和分析，从而对企业经济效益的优劣作出准确的评价与判断的一种分析方法。财务综合分析的方法有很多，其中应用比较广泛的有杜邦财务分析体系和沃尔比重评分法。杜邦财务分析体系是利用各项财务指标间的内在联系，对企业综合经营理财及经济效益进行系统分析评价的方法。

2）内容结构

本章内容结构如图10-1所示。

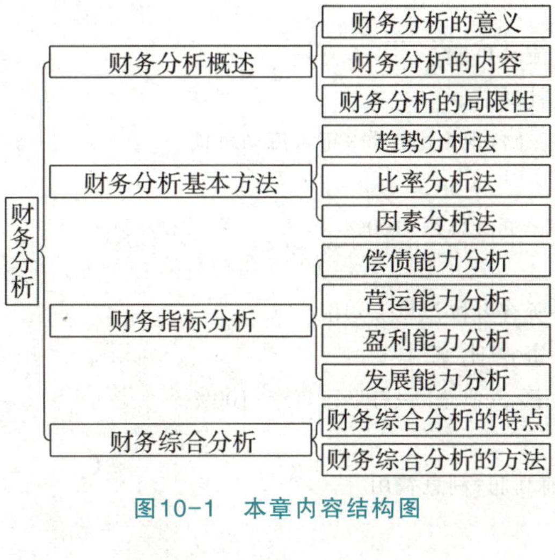

图10-1 本章内容结构图

3）主要概念和观念

（1）主要概念

财务分析　趋势分析法　比率分析法　因素分析法　流动比率　速动比率　现金流动负债比率　资产负债率　产权比率　负债与有形净资产比率　利息保障倍数　应收账款周转率　存货周转率　总资产周转率　固定资产周转率　营业利润率　成本费用利润率　资产净利率　净资产收益率　盈余现金保障倍数　每股收益　市盈率　股利支付率　每股净资产　营业收入增长率　资本保值增值率　资本积累率　总资产增长率　营业利润增长率　财务综合分析　杜邦财务分析体系

（2）主要观念

偿债能力分析　营运能力分析　盈利能力分析　发展能力分析　财务综合分析

10.1.2　重点与难点

1）重点理论

财务分析的含义与作用　趋势分析法的概念　比率分析法的概念　因素分析法的概念

2）重点实务

计算偿债能力分析指标　计算营运能力分析指标　计算盈利能力分析指标　计算发展能力分析指标　杜邦财务分析

3）重点操作

因素分析法　偿债能力分析　营运能力分析　盈利能力分析　发展能力分析　财务综合分析

4）难点

因素分析法　杜邦财务分析

10.1.3　主要公式

1）流动比率

流动比率=流动资产÷流动负债

2）速动比率

速动比率=速动资产÷流动负债

3）现金流动负债比率

现金流动负债比率=年经营现金净流量÷年末流动负债

4）资产负债率

资产负债率=负债总额÷资产总额×100%

5）产权比率

产权比率=负债总额÷所有者权益总额×100%

6）负债与有形净资产比率

负债与有形净资产比率=负债总额÷有形净资产×100%

7）利息保障倍数

利息保障倍数=息税前利润÷利息费用

8）应收账款周转率

应收账款周转率（次数）=营业收入净额÷平均应收账款余额

9）存货周转率

存货周转率（次数）=营业成本÷存货平均余额

10）总资产周转率

总资产周转率=营业收入净额÷平均资产总额

11）固定资产周转率

固定资产周转率=营业收入净额÷固定资产平均净值

12）营业利润率

营业利润率=营业利润÷营业收入×100%

13）成本费用利润率

成本费用利润率=利润总额÷成本费用总额×100%

14）资产净利率

资产净利率=净利润÷平均资产总额×100%

15）净资产收益率

净资产收益率=净利润÷平均净资产总额×100%

16）盈余现金保障倍数

盈余现金保障倍数=经营现金净流量÷净利润

17）每股收益

每股收益=（净利润-优先股股利）÷年末普通股股数

18）市盈率

市盈率=每股市价÷每股收益

19）股利支付率

股利支付率=每股现金股利÷每股收益

20）每股净资产

每股净资产=股东权益÷普通股股数

21）营业收入增长率

营业收入增长率=本年营业收入增长额÷上年营业收入总额×100%

22）资本保值增值率

资本保值增值率=扣除客观因素后的年末所有者权益总额÷年初所有者权益总额×100%

23）资本积累率

资本积累率=本年所有者权益增长额÷年初所有者权益总额×100%

24）总资产增长率

总资产增长率=本年总资产增长额÷年初资产总额×100%

25）营业利润增长率

营业利润增长率=本年营业利润增长额÷上年营业利润总额×100%

26）杜邦体系各主要指标间的关系

净资产收益率=总资产净利率×权益乘数=营业净利率×总资产周转率×权益乘数

10.2 客观题

10.2.1 理论题

1）单项选择题

（1）下列属于短期偿债能力指标的是（　　）。

A.资产负债率　　B.速动比率
C.利息保障倍数　　D.产权比率

（2）反映企业应收账款管理效率的指标是（　　）。

A.应收账款周转率　　B.存货周转率
C.存货周转天数　　D.现金比率

（3）（　　）是杜邦财务分析中的核心指标。

A.总资产报酬率　　B.总资产周转率
C.净资产收益率　　D.销售利润率

（4）用来评价企业财务结构是否稳健的指标是（　　）。

A.速动比率　　B.流动比率
C.现金比率　　D.产权比率

（5）杜邦分析法主要用于（　　）。

A.偿债能力分析　　B.营运能力分析
C.盈利能力分析　　D.财务状况综合分析

（6）财务分析的主要依据是（　　）。

A.资产负债率　　B.利润表
C.现金流量表　　D.财务报告及其他相关资料

（7）连环替代法也称（　　）。

A.趋势分析法　　B.比率分析法
C.比较分析法　　D.因素替换法

（8）产权比率能反映（　　）。

A.盈利能力　　B.营运能力　　C.短期偿债能力　　D.长期偿债能力

（9）总资产净利率是反映（　　）盈利能力的指标。

A.权益资金　　B.长期资金　　C.债务资金　　D.全部资金

（10）净资产收益率是反映（　　）盈利能力的指标。

A.全部资金　　B.长期资金　　C.债务资金　　D.权益资金

2）多项选择题

（1）财务分析包括（　　）。

A.偿债能力分析　　B.营运能力分析　　C.盈利能力分析
D.现金流量分析　　E.财务综合分析

（2）反映企业偿债能力的指标有（　　）。

A.流动比率　　B.资产负债率　　C.存货周转率
D.销售毛利率　　E.产权比率

（3）反映流动资产周转情况的指标有（ ）。

A.应收账款周转率 B.应收账款周转天数 C.流动资产周转率

D.存货周转天数 E.利息保障倍数

（4）存货周转速度快，则（ ）。

A.表明存货管理效率高 B.会增强企业短期偿债能力

C.会提高企业的获利能力 D.会增加存货占用的资金

E.会提高企业的营运能力

（5）财务综合分析的方法主要有（ ）。

A.杜邦财务分析法 B.沃尔比重评分法 C.趋势分析法

D.因素分析法 E.利润预算

（6）财务分析的作用包括（ ）。

A.评价财务状况 B.评价盈利能力

C.评价资产管理水平 D.评价发展能力

E.进行财务控制

（7）比率分析法的指标包括（ ）。

A.构成比率 B.效率比率 C.相关比率

D.定基动态比率 E.环比动态比率

（8）反映长期偿债能力的指标有（ ）。

A.速动比率 B.流动比率 C.资产负债率

D.权益乘数 E.利息保障倍数

（9）财务分析的基本资料包括（ ）。

A.资产负债表 B.利润表 C.现金流量表

D.财务预算 E.现金收支计划

（10）下列各项中属于相关比率指标的有（ ）。

A.流动资产占总资产的比率 B.流动比率 C.速动比率

D.成本利润率 E.资产负债率

3）判断题

（1）相关比率反映部分与总体的关系。（ ）

（2）盈利能力分析主要分析企业各项资产的使用效果。（ ）

（3）现金营运指数是经营净收益与净利润之比。（ ）

（4）采用因素分析法可以分析引起变化的主要原因及其变动性质，并可预测企业未来的发展前景。（ ）

（5）产权比率高是低风险、低报酬的财务结构，表明债权人的利益因股东提供的资本所占比重较大而具有充分保障。（ ）

（6）企业的债权人往往比较关注企业资本的保值和增值状况。（ ）

（7）流动比率与速动比率之差等于现金比率。（ ）

（8）权益乘数是资产权益率的倒数。（ ）

（9）每股收益实质上就是每股股利。（ ）

（10）应收账款周转率计算公式中的“应收账款”不包括“应收票据”。（ ）

10.2.2 实务题

1）单项选择题

（1）一般认为，速动比率（　　）较合适。

A.为1　　B.为2　　C.在0.2以上　　D.大于1

（2）利息保障倍数（　　）。

A.大于0.2为好　　B.应等于1　　C.应等于2　　D.至少应大于1

（3）公司（　　）行为会提高速动比率。

A.归还长期借款　　B.股东用固定资产投资

C.用固定资产换入存货　　D.低价出售存货

（4）公司要提高运营效率，可以采取的措施是（　）。

A.举债　　B.大量进行固定资产投资

C.清理闲置资产　　D.减少负债

（5）公司目前的资产负债率为50%，现在发行债券筹集资金购买固定资产，则资产负债率会（　　）。

A.下降　　B.上升　　C.不变　　D.无法判断

（6）在杜邦财务分析体系中，假设其他情况相同，下列说法中错误的是（　　）。

A.权益乘数大则财务风险大　　B.权益乘数大则净资产收益率大

C.权益乘数等于产权比率加1　　D.权益乘数大则资产净利率大

（7）下列各项中能提高企业已获利息倍数的是（　　）。

A.支付职工劳保用品费　　B.发行长期债券

C.降低成本、提高利润　　D.赊购材料

（8）当企业速动比率大于1时，会引起该指标下降的经济业务是（　　）。

A.借入短期借款

B.赊销产品

C.把无法支付的应付账款转入资本公积

D.收回应收账款

（9）下列各项经济业务中，会使流动比率提高的是（　）。

A.购买股票作为短期投资　　B.用无形资产作为企业长期投资

C.从银行提取现金　　D.现销产成品

（10）如果企业的流动比率大于1，则支付应付账款将会使流动比率（　　）。

A.变小　　B.变大　　C.不变　　D.无法确定

2）多项选择题

（1）企业可以用（　　）指标分析流动资产周转情况。

A.应收账款周转率　　B.应收账款周转天数

C.流动资产周转率　　D.存货周转天数

E.总资产利润率

（2）现金营运指数小于1，则说明（　　）。

A.收益质量不够好　　B.一部分收益尚未取得现金

C.收益质量比较好　　　　　　　D.取得收益的代价增加了

E.取得收益的代价降低了

(3) 以下（　　）指标的提高会提高净资产收益率。

A.销售净利率　　　　　　B.权益乘数　　　　　　C.总资产周转率

D.资产负债率　　　　　　E.销售毛利率

(4) 分析盈利能力不宜采用的指标有（　　）。

A.销售毛利率　　　　　　B.总资产周转率　　　　C.总资产报酬率

D.应收账款周转率　　　　E.产权比率

(5) 应收账款周转次数多，周转天数少，则表明（　　）。

A. 企业收账迅速，信用管理严格

B. 应收账款流动性强，企业短期偿债能力增强了

C. 收账费用和坏账损失减少了

D. 应收账款管理效率高

E. 企业应收账款的数量一定减少了

(6) 尽管流动比率也能反映现金的流动性，但其存在着很大的局限性，主要原因有（　　）。

A. 流动资产中存货变现能力弱

B. 存货用成本计价不能反映变现净值

C. 流动资产中的一部分不可能转变为现金

D. 应收账款变现能力弱

E. 长期负债利息较高

(7) 应收账款周转率提高，意味着企业（　　）。

A.流动比率提高　　　　　B.短期偿债能力增强　　C.盈利能力提高

D.坏账成本绝对数下降　　E.销售收入增加

(8) 直接用来分析资产净利率变化原因的指标有（　　）。

A.销售收入　　　　　　　B.总资产周转率　　　　C.资产负债率

D.销售利润率　　　　　　E.销售毛利率

(9) 在流动资产的基础上减掉（　　）可以得到速动资产的数额。

A.存货　　　　　　　　　B.预付账款　　　　　　C.交易性金融资产

D.其他货币资金　　　　　E.应收账款

(10) 净资产收益率在杜邦财务分析体系中是一个综合性最强、最具有代表性的指标。通过杜邦财务分析体系可知，提高净资产收益率的途径包括（　　）。

A. 加强销售管理，提高营业净利率

B. 加强资产管理，提高其利用率和周转率

C. 加强负债管理，提高其利用率和周转率

D. 加强负债管理，提高产权比率

E. 减少闲置资产数量

3) 混合选择题

(1) “数据应用”（中级）的“技能点”包括（　　）。

A.解读数据信息　　B.采集、解读数据信息

C.进行数据计算　　D.展示和使用数据信息

(2)“财务分析”这一专业能力领域的“技能点”包括（　）。

A.财务分析方法运用技能　　B.财务指标分析技能

C.财务综合分析技能　　D.撰写《“财务分析”训练报告》技能

(3)“财务指标分析技能”的“规范与标准”包括（　）。

A.能准确计算与分析偿债能力指标　　B.能准确计算与分析盈利能力指标

C.能准确计算与分析营运能力指标　　D.能准确计算与分析发展能力指标

(4)“财务综合分析技能”的“规范与标准”包括（　）。

A.能准确运用趋势分析法　　B.能准确运用杜邦财务分析体系

C.能准确运用沃尔比重评分法　　D.能准确运用因素分析法

(5)“职业良心”的“规范与标准”包括（　）。

A.在履行职业义务时具有强烈的道德责任感和较高的自我评价能力

B.在职业模拟、职业实践或职业生活的自觉行动中，具有体现职业道德内涵的一贯表现

C.对职业选择或模拟选择有充分的认知和积极的倾向与行动

D.对将要从事的职业种类、职业方向与事业成就有积极的向往和执着的追求

4）判断题

(1) 在采用因素分析法时，可任意颠倒顺序，其计算结果是相同的。（　）

(2) 在总资产净利率不变的情况下，资产负债率越高，净资产收益率越高。（　）

(3) 获取现金能力可通过经营现金净流量与投入资源之比来反映。（　）

(4) 在杜邦财务分析体系中计算权益乘数时，资产负债率是用期末负债总额与期末资产总额来计算的。（　）

(5) 企业提高营运能力会同时提高盈利能力与偿债能力。（　）

(6) 存货周转率（次数）越高（多），说明存货周转越快，在营业成本不变的情况下，存货的资金占用水平越高。（　）

(7) 在采用比率分析法时，只需要注意对比项目的相关性。（　）

(8) 尽管流动比率可以反映企业的短期偿债能力，但有的企业流动比率较高，却没有能力支付到期的应付账款。（　）

(9) 资产负债率是负债总额除以资产总额的百分比，也就是负债总额与资产总额的比例关系，因此该指标数值越低越好。（　）

(10) 如果某种股票的市盈率高，则说明投资该股票承担的风险很小。（　）

10.2.3　案例题

财务分析的局限性与挑战

背景与情境： 财务分析产生于20世纪初，至今已有100多年的历史。财务分析经过多年的发展，其相关理论已比较完善。但是，现行条件下的财务分析仍存在着一定的局限性，并面临着一定的挑战。

1）现行财务分析的局限性

从定义可以看出，财务报表如资产负债表、利润表、现金流量表等各种会计报表及其附表和附注，是财务分析的主要依据，也是财务分析的起点。而财务报表本身具有以下局限性：(1）财务报表以原始成本为基础，尚未考虑现行市价、重置成本等因素，其数据均是对已发生的成本、费用、收入的记载，缺乏时效性。(2）没有考虑通货膨胀因素和物价变动情况，其数据隐含着资产超值或贬值的风险。(3）财务报表数据未考虑期初到期末之间的变化，以及全年的不规则变化情况，从而使数据之间的比较存在一定的困难。(4）资产负债表与利润表所反映的时间不同，以比率的形式将两表的数据进行比较，可比程度不一致。利润表是时期报告，反映的是跨越了整个会计年度的数据信息；而资产负债表是时点报告，只反映企业某一时点的财务状况，将两张报表的数据进行比较会有一些困难。(5）当前我国的会计报表尚未对人力资源的内容进行分析评价，而这些内容对决策具有重大的参考价值。因此，财务分析仅依据报表数据进行分析，内容狭窄，不能使决策者作出最佳的选择。

总而言之，现行财务分析的起点主要是财务报表，分析使用的数据大部分来源于公开发布的财务报表，因而具有一定的局限性。

2）财务分析面临的挑战

财务分析面临的挑战主要来自财务报表内容的变化。从会计制度及经济的发展趋势来看，我国的财务报表必将作出以下调整：(1）出具人力资源报告。美国及一些西方发达国家已把人力资源作为财务报表的一部分，即把职工招聘成本、职工培训费、企业管理者能力等有关人力资源因素列入报告。现阶段，我国有关人员已对人力资源因素进行了深入的探讨研究，出具人力资源报告是必然的趋势。(2）公允价值与原始成本相结合，反映企业所拥有的资产。这样既可以提供资产的历史成本信息，又可以提供现行价值，从而尽量避免因通货膨胀或物价变动而使报表数据失去作用，防止财务分析丧失现实意义。(3）未来信息将披露于财务报表中。21世纪，我国的投资主体越来越多，投资环境也更复杂，企业的未来信息对投资者进行投资决策具有重要的意义，因而报表应披露企业面临的机会与风险、盈利性预测、企业发展前景等信息。

此外，在信息迅速变化的经济环境下，企业管理者和投资者都希望能得到时效性更强的财务信息，因而执行即时的财务分析也将成为一个必然的要求。

请根据案例在下列各题中填入适当选项：

1）财务分析的意义有（　　）。

A.评价企业财务状况　　B.评价企业盈利能力

C.评价企业资产管理水平　　D.评价企业未来发展能力

2）财务分析的内容包括（　　）。

A.偿债能力分析　　B.盈利能力分析

C.营运能力分析　　D.财务综合分析

3）衡量企业偿付借款利息能力的指标是（　　）。

A.资产负债率　　B.现金比率

C.利息保障倍数　　　　　　　　　　D.流动比率

4）沃尔比重评分法主要用于（　　）。

A.偿债能力分析　　　　　　　　　　B.营运能力分析

C.盈利能力分析　　　　　　　　　　D.财务状况综合分析

5）在这个案例中，现行财务分析的局限性包括（　　）。

A.财务报表本身的局限性　　　　　　B.财务报表的可靠性

C.比较基础　　　　　　　　　　　　D.财务分析结论的用途

10.2.4 实训题

1）单项选择题

（1）某企业流动资产为10万元，其中存货4万元，应收账款1.5万元，流动负债6万元，则流动比率为（　　）。

A.0.67　　B.0.92　　C.1　　D.1.67

（2）某企业净利润为500万元，所得税费用为234万元，利息支出为300万元，年初和年末资产总额分别为5 250万元和6 250万元，则总资产报酬率为（　　）。

A.8.70%　　B.12.77%　　C.17.98%　　D.8.00%

（3）某企业年销售收入净额为150万元，年初和年末流动资产余额分别为80万元和85万元，则流动资产周转次数为（　　）次。

A.1.8　　B.1.82　　C.1.88　　D.1.76

（4）某公司的销售收入为12亿元，年初资产总额为2亿元，年末资产总额为3亿元，则总资产周转率为（　　）次。

A.4.8　　B.2.4　　C.6　　D.4

（5）某公司年末总资产净利率为5%，资产负债率为50%，则公司的净资产收益率为（　　）。

A.2.5%　　B.5%　　C.10%　　D.55%

（6）某公司年末会计报表部分数据为：流动负债60万元，流动比率为2，速动比率为1.2，销售成本100万元，年初存货为52万元，则本年度存货周转次数为（　　）次。

A.1.65　　B.2　　C.2.3　　D.1.45

（7）某厂上年度和本年度的流动资产年均占用额分别为100万元和120万元，流动资产周转率分别为6次和8次，则本年比上年销售收入增加（　　）万元。

A.180　　B.360　　C.320　　D.80

（8）某企业年初资产总额为100万元，年末资产总额为140万元，利润总额为24万元，所得税为8万元，利息支出为4万元，则总资产报酬率为（　　）。

A.20%　　B.13.33%　　C.23.33%　　D.30%

（9）某公司年初负债总额为800万元（流动负债220万元，非流动负债580万元），年末负债总额为1 060万元（流动负债300万元，非流动负债760万元）。年初资产总额为1 680万元，年末资产总额为2 000万元，则年末权益乘数为（　　）。

A.2.022　　B.2.128　　C.1.909　　D.2.1

（10）在某企业年末会计报表中，流动负债为80万元，流动比率为1.6，营业收入净额为260万元，年初流动资产为100万元，则企业的流动资产周转率为（　　）次。

A.2.6　　B.2.28　　C.3　　D.2.5

2）多项选择题

（1）公司目前流动资产为30万元，其中存货15万元，流动负债20万元，公司现在以低于成本的价格出售部分存货，其中存货成本为10万元，售价8万元，全部以银行存款收取，不考虑交易成本和所得税的影响，则（　　）。

A.资产负债率下降　　B.流动比率下降到1.4

C.速动比率上升到1.15　　D.公司亏损2万元

E.出售存货会降低公司短期偿债能力

（2）某企业销售收入为1 000万元，毛利率为50%，净利率为20%，存货周转率为5次，期初存货余额为100万元，资产负债率为50%，该企业的普通股股数为50万股，每股市价25元，则（　　）。

A.净利润为200万元　　B.主营业务成本为500万元

C.期末存货余额为100万元　　D.市盈率为6.25

E.产权比率为1

（3）某公司流动资产由速动资产和存货构成，年初存货为145万元，年初应收账款为125万元，年末流动比率为3，年末速动比率为1.5，存货周转率为4次，年末流动资产余额为270万元，一年按360天计算，则（　　）。

A.年末流动负债总额为90万元　　B.年末速动资产为135万元

C.年末存货为135万元　　D.全年销售成本为560万元

E.年末应收账款为125万元

（4）某公司2024年年初负债总额为400万元，股东权益是负债总额的3倍，年资本积累率为50%，2024年年末资产负债率为40%。2024年，该公司的固定成本总额为170万元，实现净利润300万元，所得税税率为25%。2024年年末，股份总数为600万股，假设普通股股数在2024年未发生变化，没有优先股，2024年年末普通股市价为5元/股，则（　　）。

A.2024年年末股东权益为1 800万元

B.2024年资产总额增长率为87.5%

C.2024年年末每股收益为0.5元

D.2024年年初与年末相比资产负债率不变

E.2024年年末股票市盈率为10倍

（5）大华公司2024年的销售净利率为5%，年末资产负债率为50%，销售收入为10亿元，2024年平均资产总额为5亿元，对公司进行杜邦财务分析，可以得出以下结论（　　）。

A.权益乘数为2　　B.总资产周转率为2

C.资产净利率为10%　　D.净资产收益率为20%

E.年末的产权比率为1

（6）某公司年初负债总额为800万元（流动负债300万元、非流动负债500万元），年末负债总额为1 000万元（流动负债300万元、非流动负债700万元）。年初资产总额1 500万元，年末资产总额2 000万元，则关于公司偿债能力的说法正确的有（　　）。

A.资产负债率下降　　B.资产负债率上升

C.年初的权益乘数为2.14　　D.年末产权比率为1

E.短期偿债能力必然上升

（7）某企业销售收入为1 000万元，毛利率为50%，净利率为20%，存货周转率为5次，期初存货余额为100万元，资产负债率为75%，该企业的普通股股数为50万股，每股市价25元，则（　　）。

A.净利润为200万元　　B.主营业务成本为500万元

C.期末存货余额为100万元　　D.市盈率为6.25

E.产权比率为3

（8）某公司2024年年初存货为150万元，年初全部资产总额为1 400万元，年初资产负债率为40%。2024年年末有关财务指标为：流动比率2.1，速动比率1.1，资产负债率35%，非流动负债420万元，全部资产总额1 600万元，流动资产由速动资产和存货组成。公司2024年获得营业收入1 200万元，发生经营管理费用90万元，利息费用100万元，科技支出58万元（包含在管理费用中），存货周转率为6次。2024年年末的股东权益为600万元，该公司适用的所得税税率为25%。假设不存在导致股东权益发生变化的客观因素，普通股股数一直保持为100万股，则（　　）。

A.年末权益乘数为1.54

B.利息保障倍数为2.4

C.资本保值增值率为123.81%

D.全年销售成本为590万元

E.年末平均每股净资产为9.4元

（9）某公司今年与上年相比，销售收入增长10%，净利润增长8%，资产总额增加12%，负债总额增加9%，则该公司（　　）。

A.销售净利润上升　　B.销售净利润下降

C.资产负债率下降　　D.总资产周转率下降

E.股东权益增加

（10）某公司销售收入为1 000万元，毛利率为50%，净利率为20%，存货周转率为5次，期初存货余额为100万元，期初应收账款余额为120万元，期末应收账款余额为80万元，流动比率为2.0，速动比率为1.5，流动资产占资产总额的比重为40%，资产负债率为50%，该公司的普通股股数为50万股，每股市价为25元，可以得出的结论有（　　）。

A.应收账款周转率为10次　　B.总资产净利率为20%

C.每股利润为4元　　D.市盈率为6.25

E.产权比率为0.5

10.3 主观题

10.3.1 理论题

1）简答题

（1）什么是财务分析？

（2）什么是趋势分析法、比率分析法与因素分析法？

（3）什么是杜邦财务分析体系？

（4）什么是财务综合分析？

（5）什么是盈余现金保障倍数？

2）理解题

（1）财务分析有哪些局限性？

（2）如何运用趋势分析法？

（3）应用因素分析法时需要注意哪些问题？

10.3.2 实务题

1）规则复习

（1）常见的短期偿债能力指标有哪几种？各自的计算公式是什么？

（2）常见的长期偿债能力指标有哪几种？各自的计算公式是什么？

（3）常见的营运能力指标有哪几种？各自的计算公式是什么？

（4）常见的盈利能力指标有哪几种？各自的计算公式是什么？

（5）常见的发展能力指标有哪几种？各自的计算公式是什么？

2）业务解析

（1）比较分析趋势分析法与比率分析法的异同。

（2）比较分析资产负债率与产权比率的异同。

（3）比较分析杜邦财务分析体系与沃尔比重评分法的异同。

10.3.3 案例题

1）案例分析

东方股份有限公司的财务分析

背景与情境：东方股份有限公司是一家汽车零配件生产商。该公司十分重视新产品和新工艺的开发，引进国外先进技术，拥有国内一流的生产线，其生产的产品在国内具有较高的市场占有率。但由于该公司近两年扩张得太快，经营效率有所下降。为了把握未来，该公司对未来几年面临的市场和风险进行了预测。预测结果表明，在未来几年里，伴随着经济的快速发展，以及汽车工业的迅速崛起，市场对汽车零配件的需求将剧增，这种发展势头给公司带来了千载难逢的发展机会。同时，公司未来面临的风险也在逐步加大，如国内介入该产品的企业逐步增多，国外生产同类产品的公司也欲打入中国市场，以及能源价格的上涨等，这些都会给公司未来的生产经营活动带来严峻的挑战。

东方股份有限公司发行在外的普通股2023年为1 000万股，2024年为1 200万股，其平均市价分别为2.2元/股和2.5元/股，2024年分配普通股现金股利400万元。东方股份有限公司2024年资产负债表、利润表相关资料见表10-1和表10-2。

表10-1 资产负债表（简表）

2024年12月31日 单位：万元

资　产	上年年末余额	期末余额	负债及所有者权益（或股东权益）	上年年末余额	期末余额
流动资产：			流动负债：		
货币资金	880	1 550	短期借款	200	150
交易性金融资产	132	60	应付账款	600	400
应收账款	1 080	1 200	应付职工薪酬	180	300
其他应收款			其他应付款	500	800
预付款项	200	250	一年内到期的非流动负债	120	150
存货	808	880	流动负债合计	1 600	1 800
流动资产合计	3 100	3 940	非流动负债：		
非流动资产：			长期借款	200	300
债权投资			应付债券	100	200
长期应收款			非流动负债合计	300	500
长期股权投资	300	500	负债合计	1 900	2 300
投资性房地产			所有者权益（或股东权益）：		
固定资产	1 750	1 920	实收资本（或股本）	1 500	1 800
在建工程			资本公积	500	700
无形资产	50	40	盈余公积	800	1 000
生产性生物资产			未分配利润	500	600
其他非流动资产			所有者权益（或股东权益）合计	3 300	4 100
资产总计	5 200	6 400	负债及所有者权益（或股东权益）总计	5 200	6 400

表10-2　　**利润表（简表）**

2024年度　　单位：万元

项　目	本期金额	上期金额
一、营业收入	17 000	13 000
减：营业成本	8 500	6 900
税金及附加	750	575
销售费用	500	450
管理费用	840	750
财务费用	60	50
加：投资收益（损失以"–"号填列）	70	50
二、营业利润（亏损以"–"号填列）	6 420	4 325
加：营业外收入	50	60
减：营业外支出	30	50
三、利润总额（亏损总额以"–"号填列）	6 440	4 335
减：所得税费用	2 576	1 734
四、净利润（净亏损以"–"号填列）	3 864	2 601

叶雪芬认为，公司的资产总额、净利润总额都在增加，股票价格也呈上涨态势，因此，公司的财务管理及其成效是无可挑剔的。

问题：

（1）你如何看待叶雪芬的观点？

（2）根据报表资料，分别计算该公司2024年的偿债能力、营运能力、盈利能力、发展能力等各项财务指标。

（3）运用杜邦财务分析体系对净资产收益率的差异进行分析，并确定各因素变动对差异影响的程度。

（4）运用上述分析结果，归纳影响该公司经营变动的有利因素和不利因素，找出产生不利影响的主要问题和原因，并针对不同的问题提出相应的改进意见。

分析要求：

（1）形成性要求

同第1章"主观题"中本题型的"形成性要求"。

（2）成果性要求

① 课业结构、格式与体例参照本《训练手册》"课业范例"的范例10-5-1。

② 同第1章"主观题"中本题型的其他"成果性要求"。

2）课程思政

2023年197家会计师事务所、509名注册会计师被行政处罚

背景与情境： 2024年3月21日，财政部发布会计信息质量检查公告（第四十五号）。公告指出，2023年，财政部部署开展财会监督专项行动，组织各地财政厅（局）对2 161家会计师事务所开展检查，同比增长16.56%，覆盖面超过全国会计师事务所总量的20%，有力促进注册会计师行业规范健康发展。

根据公告，2023年，各地财政厅（局）对197家会计师事务所、509名注册会计师作出行政处罚，同比分别增长13.22%、21.77%。其中，9家会计师事务所被吊销执业许可，49家会计师事务所被暂停经营业务，127家会计师事务所被警告，162家会计师事务所被没收违法所得及罚款共计1 584.68万元；8名注册会计师被吊销注册会计师证书，123名注册会计师被暂停执行业务，377名注册会计师被警告，15名注册会计师被罚款共计35.5万元。另有436家会计师事务所、217名注册会计师受到行政处理。

下一步，财政部将坚持严监管、零容忍、常态化、全覆盖，组织各地财政厅（局）持续加大对注册会计师行业的监督检查和处理处罚力度，严厉打击行业乱象，切实规范财务审计秩序。

资料来源：佚名. 去年197家会计师事务所、509名注册会计师被行政处罚［EB/OL］.［2024-03-28］. http：//czt.gd.gov.cn/mtgz/content/post_4395399.html.引文有删减。

问题：

（1）请分析上述现象暗含了哪些课程思政要求和原则。

（2）本案例对你有哪些启示？

研判要求：

（1）形成性要求

同第1章“主观题”中本题型的“形成性要求”。

（2）成果性要求

① 课业结构、格式与体例参照本《训练手册》“课业范例”的范例10-5-2。

② 同第1章“主观题”中本题型的其他“成果性要求”。

10.3.4 实训题

阶段性体验X：“财务分析”胜任力训练

【训练目的】

见主教材本章章名页“学习目标”中的“实训目标”。

【能力与道德领域】

专业能力——财务分析

技术-技能 I

名称：财务分析方法运用“技术-技能”

规范与标准：

（1）能较为准确地获得公司相关财务信息资料。

（2）能准确运用趋势分析法进行公司财务分析。

（3）能准确运用因素分析法进行公司财务分析。

技术-技能Ⅱ

名称：财务指标分析“技术-技能”

规范与标准：

（1）能准确计算偿债能力指标，并分析企业的偿债能力。

（2）能准确计算营运能力指标，并分析企业的营运能力。

（3）能准确计算盈利能力指标，并分析企业的盈利能力。

（4）能准确计算发展能力指标，并分析企业未来发展情况。

技术-技能Ⅲ

名称：财务综合分析“技术-技能”

规范与标准：

（1）能正确把握财务综合分析的特点。

（2）能有效运用杜邦财务分析体系进行财务综合分析。

（3）能有效运用沃尔比重评分法进行财务综合分析。

技术-技能Ⅳ

名称：撰写《“财务分析”训练报告》“技术-技能”

规范与标准：

（1）能合理设计《“财务分析”训练报告》，使其结构、层次较分明。

（2）能依照商务应用文的规范与要求撰写《“财务分析”训练报告》。

（3）本教材“网络教学资源包”的《学生考核手册》中的考核表10-2所列各项“考核指标”和“考核标准”。

职业核心能力——数字应用、解决问题、革新创新（中级）

上述能力领域的“基本要求”、“技术-技能”点和“规范与标准”参见“附录三”中的附表3的相关述项。

职业道德——职业良心、职业守则（认同级）

各道德领域素质点的“规范与标准”参见“附录四”附表4的相关述项。

【训练任务】

（1）对“财务分析”等专业能力的各“技术-技能”点实施阶段性基本训练。

（2）对“数字应用”“解决问题”“革新创新”等职业核心能力的各“技术-技能”点实施“中级”强化训练。

（3）对“职业良心”“职业守则”等职业道德各“素质点”实施“认同级”相关训练。

【训练要求】

（1）训练前学生要了解并熟记本训练的“训练目的”、“能力与道德领域”、“训练任务”与“训练要求”，熟记“网络教学资源包”中《学生考核手册》考核表10-1、考核表10-2中的“考核指标”与“考核标准”的内涵，将其作为本训练的操练点和考核点来准备。

（2）通过“训练步骤”，将“训练任务”所列三种训练整合并落实到本训练的“活动过程”和“成果形式”中。

（3）训练后，学生要对本次训练活动进行总结，在此基础上撰写《“财务分析”训练报告》。

【情境设计】

将学生分成若干训练组，各训练组结合本训练“成果形式”的“训练课业”题目，在“实训资料”中任选一组进行训练操练。各训练组通过因素分析法的应用、财务指标计算与分析、财务综合分析，以及相应《“财务分析”训练报告》的准备、撰写、讨论与交流等实践活动的参与和体验，依照本章“训练要求”完成各自的训练任务。

【指导准备】

知识准备：

（1）“财务分析”的理论与实务知识。

（2）“附录一”的附表1中，涉及本章“职业核心能力强化训练项”各“技术-技能”点，需要对学生事先培训“‘知识准备’参照范围”内的知识。

（3）“附录三”的附表3和“附录四”的附表4中，涉及本章“职业核心能力强化训练项”各“技术-技能”和“职业道德相关训练项”各“素质点”，需要对学生事先培训“规范与标准”内的知识。

操作指导：

（1）教师向学生阐明“训练目的”、“能力与道德领域”和“知识准备”。

（2）教师就“知识准备”中的第（2）、（3）项，对学生进行培训。

（3）教师指导学生就操练项目的财务分析方法进行熟悉，并准确运用因素分析法进行财务分析。

（4）教师指导学生就操练项目的财务指标进行熟悉，计算相关财务指标，并分析企业的财务状况。

（5）教师指导学生就操练项目的杜邦财务分析体系进行熟悉，并进行财务综合分析。

（6）教师指导学生完成《“财务分析”训练报告》的撰写。

【训练时间】

本章课堂教学内容结束后的双休日和课余时间，为期一周。

【训练步骤】

（1）将班级每5位同学分成一组，每组确定1~2名负责人。

（2）对学生进行财务分析的培训，熟悉训练目的与步骤。

（3）分配训练任务，指导学生研究相关问题。

（4）各组在对操练项目进行“财务分析”专业训练的过程中，融入对“数字应用”“解决问题”“革新创新”等职业核心能力各“技术-技能”的“中级”强化训练和对“职业良心”“职业守则”等职业道德各“素质点”的“认同级”相关训练。

（5）撰写作为最终成果的《“财务分析”训练报告》。

（6）在班级交流、讨论各组的《“财务分析”训练报告》。

（7）根据交流、讨论的结果，各组修订其《“财务分析”训练报告》，并使之各具特色。

（8）将经过班级交流和修订且附有“教师点评”的优秀训练报告在校园网课程平台进行展示，并纳入本校该课程的教学资源库。

【成果形式】

训练课业：《“财务分析”训练报告》

课业要求：

（1）《“财务分析”训练报告》的内容、结构与体例参照本《训练手册》“课业范例”的范例10-5-3。

（2）各组成员完成的《“财务分析”训练报告》须由指导教师、项目组组长和项目组成员三方签字负责。

10.4 实训资料

实训资料 10-4-1

1）A公司甲产品的材料成本资料见表10-3。

表10-3 A公司甲产品的材料成本资料

项 目	计量单位	计划数	实际数
产 量	台	300	400
单位产品材料消耗量	千克/台	15	14
材料单价	元/千克	10	12
材料总成本	元	45 000	67 200

要求：运用因素分析法分析各因素变动对材料总成本的影响。

2）A公司2024年年末流动资产合计500万元，其中现金类资产80万元，应收账款150万元，存货240万元，流动负债220万元。

要求：计算A公司的流动比率、速动比率和现金流动负债比率。

3）B公司2024年年末的资产总额为1 000万元，其中有形资产总额950万元，流动负债300万元，长期负债150万元，利润总额105万元，利息费用53万元。

要求：计算B公司的资产负债率、有形资产负债率、产权比率、利息保障倍数。

4）C公司2024年营业收入860万元，营业成本688万元，应收账款年初、年末余额分别为80万元和60万元，存货年初、年末余额分别为120万元和100万元，流动资产年初、年末余额分别为250万元和230万元。一年按360天计算。

要求：计算C公司的应收账款周转次数和周转天数、存货周转次数和周转天数、流动资产周转次数和周转天数。

5）A公司2024年营业收入960万元，营业成本680万元，税金及附加3万元，净利润93万元。

要求：计算A公司的营业毛利率、营业净利率、经营成本利润率。

实训资料 10-4-2

1）A公司2024年度利润表简表见表10-4。

表10-4 利润表（简表）

2024年度

单位：元

项　目	上年数	本年累计数
一、营业收入	略	5 560 000
减：营业成本		4 200 000
税金及附加		8 700
销售费用		300 000
管理费用		520 000
财务费用		180 000
加：公允价值变动收益		0
投资收益		404 000
二、营业利润	略	755 300
加：营业外收入		30 000
减：营业外支出		120 000
三、利润总额	略	665 300
减：所得税费用		199 600
四、净利润	略	465 700

要求：

（1）计算A公司的营业毛利率、营业净利率、经营成本利润率。

（2）已知A公司的资产总额年初、年末分别为6 766 300元和7 535 700元，所有者权益年初、年末分别为2 250 000元和2 466 000元。计算A公司的总资产报酬率和净资产收益率。

2）A公司有关财务数据见表10-5。

另外，该公司2024年度利息费用52万元，销售收入3 835万元，销售成本2 708万元，利润总额320万元，一年按360天计算。应收票据的年初、年末余额均为0。

要求：

（1）计算该公司有关偿债能力的指标。

（2）计算该公司有关营运能力的指标。

表 10-5

资产负债表（简表）

2024 年 12 月 31 日

单位：万元

资　产	上年年末余额	期末余额	负债及股东权益	上年年末余额	期末余额
货币资金	155	180	应付账款	426	452
应收账款	672	653	其他流动负债	234	259
存　货	483	536	非流动负债合计	513	550
流动资产合计	1 310	1 369	股东权益	722	728
固定资产	585	620			
资产总计	1 895	1 989	负债及股东权益总计	1 895	1 989

实训资料 10-4-3

1）东风公司 2024 年相关财务比率见表 10-6。

表 10-6

东风公司相关财务比率

2024 年

项　目	1月	2月	3月	4月	5月	6月	7月	8月	9月	10月	11月	12月
流动比率	2.2	2.3	2.4	2.2	2.0	1.9	1.8	1.9	2.0	2.1	2.2	2.2
速动比率	0.7	0.8	0.9	1.0	1.1	1.15	1.2	1.15	1.1	1.0	0.9	0.8
资产负债率	52%	55%	60%	55%	53%	50%	42%	45%	46%	48%	50%	52%
资产报酬率	4%	6%	8%	13%	15%	16%	18%	16%	10%	6%	4%	2%
销售净利率	7%	8%	8%	9%	10%	11%	12%	11%	10%	8%	8%	7%

要求：

（1）东风公司的生产经营有什么特点？

（2）流动比率与速动比率的变动趋势为什么会产生差异？怎样减少这种差异？

（3）资产负债率的变动说明了什么问题？为什么 3 月份的资产负债率最高？

（4）资产报酬率与销售净利率的变动程度为什么不一致？

（5）东风公司筹资、投资应注意什么问题？

2）某企业 2024 年有关销售资料见表 10-7。

要求：请用因素分析法与差额分析法分析该企业 2024 年实际销售额超过计划销售额的原因。

3）阳光公司 2024 年有关财务资料见表 10-8。

表 10-7 某企业有关销售资料

2024年

项　目	计划数	实际数
销售额（元）	450 000	490 000
销售量（件）	3 000	3 500
销售价格（元/件）	150	140

表 10-8 阳光公司有关财务资料

2024年

单位：万元

项　目	年初数	年末数
资　产	8 000	10 000
负　债	4 500	6 000
所有者权益	3 500	4 000
营业收入	略	20 000
净利润	略	500

要求：

（1）计算杜邦财务分析体系中的下列指标：净资产收益率、总资产净利率（保留三位小数）、营业净利率、总资产周转率（保留三位小数）、权益乘数。

（2）用文字描述出净资产收益率与上述其他各项指标之间的关系，并用本题数据加以验证。

10.5 课业范例

范例10-5-1

案例分析

天房发展公司财务分析

（项目组组长：　　　　　　项目组成员：　　　　　　　　　　）

背景与情境：天房发展公司近3年的主要财务数据和财务比率见表10-9。

问题：

1）分析说明该公司盈利能力的变化及其原因。

2）分析说明该公司资产、负债和所有者权益的变化及其原因。

3）假如你是该公司的财务经理，那么在2025年，你应该从哪些方面入手来改善公司的财务状况和经营业绩。

分析要求：

1）形成性要求

同第1章“主观题”中本题型的“形成性要求”。

表 10-9　　天房发展公司近3年的主要财务数据和财务比率

项　目	2022年	2023年	2024年
销售额（万元）	4 000	4 300	3 800
总资产（万元）	1 430	1 560	1 695
普通股（万元）	100	100	100
保留盈余（万元）	500	550	500
所有者权益合计（万元）	600	650	650
流动比率	1.19	1.25	1.20
应收账款周转天数（天）	18	22	27
存货周转率（次）	8.0	7.5	5.5
产权比率	1.38	1.40	1.61
长期债务/所有者权益	0.50	0.46	0.46
销售毛利率（%）	20.0	16.3	13.2
销售净利率（%）	7.5	4.7	2.6
总资产周转率（次）	2.80	2.76	2.40
总资产净利率（%）	21.0	13.0	6.0

2）成果性要求

（1）课业结构、格式与体例参照本《训练手册》“课业范例”的范例10-5-1。

（2）同第1章“主观题”中本题型的其他“成果性要求”。

“天房发展公司财务分析”案例分析报告

（项目组组长：　　　　　　　　项目组成员：　　　　　　　　　　）

1）天房发展公司的盈利能力分析。天房发展公司2022—2024年的总资产净利率呈逐年下降趋势，由21.0%下降至6.0%。造成总资产净利率下降的原因有两个：一是销售毛利率和销售净利率都呈逐年下降趋势，其中销售毛利率由20.0%下降至13.2%，销售净利率由7.5%下降至2.6%，而销售净利率下降的原因是销售毛利率在下降。尽管公司在近几年大力压缩了期间费用，但仍未能改变这种趋势。二是总资产周转率下降，总资产周转率由2022年的2.80次下降到2024年的2.40次。造成总资产周转率下降的原因是存货周转率下降和应收账款周转天数延长，前者由2022年的8.0次下降到2024年的5.5次，后者由2022年的18天上升到2024年的27天。

2）天房发展公司的资产、负债和所有者权益变化及其原因分析。天房发展公司的总资产在增加，由2022年的1 430万元增加到2024年的1 695万元。其总资产增加的主要原因是存货和应收账款占用资金的增加。

存货占用资金计算如下：

2022年存货占用资金=4 000÷8=500（万元）

2023年存货占用资金=4 300÷7.5≈573（万元）

2024年存货占用资金=3 800÷5.5≈691（万元）

应收账款占用资金计算如下：

2022年应收账款占用资金=4 000÷（360÷18）=200（万元）

2023年应收账款占用资金=4 300÷（360÷22）≈263（万元）

2024年应收账款占用资金=3 800÷（360÷27）=285（万元）

资产增加主要是依靠负债增加而获得的，或者说，负债是公司筹集资金的主要途径。负债总额从2022年的830万元（1 430−600）增加到2024年的1 045万元（1 695−650）；而负债总额的增加主要是由于流动负债的增加，因为非流动负债在2022年、2023年和2024年分别为300万元（600×0.5）、299万元（650×0.46）、299万元（650×0.46）。

所有者权益在2022年、2023年和2024年分别为600万元、650万元和650万元，几乎没有增加。所有者权益增加很少的原因是大部分盈余都被用于发放股利了。

3）对天房发展公司的建议。从上面的分析来看，公司的盈利能力在下降，资产周转速度变慢，财务状况在恶化。为了改善公司的经营成果和财务状况，公司可以采取以下措施：扩大销售，增加销售收入和利润；降低存货和应收账款，减少资金占用，提高总资产周转率；减少股利发放，增加留存收益以改善财务状况。

范例10−5−2

课程思政

财政部对普华永道作出行政处罚

背景与情境：据财政部网站消息，根据《中华人民共和国注册会计师法》等法律法规，自2024年1月起，财政部组织检查组对普华永道中天会计师事务所（以下简称普华永道）及其广州分所的恒大地产集团有限公司（以下简称恒大地产）审计项目执业质量开展了专项检查。

经查，普华永道及其广州分所在恒大地产2018—2020年财务报表审计过程中，明知恒大地产财务报表存在重大错报而不予指明，发表不恰当的审计意见，出具虚假审计报告。主要问题包括：一是2018—2020年对恒大地产收入相关的主要审计程序，设计、实施存在严重缺陷，多项程序得出不实结论；2020年明知恒大地产提前确认收入而不予指明。二是丧失独立性，为恒大地产编制合并财务报表，并在合并财务报表层面编制调整分录以虚增利润。三是明知或应当知道恒大地产存在大量货币资金受限，对财务报表中的重大错报不予指明，并通过各种方式隐瞒或掩盖。四是对恒大地产2020年虚增开发成本、随意确认投资性房地产的重大会计差错不予指明。五是未保持职业怀疑，未发现恒大地产“明股实债”方式融资、合并财务报表范围不准确导致的重大会计差错。六是对恒大地产未按规定披露重大诉讼仲裁事项不予指明，其他应收款及审计抽样、持续经营等审计程序执行不到位，项目质量控制失效等。

针对检查发现的问题，2024年9月，财政部依据《中华人民共和国注册会计师法》《中华人民共和国行政处罚法》，对普华永道及相关注册会计师作出行政处罚决定。

会计师事务所方面，按照《中华人民共和国行政处罚法》相关规定，考虑到中国证监会依据《中华人民共和国证券法》对普华永道涉及恒大地产2019年、2020年审计项目的违法行为，给予没收违法所得并处罚款共3.25亿元的行政处罚；财政部依据《中华人民共和国注册会计师法》，对普华永道涉及恒大地产2018年审计项目的违法行为，给予没收违法所得并处罚款共1.16亿元的行政处罚。同时，财政部依据《中华人民共和国注册会计师法》，给予普华永道警告、暂停经营业务6个月、撤销普华永道广州分所的行政处罚。

资料来源：佚名. 财政部对普华永道作出行政处罚决定［EB/OL］.［2024-09-13］. https://baijiahao.baidu.com/s? id=1810071034580923982&wfr=spider&for=pc.引文有删减。

问题：

1）请分析上述现象暗含了哪些课程思政要求和原则。

2）本案例对你有哪些启示？

研判要求：

1）形成性要求

同第1章“主观题”中本题型的“形成性要求”。

2）成果性要求

（1）课业结构、格式与体例参照本《训练手册》“课业范例”的范例10-5-2。

（2）同第1章“主观题”中本题型的其他“成果性要求”。

“财政部对普华永道作出行政处罚”思政研判报告

（项目组组长： 项目组成员： ）

1）注册会计师能够根据诚实守信和遵纪守法的思想，遵循爱岗敬业的态度对公司财务指标的真实性进行分析评价，提供有益的审计意见；能够本着爱岗敬业的态度，实事求是地进行财务分析，提供有用的财务分析信息，为决策者提供有用的财务信息。在实际工作中，注册会计师应该对公司的会计信息进行财务分析，提出合理的审计意见供信息使用者使用。注册会计师提供虚假审计意见误导信息使用者则违背了审计师的诚实守信原则。

2）本案例体现了遵守法律的财务管理职业道德规范。要求包括注册会计师在内的财务分析人员诚实守信、爱岗敬业，提供真实、正确的财务分析信息。本案例的启示是，企业应该提供真实、可信的财务信息，而注册会计师等审计人员应该认真进行财务分析，发现企业财务报告中的虚假之处，便于信息使用者作出合理决策。

范例10-5-3

安华公司家用食品加工机A的因素分析

资料：安华公司是一家专门生产食品加工机械的企业，目前生产一种小型家用食品加工机A。公司2024年家用食品加工机A的有关销售资料见表10-10。

表 10-10　安华公司2024年家用食品加工机A的有关销售资料　金额单位：元

项　目	计划数	实际数
销售额	450 000	490 000
销售量（台）	3 000	3 500
销售价格	150	140

要求：请采用因素分析法分析安华公司2024年家用食品加工机A超额完成销售计划的原因，并对该公司销售食品加工机A的策略进行评价。

"安华公司家用食品加工机A的因素分析"训练报告

（项目组组长：　　　　　　项目组成员：　　　　　　　　）

训练报告见表10-11。

表 10-11　"安华公司家用食品加工机A的因素分析"训练报告

班级：会计2023（1）班　　　　　　项目组编号：01

项目组组长	吴清	项目组成员	张三、李四……
训练时间	2024年6月20日	训练地点	财务管理训练室
训练目的	（1）对"财务分析"等专业能力的各"技术-技能"点实施阶段性基本训练。（2）对"数字应用""解决问题""革新创新"等职业核心能力各"技术-技能"点实施"中级"强化训练。（3）对"职业良心""职业守则"等职业道德各"素质点"实施"认同级"相关训练		
训练步骤	（1）根据训练资料，项目组对相关问题进行分析，确定项目组成员的任务与分工，并制订项目组《训练计划》。（2）实施《训练计划》，对安华公司2024年家用食品加工机A的计划销售额与实际销售额的差异进行因素分析。（3）撰写作为最终成果的《"安华公司家用食品加工机A的因素分析"训练报告》。（4）在班级交流、讨论各组的《"安华公司家用食品加工机A的因素分析"训练报告》，并进一步修订和完善		
训练成果	财务分析是企业财务管理的重要内容和基本手段之一，也是人们认识财务活动的主要方式之一。因素分析法作为财务分析的一种方法，也称因素替换法，它是用来确定几个相互联系的因素对分析对象——综合财务指标或经济指标的影响程度的一种分析方法。因素分析法具体有两种：一种是连环替代法；另一种是差额分析法。决策者运用因素分析法，可以研究多种因素对分析对象的影响及其程度。 （1）安华公司家用食品加工机A的实际销售额与计划销售额的差异 指标因素关系：销售额=销售量×销售价格 销售额差异=490 000-450 000=40 000（元） 因此，2024年安华公司超额完成了家用食品加工机A的全年销售计划。 （2）安华公司家用食品加工机A的实际销售额与计划销售额的连环替代分析 逐项替代： ①替代销售量：3 500×150=525 000（元） ②替代销售价格：3 500×140=490 000（元） ③分析各因素对销售额的影响： 销售量变动的影响：525 000-450 000=75 000（元） 销售价格变动的影响：490 000-525 000=-35 000（元） ④两个因素共同影响使销售额增加：75 000-35 000=40 000（元） （3）安华公司家用食品加工机A的实际销售额与计划销售额的差额分析 用实际数与计划数之间的差异来分析各因素对指标变动的影响程度。 ①销售量变动影响的销售总额：（3 500-3 000）×150=75 000（元） ②销售价格变动影响的销售总额：3 500×（140-150）=-35 000（元） ③两个因素共同影响使销售额增加：75 000-35 000=40 000（元） （4）对安华公司家用食品加工机A的实际销售额与计划销售额进行因素分析后的结论 通过连环替代法和差额分析法对安华公司家用食品加工机A的分析可知，销售收入的增加主要是销售量的大幅上升所致，而销售价格实际是下降的，表面上导致了销售收入的减少。但是，产品的销售量与销售价格具有一定的因果关系，一般价格降低会导致销售量增加。因此，价格降低对公司销售收入的影响是双重的		

续表

训练成果	一是由于价格降低导致收入下降；二是由于销售量上升导致收入上升。通过以上分析，我们可以看到，对于安华公司家用食品加工机A的降价行为，销售量对销售收入的影响更大，因此销售收入是上升的。可以说，安华公司成功地运用了降价策略，提高了公司的收入。 （5）采用因素分析法应注意的问题 采用因素分析法应注意以下问题：①构成经济指标的因素必须存在因果关系。②必须按因素的依存关系依次替代。③在计算每一个因素变动的影响时，必须是在前一次计算的基础上进行的。④连环替代法的前提条件有一定的假定性，但该假定应合乎逻辑
训练体会	通过本训练，我们可以理解因素分析法的内容和意义，熟悉连环替代分析法和差额分析法等相关分析技能，能够运用财务分析方法解决实际问题，提升我们对财务分析方法的理解和应用能力。此外，由于财务工作对专业综合素质的要求较高，企业财务管理人员在分析问题时要细致而全面，工作中要有团队合作精神，要善于与人沟通、与人合作
补充说明	在本训练中，我们在体验本章“专业能力”基本训练的同时，也尝到了“数字应用”“解决问题”“革新创新”等“职业核心能力”（中级）强化训练和“职业良心”“职业守则”等“职业道德”（认同级）相关训练的甜头。我们认识到，要提高“学习迁移能力”和“可持续发展能力”，积极应对未来职业岗位的跨行业流动（这是当代职业的一个显著特征），避免职业道德与企业伦理的缺失，这些训练是必不可少的。我们相信，通过本课程以及后续课程的同类学习与训练，在构建自身“业务胜任能力”的过程中，我们的“职业核心能力”将不断增强，我们的“职业道德”将由“他律”变为“自律”

项目组成员签名	吴清、张三、李四……	指导教师签名	王华

10.6 参考答案与提示

教学互动10-1

引导提示：

实际成本-计划成本=67 200-45 000=22 200（元）

产量差异=（400-300）×15×10=15 000（元）

材料消耗量差异=400×（14-15）×10=-4 000（元）

价格差异=400×14×（12-10）=11 200（元）

教学互动10-2

引导提示：

（1）2022年年末的所有者权益总额=1 500×125%=1 875（万元）

（2）2023年年初的所有者权益总额=4 000×1.5=6 000（万元）

（3）2023年年初的资产负债率=4 000÷（4 000+6 000）×100%=40%

（4）2023年年末的所有者权益总额和负债总额

资本积累率=（年末所有者权益-6 000）÷6 000×100%=150%

年末所有者权益=15 000万元

资产负债率=负债总额÷（15 000+负债总额）=0.25

负债总额=5 000万元

（5）2023年年末的产权比率=5 000÷15 000×100%=33.33%

（6）2023年的所有者权益平均余额和负债平均余额

所有者权益平均余额=（6 000+15 000）÷2=10 500（万元）

负债平均余额=（4 000+5 000）÷2=4 500（万元）

（7）2023年的息税前利润=1 005÷（1-25%）+4 500×10%=1 790（万元）

（8）2023年总资产报酬率=1 790÷（10 500+4 500）×100%≈11.93%

（9）2023年已获利息倍数=1 790÷4 500×10≈3.98

（10）2023年经营杠杆系数、财务杠杆系数和复合杠杆系数

DOL=（1 790+975）÷1 790≈1.54

DFL=1 790÷（1 790-4 500×10%）≈1.34

DCL=1.54×1.34≈2.06

教学互动10-3

引导提示：

（1）2023年净资产收益率=12%×0.6×1.8=12.96%

（2）差异=12.96%-4.8%=8.16%

（3）销售净利率的影响：（8%-12%）×0.6×1.8=-4.32%

总资产周转率的影响：8%×（0.3-0.6）×1.8=-4.32%

权益乘数的影响：8%×0.3×（2-1.8）=0.48%

"10.2 客观题"参考答案

10.2.1 理论题

1）单项选择题

（1）B （2）A （3）C （4）D （5）D （6）D （7）D （8）D （9）D （10）D

2）多项选择题

（1）ABCE （2）ABE （3）ABC （4）ABCE （5）AB （6）ABCD （7）ABC （8）CDE （9）ABCDE （10）BC

3）判断题

（1）× （2）√ （3）× （4）√ （5）× （6）× （7）× （8）√ （9）× （10）×

10.2.2 实务题

1）单项选择题

（1）A （2）D （3）D （4）C （5）B （6）D （7）C （8）A （9）D （10）B

2）多项选择题

（1）ABCD　（2）ABD　（3）ABCE　（4）BDE　（5）ABCD　（6）ABC　（7）ABC　（8）BD　（9）ABC　（10）ABDE

3）混合选择题

（1）ACD　（2）ABCD　（3）ABCD　（4）BC　（5）A

4）判断题

（1）×　（2）√　（3）×　（4）×　（5）√　（6）×　（7）×　（8）√　（9）×　（10）×

10.2.3　案例题

1）ABCD　2）ABCD　3）C　4）D　5）ABC

10.2.4　实训题

1）单项选择题

（1）D　（2）C　（3）B　（4）A　（5）C　（6）B　（7）B　（8）C　（9）B　（10）B

2）多项选择题

（1）ABCD　（2）ABCDE　（3）ABCD　（4）ABCE　（5）ABCDE　（6）BCD　（7）ABCDE　（8）ABCDE　（9）BCDE　（10）ABCD

“10.3　主观题”参考答案

10.3.1　理论题

1）简答题

（1）参考答案：财务分析是以企业财务报告及其他相关资料为主要依据，对企业的财务状况和经营成果进行评价和剖析，反映企业在运营过程中的利弊得失和发展趋势，从而为改进企业财务管理工作和优化经济决策提供重要的财务信息。

（2）参考答案：趋势分析法又称水平分析法，是指将两期或连续数期财务报告中的相同指标进行对比，确定其增减变动的方向、数额和幅度，以说明企业财务状况和经营成果的变动趋势的一种分析方法。

比率分析法是指利用财务报表中两项相关数值的比率来揭示企业财务状况和经营成果的一种分析方法。

因素分析法也称因素替换法、连环替代法，是用来确定几个相互联系的因素对分析对象——综合财务指标或经济指标的影响程度的一种分析方法。

（3）参考答案：杜邦财务分析体系是利用各项财务指标间的内在联系，对企业综合经营理财及经济效益进行系统分析评价的一种方法，因其最初由美国杜邦公司创立并成功运用而得名。杜邦财务分析体系以净资产收益率为核心，将其分解为若干财务指标，通过分析各指标的变动对净资产收益率的影响来揭示企业的获利能力及其变动原因。

（4）参考答案：所谓财务综合分析就是将运营能力、偿债能力和盈利能力等方面的分析纳入一个有机的整体中，对企业经营成果、财务状况进行全面解剖和分析，从而对企业经济效益的优劣作出准确的评价与判断的一种分析方法。

（5）参考答案：盈余现金保障倍数是企业一定时期内经营现金净流量与净利润的比值，它反映了企业当期利润中现金收益的保障程度，真实反映了企业盈余的质量，是评价企业盈利状况的辅助指标。

2）理解题

（1）参考答案：财务分析的局限性包括：

① 财务报表本身的局限性。财务报表是公司会计系统的产物。每家公司的会计系统，由于受到会计环境和公司会计战略的影响，会使财务报表扭曲公司的实际情况。

② 财务报表的可靠性。公司只有依据符合规范的、可靠的财务报表，才能得出正确的分析结论。财务分析通常假定报表是真实的，而报表的真实性要靠审计来验证，财务分析不能解决报表的真实性问题。

③ 财务分析的比较基础。分析人员在进行财务分析时，必然要选择比较基础，如本公司历史数据、同业数据和计划预算数据等。

（2）参考答案：趋势分析法的具体运用主要有以下三种方式：

① 重要财务指标的比较。它是将不同时期财务报告中的相同指标或比率进行比较，直接观察其增减变动情况及变动幅度，考察其发展趋势，预测其发展前景的一种方法。对不同时期财务指标的比较有两种方法：定基动态比率，即以某一时期的数额为固定的基期数额而计算出来的动态比率；环比动态比率，即以每一分析期的前期数额为基期数额而计算出来的动态比率。

② 会计报表的比较。会计报表的比较是将连续数期的会计报表的金额并列起来，比较其相同指标的增减变动金额和幅度，据以判断企业财务状况和经营成果发展变化的一种方法。

③ 会计报表项目构成的比较。这是在会计报表比较的基础上发展而来的。它是将会计报表中的某个总体指标作为100%，计算出其各组成项目占该总体指标的百分比，从而比较各个项目百分比的增减变动情况，以此来判断有关财务活动的变化趋势的一种方法。

（3）参考答案：应用因素分析法时必须注意以下四个方面的问题：

① 因素分解的关联性。确定构成经济指标的因素必须在客观上存在着因果关系，要能够反映形成该项指标差异的内在构成因素，否则就失去了其存在的价值。

② 因素替代的顺序性。替代因素时，必须按照各因素的依存关系，排列成一定的顺序并依次替代，不可随意加以颠倒，否则就会得出不同的计算结果。一般而言，确定正确替代顺序的原则是，按分析对象的性质，从诸因素相互依存的关系出发，并使分析结果有助于分清责任。

③ 顺序替代的连环性。在计算每一个因素变动的影响时，都是在前一次计算的基础上进行的，并采用连环比较的方法确定因素变化的影响结果。因此，只有保持计算顺序上的连环性，才能使各个因素影响之和等于分析指标变动的差异，从而全面说明分析指标变动的原因。

④ 计算结果的假定性。计算的各因素变动的影响数，会因替代计算顺序不同而存在差异，因而计算结果不免带有假定性，即它不可能使每个因素的计算结果都达到

绝对准确。它只是在某种假定前提条件下的影响结果，离开了这种假定前提条件，也就不会是这种影响结果了。因此，财务人员在分析时，应力求使这种假定是合乎逻辑的假定，是具有实际经济意义的假定。这样，计算结果的假定性才不会影响分析的有效性。

10.3.2 实务题

1）规则复习

（1）参考答案：短期偿债能力是指企业流动资产对流动负债及时、足额偿还的保障程度，是衡量企业当前财务能力，特别是流动资产变现能力的重要标志。企业的流动资产与流动负债的关系，以及资产的变现速度，是影响短期偿债能力的主要因素。企业短期偿债能力分析主要采用比率分析法，衡量指标主要有流动比率、速动比率和现金流动负债比率。

①流动比率是指流动资产与流动负债的比率，表示企业每一元流动负债有多少流动资产作为偿还的保障，反映了企业的流动资产偿还流动负债的能力。其计算公式为：

流动比率=流动资产÷流动负债

②速动比率又称酸性测试比率，是指企业速动资产与流动负债的比率。其计算公式为：

速动比率=速动资产÷流动负债

③现金流动负债比率是指企业一定时期内经营现金净流量与流动负债的比率，可以从现金流量的角度来反映企业当期偿付短期负债的能力。其计算公式为：

现金流动负债比率=年经营现金净流量÷年末流动负债

（2）参考答案：长期偿债能力是指企业偿还非流动负债的能力。它的大小是反映企业财务状况稳定与否及安全程度高低的重要标志。其分析指标主要有资产负债率、产权比率、负债与有形净资产比率和利息保障倍数。

①资产负债率又称负债比率，是指企业的负债总额与资产总额的比率。它表示在企业资产总额中债权人提供资金所占的比重，以及企业资产对债权人权益的保障程度。其计算公式为：

资产负债率=负债总额÷资产总额×100%

②产权比率是指负债总额与所有者权益总额的比率，是企业财务结构稳健与否的重要标志，也称资本负债率。其计算公式为：

产权比率=负债总额÷所有者权益总额×100%

③负债与有形净资产比率是指负债总额与有形净资产的比例关系，表示企业有形净资产对债权人权益的保障程度。其计算公式为：

负债与有形净资产比率=负债总额÷有形净资产×100%

④利息保障倍数又称已获利息倍数，是指企业息税前利润与利息费用的比率，是衡量企业偿付负债利息能力的指标。其计算公式为：

利息保障倍数=息税前利润÷利息费用

（3）参考答案：营运能力是指企业管理层的管理水平和资产运用的能力。其分析指标主要有应收账款周转率、存货周转率、总资产周转率和固定资产周转率。

①应收账款周转率也称应收账款周转次数，是指一定时期内商品或产品营业收入净额与平均应收账款余额的比值，是反映应收账款周转速度的一项指标。其计算公式为：

应收账款周转率（次数）=营业收入净额÷平均应收账款余额

②存货周转率也称存货周转次数，是指企业一定时期内的营业成本与存货平均余额的比值，是反映企业的存货周转速度和销货能力的一项指标，也是衡量企业生产经营中存货营运效率的一项综合性指标。其计算公式为：

存货周转率（次数）=营业成本÷存货平均余额

③总资产周转率是指企业营业收入净额与平均资产总额的比值，可以用来反映企业全部资产的利用效率。其计算公式为：

总资产周转率=营业收入净额÷平均资产总额

④固定资产周转率是指企业营业收入净额与固定资产平均净值的比率，是反映企业固定资产周转情况，从而衡量固定资产利用效率的一项指标。其计算公式为：

固定资产周转率=营业收入净额÷固定资产平均净值

（4）参考答案：盈利能力就是企业资金增值的能力，通常体现为企业收益数额的大小与水平的高低。其分析指标主要有营业利润率、成本费用利润率、资产净利率、净资产收益率、盈余现金保障倍数、每股收益和市盈率。

①营业利润率是指企业一定时期内营业利润与营业收入的比率。其计算公式为：

营业利润率=营业利润÷营业收入×100%

②成本费用利润率是指企业一定时期内利润总额与成本费用总额的比率。其计算公式为：

成本费用利润率=利润总额÷成本费用总额×100%

③资产净利率是指企业净利润与平均资产总额的比率，是反映企业资产综合利用效果的指标。其计算公式为：

资产净利率=净利润÷平均资产总额×100%

④净资产收益率亦称净值报酬率或权益报酬率，是指企业一定时期内净利润与平均净资产的比率。它可以反映投资者投入企业的自有资本获取净收益的能力，即反映投资与报酬的关系，因而是评价企业资本经营效率的核心指标。其计算公式为：

净资产收益率=净利润÷平均净资产×100%

⑤盈余现金保障倍数是指企业一定时期内经营现金净流量与净利润的比值，表示企业当期利润中现金收益的保障程度，真实反映了企业盈余的质量，是评价企业盈利状况的辅助指标。其计算公式为：

盈余现金保障倍数=经营现金净流量÷净利润

⑥每股收益仅仅是对普通股而言的，其计算公式如下：

每股收益=（净利润-优先股股利）÷年末普通股股数

⑦市盈率也称价格盈余比率或价格与收益比率，是指普通股每股市价与每股收益的比率。这里的“市价”是指普通股每股在证券市场上的买卖价格。用每股收益与市价进行比较，其目的是反映普通股当期盈余与市场价格的关系，从而为投资者提供重

要的决策参考。其计算公式为：

市盈率=每股市价÷每股收益

（5）参考答案：发展能力是指企业在生存的基础上，扩大规模、壮大实力的潜在能力。其分析指标主要有营业收入增长率、资本保值增值率、资本积累率、总资产增长率、营业利润增长率。

①营业收入增长率是指企业本年营业收入增长额与上年营业收入总额的比率，反映企业营业收入的增减变动情况，是评价企业成长状况和发展能力的重要指标。其计算公式为：

营业收入增长率=本年营业收入增长额÷上年营业收入总额×100%

②资本保值增值率是指企业扣除客观因素后的本年年末所有者权益总额与年初所有者权益总额的比率，反映企业当年资本在企业自身努力下的实际增减变动情况。其计算公式为：

资本保值增值率=扣除客观因素后的年末所有者权益总额÷年初所有者权益总额×100%

③资本积累率是指企业本年所有者权益增长额与年初所有者权益的比率，反映企业当年资本的积累能力，是评价企业发展潜力的重要指标。其计算公式为：

资本积累率=本年所有者权益增长额÷年初所有者权益×100%

④总资产增长率是企业本年总资产增长额与年初资产总额的比率，反映企业本期资产规模的增长情况。其计算公式为：

总资产增长率=本年总资产增长额÷年初资产总额×100%

⑤营业利润增长率是指企业本年营业利润增长额与上年营业利润总额的比率，反映企业营业利润的增减变动情况。其计算公式为：

营业利润增长率=本年营业利润增长额÷上年营业利润总额×100%

2）业务解析

（1）参考答案：趋势分析法又称水平分析法，是指将两期或连续数期财务报告中的相同指标进行对比，确定其增减变动的方向、数额和幅度，以说明企业的财务状况和经营成果的变动趋势的一种方法。采用这种方法，可以分析引起企业财务状况和经营成果变化的主要原因及其变动的性质，并预测企业未来的发展前景。比率分析法是指利用财务报表中两项相关数值的比率揭示企业财务状况和经营成果的一种分析方法。在财务分析中，比率分析法的应用比较广泛，因为仅采用有关数值的绝对值进行对比，不能深入揭示事物的内在矛盾，而比率分析法是从财务现象到财务本质的一种深化。

（2）参考答案：资产负债率与产权比率都是反映企业偿债能力的指标，两者越大，表明企业负债相对越多，偿债能力越弱。但资产负债率是用负债总额除以资产总额，而产权比率则是用负债总额除以所有者权益总额。

（3）参考答案：杜邦财务分析体系与沃尔比重评分法都是财务综合分析方法。杜邦财务分析体系（简称“杜邦体系”）是利用各项财务指标间的内在联系，对企业综合经营理财及经济效益进行系统分析评价的一种方法，因其最初是由美国杜邦公司创立并成功运用而得名。该体系以净资产收益率为核心，将其分解为若干财务指标，通过分析各指标的变动对净资产收益率的影响来揭示企业的获利能力及其变动原因。沃尔比重评分法把流动比率、产权比率、固定资产比率、存货周转率、应收账款周转率、固定资产周转率、自有资金周转率等七项财务比率用线性关系结合起来，并分别给定各自的分数比重，然后将其与标准比率进行比较，评出各项指标的得分及总体指标的累计分数，从而对企业的信用水平作出评价。杜邦体系是以净资产收益率为核心进行分析，而沃尔比重评分法则将多种指标综合起来进行分析。

10.3.3 案例题

1）案例分析

分析提示：

（1）叶雪芬的这种观点过于片面。公司财务分析不仅仅是看绝对数指标，更要看相对数指标，而且要关注指标的变动趋势。公司财务分析只有分析指标变动的原因，才可能具有分析价值。

（2）该公司的偿债能力指标计算如下：

2024年年初的流动比率=流动资产÷流动负债=3 100÷1 600≈1.94

2024年年末的流动比率=流动资产÷流动负债=3 940÷1 800≈2.19

2024年年初的速动比率=速动资产÷流动负债=（3 100−808）÷1 600≈1.43

2024年年末的速动比率=速动资产÷流动负债=（3 940−880）÷1 800=1.70

2024年年初的资产负债率=负债总额÷资产总额×100%=1 900÷5 200×100%≈36.54%

2024年年末的资产负债率=负债总额÷资产总额×100%=2 300÷6 400×100%≈35.94%

2024年年初的产权比率=负债总额÷所有者权益总额×100%=1 900÷3 300×100%≈57.58%

2024年年末的产权比率=负债总额÷所有者权益总额×100%=2 300÷4 100×100%≈56.10%

2024年年初的权益乘数=资产总额÷所有者权益总额=5 200÷3 300≈1.58

2024年年末的权益乘数=资产总额÷所有者权益总额=6 400÷4 100≈1.56

2024年年初的利息保障倍数=（利润总额+财务费用）÷财务费用=（4 335+50）÷50=87.70

2024年年末的利息保障倍数=（利润总额+财务费用）÷财务费用=（6 440+60）÷60≈108.33

注释：在利息保障倍数的计算中，用“财务费用”代替“利息费用”。

该公司的营运能力指标计算如下：

2023年的应收账款周转率=营业收入÷平均应收账款余额=13 000÷1 080≈12.04（次）

2024年的应收账款周转率=营业收入÷平均应收账款余额=17 000÷1 200≈14.17（次）

2024年的存货周转率=营业成本÷存货平均余额=6 900÷808≈8.54（次）

2024年的存货周转率=营业成本÷存货平均余额=8 500÷880≈9.66（次）

2023年的固定资产周转率=营业收入÷固定资产平均净值=13 000÷1 750≈7.43（次）

2024年的固定资产周转率=营业收入÷固定资产平均净值=17 000÷1 920≈8.85（次）

2024年的总资产周转率=营业收入÷平均资产总额=13 000÷5 200=2.50（次）

2024年的总资产周转率=营业收入÷平均资产总额=17 000÷6 400≈2.66（次）

注释：在营运能力指标的计算中，分母都是以年末数为基础计算的。

该公司的盈利能力指标计算如下：

2023年的营业毛利率=（营业收入−营业成本）÷营业收入×100%

=（13 000−6 900）÷13 000×100%≈46.92%

2024年的营业毛利率=（营业收入−营业成本）÷营业收入×100%

=（17 000−8 500）÷17 000×100%=50%

2023年的营业净利率=净利润÷营业收入×100%=2 601÷13 000×100%≈20.01%

2024年的营业净利率=净利润÷营业收入×100%=3 864÷17 000×100%≈22.73%

2023年的总资产净利率=净利润÷平均资产总额×100%=2 601÷5 200×100%≈50.02%

2024年的总资产净利率=净利润÷平均资产总额×100%=3 864÷6 400×100%≈60.38%

2023年的净资产收益率=净利润÷平均净资产×100%=2 601÷3 300×100%≈78.82%

2024年的净资产收益率=净利润÷平均净资产×100%=3 864÷4 100×100%≈94.24%

2023年的每股收益=净利润÷总股数=2 601÷1 000≈2.60（元/股）

2024年的每股收益=净利润÷总股数=3 864÷1 200=3.22（元/股）

2023年的每股净资产=净资产÷总股数=3 300÷1 000=3.30（元/股）

2024年的每股净资产=净资产÷总股数=4 100÷1 200≈3.42（元/股）

2023年年末的市盈率=每股市价÷每股收益=2.20÷2.60≈0.85（倍）

2024年年末的市盈率=每股市价÷每股收益=2.50÷3.22≈0.78（倍）

注释：在盈利能力指标的计算中，分母都是以年末数为基础计算的。

该公司2024年的发展能力指标计算如下：

2024年营业收入增长率=本年营业收入增长额÷上年营业收入总额×100%

=（17 000−13 000）÷13 000×100%≈30.77%

2024年资本积累率=本年所有者权益增长额÷年初所有者权益总额×100%

=（4 100−3 300）÷3 300×100%≈24.24%

2024年资本保值增值率=扣除客观因素后的年末所有者权益总额÷年初所有者权益总额×100%

=（4 100−3 300）÷3 300×100%≈24.24%

2024年总资产增长率=本年总资产增长额÷年初资产总额×100%

=（6 400−5 200）÷5 200×100%≈23.08%

2024年营业利润增长率=本年营业利润增长额÷上年营业利润总额×100%

=（6 420−4 325）÷4 325×100%≈48.44%

（3）由于2024年的净资产收益率为94.24%，2023年的净资产收益率为78.82%，因此，2024年公司的净资产收益率大幅度提高，提高了15.42%。

净资产收益率=总资产净利率×权益乘数

2023年净资产收益率=2022年总资产净利率×2023年权益乘数=50.02%×1.58≈79.03%

2024年净资产收益率=2023年总资产净利率×2024年权益乘数=60.38%×1.56≈94.19%

采用因素分析法，由于总资产净利率变动比较大，因此总资产净利率是主要因素。

第一步：分析总资产净利率变动对净资产收益率变动的影响。

（60.38%−50.02%）×1.58≈16.37%

第二步：分析权益乘数变动对净资产收益率变动的影响。

（1.56−1.58）×60.38%=−1.21%

全部影响：16.37%−1.21%=15.16%

由于总资产净利率提高，导致净资产收益率提高了16.37%；由于权益乘数下降，导致净资产收益率下降了1.21%；最终净资产收益率提高了15.16%（约等于15.42%）。

进一步分析总资产净利率上升的原因：

总资产净利率=营业净利率×总资产周转率

2023年总资产净利率=2023年营业净利率×2023年总资产周转率=20.01%×2.50=50.03%

2024年总资产净利率=2024年营业净利率×2024年总资产周转率=22.73%×2.66≈60.46%

由于2023年的总资产净利率为50.03%，2024年的总资产净利率为60.46%，因此总资产净利率上升了10.43%。

第一步：分析营业净利率变动对总资产净利率变动的影响。

（22.73%-20.01%）×2.50=6.80%

第二步：分析总资产周转率对总资产净利率变动的影响。

（2.66-2.50）×22.73%≈3.64%

全部影响：6.80%+3.64%=10.44%

由于营业净利率上升，导致总资产净利率上升了6.80%；由于总资产周转率上升，导致总资产净利率上升了3.64%。

注释：由于近似计算的原因，因此各指标计算的结果略有差异。

（4）公司的偿债能力在提高，表现为其偿债能力指标的数值在提高。其短期偿债能力指标——流动比率与速动比率在2024年年初和2024年年末分别为1.94和2.19、1.43和1.70；其长期偿债能力指标——资产负债率、产权比率、权益乘数、利息保障倍数在2024年年初和2024年年末分别为36.54%和35.94%、57.58%和56.10%、1.58和1.56、87.70和108.33。

公司的营运能力在提高，表现为其营运能力指标的数值在提高。其应收账款周转率、存货周转率、固定资产周转率和总资产周转率在2023年和2024年分别为12.04次和14.17次、8.54次和9.66次、7.43次和8.85次、2.50次和2.66次。

公司的盈利能力也在增强，表现为其盈利能力指标的数值在提高。其营业毛利率、营业净利率、总资产净利率、净资产收益率、每股收益和每股净资产在2023年和2024年分别为46.92%和50%、20.01%和22.73%、50.02%和60.38%、78.82%和94.24%、2.60元和3.22元、3.30元和3.42元。

公司2024年的发展速度较快，表现为营业收入增长率为30.77%，资本积累率为24.24%，资本保值增值率为24.24%，总资产增长率为23.08%，营业利润增长率为47.52%。

因此，从偿债能力、盈利能力、营运能力和发展能力的指标分析来看，公司各方面都在大幅度改善。

但是，公司可以进一步提高其净资产收益率，即通过增加负债的方式提高权益乘数，从而提高净资产收益率，但这并不会导致公司偿债能力的下降，因为公司面临着一个增长的市场行情，即销售收入增长速度较快。另外，从公司的发展来看，需要大量的资金投入，因此，公司不宜采用现金股利的分配方式。

最后，从市盈率指标来看，公司的这个指标呈下降状态：2023年年末的市盈率为0.85倍，2024年年末的市盈率为0.78倍。较低的市盈率一方面可以看成投资者投资风险和成本比较低，另一方面可能是公司价值被市场低估，甚至前景不被看好。因此，公司应当采取分配现金股利和增加负债的方式，向市场和投资者传达对未来发展有信心的信号，以促进公司股价在二级市场中的表现，实现企业价值最大化的理财目标。

2）课程思政

研判提示：

（1）财务分析者应该能够运用不同的财务分析方法，创造性地分析、发现公司经营管理存在的问题；能够本着爱岗敬业的态度，实事求是地进行财务分析，提供有用的财务分析信息，为决策者提供有用的财务信息；在实际工作中，注册会计师应该对公司会计信息进行财务分析，提供合理的审计意见，以供信息使用者使用。注册会计师提供虚假审计意见，误导信息使用者，违背了注册会计师的诚实守信义务。

（2）本案例体现了遵守法律的财务管理职业道德规范。相关法律要求包括注册会计师在内的财务分析人员要诚实守信、爱岗敬业，提供真实、正确的财务分析信息。本案例的启示是，企业应该提供真实可信的财务信息，而注册会计师等审计人员应该认真地进行财务分析，发现企业财务报告中的虚假之处，为信息使用者作出合理决策提供有用的信息。

“10.4 实训资料”参考答案

实训资料 10-4-1

1）参考答案：

实际成本-计划成本=67 200-45 000=22 200（元）

产量差异=（400-300）×15×10=15 000（元）

材料消耗量差异=400×（14-15）×10=-4 000（元）

价格差异=400×14×（12-10）=11 200（元）

2）参考答案：

流动比率=500÷220≈2.27

速动比率=（500-240）÷220≈1.18

现金流动负债比率=80÷220≈0.36

3）参考答案：

资产负债率=（300+150）÷1 000×100%=45%

有形资产负债率=450÷950×100%≈47.37%

产权比率=450÷（1 000-450）×100%≈81.82%

利息保障倍数=（105+53）÷53≈2.98

4）参考答案：

应收账款周转次数=860÷［（80+60）÷2］≈12.29（次）

应收账款周转天数=360÷12.29≈29.29（天）

存货周转次数=688÷［（120+100）÷2］≈6.25（次）

存货周转天数=360÷6.25=57.60（天）

流动资产周转次数=860÷［（250+230）÷2］≈3.58（次）

流动资产周转天数=360÷3.58≈100.56（天）

5）参考答案：

营业毛利率=（960-680）÷960×100%≈29.17%

营业净利率=93÷960×100%≈9.69%

经营成本利润率=（960-680-3）÷（680+3）×100%≈40.56%

实训资料 10-4-2

1）参考答案：

（1）营业毛利率=（5 560 000-4 200 000）÷5 560 000×100%≈24.46%

营业净利率=465 700÷5 560 000×100%≈8.38%

经营成本利润率=（5 560 000-4 200 000-8 700）÷（4 200 000+8 700）×100%≈32.11%

（2）总资产报酬率=（665 300+180 000）÷［（6 766 300+7 535 700）÷2］×100%≈11.82%

净资产收益率=465 700÷［（2 250 000+2 466 000）÷2］×100%≈19.75%

2）参考答案：

（1）计算该公司有关偿债能力的指标。

资产负债率=（1 989-728）÷1 989×100%≈63.40%

产权比率=（1 989-728）÷728×100%≈173.21%

权益乘数=1 989÷728≈2.73

流动比率=1 369÷（452+259）≈1.93

速动比率=（1 369-536）÷（452+259）≈1.17

利息保障倍数=（320+52）÷52≈7.15

（2）计算该公司有关营运能力的指标。

应收账款周转次数=3 835÷［（672+653）÷2］≈5.79（次）

应收账款周转天数=360÷5.79≈62.18（天）

存货周转次数=2 708÷［（483+536）÷2］≈5.32（次）

存货周转天数=360÷5.32≈67.67（天）

流动资产周转次数=3 835÷［（1 310+1 369）÷2］≈2.86（次）

流动资产周转天数=360÷2.86≈125.87（天）

总资产周转次数=3 835÷［（1 895+1 989）÷2］≈1.97（次）

总资产周转天数=360÷1.97≈182.74（天）

固定资产周转次数=3 835÷［（585+620）÷2］≈6.37（次）

固定资产周转天数=360÷6.37≈56.51（天）

实训资料 10-4-3

1）参考答案：

（1）该公司的生产经营具有季节性，不同时间段的存货占流动资产的比例不同，其中4—7月份是销售旺季，其余月份为销售淡季。

（2）流动比率和速动比率在1—3月份的变化趋势相同，4—7月份的变化趋势相反。由于公司将一部分存货销售回笼的资金用来偿还部分长期债务，因此流动比率下降；由于销售旺季存货数量大幅走低，速动资产相对增加，并超过了债务的增长幅度，所以速动比率上升，7月份存货占流动资产的比率达到最低值便印证了这一点。流动比率和速动比率在8—12月份的变化趋势也相反，这是因为销售旺季逐渐过去，存货数量增加，资金回笼减少，难以再从销售收入中抽出资金来偿还长期债务，流动资产数量的增加使流动比率上升，存货的大幅增加使速动资产相对减少，速动比率下降。

差异的消除主要通过公司的存货管理与赊销政策的相互配合来实现。也就是说，在公司存货数量增加的时候，适当放宽赊销政策；而在公司存货数量减少的时候，适当从严进行应收账款的管理，使流动资产和速动资产尽量保持同方向变化。

（3）公司资产负债率的变动说明了公司销售的周期性使公司对于银行借款和商业信用的依赖性也呈现出周期性的变化。在销售旺季，资金回笼较快，对借款以及商业信用的依赖性降低；而在销售淡季，对借款以及商业信用的依赖性则有明显增长。3月份的资产负债率最高，说明经过几个月的销售淡季，公司的资金压力达到了顶点。

（4）公司在3月份销售旺季即将到来的时候，资产负债率达到了最高点，同期流动比率也达到了最高点，说明公司的负债肯定在增加，而且应该是非流动负债在增加。而同期公司的存货占流动资产的比率却并不是最高点，说明公司并未将借来的非流动负债投入到原材料的采购中，没有为即将到来的旺季储备存货，资金很可能投向了短期投资或者其他应收款项下。

（5）用非流动负债进行短期投资的成本高、风险大，投入的资金没有为旺季生产做好存货储备，影响了公司的生产和经营。因此，东风公司应利用成本更低的短期负债来获得资金，并将该资金用于生产，做好主业和自己熟悉的领域。

2）参考答案：

第一步，计算计划销售额。

计划销售额：3 000×150=450 000（元）

分析对象：490 000−450 000=40 000（元）

第二步，逐项替代。

先替代销售量（假定销售价格不变）：3 500×150=525 000（元）

再替代销售价格：3 500×140=490 000（元）

第三步，分析各因素变动对销售额的影响程度。

销售量变动对销售额的影响为：525 000−450 000=75 000（元）

销售价格变动对销售额的影响为：490 000−525 000=−35 000（元）

第四步，验证两个因素的共同影响。

两个因素共同影响使销售额增加：75 000−35 000=40 000（元）

因此与分析对象吻合。

3）参考答案：

（1）净资产收益率=净利润÷平均净资产×100%

=500÷［（3 500+4 000）÷2］×100%≈13.33%

总资产净利率=净利润÷平均资产总额×100%=500÷［（8 000+10 000）÷2］×100%≈5.556%

营业净利率=净利润÷营业收入×100%=500÷20 000×100%=2.5%

总资产周转率=营业收入÷平均资产总额=20 000÷［（8 000+10 000）÷2］≈2.222（次）

权益乘数=平均资产总额÷平均所有者权益总额=［（8 000+10 000）÷2］÷［（3 500+4 000）÷2］=2.4

注释：也可以用“权益乘数=1÷（1−资产负债率）”计算，其中“资产负债率”应该用平均数。

（2）净资产收益率=营业净利率×总资产周转率×权益乘数=2.5%×2.222×2.4≈13.33%

净资产收益率=总资产净利率×权益乘数=5.556%×2.4≈13.33%

第11章 综合训练

11.1 预习要览

11.1.1 内容提要与结构

1）内容提要

财务管理是企业组织财务活动、处理财务关系的一项综合性的管理工作。财务管理的内容包括财务活动和财务关系两个方面。企业的财务管理主要包括以下五个环节：财务规划和预测、财务决策、财务预算、财务控制、财务分析和业绩评价。

财务管理目标的主要观点有：利润最大化目标、股东财富最大化目标和企业价值最大化目标。企业进行财务管理必须坚持以下主要原则：依法理财原则、风险-收益平衡原则、成本-效益原则、变现能力与盈利能力平衡原则、权责结构和利益关系协调原则。

企业财务管理的环境又称理财环境，是指对企业财务活动产生影响作用的企业外部条件。财务管理的环境涉及的范围很广，其中最重要的是经济环境、法律环境和金融环境。

资金的时间价值，也称货币的时间价值，是指货币经过一定时间的投资和再投资所增加的价值，它表现为同一数量的货币在不同的时点上具有不同的价值。资金时间价值的计算有单利和复利两种形式。在一年内计息两次或两次以上时，就有名义利率和实际利率的区别。名义利率是一年计息一次的利率，即不考虑年内复利计息的利率；实际利率是指每年计息一次时所提供的利息应等于名义利率在每年计息m次时的利率。年金有普通年金、预付年金、递延年金和永续年金等几种。

风险是指在一定条件下和一定时期内可能发生的各种结果的变动程度。从个别理财主体的角度来看，投资风险分为市场风险和公司特有风险两类；从企业本身来看，投资风险可分为经营风险和财务风险两类。风险报酬的表现形式是风险报酬率，是指投资者因冒风险进行投资而要求的、超过资金时间价值的那部分额外报酬率。如果不考虑通货膨胀因素，投资者进行风险投资所要求或期望的投资报酬率便是无风险报酬率与风险报酬率之和。风险报酬率是风险的函数，通常，风险报酬率=风险报酬斜率×风险程度。其中，风险程度用标准差或变异系数等计量；风险报酬斜率取决于全体投资者的风险回避态度，可以用统计方法来测定。风险控制的主要方法是多元化经营和多元化筹资。风险大小可以用概率分布、期望值和离散程度等进行衡量。

企业资金需要量的预测方法主要有定性预测法与定量预测法。定性预测法是指利用直观的资料，依靠个人的经验和主观分析、判断能力，预测未来资金需要量的方法；定量预测法是指依据企业有关历史资料，采用一定的数学模型预测企业资金需要量的方法，其优点是预测结果比较精确。定量预测法包括比率预测法和资金习性预测法。其中，最常见的比率预测法是销售百分比法；资金习性预测法又包括高低点法和回归分析法。

负债融资是指通过负债筹集资金。负债融资的特点为：筹集的资金具有使用上的时间性，需要到期偿还；不论企业经营业绩好坏，都需要支付债务利息，从而形成企业固定的负担；其资金成本一般比普通股筹资的成本低，而且不会分散投资者对企业的控制权。负债融资的具体方式包括短期借款、长期借款、发行公司债券、融资租赁与商业信用等。

权益资金又称自有资金，是企业一项最基本的资金来源。权益融资的特点为：筹集的资金具有使用上的永久性，不需要偿还；无固定的负担；但其资金成本一般比负债融资的资金成本高，而且会分散投资者对企业的控制权。权益资金的筹集方式主要有吸收直接投资、发行股票和利用留存收益等。

资金成本包括个别资金成本、加权平均资金成本和边际资金成本。个别资金成本是指使用各种长期资金的成本，主要包括长期借款成本、债券成本、优先股成本、普通股成本和留存收益成本等。加权平均资金成本是企业全部长期资金的总成本，通过对个别资金成本进行加权平均确定。边际资金成本属于增量资金成本的范畴，是指企业每增加一单位资金而增加的成本。

经营杠杆是指企业在生产经营中，由于固定成本的存在和相对稳定而引起的息税前利润变动幅度大于销售额变动幅度的杠杆效应。经营杠杆系数是指企业息税前利润变动率与销售额变动率的比率。经营杠杆系数越高，企业的经营风险就越大。财务杠杆是指由于债务的存在而引起普通股每股收益变动幅度超过息税前利润变动幅度的杠杆效应。财务杠杆系数是指普通股每股收益的变动率相当于息税前利润变动率的倍数。财务杠杆系数越大，财务风险也越大。总杠杆是指由于固定生产经营成本和固定财务费用的共同存在而导致的每股收益变动率大于销售额变动率的杠杆效应。总杠杆系数是指每股收益变动率相当于销售额变动率的倍数。总杠杆系数越大，总风险越大。

资本结构是指企业各种资金的构成及其比例关系。资本结构是企业筹资决策的核心问题。企业应综合考虑资本结构的有关影响因素，运用适当的方法确定最佳资本结构，并在以后追加筹资的过程中继续保持。最佳资本结构是指在一定条件下（适度财务风险），使企业加权平均资金成本最低、企业价值最大的资本结构。若企业现有资本结构不合理，则应通过筹资活动进行调整，使其趋于合理化。资本结构决策的方法主要有：比较资金成本法和每股收益无差别点分析法。

项目投资评价的指标主要有投资利润率、静态投资回收期、净现值、净现值率、现值指数、内含报酬率等。投资利润率（ROI），又称投资报酬率，是指投资项目投产期间的平均净利润与投资项目的投资额的比率。静态投资回收期是指在不考虑资金时间价值的情况下，收回全部投资额所需要的时间。净现值（NPV）是指在项目计算期内，按行业基准收益率或企业设定的贴现率计算的投资项目未来各年现金净流量现值的代数和。净现值率（NPVR）是指投资项目的净现值占原始投资额现值总和的百分比。现值指数（PI），也称获利指数，是指项目投产后按行业基准收益率或企业设定的贴现率折算的各年营业期现金净流量的现值合计（报酬总现值）与原始投资额的现值合计（投资总现值）之比。内含报酬率（IRR）又称内部收益率，是指投资项目实际可以实现的收益率，亦可将其定义为使投资项目的净现值等于零的贴现率。

如果某投资项目的评价指标同时满足NPV≥0、NPVR≥0、PI≥1、IRR≥i、$P \leq P_0$、ROI≥i，则该项目可行；反之，若某投资项目都不满足这些条件，则该项目不可行。当静态投资回收期（次要指标）或投资利润率（辅助指标）的评价结论与净现值等主要指标的评价结论发生矛盾时，应当以主要指标的结论为准。在投资决策中，互斥项目决策的方法主要有净现值法、净现值率法、差额投资内含报酬率法和年等额净回收额法等。

债券投资具有期限性、流动性、安全性与收益性等特点。债券投资决策要从债券到期收益率、债券的价值和债券投资的风险等方面加以综合分析决策。债券的价值是指债券带来的现金流量的现值，即债券未来利息和本金的现值。债券投资的风险主要包括违约风险、利率风险、购买力风险、流动性风险和期限性风险。

股票投资的特点为永久性、参与性、流通性与风险性。股票的投资收益主要是投资期间的股利收入和买卖价差。股票的内在价值为股票给投资者带来的现金流量的现值，其模型根据现金流量不同分为零成长股票、固定成长股票与非固定成长股票。除此之外，股票的内在价值还可以用市盈率分析法进行计算。

根据变现方式的不同，证券投资基金可分为开放式基金和封闭式基金；根据组织形态的不同，证券投资基金可分为公司型基金与契约型基金。封闭式基金的买卖价格受市场供求关系的影响，并不必然反映公司的净资产值。开放式基金的柜台交易价格完全以基金单位净值为基础，通常采用两种报价形式，即认购价（卖出价）和赎回价（买入价）。基金收益率用以反映基金增值的情况，它通过基金净资产的价值变化来衡量。

证券投资组合的风险可以分为非系统风险和系统风险。系统风险通常用β系数来计量，β系数越大，则相应的系统风险越大。证券投资组合的风险和收益率的关系可以用资本资产定价模型计量，为无风险收益率加上风险收益率。证券投资组合可采取以下策略：保守型策略、冒险型策略与适中型策略。进行证券投资组合的方法有：选择足够数量的证券进行组合；把风险大、风险中等、风险小的证券放在一起进行组合；把投资收益呈负相关的证券放在一起进行组合。

企业持有现金的动机包括交易动机、预防动机和投机动机。持有现金的成本包括机会成本、管理成本、转换成本和短缺成本。最佳现金持有量可以通过成本分析模式确定，也可以通过存货模式确定。企业加强现金的日常管理，即要尽快加速账款的回收和现金的周转，尽量延缓现金支出的时间，充分利用闲置现金，从而提高现金的使用效益。

应收账款的功能主要有增加销售、扩大市场占有率、开拓新市场，以及减少存货等。持有应收账款的成本包括管理成本、机会成本和坏账成本。信用政策由信用标准、信用期限、现金折扣政策、收账政策等组成。企业应收账款的日常管理措施主要包括调查客户信用状况、分析应收账款账龄、组织应收账款回收和建立坏账准备。

存货的功能主要有保证正常生产经营活动、适应市场需求的变化、便于均衡组织生产，以及降低进货成本等。存货的成本包括取得成本、储存成本与缺货成本。企业存货的最优化，关键在于确定经济订货批量。经济订货批量是指一定时期储存成本和订货成本之和最低时的采购批量。再订货点是订购下一批存货时本批存货的储存量。企业按照某一订货批量（如经济订货批量）和再订货点发出订单后，如果存货用量突然增大或到货延迟，就会发生缺货或供应中断。为了防止由此造成的损失，企业就需要在正常存货储备的基础上建立保险储备。

收益分配应当遵循依法分配原则、分配与积累并重原则、兼顾各方利益原则、投资与收益对等原则。收益分配的一般程序是弥补亏损、提取法定盈余公积、提取任意盈余公积、向投资者分配利润或股利。

股利政策的种类有剩余股利政策、固定或稳定增长的股利政策、固定股利支付率政策、低正常股利加额外股利政策，每一种股利政策都有其各自的优势和劣势。股利支付方式有现金股利、股票股利、财产股利和负债股利四种，前两种方式比较常见，后两种方式在实务中较少采用。股利支付要经过预案公布日、宣布日、股权登记日、除息日等几个时间节点。

股票股利并不会使公司的资产和权益减少，只会导致股东权益内部结构发生变化，即公司股本增加，未分配利润减少，但总的股东权益不变。股票分割是指股份公司用某一特定数额的新股，按一定比例交换一定数额的流通在外的股份的行为。股票分割的主要目的是便于股票的流通转让。股票回购是指上市公司从股票市场上购回本公司发行在外的一定数额的股票的行为，是替代现金股利的一种方法。股票股利、股票分割和股票回购都会对公司资产、负债和所有者权益及其结构产生影响，也会对公司股价和投资者利益产生影响。

财务预算是一系列专门反映企业未来一定预算期内预计财务状况和经营成果，以及现金收支等价值指标的各种预算的总称，包括现金预算、预计利润表、预计资产负债表等内容。根据预算内容的不同，企业预算可以分为业务预算、专门决策预算、财务预算。

财务预算的编制方法主要有固定预算法和弹性预算法、增量预算法和零基预算法、定期预算法和滚动预算法。固定预算是根据预算期内正常的、可实现的某一业务量水平编制的预算，一般适用于固定费用或者数额比较稳定的预算项目。弹性预算是按照预算期内可预见的多种业务量水平而编制的、能够适应不同业务量情况的预算。增量预算是以基期成本费用水平为基础，结合预算期业务量水平以及有关降低成本的措施，通过调整部分原有成本费用项目而编制的预算。零基预算是对预算收支以零为基点，对预算期内各项支出的必要性和合理性、各项收入的可行性及预算数额的大小进行逐项审议决策，从而确定收支水平的预算。定期预算是以某个特定的会计年度作为预算期而编制的预算。滚动预算是随时间的推移和市场条件的变化而自行延伸并进行同步调整的预算。

业务预算是反映企业在预算期内日常发生的各种具有实质性的基本活动的预算。

业务预算主要包括销售预算、生产预算、直接材料预算、直接人工预算、制造费用预算、产品成本预算、销售及管理费用预算等。现金预算是为了反映企业在预算期间预计的现金收支的详细情况而编制的预算。财务报表预算包括预计利润表和预计资产负债表。预计利润表是预算编制人员在企业各项经营预算的基础上，根据权责发生制原则编制的利润表。预计资产负债表与实际的资产负债表的内容和格式相同，只不过预计资产负债表的数据反映的是企业预算期期末的财务状况。

财务分析是指以企业财务报告及其他相关资料为主要依据，对企业的财务状况和经营成果进行评价和剖析，反映企业在运营过程中的利弊得失和发展趋势，从而为改进企业财务管理工作和优化经济决策提供重要的财务信息。财务分析的基本内容包括偿债能力分析、营运能力分析、盈利能力分析和发展能力分析。财务分析也有其局限性，主要体现在财务报表本身的局限性、财务报表的可靠性、财务分析的比较基础。财务分析的基本方法主要有趋势分析法、比率分析法和因素分析法。

偿债能力分析分为短期偿债能力分析与长期偿债能力分析。短期偿债能力分析的指标主要有流动比率、速动比率和现金流动负债比率；长期偿债能力分析的指标主要有资产负债率、产权比率、负债与有形净资产比率和利息保障倍数。营运能力分析的指标主要包括应收账款周转率、存货周转率、总资产周转率、固定资产周转率等。获利能力分析的指标主要包括营业利润率、成本费用利润率、资产净利率、净资产收益率、盈余现金保障倍数、每股收益、市盈率、股利支付率、每股净资产等。发展能力分析的指标主要包括营业收入增长率、资本保值增值率、资本积累率、总资产增长率、营业利润增长率等。

财务综合分析是指将营运能力、偿债能力和盈利能力等方面的分析纳入一个有机的整体，对企业经营成果、财务状况进行全面解剖和分析，从而对企业经济效益的优劣作出准确的评价与判断。财务综合分析的方法有很多，其中应用比较广泛的有杜邦财务分析体系和沃尔比重评分法。杜邦财务分析体系是利用各项财务指标间的内在联系，对企业综合经营理财及经济效益进行系统分析评价的一种方法。

2）内容结构

全书内容结构如图11-1所示。

3）主要概念和观念

（1）主要概念

财务管理　财务活动　财务关系　资金时间价值　投资风险价值　资金成本　经营杠杆　财务杠杆　总杠杆　资本结构　静态投资回收期　净现值　净现值率　现值指数　内含报酬率　证券投资　证券投资组合　机会成本　信用政策　收账政策　收益分配管理　财务预算　现金预算　财务分析　趋势分析法　比率分析法　因素分析法　财务综合分析　杜邦财务分析体系

（2）主要观念

资金时间价值　投资风险价值　负债筹资　权益筹资　个别资金成本　加权平均资金成本　边际资金成本　最佳资本结构　非贴现指标　贴现指标　资本资产定价模型　存货经济批量模型　剩余股利政策　固定预算　弹性预算　财务指标分析　财务综合分析

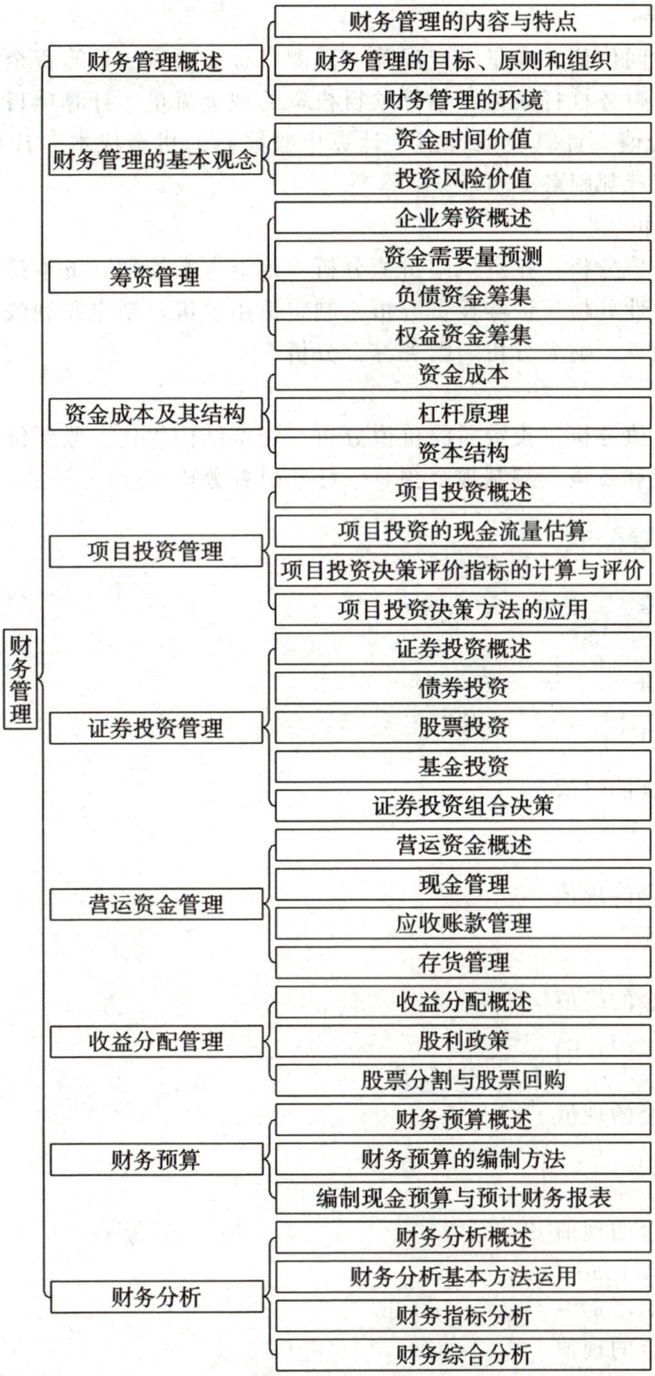

图11-1　本章内容结构图

11.1.2　重点与难点

1）重点理论

资金时间价值的含义与作用　投资风险价值的概念　最佳资本结构的概念　证券投资组合的概念　收益分配管理的概念　财务预算的概念　财务分析的概念

2）重点实务

计算资金时间价值　衡量投资风险　预测资金需要量　计算资金成本　计算经营杠杆系数　计算财务杠杆系数　估算项目投资的现金流量　计算项目投资决策评价指标　计算债券价值　计算股票价值　计算应收账款的机会成本　计算经济订货批量　计算财务指标　杜邦财务分析

3）重点操作

资金时间价值分析　投资风险价值分析　筹资方案策划　资本结构优化　单一投资项目财务可行性分析　证券投资分析　制定信用政策　制定股利政策　编制业务预算　编制现金预算　财务分析　财务综合分析

4）难点

资金时间价值分析　投资风险价值分析　资本结构优化　股票价值分析　制定信用政策　制定股利政策　编制现金预算　杜邦财务分析

11.1.3　主要公式

1）复利终值

$$F = P\cdot(1+i)^n$$

2）复利现值

$$P=\frac{F}{(1+i)^n}=F\cdot(1+i)^{-n}$$

3）普通年金的终值

$$F=A\cdot\frac{(1+i)^n-1}{i}$$

4）普通年金的现值

$$P=A\cdot\frac{1-(1+i)^{-n}}{i}$$

5）预付年金的终值

$$F=A\left(\frac{(1+i)^{n+1}-1}{i}-1\right)$$

6）预付年金的现值

$$P=A\left(\frac{1-(1+i)^{-(n-1)}}{i}+1\right)$$

7）递延年金的现值

$$P=A\cdot (P/A,\ i,\ n-m)(P/F,\ i,\ m)$$

$$P=A\cdot [(P/A,\ i,\ n)-(P/A,\ i,\ m)]$$

8）永续年金的现值

$$P=A\cdot\frac{1}{i}$$

9）期望值

$$\bar{E}=\sum_{i=1}^{n}X_iP_i$$

10）方差

$$\sigma^2=\sum_{i=1}^{n}(X_i-\bar{E})^2\cdot P_i$$

11）标准差

$$\sigma=\sqrt{\sum_{i=1}^{n}(X_i-\bar{E})^2\cdot P_i}$$

12）标准离差率

$$q=\frac{\sigma}{\bar{E}}$$

13）风险收益率

$$R_R=b\cdot q$$

14）债券发行价格

$$发行价格=\sum_{t=1}^{n}\frac{年利息}{(1+市场利率)^t}+\frac{面值}{(1+市场利率)^n}$$

15）放弃现金折扣的资金成本

$$放弃现金折扣的资金成本=\frac{折扣百分比}{1-折扣百分比}\times\frac{360}{信用期-折扣期}\times 100\%$$

16）长期借款的资金成本

$$K_L=\frac{I_L(1-T)}{L(1-f)}\times 100\%=\frac{R_L(1-T)}{1-f}\times 100\%$$

17）债券的资金成本

$$K_B=\frac{I_B(1-T)}{B(1-f)}\times 100\%$$

18）优先股的资金成本

$$K_P=\frac{D_P}{P(1-f)}\times 100\%$$

19）固定增长股利模型法的普通股资金成本

$$K_S=\frac{D_1}{P_0(1-f)}+g$$

20）留存收益的资金成本

$$K_R=\frac{D_1}{P_0}+g$$

21）加权平均资金成本

$$K_W=\sum_{j=1}^{n}k_jW_j$$

22）筹资总额突破点

$$BP_i=\frac{TF_i}{W_i}$$

23）经营杠杆系数

$$经营杠杆系数=\frac{息税前利润变动率}{销售额变动率}$$

$$经营杠杆系数=\frac{基期边际贡献}{基期息税前利润}$$

24）财务杠杆系数

$$财务杠杆系数=\frac{普通股每股收益变动率}{息税前利润变动率}$$

$$财务杠杆系数=\frac{息税前利润}{息税前利润-利息-\frac{优先股股利}{1-所得税税率}}$$

25）总杠杆系数

$$总杠杆系数=\frac{普通股每股收益变动率}{销售额变动率}$$

总杠杆系数=经营杠杆系数×财务杠杆系数

$$DCL=\frac{M}{EBIT-I-\frac{d}{1-T}}$$

26）每股收益无差别点

$$EPS=\frac{(EBIT-I)(1-T)-D}{N}$$

$$\frac{(EBIT-I_1)(1-T)-D}{N_1}=\frac{(EBIT-I_2)(1-T)-D}{N_2}$$

27）投资回收期

$$\sum_{t=0}^{P}NCF_t=0 \quad （其中P为整数）$$

$$P=P_0+\frac{\left|\sum_{t=0}^{P}NCF_t\right|}{NCF_{P_0+1}} \quad （其中P为非整数）$$

28）净现值

$$NPV=\sum_{t=0}^{n}\frac{NCF_t}{(1+i)^t} \quad （其中i为贴现率）$$

29）净现值率

$$净现值率=\frac{投资项目净现值}{原始投资额现值总和}\times100\%$$

30）现值指数

$$PI=\frac{\sum_{t=s+1}^{n}NCF_t\cdot(P/F,i,t)}{\left|\sum_{t=0}^{S}NCF_t\cdot(P/F,i,t)\right|}$$

31）内含报酬率

$$NPV=\sum_{t=0}^{n}\frac{NCF_t}{(1+IRR)^t}=0$$

32）债券价值计算的基本模型

$$V=\sum_{t=0}^{n}\frac{I_t}{(1+i)^t}+\frac{M}{(1+i)^n}$$

V=I·（P/A，i，n）+M·（P/F，i，n）

33）债券投资的收益率

购进价格=每年利息×年金现值系数+面值×复利现值系数

V=I·（P/A，i，n）+M·（P/F，i，n）

34）股票价值计算的基本模型

$$V=\frac{D_1}{1+R_s}+\frac{D_2}{(1+R_s)^2}+\cdots+\frac{D_t}{(1+R_s)^t}+\cdots=\sum_{t=1}^{\infty}\frac{D_t}{(1+R_s)^t}$$

$$V=\sum_{t=1}^{n}\frac{D_t}{(1+R_s)^t}+\frac{P_n}{(1+R_s)^n}$$

35）零成长股票的价值

$$V=\frac{D}{R_s}$$

36）固定成长股票的价值

$$P=\frac{D_0(1+g)}{R_s-g}=\frac{D_1}{R_s-g}$$

$$R_s=\frac{D_1}{P}+g$$

37）基金单位净值

基金单位净值=基金净资产价值总额÷基金单位总份额

38）基金的报价

基金认购价=基金单位净值+首次认购费

基金赎回价=基金单位净值-基金赎回费

39）基金投资的收益率

$$基金收益率=\frac{年末持有份数\times基金单位净值年末数-年初持有份数\times基金单位净值年初数}{年初持有份数\times基金单位净值年初数}$$

40）投资组合的β系数

$$\beta_p=\sum_{i=1}^{n}X_i\cdot\beta_i$$

41）证券投资组合的风险收益

$R_p=\beta_p\cdot(K_m-R_F)$

42）资本资产定价模型

$K_i=R_F+\beta_i\cdot(K_m-R_F)$

43）应收账款的机会成本

应收账款的机会成本=日赊销额×平均收现期×变动成本率×资金成本

44）经济订货批量模型

经济订货批量 $Q^*=\sqrt{\frac{2KD}{K_C}}$

每年最佳订货次数 $N^*=\sqrt{\frac{DK_C}{2K}}$

与批量有关的存货总成本 $TC^*=\sqrt{2KDK_C}$

最佳订货周期 $t^*=\frac{1}{\sqrt{\frac{DK_C}{2K}}}$

经济订货批量占用资金 $I^*=\sqrt{\frac{KD}{2K_C}}U$

45）流动比率

流动比率=流动资产÷流动负债

46）速动比率

速动比率=速动资产÷流动负债

47）现金流动负债比率

现金流动负债比率=年经营现金净流量÷年末流动负债

48）资产负债率

资产负债率=负债总额÷资产总额×100%

49）产权比率

产权比率=负债总额÷所有者权益总额×100%

50）负债与有形净资产比率

负债与有形净资产比率=负债总额÷有形净资产×100%

51）利息保障倍数

利息保障倍数=息税前利润÷利息费用

52）应收账款周转率

应收账款周转率（次数）=营业收入净额÷平均应收账款余额

53）存货周转率

存货周转率（次数）=营业成本÷存货平均余额

54）总资产周转率

总资产周转率=营业收入净额÷平均资产总额

55）固定资产周转率

固定资产周转率=营业收入净额÷固定资产平均净值

56）营业利润率

营业利润率=营业利润÷营业收入×100%

57）成本费用利润率

成本费用利润率=利润总额÷成本费用总额×100%

58）资产净利率

资产净利率=净利润÷平均资产总额×100%

59）净资产收益率

净资产收益率=净利润÷平均净资产×100%

60）盈余现金保障倍数

盈余现金保障倍数=经营现金净流量÷净利润

61）每股收益

每股收益=（净利润-优先股股利）÷年末普通股总数

62）市盈率

市盈率=每股市价÷每股收益

63）股利支付率

股利支付率=每股现金股利÷每股收益

64）每股净资产

每股净资产=股东权益÷普通股股数

65）营业收入增长率

营业收入增长率=本年营业收入增长额÷上年营业收入总额×100%

66）资本保值增值率

资本保值增值率=扣除客观因素后的年末所有者权益总额÷年初所有者权益总额×100%

67）资本积累率

资本积累率=本年所有者权益增长额÷年初所有者权益总额×100%

68）总资产增长率

总资产增长率=本年总资产增长额÷年初资产总额×100%

69）营业利润增长率

营业利润增长率=本年营业利润增长额÷上年营业利润总额×100%

70）杜邦财务分析体系各主要指标间的关系

净资产收益率=总资产净利率×权益乘数=营业净利率×总资产周转率×权益乘数

11.2 客观题

11.2.1 理论题

1）单项选择题

（1）下列各项中，不属于速动资产的是（　　）。

A.应收账款　B.预付账款　C.应收票据　D.存货

（2）一般而言，与股票筹资相比，银行借款筹资的优点是（　　）。

A.财务风险较小　B.限制条款较少　C.资金成本较低　D.融资速度较快

（3）下列各项中，不属于静态投资回收期优点的是（　　）。

A.计算简便　B.便于理解

C.直观反映返本期限　D.正确反映项目总回报

（4）下列各项中，不属于现金支出管理措施的是（　　）。

A.推迟支付应付账款　B.企业社会责任

C.以汇票代替支票　D.争取现金收支同步

（5）企业的收益分配有狭义和广义之分，下列各项属于狭义收益分配的是（　　）。

A.企业收入的分配　B.企业净利润的分配

C.企业产品成本的分配　D.企业职工薪酬的分配

（6）下列不属于财务活动内容的是（　　）。

A.生产活动　B.投资活动　C.筹资活动　D.分配活动

（7）下列各项中，不属于信用条件构成要素的是（　　）。

A.信用期限　B.现金折扣（率）　C.现金折扣期限　D.商业折扣

（8）在财务管理中，由那些影响所有公司的因素而引起的、不能通过多元化投资分散的风险被称为（　　）。

A.财务风险　B.经营风险　C.系统风险　D.公司特有风险

（9）在存在所得税的情况下，在以“利润+折旧”估计运营期现金净流量时，“利润”是指（　　）。

A.利润总额　B.营业利润　C.净利润　D.息税前利润

（10）相对于股票筹资而言，银行借款的缺点是（　　）。

A.财务风险大　B.筹资速度慢　C.筹资限制少　D.筹资成本高

2）多项选择题

（1）企业财务管理的主要内容有（　　）。

A.筹资管理　B.投资管理　C.营运资金管理

D.物资管理　E.利润或股利分配管理

（2）风险报酬的种类包括（　　）。

A.纯利率　B.通货膨胀补偿　C.期限性风险报酬

D.违约风险报酬　E.流动性风险报酬

（3）目前我国筹集权益资金的方式主要有（　　）。

A.吸收直接投资　B.发行股票　C.利用留存收益

D.商业信用　E.发行债券

（4）下列指标中，属于投资项目的动态评价指标的有（　　）。

A.投资利润率　B.获利指数　C.净现值

D.内含报酬率　E.静态投资回收期

（5）因素分析法的具体方法有（　　）。

A.连环替代法　B.差额分析法　C.趋势分析法

D.比较分析法　E.预算分析法

（6）下列项目中属于速动资产的有（　　）。

A.应收账款　B.三个月到期的债券　C.现金

D.存货　E.应付票据

（7）企业持有一定量的现金，具有（　　）等功能。

A.预防　B.交易　C.投机

D.投资　E.收益

（8）企业利润最大化与每股盈余最大化理财目标的共有缺点是（　　）。

A.没有反映企业的风险　B.没有考虑货币的时间价值

C.不能克服企业短期行为　D.没有考虑利润与资本之间的比例关系

E.利润指标比较直观

（9）在采用净现值法评价投资项目可行性时，所采用的贴现率通常有（　　）。

A.投资项目的资金成本　B.投资的机会成本率

C.行业平均资金收益率　D.投资项目的内部收益率

E.净资产收益率

（10）财务分析的局限性表现为资料来源的局限性、分析方法的局限性和分析指标的局限性。其中，资料来源的局限性包括数据（　　）。

A.存在难理解性　B.缺乏可比性　C.缺乏可靠性

D.存在滞后性　E.缺乏真实性

3）判断题

（1）从根本上来说，企业的目标取决于财务管理的目标。（　　）

（2）优先股的股利通常是固定股利，一般按面值的一定百分比来计算，必须在支

付普通股股利之前予以支付。（　）

（3）能够使企业的进货成本、储存成本和缺货成本之和最低的进货批量，便是经济订货批量。（　）

（4）当项目投资评价指标的结论之间发生矛盾时，应当以动态指标结论为准。（　）

（5）权益乘数是产权比率的倒数。（　）

（6）财务控制是以日常现金流量的控制为目的的综合性价值控制。（　）

（7）投资企业与被投资企业之间是一种债权债务关系。（　）

（8）企业的权益资本是一种永久性的资本。（　）

（9）《中华人民共和国公司法》规定，公司股票不允许折价发行，但债券可折价发行。（　）

（10）一般来说，资金时间价值是指在没有通货膨胀条件下的投资报酬率。（　）

11.2.2 实务题

1）单项选择题

（1）某公司利用长期借款、长期债券、普通股和留存收益进行长期资金的筹集，在测算长期资金的综合成本时，该筹资组合的综合资金成本为（　）。

A.资金成本最低的方式的资金成本　B.资金成本最高的方式的资金成本

C.各种筹资方式的加权平均资金成本　D.各种筹资方式的资金成本总和

（2）应收账款的机会成本取决于应收账款投资机会成本率、资金占用时间和应收账款（　）。

A.销售额　B.赊销额　C.变动成本　D.总成本

（3）静态投资回收期是指收回全部（　）的时间。

A.固定资产投资额　B.项目总投资额

C.原始投资额现值　D.原始投资额

（4）公司股票的风险收益率采用资本资产定价模型计算，取决于无风险收益率和股票市场平均收益率的差额，以及（　）。

A.股票市场平均β系数　B.通货膨胀率

C.公司股票的β系数　D.国债的β系数

（5）采用剩余股利政策向股东分配现金股利时，可向投资者分配的现金股利数量与（　）呈反方向变动。

A.税后利润　B.负债资金占总资本比重

C.年初未分配利润　D.未来投资额

（6）投资者对待风险的态度应该是（　）。

A.避免风险　B.敢于冒险

C.不考虑风险大小　D.认真权衡收益与风险的关系

（7）当两种证券完全正相关时，由此所形成的证券组合（　）。

A.能分散一定程度的风险

B.不能分散风险

C.证券组合风险小于单项证券风险的加权平均

D.可分散全部风险

（8）当采用净现值法进行决策时，判断某方案财务可行性的标准是（　　）。

A.净现值<0　　B.净现值≤0　　C.净现值=0　　D.净现值≥0

（9）某股票的未来股利固定不变，当股票市价低于股票价值时，则股票的投资收益率比投资者要求的最低收益率（　　）。

A.高　　B.低　　C.相等　　D.可能高也可能低

（10）在以下股利政策中，有利于稳定股票价格，从而树立公司良好形象，但股利的支付与公司盈余相脱节的股利政策是（　　）。

A.剩余股利政策　　B.固定或持续增长的股利政策

C.固定股利支付率政策　　D.低正常股利加额外股利政策

2）多项选择题

（1）企业制定现金折扣政策的主要目的有（　　）。

A.加快资金周转　　B.吸引买方为享受现金折扣而提前付款

C.扩大销售量　　D.增加利润

E.减少应收账款的机会成本

（2）在企业的全部经营资本中，负债资本占50%，在这种情况下，（　　）。

A.企业只有经营杠杆效应，而无财务杠杆效应

B.企业只有财务杠杆效应，而无经营杠杆效应

C.举债经营不会引起总风险的变化

D.举债经营会使总风险剧增

E.权益乘数为2

（3）下列说法错误的有（　　）。

A.所得税对项目投资的现金流量的计算没有影响

B.固定资产折旧具有抵税的作用

C.若不考虑所得税，固定资产折旧的大小将影响现金流量

D.固定资产折旧与所得税均影响项目的现金流量

E.所得税税率大于零时，折旧越大，现金流量越小

（4）（　　）指标的提高会增加净资产收益率。

A.销售毛利率　　B.总资产周转率　　C.总资产报酬率

D.应收账款周转率　　E.资产负债率

（5）进行股利分配时，必须确定股利分配方案，主要应考虑的有（　　）。

A.选择股利政策的类型　　B.确定股利支付的水平

C.确定股利支付的形式　　D.确定股利发放的时间

E.公司所得税

（6）根据杜邦等式可知，提高净资产收益率的途径有（　　）。

A.提高总资产周转率　　B.提高营业净利率

C.提高权益乘数　　D.提高资产负债率

E.减少负债

(7) 在计算资金成本时，应考虑所得税的有（ ）。

A.债券资金成本 B.借款资金成本 C.股票资金成本

D.留存收益资金成本 E.优先股资金成本

(8) 补偿性余额的约束，使借款企业所受的影响有（ ）。

A.减少了可用资金 B.提高了实际利率 C.增加了应付利息

D.减少了应付利息 E.没有影响

(9) 在下列各项中，被纳入现金预算的有（ ）。

A.缴纳税金 B.经营性现金支出 C.资本性现金支出

D.股利与利息支出 E.人工工时

(10) 在利用每股收益无差别点法进行企业资本结构决策时，下列说法正确的是（ ）。

A. 当预计销售额高于每股收益无差别点时，采用权益筹资方式比采用负债筹资方式更有利

B. 当预计销售额高于每股收益无差别点时，采用负债筹资方式比采用权益筹资方式更有利

C. 当预计销售额低于每股收益无差别点时，采用权益筹资方式比采用负债筹资方式更有利

D. 当预计销售额等于每股收益无差别点时，采用两种筹资方式的每股收益相同

E. 必须根据具体的总资产报酬率决定筹资方案

3）混合选择题

(1)“解决问题”（中级）的“技能点”包括（ ）。

A.分析问题、提出方案 B.实施计划、解决问题

C.验证方案、改进方式 D.验证方案、改进计划

(2)“革新创新”（中级）的“基本要求”包括（ ）。

A. 在常规工作条件下，能根据工作需要，初步揭示事物的不足，运用创新思维和创新技法进行创新活动

B. 根据工作发展需要，在更广泛的工作范围内揭示事物的不足，较熟练地运用创新思维和创新技法进行创新活动，并对创新成果进行分析总结

C. 在工作岗位上表现出更强的创新能力，在复杂的工作领域，能根据工作需要揭示事物的不足，熟练运用创新思维和创新技法进行创新活动

D. 在工作岗位上表现出更强的创新能力，能够对创新成果进行理论分析、论证、总结和评估，并指导他人的创新活动

(3) 财务管理工作中需要遵循的职业道德有（ ）。

A.职业观念 B.职业良心 C.职业作风 D.职业守则

(4)“筹资管理技能”的“规范与标准”包括（ ）。

A.能正确预测企业资金需要量 B.能准确计算与分析企业资金成本

C.能合理确定企业最佳资本结构 D.能为企业制订合理的筹资方案

(5)“投资管理技能”的“规范与标准”包括（ ）。

A. 能正确计算债券价值与债券到期收益率，并作出是否进行债券投资的决策

B. 能正确计算和分析股票价值，并作出是否进行股票投资的决策

C. 能准确计算和分析基金投资的价值与收益率，并作出是否进行基金投资的决策

D. 能准确计算和分析证券投资组合的风险与收益率，组建科学的证券投资组合

4）判断题

（1）在经济衰退初期，公司一般应当出售多余设备，停止长期采购。（　）

（2）企业财务管理部门负责企业预算的编制、执行、分析和考核工作，并对预算执行结果承担直接责任。（　）

（3）企业采用严格的信用标准，虽然会增加应收账款的机会成本，但能扩大商品销售额，从而给企业带来更多的收益。（　）

（4）在杜邦财务分析体系中，净资产收益率的变动原因可归结为权益乘数的变动和总资产净利率的变动。（　）

（5）在其他条件不变的情况下，企业财务风险大，投资者要求的预期报酬率就高，企业筹资的资金成本相应就大。（　）

（6）在个别资金成本一定时，企业综合资金成本的高低取决于资本总额。（　）

（7）由于经营风险是指生产经营的不确定性带来的风险，是任何商业活动都有的，因此它是不可分散风险。（　）

（8）当企业负债与优先股筹资为零时，其财务杠杆系数为1。（　）

（9）风险不能带来收益，所以在财务管理中，一定要选风险较小的项目。（　）

（10）商业信用筹资属于自然融资，与商品买卖同时进行，故没有实际成本。（　）

11.2.3 案例题

YDL电力公司的股利分配与筹资决策

背景与情境：YDL电力公司是一家全国性的上市发电公司，1995年经L省经济体制改革委员会批准正式成立，1999年6月25日在上海证券交易所挂牌上市。截至2023年12月31日，公司股票总数为53.65亿股，总资产为640.26亿元，净资产为192.08亿元。

2023年度公司实现净利润23.10亿元，按规定提取10%的法定盈余公积，2023年年初的未分配利润为12.60亿元。公司预计2024年有一个投资项目，需在2024年完成首期投资36.60亿元。另外，公司预计2024年由于经营规模的扩大，需要补充营运资金12.40亿元。公司的目标资本结构为资产负债率70%。公司拟对其2023年度实现的净利润采取剩余股利政策进行现金股利分配。公司2024年度需要的权益性投资为14.70亿元，其净利润在提取法定盈余公积2.31亿元后，还需保留14.70亿元满足2024年权益性投资的需要，剩余部分可以全部向股东进行利润分配，这一部分的数额为6.09亿元，公司的分配方案为每10股派1.56元（含税）。2023年度公司收益分配后未分配利润账户余额为贷方27.30亿元。

请根据案例在下列各题中填入适当选项：

1）当公司期初有未分配利润的贷方余额时，公司进行税后利润分配的第一步

是（　　）。

A.分配现金股利　　B.送红股

C.提取任意盈余公积　　D.提取法定盈余公积

2）公司的目标资本结构为资产负债率70%，这意味着公司权益性筹资比率为（　　）。

A.30%　　B.70%　　C.100%　　D.不确定

3）在评价单一方案的财务可行性时，如果不同评价指标之间的评价结论发生了矛盾，就应当以主要评价指标的结论为准，如下列项目中的（　　）。

A.净现值　　B.静态投资回收期　　C.内含报酬率　　D.投资报酬率

4）剩余股利政策的优点有（　　）。

A.有利于保持目标资本结构　　B.有利于降低再投资的资金成本

C.有利于保持公司良好的公众形象　　D.有利于保持股利与盈利的紧密结合

5）在项目投资决策中，累计的净现金流量等于（　　）。

A.累计净利润+累计所得税　　B.项目最后一年的净现金流量

C.项目的投资额+应计利息　　D.累计的净利润

11.2.4 实训题

1）单项选择题

（1）某校准备设立科研奖金，现在存入一笔现金，预计以后无限期地在每年年末支取利息20 000元。在存款年利率为8%的条件下，现在应存入（　　）元。

A.250 000　　B.200 000　　C.216 000　　D.225 000

（2）甲产品单位变动成本为6元，经预测，最大销量为200件，单价为10元，企业目标利润为500元，则固定成本（　　）元。

A.不高于300　　B.不低于300　　C.不高于700　　D.不低于700

（3）某公司本期息税前利润为6 000万元，本期利息费用为1 000万元，则该公司财务杠杆系数为（　　）。

A.6　　B.1.2　　C.0.83　　D.2

（4）某投资方案年销售收入为300万元，年付现成本为200万元，年折旧计提额为75万元，假设所得税税率为40%，则该方案年现金流量净额为（　　）万元。

A.90　　B.139　　C.135　　D.54

（5）某企业规定的信用条件是“3/10，1/20，N/30”，某客户从该企业购入原价为10 000元的原材料，并于第18天付款，则该客户实际支付的货款为（　　）元。

A.9 700　　B.9 800　　C.9 900　　D.10 000

（6）某企业周转信贷额为2 000万元，承诺费率为0.5%，该企业在年度内已使用1 200万元，则其应向银行支付承诺费（　　）元。

A.10 000　　B.40 000　　C.45 000　　D.50 000

（7）某公司全部资本为100万元，负债比例为40%，负债利率为10%，当销售额为120万元时，息税前利润为20万元，则该公司的财务杠杆系数为（　　）。

A.1.25　　B.1.32　　C.1.43　　D.1.56

（8）某公司以8%的年利率借得款项200万元，银行要求公司在一年内逐月均衡偿还，则该项借款的实际利率为（　　）。

A.24%　　B.16%　　C.12%　　D.10%

（9）某股份公司的年度报表显示，销售收入总额为8 000万元，股本为7 000万元，全部为普通股股本，资本公积为1 000万元，盈余公积为2 000万元，当年经营为亏损状态。若用盈余公积分配股利，其最高为（　　）万元。

A.60　　B.120　　C.420　　D.480

（10）某公司利用长期债券、优先股、普通股、留存收益来筹集长期资金2 000万元，分别为500万元、100万元、1 200万元、200万元，资金成本分别为6%、11%、12%、15%，则该筹资组合的综合资金成本是（　　）。

A.10.75%　　B.10%　　C.9.8%　　D.9%

2）多项选择题

（1）某企业一款新产品开发成功的概率为80%，成功后的投资报酬率为40%，开发失败的概率为20%，失败后的投资报酬率为-100%，则关于该产品开发方案的说法正确的有（　　）。

A.期望收益率为12%　　B.投资收益率的标准差为56%

C.标准离差率为21.43%　　D.该产品的开发方案不值得投资

E.该产品的预期收益率要高于无风险收益率

（2）某公司年营业收入为1 000万元，变动成本率为50%，经营杠杆系数为2，财务杠杆系数为2.5，如果固定成本增加50万元，那么（　　）。

A.原来的固定成本为250万元

B.固定成本增加后，经营杠杆系数为2.5

C.公司的利息费用为100万元

D.公司的利息费用在固定成本增加后不变

E.公司的财务杠杆系数在固定成本增加后不变

（3）CQ公司2024年公布的2023年度利润分配方案如下：以2023年年末股份总数453 781 000股为基数，按每10股派0.7元（含税）的比例向全体股东派发现金股利，共计派发现金股利3 177.097万元，并按每10股送4.5股（含税）的比例向全体股东送股，共送股20 424.195万股，本年净利润结余8 398.25万元作为未分配利润，结转至以后年度分配。同时以2023年年末股份总数453 871 000股为基数，按每10股转增5.5股的比例向全体股东进行资本公积转增股本，共计转增24 962.905万股，则以下说法正确的是（　　）。

A. 该分配方案每10股送红股10股

B. 该分配方案表明股东每持有10股共可获得10股

C. 该方案表明股东每股可获得税后现金股利0.018元

D. 公司在分配方案实施后股东财富会增加

E. 公司在分配方案实施后股东财富会减少

（4）某企业编制“直接材料预算”，预计第四季度期初存量456千克，季度生产需用量2 120千克，预计期末存量为350千克，材料单价为10元，若材料采购货款有50%在本季度内付清，另外50%在下一季度付清，假设不考虑其他因素，则以下说法正确的有（ ）。

A. 预计该企业第四季度需要材料2 470千克

B. 预计该企业第四季度材料采购量为2 014千克

C. 预计该企业第四季度材料采购需要现金10 070元

D. 预计该企业第四季度材料采购金额为20 140元

E. 预计该企业第四季度材料采购需要现金24 700元

（5）某企业的有关资料如下：流动负债为50万元，速动比率为1.5，流动比率为2.5，销售成本为80万元，销售收入为120万元，则以下说法正确的有（ ）。

A. 该企业流动资产为125万元　B. 该企业速动资产为75万元

C. 该企业年末存货周转率为1.6次　D. 营业成本率为66.7%

E. 毛利率为33.3%

（6）某公司现在采用30天按发票付款的信用政策，年销售量为10万件，预计坏账损失为赊销额的5%，收账费用为6 000元；公司为吸引顾客，拟将信用期限放宽至60天，无折扣。预计年销售量为12万件，坏账损失为赊销额的8%，收账费用为9 000元。公司产品的单位售价为5元，单位变动成本为4元，该公司所处行业的平均投资报酬率为12%。若采用新方案，则以下说法正确的有（ ）。

A. 收益增加额为2万元　B. 机会成本增加0.56万元

C. 坏账损失的增加额为2.3万元　D. 净收益减少1.16万元

E. 不应改变信用政策

（7）德昆饮品公司拟购置一条生产线，投资额为1 500万元，使用寿命为6年，6年中每年销售收入为1 000万元，付现成本为600万元，假定所得税税率为20%，固定资产残值不计，资金成本为10%，则以下说法正确的有（ ）。

A. 投资回收期为3.57年　B. 净现值为111.46万元

C. 当资金成本为13%时，方案不可行　D. 该方案的内含报酬率等于10%

E. 该方案的年均净利润为420万元

（8）某企业2024年年初流动资产为120万元，年初存货为60万元，年初应收账款为38万元。2024年年末的资料如下：流动负债70万元，流动比率2.2，速动比率1.2，年末现金类资产42万元。全年应收账款周转率5次，全年销售成本156万元，销售收入中赊销收入所占的比重为40%，假设该企业流动资产仅包括速动资产与存货，则该公司2024年（ ）。

A. 年末流动资产为154万元，年末速动资产为84万元

B. 年末存货为70万元

C. 销售收入为500万元

D. 存货周转率为2.4次

E. 流动资产周转率为3.65次

（9）某公司只生产甲产品，该产品的主要原材料为K材料，制造一个甲产品需要2.4千克K材料，K材料的单价为10元。假设该公司每年生产12 000个甲产品，且在一年中甲产品的需求量非常稳定，公司采购K材料每次的变动性订货成本为200元，单位材料的年储存成本为8元，一年按360天计算，则以下说法正确的有（ ）。

A. 经济订货批量为1 200千克

B. 经济订货批量下的存货决策相关总成本为9 600元

C. 经济订货批量下的存货决策相关总成本为33 600元

D. 最佳订货周期为15天

E. 最佳订货次数为24次

（10）甲企业计划利用一笔长期资金投资购买股票。现有M公司股票和N公司股票可供选择，甲企业只准备投资一家公司股票。已知M公司股票现行市价为每股9元，上年每股股利为0.15元，预计以后每年以6%的增长率增长。N公司股票现行市价为每股7元，上年每股股利为0.60元，股利分配坚持固定或稳定增长的股利政策。甲企业所要求的投资必要报酬率为8%，并采用股利贴现法评估股票价值，则以下说法正确的有（　　）。

A. M公司股票价值7.95元/股

B. N公司股票价值7.50元/股

C. 目前不宜投资购买M公司股票

D. 目前不宜投资购买N公司股票

E. 按市价购买N公司股票，投资报酬率将会高于8%

11.3 主观题

11.3.1 理论题

1）简答题

（1）财务管理的主要内容有哪些？

（2）资金成本在财务管理中有什么作用？

（3）全面预算体系具体由哪些预算内容构成？

2）理解题

（1）如何理解资金时间价值和投资风险价值在经济生活中的应用？

（2）比较分析项目投资与证券投资的区别。

（3）如何对企业进行财务分析？

11.3.2 实务题

1）规则复习

（1）如何利用销售百分比法预测企业资金需要量？

（2）如何确定基金单位净值？

（3）如何根据剩余股利政策为公司确定股利分配额？

2）业务解析

（1）分析说明运用期望值、标准差、标准离差率衡量企业风险大小的方法。

（2）分析项目投资决策各贴现指标的评价标准与优缺点。

（3）比较分析不同股利政策的优缺点。

11.3.3 案例题

1）案例分析

信用政策分析

背景与情境： 钱塘公司预测2024年度的赊销额为2 400万元，其信用条件为“N/30”，变动成本率为65%，资金成本为20%。假设该公司的收账政策不变，固定成本总额不变。该公司提出了两个信用条件的备选方案：A是维持N/30的信用条件；B是将信用条件放宽到N/60。各信用条件备选方案的有关数据见表11-1。

表11-1 **各信用条件备选方案的有关数据**

项　目	A方案（N/30）	B方案（N/60）
年赊销额（万元）	2 400	2 640
应收账款平均收现期（天）	30	60
坏账损失率（%）	2	3
收账费用（万元）	24	40

公司的财务顾问王菲认为，应该采取B方案，因为B方案能产生更多的收入和边际贡献。

B方案比A方案多产生的利润=（2 640−2 400）×（1−65%）−（2 640×3%−2 400×2%）−（40−24）
=36.8（万元）

问题：

（1）你认为王菲的分析是否正确？

（2）在两个备选方案中，选择适合该公司的最佳方案。

（3）如果该公司选择了B方案，但为了加速应收账款的回收，决定将信用条件改为“2/10，1/20，N/60”（即C方案），估计约有60%的客户（按赊销额计算）会利用2%的折扣，15%的客户将利用1%的折扣；坏账损失率将降为2%，收账费用为30万元。请分析该公司是否应该改变信用条件。

（4）请你为钱塘公司提供一份简要的信用政策分析决策报告。

分析要求：

（1）形成性要求

同第1章“主观题”中本题型的“形成性要求”。

（2）成果性要求

① 课业结构、格式与体例参照本《训练手册》“课业范例”的范例11-5-1。

② 同第1章“主观题”中本题型的其他“成果性要求”。

2）课程思政

温氏股份预亏超60亿元 17个投资项目终止！

背景与情境： 2024年1月31日，温氏股份发布2023年业绩预亏公告：预计归属于上市公司股东的净利润为亏损60亿~65亿元，扣除非经常性损益后的净利润为亏损61亿~67亿元。

在温氏股份的历史上，亏损额超过2023年的，还有2021年。当年其净利润亏损达134亿元，是2023年预亏数字的2倍。当时人们居家不出，养殖业的业绩受到重创。2022年，温氏股份很快就扭亏为盈，净利润回到52.89亿元。

2月1日，温氏股份发布《关于终止部分募集资金投资项目的公告》，董事会决定终止2个养殖项目的建设，根据其披露的数据，累计已有17个投资项目终止，涉及投资总额为67.4亿元。

2月5日温氏股份披露的《2024年1月主要产品销售情况简报》显示，毛鸡价格为12.65元/千克，是2023年2月以来的最低价格；毛猪价格为13.76元/千克，同样处于价格的低位区间。

资料来源：佚名．温氏股份预亏超60亿元 17个投资项目终止！2024年的肉猪销售目标为3 000~3 300万头［EB/OL］.［2024-02-25］. https: //business.sohu.com/a/759956921_121123884.引文有删减。

问题：

（1）请分析上述现象暗含了哪些课程思政要求和原则。

（2）本案例对你有哪些启示？

研判要求：

（1）形成性要求

同第1章“主观题”中本题型的“形成性要求”。

（2）成果性要求

① 课业结构、格式与体例参照本《训练手册》“课业范例”的范例11-5-2。

② 同第1章“主观题”中本题型的其他“成果性要求”。

11.3.4 实训题

终极体验：“财务管理”胜任力训练

【训练目的】

引导学生参加“财务管理”胜任力的实践训练。在其了解和把握本训练所及财务管理理论与实务知识，以及“能力与道德领域”相关“技术-技能”点的“规范与标准”的基础上，通过各项训练任务的完成，系列“技术-技能”操作的实施，《“‘财务管理’终极体验”训练报告》的准备与撰写等有质量、有效率的活动，培养其“财务管理”的专业能力，强化其“自主学习”“信息处理”“数字应用”“与人交流”“与人合作”“解决问题”“革新创新”等职业核心能力（中级），并通过“认同级”践行“职业观念”“职业情感”“职业理想”“职业态度”“职业良心”“职业作风”“职业守则”等行为规范，促进其塑造的健全职业人格；体验本教材“实践学习”中“专能”“通能”“职业道德”元素的协同性“重组-产生”迁移和财务管理胜任力的终极生成。

【能力与道德领域】

专业能力——财务管理综合“技术-技能”

技术-技能 I

名称：筹资管理“技术-技能”

规范与标准：

（1）能根据企业的主客观条件，正确预测企业资金需要量。

（2）能根据企业的主客观条件，准确计算与分析资金成本。

（3）能准确计算经营杠杆系数、财务杠杆系数和总杠杆系数，并分析企业风险情况。

（4）能较为准确地分析影响企业资本结构的主要因素，并确定企业最佳资本结构。

（5）能正确比较与分析不同筹资方式的风险与成本，为企业制订筹资方案。

技术-技能Ⅱ

名称：投资管理“技术-技能”

规范与标准：

（1）能正确计算债券价值、债券到期收益率，对债券投资的风险进行全面评价，并作出是否投资的决策。

（2）能正确计算和分析零成长股票、固定成长股票和非固定成长股票的价值，并作出是否投资的决策。

（3）能准确计算和分析基金投资的价值、报价和收益率，并作出是否投资的决策。

（4）能准确计算和分析证券投资组合的风险与收益率，确立科学的证券投资组合。

技术-技能Ⅲ

名称：营运资金管理“技术-技能”

规范与标准：

（1）能分析持有现金的动机与成本，确定最佳现金持有量，制定日常现金管理策略。

（2）能根据主客观条件，准确地分析并计算持有应收账款的成本，制定应收账款管理策略。

（3）能根据主客观条件，准确地计算经济订货批量，有效地运用存货ABC分类管理法。

技术-技能Ⅳ

名称：收益分配管理“技术-技能”

规范与标准：

（1）能准确地分析收益构成，准确地弥补亏损、计提法定盈余公积和任意盈余公积，确定可供投资者分配的利润。

（2）能根据主客观条件，选择适合公司的最佳股利分配政策和股利支付方式。

（3）能较为准确地比较和分析股票分割与股票回购的差异，设计合理的股票分割方案和股票回购方案。

技术-技能Ⅴ

名称：撰写《“‘财务管理’终极体验”训练报告》“技术-技能”

规范与标准：

（1）能合理设计《“‘财务管理’终极体验”训练报告》，使其结构、层次较分明。

（2）能依照商务应用文的规范与要求撰写《“‘财务管理’终极体验”训练报告》。

（3）本教材“网络教学资源包”的《学生考核手册》中的考核表11-2所列各项“考核指标”和“考核标准”。

职业核心能力——自主学习、信息处理、数字应用、与人交流、与人合作、解决问题、革新创新（中级）

上述能力领域的“基本要求”、“技术-技能”点和“规范与标准”参见“附录三”中附表3的相关述项。

职业道德——职业观念、职业情感、职业理想、职业态度、职业良心、职业作风、职业守则（认同级）

道德领域各素质点的“规范与标准”参见“附录四”的附表4的相关述项。

【训练任务】

（1）对“财务管理”专业能力的各“技术-技能”点实施终极基本训练。

（2）对“自主学习”“信息处理”“数字应用”“与人交流”“与人合作”“解决问题”“革新创新”等职业核心能力的各“技术-技能”点实施“中级”强化训练。

（3）对“职业观念”“职业情感”“职业理想”“职业态度”“职业良心”“职业作风”“职业守则”等职业道德的各“素质点”实施“认同级”相关训练。

【训练要求】

（1）训练前学生要了解并熟记本训练的“训练目的”“能力与道德领域”“训练任务”“训练要求”，熟记“网络教学资源包”中《学生考核手册》考核表11-1、考核表11-2中的“考核指标”与“考核标准”的内涵，将其作为本训练的操练点和考核点来准备。

（2）通过“训练步骤”，将“训练任务”所列三种训练整合并落实到本训练的“活动过程”和“成果形式”中。

（3）训练后，学生要对本次训练活动进行总结，在此基础上撰写《“财务管理”训练报告》。

【情境设计】

将学生分成若干训练组，各训练组结合本训练“成果形式”的“训练课业”题目，在“实训资料”中任选一组进行“‘财务管理’终极体验”训练。各训练组通过对所选资料的筹资管理、投资管理、营运资金管理、收益分配管理的分析，以及《“‘财务管理’终极体验”训练报告》的准备、撰写、讨论与交流等实践活动的参与和体验，依照本章“训练要求”完成各自的训练任务。

【指导准备】

知识准备：

（1）“财务管理”的理论与实务知识。

（2）“附录一”的附表1中，涉及“职业核心能力强化训练项”各“技术-技能”点，需要对学生事先培训“‘知识准备’参照范围”的知识。

（3）“附录三”的附表3和“附录四”的附表4中，涉及“职业核心能力强化训练项”各“技术-技能”点和“职业道德相关训练项”各“素质点”，需要对学生事先培训“规范与标准”的知识。

操作指导：

（1）教师向学生阐明“训练目的”、“能力与道德领域”和“知识准备”。

（2）教师就“知识准备”中的第（2）、（3）项，对学生进行培训。

（3）教师指导学生熟悉筹资管理方法，分析资金成本、资本结构，为企业制订筹资方案。

（4）教师指导学生熟悉投资管理方法，并就操练项目计算某种证券的价值和收益率，评价其投资的可行性。

（5）教师指导学生熟悉营运资金管理方法，并就操练项目进行现金、应收账款和存货管理。

（6）教师指导学生熟悉收益分配的程序和方法，并就操练项目制定收益分配政策。

（7）教师指导学生完成《“‘财务管理’终极体验”训练报告》的撰写。

【训练时间】

本章课堂教学内容结束后，安排两周时间和寒（暑）假进行财务管理综合训练。

【训练步骤】

（1）将班级每5位同学分成一组，每组确定1~2名负责人。

（2）对学生进行“财务管理终极体验训练”的培训，熟悉训练目的与步骤。

（3）分配训练任务，指导学生研究相关问题。

（4）各组在对操练项目进行专业训练的过程中，融入对“自主学习”“信息处理”“数字应用”“与人交流”“与人合作”“解决问题”“革新创新”等职业核心能力各“技术-技能”点的“中级”强化训练和对“职业观念”“职业情感”“职业理想”“职业态度”“职业良心”“职业作风”“职业守则”等职业道德各“素质点”的“认同级”相关训练。

（5）撰写作为最终成果的《“‘财务管理’终极体验”训练报告》。

（6）在班级交流、讨论各组的《“‘财务管理’终极体验”训练报告》。

（7）根据交流、讨论的结果，各组修订其《“‘财务管理’终极体验”训练报告》，并使之各具特色。

（8）将经过班级交流和修订，并附有“教师点评”的优秀训练报告在校园网课程平台进行展示，并纳入本校该课程的教学资源库。

【成果形式】

训练课业：《“‘财务管理’终极体验”训练报告》

课业要求：

（1）训练报告的内容、结构与体例参照本《训练手册》“课业范例”的范例11-5-3。

（2）各组成员完成的《“‘财务管理’终极体验”训练报告》须由指导教师、项目组组长和项目组成员三方签字负责。

11.4 训练资料

实训资料 11-4-1

1）某公司拟以450万元引进一条新的产品生产线，根据市场预测，预计每年可获得收益及概率见表11-2。

表11-2 **预期收益及概率分布表** 金额单位：万元

市场情况	预计年收益	概　率
繁　荣	250	0.2
一　般	120	0.5
较　差	-40	0.3

要求：计算该项投资收益的期望值、标准差和标准离差率。

2）ABC公司是一家基金公司，相关资料如下：2024年1月1日，ABC公司的基金资产总额（市场价值）为27 000万元，其负债总额（市场价值）为3 000万元，基金份数为8 000万份。在基金交易中，该公司收取首次认购费和赎回费，认购费率为基金资产净值的2%，赎回费率为基金资产净值的1%。2024年12月31日，ABC公司按收盘价计算的资产总额为26 789万元，其负债总额为345万元，已售出10 000万份基金单位。

假定某投资者持有该基金2万份，到2024年12月31日，该基金投资者持有的份数不变，预计此时基金单位净值为3.05元。

要求：

（1）计算2024年1月1日ABC公司的下列指标：基金净资产价值总额、基金单位净值、基金认购价，以及基金赎回价。

（2）计算2024年12月31日ABC公司的基金单位净值。

（3）计算2024年该投资者的预计基金收益率。

3）东方公司计划筹集资金100万元，所得税税率为25%，有关资料如下：

（1）向银行借款10万元，借款年利率为7%，手续费率为2%。

（2）按溢价发行债券，债券面值为14万元，溢价发行价格为15万元，票面利率为9%，期限为5年，每年支付一次利息，其筹资费用率为3%。

（3）发行优先股25万元，预计年股利率为12%，筹资费用率为4%。

（4）发行普通股40万元，每股发行价格为10元，筹资费用率为6%。预计第1年每股股利1.2元，以后每年按8%递增。

（5）其余所需资金通过留存收益取得。

要求：

（1）计算东方公司的个别资金成本。

（2）计算东方公司的加权平均资金成本。

实训资料11-4-2

1）A企业2024年12月31日（上年）的流动资产为1 480万元，流动负债为580万元，非流动负债为5 400万元，所有者权益总额为4 200万元（其中，普通股股数为1 000万股，每股面值1元）。该企业2024年的营业收入为5 000万元，营业净利率为10%，总资产周转次数为1.2次，按照平均数计算的权益乘数为2.4，净利润的80%分配给投资者。预计2025年（今年）的营业收入比上年增长20%，为此A企业需要增加固定资产200万元，增加无形资产100万元。根据对有关情况的分析，A企业流动资产项目和流动负债项目将随营业收入同比例增减。假定该企业今年的营业净利率和股利支付率与上年保持一致，该年度长期借款不发生变化，所需筹集资金全部由投资者投入。

要求：

（1）计算A企业2025年需要增加的营运资金额。

（2）预测A企业2025年需要增加的对外筹集资金额。

（3）预测A企业2025年年末的流动资产总额、流动负债总额、负债总额、所有者权益总额和资产总额。

（4）预测A企业2025年的流动资产周转次数和总资产周转次数。

（5）预测A企业2025年的权益乘数（按照平均数计算）。

（6）使用连环替代法依次分析A企业的总资产周转次数和权益乘数的变动对2024年权益净利率（净资产收益率）的影响。

2）假如B企业2024年对外筹集资金有以下几个备选方案：

方案一：增发普通股100万股，每股发行价2元；剩余部分依靠银行长期借款取得，利率保持原来的6%。

方案二：增发普通股125万股，每股发行价2元；剩余部分按照溢价10%发行债券，票面利率为10%。

方案三：不增发普通股，以300万元溢价发行面值为250万元的债券，票面利率为10%；由于受债券发行数额的限制，需要向银行取得长期借款，利率为6%。

B企业现在的资本结构为：总资本2 500万元，其中债务资本1 600万元（年利息100万元）；普通股资本900万元（900万股，面值1元，市价2元，2024年支付每股股利0.5元）；2024年营业收入为3 000万元。预计2025年的营业收入会在此基础上增长20%，股利按5%的速度固定增长，企业变动成本率保持60%不变，固定成本为1 000万元（不包含利息费用），企业所得税税率为25%。

要求：

（1）计算三个方案新增资本的资金成本（一般模式）。

（2）利用每股收益无差别点分析法为B企业作出筹资决策。

（3）计算该企业2025年的经营杠杆系数、财务杠杆系数和总杠杆系数。

（4）假设该企业预期营业收入会在2024年的基础上增长10%，那么2025年该企业的每股收益为多少？

3）A企业拟新建一个单纯固定资产投资项目，当年投产并完工。

资料一：该项目固定资产投资的相关资料如下：

（1）土石方建筑工程总量为10万立方米，同类单位建筑工程投资为每立方米20元人民币；拟建厂房建筑物的实物工程量为2万平方米，预算单位造价为每平方米1 100元人民币。

（2）A企业新建项目所需的国内标准设备不含增值税的出厂价为1 000万元人民币，增值税税率为13%，国内运杂费率为1%；进口设备的离岸价为100万美元，国际运费率为7.5%，国际运输保险费率为4%，关税税率为15%，增值税税率为13%，国内运杂费率为1%，外汇牌价为1美元=6.49元人民币。A企业新建项目所在行业的标准工具、器具和生产经营用具购置费率为狭义设备购置费的10%。

（3）A企业新建项目的进口设备的安装费按其吊装吨位计算，每吨安装费为1万元人民币，该设备50吨；国内标准设备的安装费率为设备原价的2%。

（4）A企业新建项目的固定资产其他费用可按工程费用的20%估算。

资料二：A企业新建项目的税后现金净流量的部分资料见表11-3。

表11-3 **A企业新建项目的税后现金净流量的部分资料** 单位：万元

项目计算期（年）	0	1	2	3	4~10
现金净流量	略	略	略	略	2 000
累计现金净流量	略	-4 000	-2 000	200	略

资料三：A企业股票的β系数为2，整个股票市场的平均风险收益率为4%，无风险报酬率为2%。A公司适用的所得税税率为25%，该股票的期望报酬率是公司作出投资决策的主要依据。

要求：

（1）计算该项目的建筑工程费。

（2）计算该项目的广义设备购置费。

（3）计算该项目的安装工程费。

（4）计算该项目形成固定资产的其他费用。

（5）计算该项目形成固定资产的费用。

（6）计算该项目的现金净流量。

（7）计算该项目的静态投资回收期。

（8）根据资本资产定价模型，计算该公司股票的期望报酬率。

（9）计算该项目的净现值。

（10）根据静态投资回收期和净现值，评价该项目是否具备财务可行性。

实训资料11-4-3

1）华阳通用制造股份公司年销售收入为15 000万元，变动成本率为65%，固定成本为2 625万元，利息费用为360万元。该公司资产总额为10 000万元，资产负债率为45%，负债资金的年均利率为8%，所得税税率为30%（实际中企业所得税税率为25%，此处是出于教学需要）。该公司拟改变经营计划，追加投资1 000万元，每年增加固定成本575万元，所需资金以10%的利率借入。预计增资后可以增加销售收入

20%，并使变动成本率下降到60%。

要求：计算增资后的经营杠杆系数、财务杠杆系数和总杠杆系数，并分析说明该公司的该项增资方案是否合理。

2）永利公司拟购入一套设备，现有两种型号——B1型和B2型可供选择，公司计提折旧采用平均年限法，所得税税率为33%（实际中企业所得税税率一般为25%，此处是出于教学需要），预定投资报酬率为14%，其他财务资料见表11-4。

表11-4 **永利公司其他财务资料** 金额单位：元

项目	B1型	B2型
购置成本	200 000	150 000
有效期（年）	5	5
预计残值	20 000	15 000
预计税前净利润	40 000	30 000

要求：根据上述资料，采用差量净现值法分析确定永利公司应选购哪种型号的设备。

3）高敏是天成咨询公司的一名财务分析师，应邀评估中南集团建设新商场对该集团股票价值的影响。高敏根据公司情况做了以下估计：

（1）该集团本年度净收益为200万元，每股支付现金股利2元，新建商场开业后，净收益第1年和第2年均增长15%，第3年增长8%，第4年以后将保持这一净收益水平。

（2）该集团一直采用固定股利支付率政策，并打算今后继续实行该政策。

（3）该集团的β系数为1，如果将新项目考虑进去，β系数将提高到1.5。

（4）无风险收益率（国库券）为4%，市场要求的收益率为8%。

（5）该集团股票目前市价为23.6元/股。

高敏打算利用股利贴现模型，同时考虑风险因素对股票价值进行评估。中南集团的一位董事提出，如果采用股利贴现模型，则股利越高，股价越高，所以集团应改变原有的股利政策，提高股利支付率。

要求：

（1）参考股利贴现模型，分析这位董事的观点是否正确。

（2）分析股利增加对可持续增长率和股票账面价值的影响。

（3）评估中南集团的股票价值。

11.5 课业范例

范例11-5-1

案例分析

DT公司建设筹资

背景与情境：DT公司是信用等级为AA级的一家中外合资股份制的大型综合性房

地产开发公司。为了弥补其在建的、计划于2024年竣工的西区工程的后期资金缺口，该公司决定负债经营。DT公司在发行债券之前，对运用债券筹集资金的各种要求和具体操作方法进行了详细了解，以便能够顺利筹集到所需的资金，充分发挥债务性资金的优势。DT公司2023年的相关财务资料见表11-5。

表11-5 DT公司2023年的相关财务资料 单位：万元

资 产	金 额	与销售收入的关系	负债及股东权益	金 额	与销售收入的关系
库存现金	200	变 动	应付票据	500	变 动
应收账款	2 800	变 动	应付账款	1 300	变 动
存 货	3 000	变 动	短期借款（利率5%）	1 200	不变动
非流动资产	4 000	不变动	公司债券（利率8%）	1 500	不变动
			股本（每股面值1元）	100	不变动
			资本公积	2 900	不变动
			留存收益	2 500	不变动
合 计	10 000		合 计	10 000	

公司2023年的销售收入为10 000万元，销售净利率为10%，2023年分配的股利为800万元。假定2024年的销售收入增长率为20%，销售净利率仍为10%，所得税税率为40%（实际中企业所得税税率一般为25%，此处出于教学需要），公司采用的是固定股利支付率政策。

若从外部追加资金，公司有两个方案可供选择：A方案是以每股市价50元发行普通股股票；B方案是发行利率为9%的公司债券。假设追加投资不会影响原有其他条件。

问题：

1）计算2023年该公司的息税前利润。

2）计算2023年该公司的总资产报酬率。

3）预计2024年该公司的净利润及其应分配的股利。

4）用销售百分比法，预测2024年该公司需增加的资金以及需从外部追加的资金。

5）计算A、B两个方案的每股收益无差别点；预计追加投资后公司的息税前利润为3 000万元，若不考虑风险因素，确定该公司应选用的筹资方案。

分析要求：

1）形成性要求

同第1章“主观题”中本题型的“形成性要求”。

2）成果性要求

（1）课业结构、格式与体例参照本《训练手册》“课业范例”的范例11-5-1。

（2）同第1章“主观题”中本题型的其他“成果性要求”。

“DT公司建设筹资”案例分析报告

（项目组组长： 项目组成员： ）

1）利息=1 200×5%+1 500×8%=60+120=180（万元）

2023年该公司的息税前利润=［10 000×10%÷（1−40%）］+180≈1 846.67（万元）

2）2023年该公司的总资产报酬率=1 846.67÷10 000×100%≈18.47%

3）销售净利率=10%

2023年该公司的净利润=10 000×10%=1 000（万元）

2023年该公司股利与净利润的比率=800÷1 000×100%=80%

预计2024年该公司的净利润=10 000×（1+20%）×10%=1 200（万元）

预计2024年该公司应分配的股利=1 200×80%=960（万元）

4）变动资产销售百分比=（200+2 800+3 000）÷10 000=60%

变动负债销售百分比=（500+1 300）÷10 000=18%

2024年该公司需增加的资金=变动资产销售百分比×新增销售额−变动负债销售百分比×新增销售额

=60%×2 000−18%×2 000=840（万元）

2024年该公司需从外部追加的资金=变动资产销售百分比×新增销售额−变动负债销售百分比×新增销售额−计划销售净利率×计划销售额×留存收益比例

=60%×2 000−18%×2 000−10%×12 000×（1−80%）

=1 200−360−240=600（万元）

5）目前的利息=180万元，A方案增加的股数=600÷50=12（万股），

B方案增加的利息=600×9%=54（万元）

（EBIT−180）×（1−40%）÷（100+12）=（EBIT−180−600×9%）×（1−40%）÷100

每股收益无差别点的EBIT=684万元

因为预计EBIT（3 000万元）大于每股收益无差别点的EBIT，所以公司应选用的筹资方案为B方案，即发行公司债券。

范例11-5-2

课程思政

稳健医疗股票回购与大股东减持计划

背景与情境：稳健医疗的“神操作”在资本市场上引起了投资者的关注。

9月22日晚间，稳健医疗发布公告称：

公司拟以集中竞价交易方式回购股份，用于股权激励或员工持股计划。本次拟回购股份258.62万~431.03万股，回购金额不低于人民币3亿元、不高于人民币5亿元，回购价格不超过116元/股。

然而，就在稳健医疗发布回购股份方案的当天，稳健医疗还发布公告称：公司大股东厦门乐源投资合伙企业（有限合伙）计划在本公告披露之日起3个交易日后的3个月内以大宗交易方式减持公司股份200 000股，占公司总股本比例为0.0469%。减持前，厦门乐源投资合伙企业（有限合伙）持有稳健医疗21 371 232股，占公司总股本比例为5.0109%。

随后的第三天，9月24日，公司又发布公告称，持股比例8.09%的股东红杉信远计划减持公司股份不超过1 035万股，占公司总股本比例为2.43%。

一边是公司“大笔”回购，一边是公司大股东计划减持，稳健医疗到底打的什么算盘？

按照拟回购价格上限和回购金额区间测算的话，此次稳健医疗回购的股本在258.62万~431.03万股之间，约占上市公司总股本的0.6064%~1.0107%。此外，以9月22的收盘价（84.84元/股）计算，此次回购价格较最新的收盘价最高可溢价36.7%。

按照最高回购金额来看，不过是回购5亿元而已，然而按照两大股东减持股份的比例来算，两大股东共计减持套现8.6亿元。一边回购公司股份，一边两大股东却疯狂套现。

资料来源：尚义. 稳健医疗“神剧情”上演：一边回购，一边两大股东疯狂减持［EB/OL］.［2021-09-28］. https://www.jiemian.com/article/6648717.html.引文有删减。

问题： 请分析上述现象暗含了哪些课程思政要求和原则。

研判要求：

1）形成性要求

同第1章“主观题”中本题型的“形成性要求”。

2）成果性要求

（1）课业结构、格式与体例参照本《训练手册》“课业范例”的范例10-5-2。

（2）同第1章“主观题”中本题型的其他“成果性要求”。

“稳健医疗股票回购与大股东减持计划”思政研判报告

（项目组组长：　　　　　　项目组成员：　　　　　　）

股票回购是指公司在证券市场上买回自己发行的股票的行为。一般来说，股票回购可以提升股价、给股东带来节税利益和向股东传递公司未来发展的有利信息等。作为财务决策者，应该树立起承担社会责任与回报股东的思想，合理制定股利分配政策与股利支付形式；能够分析股票回购与股票分割对企业和股东影响，创造性地利用股票分割与股票回购，提高股东财富。但是，如果利用股票回购提升股价为大股东进行股票减持（卖出股票）套现获利，就损害了公司利益和全体股东的利益，不利于公司的和谐发展并违背了对中小股东的诚实守信义务。

范例11-5-3

腾飞公司股利分配与投资价值分析

资料： 腾飞公司2024年有关财务和市场数据如下：

1）公司本年年初未分配利润贷方余额为18 192万元，本年的EBIT为80 000万元，所得税税率为20%。

2）公司流通在外的普通股有6 000万股，发行时每股面值为1元，每股溢价收入为9元。公司的负债总额为20 000万元，均为非流动负债，平均年利率为10%，筹资费忽略。

3）公司股东大会决定本年年底按净利润10%的比例计提法定盈余公积，将本年可供投资者分配的利润的16%向普通股股东发放现金股利，预计现金股利以后每年增长6%。

4）据投资者分析，该公司股票的β系数为1.5，无风险收益率为8%，市场上所有股票的平均收益率为14%。

要求：

1）计算腾飞公司2024年的净利润。

2）计算腾飞公司2024年应提取的法定盈余公积。

3）计算腾飞公司2024年年末可供投资者分配的利润。

4）计算腾飞公司2024年度分配的现金股利总额和每股现金股利。

5）计算腾飞公司股票的风险收益率和投资者要求的必要投资收益率。

6）利用股票估价模型计算，当股价为多少时，投资者才愿意购买该公司股票。

"腾飞公司股利分配与投资价值分析"训练报告

（项目组组长：　　　　　　项目组成员：　　　　　　　　　）

训练报告见表11-6。

表11-6　"腾飞公司股利分配与投资价值分析"训练报告

班级：会计2023（1）班　　　　　　　　　　　　　　　　　项目组编号：01

项目组组长	吴清	项目组成员	张三、李四……
训练时间	2024年6月30日	训练地点	财务管理训练室
训练目的	(1) 对"财务管理"专业能力的各"技术–技能"点实施终极体验基本训练。 (2) 对"自主学习""信息处理""数字应用""与人交流""与人合作""解决问题""革新创新"等职业核心能力的各"技术–技能"点实施"中级"强化训练。 (3) 对"职业观念""职业情感""职业态度""职业理想""职业良心""职业作风""职业守则"等职业道德各"素质点"实施"认同级"相关训练		
训练步骤	(1) 根据训练资料，项目组对相关问题进行分析，确定项目组成员的任务与分工，并制订项目组的《训练计划》。(2) 实施《训练计划》，对腾飞公司股利分配和投资价值进行计算与分析。(3) 撰写作为最终成果的《"腾飞公司股利分配与投资价值分析"训练报告》。(4) 在班级交流、讨论各组的《"腾飞公司股利分配与投资价值分析"训练报告》，并进一步修订和完善		
训练成果	收益分配管理作为现代企业财务管理的重要内容之一，对于维护企业与各相关利益主体的财务关系、提升企业价值具有重要意义。收益分配是企业进行再生产的条件以及优化资本结构的重要措施。收益分配应遵循依法分配原则、兼顾企业各方利益原则、投资与收益对等原则和分配与积累并重原则。收益分配的关键在于制定股利政策。股利政策不仅会影响股东的财富，而且会影响公司在资本市场上的形象和股票的价格，更会影响公司的短期利益和长期利益。因此，合理的股利政策对公司及股东来讲是非常重要的。 (1) 计算腾飞公司2024年的净利润 腾飞公司2024年的净利润=（80 000−20 000×10%）×（1−20%）=62 400（万元） (2) 计算腾飞公司2024年应提取的法定盈余公积 腾飞公司2024年应提取的法定盈余公积=62 400×10%=6 240（万元） (3) 计算腾飞公司2024年年末可供投资者分配的利润		

续表

训练成果	腾飞公司2024年年末可供投资者分配的利润=62 400−6 240+18 192=74 352（万元） （4）计算腾飞公司2024年度分配的现金股利总额和每股现金股利 腾飞公司2024年度分配的现金股利总额=74 352×16%=11 896.32（万元） 腾飞公司2024年度分配的每股现金股利=11 896.32÷6 000≈1.98（元/股） （5）计算腾飞公司股票的风险收益率和投资者要求的必要投资收益率 运用资本资产定价模型可得： 风险收益率=1.5×（14%−8%）=9% 必要投资收益率=8%+9%=17% （6）计算腾飞公司股票的投资价值 根据腾飞公司的必要投资收益率和股利政策，运用股利贴现模型计算，则： 腾飞公司股票的投资价值=1.98÷（17%−6%）=18（元/股） 因此，当腾飞公司股价低于18元/股时，投资者才愿意购买
训练体会	通过本训练，我们可以理解财务管理的意义，熟悉收益分配程序和股利政策等相关分析技能，能够运用股利政策、资本资产定价模型和股利贴现模型等方法解决实际问题，提升我们对收益分配管理、证券价值评估的理解和应用能力。此外，由于财务工作对专业综合素质的要求较高，企业财务管理人员在分析问题时要细致而全面，工作中要有团队合作精神，要善于与人沟通、与人合作
补充说明	在本训练中，我们在终极体验本课程“专业能力”基本训练的同时，也尝到了“自主学习”“信息处理”“数字应用”“与人交流”“与人合作”“解决问题”“革新创新”等“职业核心能力”（中级）强化训练和“职业观念”“职业情感”“职业态度”“职业理想”“职业良心”“职业作风”“职业守则”等“职业道德”（认同级）相关训练的甜头。我们认识到，要提高“学习迁移能力”和“可持续发展能力”，积极应对未来职业岗位的跨行业流动（这是当代职业的一个显著特征），避免职业道德与企业伦理的缺失，这些训练是必不可少的。我们相信，通过本课程以及后续课程的同类学习与训练，在构建自身“胜任力”的过程中，我们的“职业核心能力”将不断增强，我们的“职业道德”将由“他律”变为“自律”

项目组成员签名	吴清、张三、李四……	指导教师签名	王华

11.6 参考答案与提示

“11.2 客观题”参考答案

11.2.1 理论题

1）单项选择题

（1）D （2）C （3）D （4）B （5）B （6）A （7）D （8）C （9）C （10）A

2）多项选择题

（1）ABCE （2）CDE （3）ABC （4）BCD （5）AB （6）ABC （7）ABC （8）ABCD （9）ABC （10）ABCD

3）判断题

（1）× （2）√ （3）× （4）√ （5）× （6）× （7）× （8）√ （9）√ （10）×

11.2.2 实务题

1）单项选择题

（1）C （2）C （3）D （4）C （5）D （6）D （7）B （8）D （9）A （10）B

2）多项选择题

（1）ABCE （2）DE （3）AE （4）ABCDE （5）ABCD （6）ABCD （7）AB （8）AB （9）ABCD （10）BCD

3）混合选择题

（1）ABD （2）B （3）ABCD （4）ABCD （5）ABCD

4）判断题

（1）√ （2）× （3）× （4）√ （5）√ （6）× （7）× （8）√ （9）× （10）×

11.2.3 案例题

1）D 2）A 3）AC 4）AB 5）D

11.2.4 实训题

1）单项选择题

（1）A （2）A （3）B （4）A （5）C （6）B （7）A （8）B （9）C （10）A

2）多项选择题

（1）ABCE （2）ABCD （3）BE （4）ABCD （5）ACDE （6）ABCDE （7）BC （8）ABCDE （9）ABDE （10）ABCE

“11.3 主观题”参考答案

11.3.1 理论题

1）简答题

（1）参考答案：财务管理的主要内容包括财务活动和财务关系两个方面。企业的财务活动包括投资、资金营运、筹资和利润分配等一系列行为。企业的财务关系主要包括：①企业与政府之间的财务关系。②企业与投资者之间的财务关系。③企业与债权人之间的财务关系。④企业与受资者之间的财务关系。⑤企业与债务人之间的财务关系。⑥企业与供应商、客户之间的财务关系。⑦企业内部的财务关系。

（2）参考答案：资金成本在财务管理中的作用主要包括：①资金成本是企业确定筹资方案和进行资本结构决策的重要依据。②资金成本是评价投资方案和进行投资决策的重要依据。③资金成本是评价企业经营业绩的重要依据。

（3）参考答案：全面预算是对企业总体规划的数量说明，全面预算体系包括业务预算（经营预算）、专门决策预算、财务预算。其中，业务预算主要包括销售预算、生产预算、直接材料预算、直接人工预算、制造费用预算、产品成本预算、销售及管理费用预算等。

2）理解题

（1）参考答案：资金时间价值和投资风险价值与财务管理的基本问题——收益与风险的权衡直接相关。无论是筹资、投资、营运还是收益分配，都必须首先考虑资金的时间价值和投资的风险价值问题。

（2）参考答案：项目投资与证券投资的区别主要在于：①投资目的不同。②投资规模不同。③投资风险不同。④投资期限不同。

（3）参考答案：企业的财务分析一般包括偿债能力分析、营运能力分析、盈利能力分析和发展能力分析。对企业进行财务分析可以采用的方法主要有趋势分析法、比率分析法和因素分析法。

11.3.2 实务题

1）规则复习

（1）参考答案：销售百分比法是以资金与销售额的比率为基础，预测未来资金需要量的方法，其原理是根据预计的销售额预测资金的需要量。根据资产负债表中资金占用与销售额变动关系的不同，资产负债表项目可以分为两类：一是与销售额的变动呈同比例变动的项目；二是不随销售额的变动而变动的项目。在资产负债表项目分类的基础上，作出预计的资产负债表，可以推算出在一定预计销售额下的资金需要量。

销售百分比法的具体步骤如下：①将资产负债表项目划分为变动项目和不变项目。②计算基年各变动项目的销售百分比。③预计留存收益增加额（Δ留存收益）。④计算外部融资额。

（2）参考答案：基金单位净值是指在某一时点每一基金单位（或基金股份）所具有的市场价值。其计算公式为：

基金单位净值=基金净资产价值总额÷基金单位总份额

基金净资产价值总额=基金资产总值-基金负债总额

（3）参考答案：剩余股利政策是指公司生产经营所获得的净利润应首先满足公司的资金需求，如果还有剩余，则分配股利；如果没有剩余，则不分配股利。在实际应用中，很多公司都有自己的最佳资本结构，公司的股利政策不应当破坏最佳资本结构。因此，根据这一政策，公司应按如下步骤确定其股利分配额：①根据公司的投资计划确定公司的最佳资本预算。②根据公司的最佳资本结构及最佳资本预算预计公司资金需求中所需要的权益资本数额。③尽可能用留存收益来满足资金需求中所需要增加的股东权益数额。④留存收益在满足公司股东权益增加需求后，如果有剩余再用来发放股利。

2）业务解析

（1）参考答案：期望值本身不反映投资风险的大小，但是期望值是计算方差、标准差和标准离差率的前提之一。方差越大，表明风险越大。标准差和标准离差率越大，也表明风险越大。方差和标准差都是绝对数指标，不适宜比较不同规模投资的风险大小，而标准离差率可以比较不同规模投资的风险大小。标准离差率越大，则风险越大。

（2）参考答案：项目投资决策的贴现评价指标包括净现值、净现值率、现值指数和内含报酬率。这四个指标都考虑了货币时间价值和风险价值，考虑了整个项目计算期的现金流量。净现值的优点是在资本量不受限制时，选择净现值最大的方案能充分利用资金。净现值率的优点是能够反映每一元投资现值产生的报酬率，它是一个相对指标。现值指数也是一个相对指标，它可以反映投资增值率。净现值、净现值率、现值指数的计算都依赖于现金流量和贴现率，而贴现率不能反映项目的实际收益率。内含报酬率则反映了项目的实际报酬率，它不受投资者主观要求的影响，比较客观，但计算比较烦琐，特别是当运营期大量追加投资时，可能会出现多个内含报酬率，从而使得决策失效。

（3）参考答案：剩余股利政策的优点是：留存收益优先保证再投资的需要，从而有助于降低再投资的资金成本，保持最佳的资本结构，实现企业价值的长期最大化。固定或稳定增长的股利政策的优点是：能将公司未来的获利能力、财务状况以及管理层对公司经营的信心等信息传递出去，有利于吸引那些打算进行长期投资的股东，这部分股东希望其投资的收益能够成为其稳定的收入来源，以便他们安排各种经常性的消费和其他支出。固定股利支付率政策的优点是：股利与公司盈余紧密结合，体现了“多盈多分、少盈少分、无盈不分”的股利分配原则。低正常股利加额外股利政策的优点是：赋予公司一定的灵活性，使公司在股利发放上留有余地并具有较大的财务弹性，同时，公司每年可以根据自身的具体情况，选择不同的股利发放水平，以完善公司的资本结构，进而实现公司的财务目标，有助于稳定公司股价，增加投资者的信心。

剩余股利政策的缺点是：如果公司完全遵照剩余股利政策分配股利，股利的发放额就会每年随投资机会和盈利水平的波动而波动，不利于投资者安排收入与支出，也不利于公司树立良好的形象，一般适用于初创阶段的公司。固定或稳定增长的股利政策的缺点是：这种政策下的股利分配只升不降，股利支付与公司盈利相脱离，可能会影响公司现有的资本，给公司的财务运作带来很大的压力，并最终影响公司正常的生产经营活动。固定股利支付率政策的缺点是：传递的信息容易成为公司的不利因素，使公司面临较大的财务压力，缺乏财务弹性，合适的固定股利支付率的确定难度大。低正常股利加额外股利政策的缺点是：额外股利不断变化，或时有时无，会造成分派的股利不同，容易给投资者以公司收益不稳定的感觉，还可能会被股东误解。

11.3.3 案例题

1）案例分析

分析提示：

（1）王菲在分析应收账款时忽略了一个重要方面，即应收账款占用资金的机会成本。虽然B方案的边际贡献较大，但是坏账损失、收账费用也较多，此外，资金占用也较多，时间较长，机会成本较大。因此，应该综合考虑，从而决定采取哪种方案。

（2）①关于A方案。

信用成本前收益=2 400×（1−65%）=840（万元）

应收账款机会成本=2 400÷360×30×65%×20%=26（万元）

信用成本合计=26+2 400×2%+24=98（万元）

信用成本后收益=840−98=742（万元）

②关于B方案。

信用成本前收益=2 640×（1-65%）=924（万元）

应收账款机会成本=2 640÷360×60×65%×20%=57.2（万元）

信用成本合计=57.2+2 640×3%+40=176.4（万元）

信用成本后收益=924-176.4=747.6（万元）

由以上计算可知，由于B方案的收益747.6万元>A方案的收益742万元，所以B方案最优。

（3）关于C方案。

现金折扣=2 640×（2%×60%+1%×15%）=35.64（万元）

信用成本前收益=2 640×（1-65%）-35.64=888.36（万元）

平均收现期=60%×10+15%×20+25%×60=24（天）

应收账款机会成本=2 640÷360×24×65%×20%=22.88（万元）

信用成本合计=22.88+2 640×2%+30=105.68（万元）

信用成本后收益=888.36-105.68=782.68（万元）

由以上计算可知，由于C方案的收益782.68万元>B方案的收益747.6万元，所以，企业应该改变信用条件，在实行现金折扣后，企业的收益将增加35.08万元。

（4）信用政策也称赊销政策，它是企业基于对客户资信情况的认定，而对客户给予先行交货而后收款的结算优惠。信用政策由信用标准、信用期限和现金折扣政策、收账政策等组成。

信用标准是指客户获得企业商业信用所应具备的条件，一般用坏账损失率表示。信用期限是指企业允许客户从购货到付款之间的时间，即企业为客户规定的最长付款期限。通常，延长信用期限有利于企业扩大销售、增加收入，但应收账款占用资金的数量和时间也会相应增加，从而导致机会成本等信用成本的增加。因此，企业应进行利弊分析，将信用期限延长产生的边际收益与成本相比较，以确定最佳信用期限。现金折扣是企业为了鼓励客户尽早（在规定的期限内）付款而给予的价格扣减。企业采用什么程度的现金折扣，要与信用期限结合起来考虑。现金折扣能鼓励客户尽早付款，但也会带来折扣损失。当企业给予客户某种现金折扣时，企业应当考虑折扣所能带来的收益与成本孰高孰低，权衡利弊，最终确定最佳方案。收账政策是指当企业的应收账款不能如期收回时，企业所采取的收账策略和方法。合理的收账政策应在权衡增加的收账费用和减少的坏账损失后作出。

钱塘公司在对两个信用条件的备选方案（A方案：维持N/30的信用条件；B方案：将信用条件放宽到N/60）进行决策时，应将两个方案的净收益进行比较。根据计算结果可知，由于B方案的收益747.6万元>A方案的收益742万元，所以B方案最优。

公司如果选择了B方案，但为了加速应收账款的回收，决定将信用条件改为“2/10，1/20，N/60”（即C方案），估计约有60%的客户（按赊销额计算）会利用2%的折扣，15%的客户将利用1%的折扣。坏账损失率将降为2%，收账费用为30万元。评价公司是否应该改变信用条件的决策涉及现金折扣，同样应将两个方案的净收益进行比较。根据计算结果可知，由于C方案的收益782.68万元>B方案的收益747.6万元，所以C方案最优，钱塘公司应该改变信用条件。实行现金折扣后，公司的收益将增加35.08万元。

2）课程思政

分析提示：

（1）项目投资具有投资金额大、时间长和风险大的特征，成功的项目投资决策能够提升企业实力，提高企业创新能力和市场占有率。但是，在企业实际工作中，项目投资是一项重大决策，项目投资决策必须科学严谨。决策者应能够分析理解项目投资对企业和国家实力提升的重大意义，增强爱岗敬业和爱国主义思想；分析理解在项目决策程序中，树立爱岗敬业、使命感和创新精神，慎重选择投资项目。盲目进行投资扩张是不正确的。

（2）本案例体现了注重风险价值的现代财务管理理念。作为重大投资决策，项目投资能够增强企业实力、提高企业竞争力，但是要考虑项目投资的风险。本案例的启示是，作为一项重大决策，企业项目投资如果不能够被慎重对待，可能导致企业走向灭亡。因此，在实际工作中，企业对于项目投资应该制定合理的决策程序并严格执行，尤其是要对项目投资的可行性进行充分论证，确保项目投资能够提高企业价值。

“11.4 训练资料”参考答案

实训资料11-4-1

1）参考答案：

$\bar{E}$=250×0.2+120×0.5−40×0.3=98（万元）

$\sigma=\sqrt{(250-98)^2\times0.2+(120-98)^2\times0.5+(-40-98)^2\times0.3}\approx102.84$（万元）

q=102.84÷98≈1.05

2）参考答案：

（1）基金净资产价值总额=27 000−3 000=24 000（万元）

基金单位净值=24 000÷8 000=3（元）

基金认购价=3+3×2%=3.06（元）

基金赎回价=3−3×1%=2.97（元）

（2）基金单位净值=（26 789−345）÷10 000≈2.64（元）

（3）预计基金收益率=（2×3.05−2×2.64）÷（2×2.64）×100%≈15.53%

或：预计基金收益率=（3.05−2.64）÷2.64×100%≈15.53%

3）参考答案：

（1）借款的资金成本=$\frac{10\times7\%\times(1-25\%)}{10\times(1-2\%)}\approx5.36\%$

债券的资金成本=$\frac{14\times9\%\times(1-25\%)}{15\times(1-3\%)}\approx6.49\%$

优先股的资金成本=$\frac{25\times12\%}{25\times(1-4\%)}=12.5\%$

普通股的资金成本=$\frac{1.2}{10\times(1-6\%)}+8\%\approx20.77\%$

留存收益的资金成本=$\frac{1.2}{10}+8\%=20\%$

（2）加权平均资金成本=5.36%×10%+6.49%×15%+12.5%×25%+20.77%×40%+20%×10%

≈14.94%

实训资料 11-4-2

1）参考答案：

（1）A企业2025年需要增加的营运资金额=增加的流动资产-增加的流动负债

=1 480×20%-580×20%=180（万元）

（2）A企业2025年的留存收益=营业收入×营业净利率×（1-股利支付率）

=5 000×（1+20%）×10%×（1-80%）=120（万元）

A企业2025年需要增加的对外筹集资金额=需增加营运资金+需增加固定资产+需增加无形资产-留存收益

=180+200+100-120

=360（万元）

（3）A企业2025年年末的流动资产总额=1 480×（1+20%）=1 776（万元）

A企业2025年年末的流动负债总额=580×（1+20%）=696（万元）

A企业2025年年末的负债总额=流动负债+非流动负债=696+5 400=6 096（万元）

A企业2025年年末的所有者权益总额=上年数+本年新增留存收益+本年需增加的对外筹集资金额

=4 200+120+360=4 680（万元）

A企业2024年年末的资产总额=负债+所有者权益=6 096+4 680=10 776（万元）

（4）A企业2025年的流动资产周转次数$=\dfrac{\text{销售收入}}{\text{平均流动资产}}=\dfrac{5\ 000\times(1+20\%)}{(1\ 480+1\ 776)\div 2}\approx 3.69$（次）

A企业2025年的总资产周转次数$=\dfrac{\text{销售收入}}{\text{平均总资产}}=\dfrac{5\ 000\times(1+20\%)}{(580+5\ 400+4\ 200+10\ 776)\div 2}\approx 0.57$（次）

（5）A企业2025年的权益乘数$=\dfrac{\text{资产平均数}}{\text{所有者权益平均数}}=\dfrac{(580+5\ 400+4\ 200+10\ 776)\div 2}{(4\ 200+4\ 680)\div 2}\approx 2.36$

（6）A企业2025年的权益净利率=营业净利率×总资产周转次数×权益乘数$=\dfrac{\text{净利润}}{\text{销售收入}}\times\dfrac{\text{销售收入}}{\text{平均总资产}}\times\dfrac{\text{平均总资产}}{\text{所有者权益平均数}}$

=10%×0.57×2.36=13.452%

Δ=13.452%-28.8%

=-15.384%

①上年的权益净利率=10%×1.2×2.4=28.8%

②第一次替代=10%×0.57×2.4=13.68%

③第二次替代=10%×0.57×2.36=13.452%

总资产周转次数下降的影响=13.68%-28.8%=-15.12%

权益乘数下降的影响=13.452%-13.68%=-0.228%

全部因素的影响=-15.12%-0.228%=-15.348%

2）参考答案：

（1）①关于方案一。

普通股筹资的资金成本$=\dfrac{0.5\times(1+5\%)}{2}\times 100\%=26.25\%$

长期借款筹资的资金成本=6%×（1-25%）×100%=4.5%

②关于方案二。

普通股筹资的资金成本=$\frac{0.5\times(1+5\%)}{2}$×100%=26.25%

发行债券的面值=$\frac{360-250}{1+10\%}$=100（万元）

债券筹资的资金成本=$\frac{100\times10\%\times(1-25\%)}{110}$×100%≈6.82%

③关于方案三。

债券筹资的资金成本=$\frac{250\times10\%\times(1-25\%)}{300}$×100%=6.25%

长期借款筹资的资金成本=6%×（1−25%）×100%=4.5%

（2）假设B企业销售收入为x万元，则：

方案一与方案二比较：

$$\frac{(x-x\times60\%-1\,000-100-160\times6\%)\times(1-25\%)}{100+900}=\frac{(x-x\times60\%-1\,000-100-100\times10\%)\times(1-25\%)}{125+900}$$

每股收益无差别点的销售收入x=2 734万元

方案一与方案三比较：

$$\frac{(x-x\times60\%-1\,000-100-160\times6\%)\times(1-25\%)}{100+900}=\frac{(x-x\times60\%-1\,000-100-250\times10\%-60\times6\%)\times(1-25\%)}{900}$$

每股收益无差别点的销售收入x=3 249万元

方案二与方案三比较：

$$\frac{(x-x\times60\%-1\,000-100-100\times10\%)\times(1-25\%)}{125+900}=\frac{(x-x\times60\%-1\,000-100-250\times10\%-60\times6\%)\times(1-25\%)}{900}$$

每股收益无差别点的销售收入x=3 156.3（万元）

从以上分析可知，产生三个筹资分界点，当企业的销售收入预期在2 734万元以下时，企业选择方案二的每股收益最大；当企业的销售收入预期在2 734万元至3 249万元时，企业选择方案一的每股收益最大；当企业的销售收入预期大于3 249万元时，企业选择方案三的每股收益最大。

因为企业预期的销售收入为3 600万元（3 000×（1+20%）），大于3 249万元，所以企业应当选择方案三进行筹资。

（3）经营杠杆系数=$\frac{3\,000-3\,000\times60\%}{3\,000-3\,000\times60\%-1\,000}=6$

财务杠杆系数=$\frac{3\,000-3\,000\times60\%-1\,000}{100}$=2

总杠杆系数=2×6=12

（4）2024年每股收益=（3 000−3 000×60%−1 000−100）×（1−25%）÷900≈0.083（元）

2025年每股收益相对于2024年每股收益的增长率=10%×12=120%

2025年每股收益=0.83×120%≈1.0（元）

3）参考答案：

（1）该项目的土石方建筑工程投资=20×10=200（万元人民币）

该项目的厂房建筑物工程投资=1 100×2=2 200（万元人民币）

该项目的建筑工程费=200+2 200=2 400（万元人民币）

（2）国内标准设备购置费=1 000×（1+1%）=1 010（万元人民币）

进口设备的国际运费=100×7.5%=7.5（万美元）

进口设备的国际运输保险费=（100+7.5）×4%=4.3（万美元）

以人民币标价的进口设备到岸价=（100+7.5+4.3）×6.49≈725.58（万元人民币）

进口关税=725.58×15%≈108.84（万元人民币）

进口设备国内运杂费=（725.58+108.84）×1%≈8.34（万元人民币）

进口设备购置费=725.58+108.84+8.34=842.76（万元人民币）

该项目的狭义设备购置费=1 010+842.76=1 852.76（万元人民币）

工具、器具和生产经营用具购置费=1 852.76×10%≈185.28（万元人民币）

该项目的广义设备购置费=1 852.76+185.28=2 038.04（万元人民币）

（3）进口设备的安装工程费=1×50=50（万元人民币）

国内标准设备的安装工程费=1 010×2%=20.20（万元人民币）

该项目的安装工程费=50+20.20=70.20（万元人民币）

（4）该项目的工程费用=2 400+2 038.04+70.20=4 508.24（万元人民币）

该项目形成固定资产的其他费用=4 508.24×20%≈901.65（万元人民币）

（5）该项目形成固定资产的费用=2 400+2 038.04+70.20+901.65=5 409.89（万元人民币）

（6）NCF_0=−5 409.89万元人民币

NCF_1=（−4 000）−（−5 409.89）=1 409.89（万元人民币）

NCF_2=（−2 000）−（−4 000）=2 000（万元人民币）

NCF_3=200−（−2 000）=2 200（万元人民币）

$NCF_{4\sim10}$=2 000万元人民币

（7）该项目的静态投资回收期=2+2 000÷2 200≈2.91（年）

（8）该公司股票的期望报酬率=2%+2×4%=10%

（9）该项目的净现值NPV=−5 409.89+1 409.89×0.9091+2 000×0.8264+2 200×0.7513+2 000×4.8684×0.7513≈6 492.76（万元人民币）

（10）由于静态投资回收期2.91<5（10÷2），净现值>0，所以该项目完全具备财务可行性。

实训资料 11-4-3

1）参考答案：

增资前的经营杠杆系数=15 000×（1−65%）÷［15 000×（1−65%）−2 625］=2

增资前的财务杠杆系数=2 625÷（2 625−360）≈1.16

增资前的总杠杆系数=2×1.16=2.32

增资后的销售收入=15 000×（1+20%）=18 000（万元）

增资后的经营杠杆系数=18 000×（1−60%）÷［18 000×（1−60%）−（2 625+575）］=1.8

增资后的财务杠杆系数=4 000÷（4 000−360−1 000×10%）≈1.13

增资后的总杠杆系数=1.8×1.13≈2.03

从计算的结果来看，增资后三大杠杆系数都有所下降。其中，经营杠杆系数的下降速度快于财务杠杆系数。杠杆的利益没有被放大，增资后的风险也没有被继续放大。显然，公司在谋划增资方案时是把风险放在第一位考虑的。因此，华阳公司的该项增资方案具有可行性，利于资本结构的合理化调整。

2）参考答案：由资料可知，两种型号设备的投资额、预计税前净利润各不相同，但如果B1型较B2型增加的投资能获得要求达到的投资报酬率，即B1型较B2型的差量净现值大于零，则增加投资购买B1型设备在经济上是可行的。差量净现值（B1型较B2型）的计算如下：

初始现金流量差量=-200 000-（-150 000）=-50 000（元）

Δ折旧=（200 000-20 000）÷5-（150 000-15 000）÷5=9 000（元）

第1年至第5年现金流量差量=Δ税后净利润+Δ折旧=Δ税前净利润×（1-所得税税率）+Δ折旧

=（40 000-30 000）×（1-33%）+9 000=15 700（元）

终结点现金流量差量=20 000-15 000=5 000（元）

差量净现值=初始现金流量差量+第1年至第5年现金流量差量×（P/A，14%，5）+终结点现金流量差量×（P/F，14%，5）

=-50 000+15 700×3.433+5 000×0.519≈6 493（元）

计算结果表明，差量净现值为6 493元，故公司应购置B1型设备。

3）参考答案：

（1）该董事的观点是错误的。

在股利贴现模型“$P_0=\frac{D_1}{k-g}$”中，当股利较高时，在其他条件不变的情况下，股票价格的确会提高。但是其他条件不是不变的，如果公司提高了股利支付率，可持续增长率g就会下降，股票价格不一定会上升。事实上，如果股权收益率R>折现率k，股票价格反而会下降。

（2）股利支付率的提高将减少可持续增长率g，因为用于再投资企业的资金减少了。股利支付率的上升会减少股票的账面价值，其原因是一样的。

（3）中南集团的股票价值计算见表11-7。

表11-7 中南集团的股票价值计算

年 份	0	1	2	3	合 计
每股股利（元/股）	2	2.3	2.65	2.86	
现值系数（i=10%）		0.9091	0.8256	0.7531	
股利现值（元/股）		2.09	2.19	2.15	6.43
第3年年末股价（元/股）				28.60	
第3年年末股价现值（元/股）				21.54	21.54
股票价值（元/股）					27.97

这一分析表明，采用新项目，公司股价将会上升，它的β系数和风险溢价也会上升。

主要参考文献

［1］袁建国. 财务管理［M］. 7版. 大连：东北财经大学出版社，2021.

［2］王满，任翠玉. 财务管理基础［M］. 5版. 大连：东北财经大学出版社，2021.

［3］荆新，王化成. 财务管理［M］. 6版. 北京：中国人民大学出版社，2020.

［4］孔德兰. 企业财务管理［M］. 北京：中国财政经济出版社，2020.

［5］孔德兰. 财务管理实务［M］. 3版. 北京：中国人民大学出版社，2019.

［6］刘淑莲. 财务管理［M］. 5版. 大连：东北财经大学出版社，2019.

［7］财政部会计资格评价中心. 财务管理［M］. 北京：中国财政经济出版社，2015.

［8］闵华红. 2015年会计专业技术资格考试应试指导及全真模拟测试·中级财务管理［M］. 北京：北京大学出版社，2015.

［9］汤谷良. 财务管理案例［M］. 北京：北京大学出版社，2008.

［10］潘学模. 管理会计学［M］. 3版. 成都：西南财经大学出版社，2008.

［11］陈昌龙. 财务管理［M］. 北京：清华大学出版社，2007.

［12］贺世强. 财务管理［M］. 北京：高等教育出版社，2007.

［13］卢恩平，高岩. 财务管理［M］. 北京：中国电力出版社，2007.

［14］秦海敏. 财务管理［M］. 南京：南京大学出版社，2007.

［15］王斌. 财务管理［M］. 北京：高等教育出版社，2007.

［16］罗斯，等. 公司理财［M］. 吴世农，等译. 6版. 北京：机械工业出版社，2003.

附录一 职业核心能力强化训练"知识准备"参照范围

附表1　　职业核心能力强化训练"知识准备"参照范围

领域	等级	"技术－技能"点	"知识准备"参照范围
自主学习	初级	确定短期学习目标	激发学习动力的方法；学习的基本原理；确定目标的原则和方法；编写学习计划的基本规则；取得他人帮助和支持的方法与技巧
		实施短期学习计划	学习的基本原理；学习的方法和技巧；计划落实、控制和调整的方法和技巧；节约时间的诀窍
		检查学习进度	学习方法与学习效果的关系；检查目标进度的方法和技巧（总结、归纳、测量）；成功学的基本要求
	中级	确定中期学习目标	学习的基本原理；确定目标的原则和方法；编写学习计划的基本规则；获得他人帮助和支持的方法或技巧
		实施中期学习计划	学习的基本原理；学习的方法和技巧；计划落实、控制和调整的方法和技巧；关于方法的知识；时间管理的诀窍
		检查学习进度	成功学的基本要点；项目目标检查、总结、归纳的方法；学习迁移的原理与应用知识；学习的观察、认知记忆及提高效率的规律；养成良好学习习惯的方法
	高级	确定长期学习目标	搜集和运用信息的方法；有效资源利用的策略；项目论证和测评的方法；编写计划和检查调控计划执行的方法；团队合作的策略和方法
		实施长期学习计划	学习的方法和技巧；有关学习与实践关系的原理；计划落实、控制和调整的方法和技巧；关于思维方法的知识；目标管理的诀窍
		检查学习进度	成功学的基本要点；项目目标检查、总结、归纳的方法；学习迁移的原理与应用知识；学习的观察、认知记忆及提高效率的规律；养成良好学习习惯的方法
信息处理	初级	获取信息	信息的含义、特征与种类；信息搜集的原则、渠道和方式；文献和网络索引法；一般阅读法；计算机和网络相关知识
		整理信息	信息的分类方法与原则；信息筛选方法与要求；信息资料手工存储方法；计算机信息存储方法；计算机其他相关知识
		传递信息	信息传递的种类与形式；口语和文字符号的信息传递技巧；现代办公自动化技术；计算机和网络相关技术

续表

领域	等级	“技术－技能”点	“知识准备”参照范围
信息处理	中级	获取信息	信息的特征与种类；信息搜集的范围、渠道与原则；信息搜集方法（观察法、询访法）；计算机相关知识；网络相关知识
		开发信息	信息筛选、存储的方法与原则；信息资料的分析、加工的方法；新信息生成或信息预测的方法
		展示信息	口语和文字符号信息展示的技巧；多媒体制作与使用技术；计算机相关应用技术
	高级	获取信息	调查研究的方法和原理；信息搜集的范围、方法（问卷法、检索法、购买法、交换法）和原则；信息搜集方案选择；计算机和网络相关技术
		开发信息	信息资料鉴别方法；信息资料核校方法；信息资料分析方法；信息资料编写方法（主题提炼、标题选择、结构安排、语言组织）；信息资料加工方法；计算机信息生成知识
		展示信息	口语和文字符号的信息表达技巧；多媒体制作技术；科学决策知识；信息反馈方式与要求；网页设计与网络使用知识；知识产权知识
数字应用	初级	采集、解读数据信息	获取数据的方法（测量法、调查法、读取法）；数的意义（整数、小数、分数及百分数）；常用测量器具的功能与使用方法，常用单位，单位的换算；近似的概念与精度；图表（数表扇形统计图、条形统计图、示意图）知识
		进行数字计算	计算方法（笔算、口算、珠算、计算器计算）；整数、分数四则运算；近似计算；验算（逆算法、估算法、奇偶对应法）
		展示和使用数据信息	评价指标；最大值、最小值；平均值；精度
	中级	解读数据信息	获取数据信息的渠道与方法（测量法、调查法、读取法）；数的意义（整数、分数、正数、负数）；总量与分量，比例；误差、精度、估计；复合单位（如速度、速率等）；图表（数表、扇形统计图、条形统计图、折线图、示意图）知识
		进行数据计算	计算方法（笔算、计算器计算、查表、Excel等软件）；整式、分式四则运算，乘方、开方；近似计算（误差估计）；验算（逆算法、估算法、奇偶对应法）
		展示和使用数据信息	评价指标；最大值、最小值；平均值、期值、方差；绝对误差、相对误差；图表的制作
	高级	解读数据信息	数据信息源的筛选原则（多样性、代表性、可靠性）；数据的采集方案；图表（数表、坐标、比例尺）；频率、频率稳定性；平均、加权平均；误差分析、估算
		进行数据计算	计算方法（笔算、计算器计算，查表，编程计算，Excel等软件）；整式、分式四则计算，乘方、开方；函数（幂函数、指数函数、对数函数、三角函数、反三角函数、复合函数）；近似计算（误差分析）；验算（逆算法、估算法）
		展示和使用数据信息	评价指标；最大值、最小值；平均值、期值、方差；绝对误差、相对误差；图表的制作

续表

领域	等级	"技术－技能"点	"知识准备"参照范围
与人交流	初级	交谈讨论	与人交谈主题相关的信息和知识；正确使用规范语言的基本知识；口语交谈方式和技巧；身体语言运用技巧
		阅读和获取资料	资料查询和搜索的方法；一般阅读的方法；文件资料归类的方法；词典类工具书的功能和使用方法；各种图表的功能；网上阅读的方法
		书面表达	与工作任务相关的知识；实用文体的应用；图表的功能和应用；素材选用的基本方法；写作的基本技法；逻辑和修辞初步技法
	中级	交谈讨论	与交谈主题相关的知识和信息；正确使用规范语言的基本知识；口语交谈的技巧；身体语言运用技巧；掌握交谈心理的方法；交谈的辅助手段或多媒体演示技术；会谈和会议准备基本要点
		简短发言	与发言主题相关的知识和信息；当众讲话的技巧（包括运用身体语言的技巧）；简短发言的辅助手段或多媒体演示技术
		阅读和获取资料	资料查询和搜索方法；快速阅读的原理与方法；文件归类的方法；各种图表的功能
		书面表达	与工作任务相关的知识；实用文体的应用；图表的功能和应用；素材选用的基本方法；文稿排版和编辑的技法；写作的基本技法；逻辑和修辞常用技法
	高级	交谈讨论	与会谈主题相关的知识和信息；语言交流的艺术和技巧；交谈的辅助手段或多媒体演示技术；总结性话语运用的技巧；谈判的心理和技巧；会议准备的基本要点；主持会议的相关程序
		当众讲演	与发言主题相关的知识和信息；演讲的技巧和艺术；演讲辅助手段或多媒体演示技术
		阅读和获取资料	资料查询和搜索方法；快速阅读的技巧；各种图表的功能
		书面表达	与工作任务相关的知识；实用文体的应用；图表的功能和应用；素材选用的基本方法；文稿排版和编辑的技法；写作的基本技法；逻辑和修辞技法
与人合作	初级	理解合作目标	活动要素的群体性与分工合作的关系；职业团队的概念、特征与种类，组织的使命、目标、任务；自身的职业价值，个人在组织中的作用
		执行合作计划	服从的基本概念，指令、命令的含义；求助的意义，人的求助意识；职业生活的互助性，帮助他人的价值
		检查合作效果	工作进度的概念，影响工作进度的因素；工作进程的检查，调整工作程序；工作汇报的程序和要领
	中级	制订合作计划	聚合型团队、松散型团队和内耗型团队的特征；组织内部的冲突情况，剖析内耗型团队的心理根源；合作双方的利益需求和社会心理需求
		完成合作任务	民族、学历、地域、年龄等差异；人的工作和生活习惯、办事规律；宽容的心态，容忍的方法

续表

领域	等级	“技术－技能”点	“知识准备”参照范围
与人合作	中级	改善合作效果	使他人接受自己意见、改变态度的策略；在会议上提出意见和建议的规则；改变自己的态度，接受他人批评指责的心理准备
	高级	调整合作目标	领导科学与管理方法；组织文化的形成与发展；目标管理与时间管理
		控制合作进程	人际交往与沟通的知识和相关能力；有效激励的方法与技巧；批评的途径、方法和注意事项
		达到合作目标	信息的采集与整理，组织经济效益的统计学知识；员工绩效测评的基本方法和程序；合作过程的风险控制意识和防范
解决问题	初级	分析问题提出方案	分析问题的方法；归纳问题的方法；对比选择的方法；判断和决策的方法；关于相关问题本身的专业知识和发展规律的认识
		实施计划解决问题	撰写工作计划的相关知识；信息检索、文献查询的有关方法；逻辑判断、推理的相关知识；解决问题的技巧
		验证方案改进方式	分析和检查问题的方法；跟踪调查的方法；工作总结的规则和写作方法
	中级	分析问题提出方案	分析问题的方法；归纳问题的方法；对比选择的方法；判断和决策的方法；关于相关问题本身的专业知识和变化规律的认识
		实施计划解决问题	应用写作学中关于撰写工作计划的相关知识；信息检索、文献查询的有关方法；逻辑判断、推理的相关知识；解决问题的技巧；与他人合作的知识和方法
		验证方案改进计划	分析和检查问题的方法；跟踪调查的方法；工作总结的规则和写作方法
	高级	分析问题提出对策	决策科学的系统知识；形式逻辑、辩证逻辑思维的系统知识和方法；分析问题的系统知识和技巧；群体创新技法的系统知识；数学建模方法；关于相关问题本身的专业知识和变化规律的认识
		实施方案解决问题	关于撰写工作计划的系统知识；信息检索、文献查询的系统知识和方法；有关价值工程、现场分析和形态分析的知识；解决问题的技巧；有关进度评估的知识；与人合作的系统知识和方法
		验证方案改进计划	分析和检查问题的方法；跟踪调查的方法；工作总结的规则和写作方法；创新技法
革新创新	初级	揭示不足提出改进	关于思维和创造性思维的一般知识；关于思维定式和突破思维障碍的知识；关于相关事物本身的专业知识和发展规律的认识
		做出创新方案	列举类技法和设问类技法的原理、特点、适用范围和具体操作的知识；有关分解类技法、组合类技法、分解组合类技法的原理、特点、适用范围和具体操作方法的知识；搜集信息、案例的知识和方法

续表

领域	等级	“技术－技能”点	“知识准备”参照范围
革新创新	初级	评估创新方案	有关创新成果价值评定的知识；可行性分析的知识；撰写可行性报告的知识
	中级	揭示不足提出改进	有关思维障碍形成的知识；横向、逆向、灵感思维的知识；换向、换位思维的知识；逻辑判断和推理的知识；关于相关事物本身的专业知识和发展规律的认识
		做出并实施创新方案	有关类比类技法和移植类技法的知识；有关德尔斐法和综摄法的知识；有关还原法、换向思考类技法的知识
		评估创新方案	有关项目可行性测评的技术；有关最佳方案评估的知识；撰写评估报告的知识
	高级	揭示不足提出改进	创新能力构成和提升的知识；有关事物运动、变化和发展的知识；灵活运用各种思维形式的知识；关于相关事物本身的专业知识和发展规律的认识
		做出并实施创新方案	有关价值工程、现场分析和形态分析的知识；针对不同事物运用不同创新方法的知识；综合运用各种创新方法的知识
		评估创新方案	可持续创新的知识；有关创新原理的知识；有关知识产权的知识；技术预测和市场预测知识

资料来源：中华人民共和国劳动和社会保障部职业技能鉴定中心．职业核心能力培训测评标准（试行）[M]．北京：人民出版社，2007.本表参照“资料来源”所列文献相关内容提炼与编制。

附录二　案例分析训练和考核参照指标与内容

附表2　　　　案例分析训练和考核参照指标与内容

<table>
<tr><th colspan="2">考核指标</th><th>考核内容</th><th>分项成绩</th></tr>
<tr><td rowspan="3">形成性考核 $\sum 50$</td><td>个人准备 $\sum 20$</td><td>案例概况；讨论主题；问题理解；揭示不足；创新意见；决策标准；可行性方案</td><td></td></tr>
<tr><td>小组讨论 $\sum 15$</td><td>上课出席情况；讨论发言的参与度；言语表达能力；说服力大小；思维是否敏捷</td><td></td></tr>
<tr><td>班级交流 $\sum 15$</td><td>团队协作；与人交流；课堂互动等方面的满意度；讨论参与的深度与广度</td><td></td></tr>
<tr><td rowspan="6">课业考核 $\sum 50$</td><td>分析依据 $\sum 8$</td><td>分析依据的客观性与充分性</td><td></td></tr>
<tr><td>分析步骤 $\sum 8$</td><td>分析步骤的恰当性与条理性</td><td></td></tr>
<tr><td>理论思考 $\sum 8$</td><td>理论思考的正确性、深刻性与全面性</td><td></td></tr>
<tr><td>解决问题 $\sum 8$</td><td>理解问题与解决问题能力的达标性</td><td></td></tr>
<tr><td>革新创新 $\sum 10$</td><td>揭示不足与提出改进能力的达标性</td><td></td></tr>
<tr><td>文字表达 $\sum 8$</td><td>文字表达能力的强弱性</td><td></td></tr>
<tr><td colspan="3">总成绩 $\sum 100$</td><td></td></tr>
<tr><td>教师评语</td><td colspan="3">签名：
20　　年　月　日</td></tr>
<tr><td>学生意见</td><td colspan="3">签名：
20　　年　月　日</td></tr>
</table>

（说明：本表用于章后“基本训练”和书后“综合训练与考核”中的“案例题”，作为其“考核指标”与“考核内容”的参照）

附录三 职业核心能力训练和考核参照规范与标准

附表3　　职业核心能力训练和考核参照规范与标准

领域	等级	基本要求	"技术－技能"点	参照规范与标准
自主学习	初级	具备学习的基本能力，在常规条件下能运用这些能力，以适应工作和学习要求	确定短期学习目标	能明确学习动机和目标，并计划时间、寻求指导
			实施短期学习计划	能按照行动要点开展工作、按时完成任务，使用不同方式、选择和运用不同的学习方法实现目标，并能对计划及时做出调整
			检查学习进度	能对学习情况提出看法、改进意见和提高学习能力的设想
	中级	主要用理解式接受法，对有兴趣的任务可以用发现法掌握知识信息；在更广泛的工作范围内灵活运用这些能力，以适应工作岗位各方面的需要	确定中期学习目标	能明确提出多个学习目标，列出实现各目标的行动要点，确定实现目标的计划，并运筹时间
			实施中期学习计划	能开展学习和活动，通过简单的课程和技能训练，提高工作能力
			检查学习进度	能证明取得的学习成果，并能将学到的东西用于新的工作任务
	高级	能较熟练灵活地运用各种学习法在最短时间内掌握急需知识信息；能广泛地搜集、整理、开发和运用信息，善于学习、接受新的事物，以适应复杂工作和终身发展的要求	确定长期学习目标	能根据各种信息和资源确定要实现的多个目标及途径，明确可能影响计划实现的因素，确认实现目标的时限，制定行动要点和时间表，预计困难和变化
			实施长期学习计划	能保证重点、调整落实、处理困难、选择方法，通过复杂的课程和技能训练提高工作能力
			检查学习进度	能汇总学习成果、成功经验和已实现的目标，证明新学到的东西能有效运用于新选择的职业或工作任务
信息处理	初级	具备进入工作岗位最基本的信息处理能力，在常规条件下能搜集、整理并传递适应既定工作需要的信息	获取信息	能通过阅读、计算机或网络获取信息
			整理信息	能使用不同方法、从多个资源中选择、搜集和综合信息，并通过计算机编辑、生成和保存信息
			传递信息	能通过口语、书面形式，用合适的版面编排、规范的方式展示、电子手段传输信息

续表

领域	等级	基本要求	“技术－技能”点	参照规范与标准
信息处理	中级	在更广泛的工作范围内获取需要的信息，进行信息开发处理，并根据工作岗位各方面的需要展示组合信息	获取信息	能定义复杂信息任务，确定搜寻范围，列出资源优先顺序，通过询访法和观察法搜寻信息
			开发信息	能对信息进行分类、定量筛选、运算分析、加工整理，用计算机扩展信息
			展示信息	能通过演说传递信息，用文字图表、计算机排版展示组合信息，用多媒体辅助信息传达
	高级	广泛地搜集、深入地整理开发、多样地传递、灵活地运用信息，以适应复杂的工作需要；具备信息处理工作的设计与评估能力，并表现出较强的组织与管理能力	获取信息	能分析复杂信息任务，比较不同信息来源的优势和限制条件，选择适当技术、使用各种电子方法发现和搜寻信息
			开发信息	能辨别信息真伪，定性核校、分析综合、解读与验证资料，建立较大规模的数据库，用计算机生成新的信息
			展示信息	能用新闻方式发布、平面方式展示、网络技术传递，利用信息预测趋势、创新设计，搜集信息反馈，评估使用效果
数字应用	初级	具备进入工作岗位最基本的数字应用能力，在常规条件下能运用这些能力适应既定工作的需要	采集、解读数据信息	能按要求测量并记录结果，准确统计数目，解读简单图表，读懂各种数字，并汇总数据
			进行数字计算	能进行简单计算并验算结果
			展示和使用数据信息	能正确使用单位，根据计算结果说明工作任务
	中级	在更广泛的工作范围内，灵活地运用数字应用能力，以适应工作岗位各方面的需要	解读数据信息	能从不同信息源获取信息，读懂、归纳、汇总数据，编制图表
			进行数据计算	能从事多步骤、较复杂的计算，使用公式计算结果
			展示和使用数据信息	能使用适当方法展示数据信息和计算结果，设计并使用图表，根据结果准确说明工作任务
	高级	具备熟练把握数字和通过数字运算来解决实际工作中的问题的能力，以适应更复杂的工作需要	解读数据信息	能组织大型数据采集活动，通过调查和实验获取、整理与加工数据
			进行数据计算	能从事多步骤的复杂计算，并统计与分析数据
			展示和使用数据信息	能选择合适的方法阐明和比较计算结果，检查并论证其合理性，设计并绘制图表，根据结果做出推论，说明和指导工作

续表

领域	等级	基本要求	“技术－技能”点	参照规范与标准
与人交流	初级	具备进入工作岗位最基本的与人交流能力，在常规条件下能运用这些能力适应既定工作的需要	交谈讨论	能围绕主题，把握讲话的时机、内容与长短，倾听他人讲话，多种形式回应；使用规范易懂的语言、恰当的语调和连贯的语句清楚地表达意思
			阅读和获取资料	能通过有效途径找到所需资料，识别有效信息，归纳内容要点，整理确认内容，会做简单笔记
			书面表达	能选择基本文体，利用图表、资料撰写简单文稿，并掌握基本写作技巧
	中级	在更广泛的工作范围内，灵活运用这些能力以适应工作岗位各方面的需要	交谈讨论	能始终围绕主题参与，主动把握讲话时机、方式和内容，理解对方谈话内容，推动讨论进行，全面准确传达一个信息或观点
			简短发言	能为发言作准备，当众讲话并把握讲话内容、方式，借助各种手段说明主题
			阅读和获取资料	能根据工作要求从多种资料筛选有用信息，看懂资料的观点、思路和要点，并整理汇总资料
			书面表达	能掌握应用文体，注意行文格式；组织利用材料，充实内容要点；掌握写作技巧，清楚表达主题；注意文章风格，提高说服力
	高级	在工作岗位上表现出更强的组织和管理能力，通过运用与人交流的能力适应更复杂的工作需要	交谈讨论	始终把握会议主题，听懂他人讲话内容并做出反应，主持会议或会谈，全面准确表述复杂事件或观点
			当众讲演	能为讲演作准备，把握讲演的内容、方式，借助各种手段强化主题
			阅读和获取资料	能为一个问题或课题找到相关资料，看懂资料的思路、要点、价值和问题，分析、筛选和利用资料表达主题
			书面表达	能熟悉专业文书，把握基本要求；有效利用素材，说明内容要点；掌握写作技巧，清楚恰当表达主题；采用适当风格，增强说服力
与人合作	初级	理解个人与他人、群体的合作目标，有效地接受上级指令；准确、顺利地执行合作计划；调整工作进度，改进工作方式；检查工作效果	理解合作目标	能确定合作的基础和利益共同点，掌握合作目标要点和本单位人事组织结构，明确个人在团队中的职责和任务
			执行合作计划	能接受上级指令，准确、顺利地执行合作计划
			检查合作效果	能通过检查工作进展情况，改进工作方式，促进合作目标实现

续表

领域	等级	基本要求	"技术－技能"点	参照规范与标准
与人合作	中级	与本部门同事、内部横向部门、外部相关部门共同制订合作计划；协调合作过程中的矛盾关系，按照计划完成任务；在合作过程中遇到障碍时提出改进意见，推进合作进程	制订合作计划	能与本部门同事、组织内部横向部门、组织外部相关部门共同制订合作计划
			完成合作任务	能与他人协同工作，处理合作过程中的矛盾
			改善合作效果	能判断合作障碍，表达不同意见，接受批评建议，弥补双方失误
	高级	根据情况变化和合作各方的需要，调整合作目标；在变动的工作环境中，控制合作进程；预测和评价合作效果，达成合作目的	调整合作目标	能发现各方问题，协调利益关系，进行有效沟通，调整合作计划与工作顺序
			控制合作进程	能整合协调各方资源，妥善处理矛盾，排除消极因素，激发工作热情
			达到合作目标	能及时全面检查工作成效，不断改善合作方式
解决问题	初级	具备进入工作岗位最基本的解决问题的能力，在常规条件下能根据工作的需要，解决一般简单和熟悉的问题	分析问题提出方案	能用几种常用的办法理解问题，确立目标，提出对策或方案
			实施计划解决问题	能准备、制订和实施被人认可并具有一定可行性的计划
			验证方案改进方式	能寻找方法，实施检查，鉴定结果，提出改进方式
	中级	在有限的资源条件下，根据工作岗位的需要，解决较复杂的问题	分析问题提出方案	能描述问题，确定目标，提出并选择较佳方案
			实施计划解决问题	能准备、制订和实施获得支持的较具体计划，并充分利用相关资源
			验证方案改进计划	能确定方法，实施检查，说明结果，利用经验解决新问题
	高级	在工作岗位上表现出更强的解决问题的能力，在多种资源条件下，根据工作需要解决复杂和综合性问题	分析问题提出对策	在提出解决问题的对策时，能分析探讨问题的实质，提出解决问题的最优方案，并证明这种方案的合理性
			实施方案解决问题	在制订计划、实施解决办法时，能制订并实施获得认可的详细计划与方案，并能在实施中寻求信息反馈，评估进度
			验证方案改进计划	在检查问题、分析结果时，能优选方法，分析总结，提出解决同类问题的建议与方案

续表

领域	等级	基本要求	“技术－技能”点	参照规范与标准
革新创新	初级	在常规工作条件下，能根据工作需要，初步揭示事物的不足，运用创新思维和创新技法进行创新活动	揭示不足提出改进	能揭示事物不足，提出改进意见
			做出创新方案	能在采纳各方意见的基础上，确定创新方案的目标、方法、步骤、难点和对策，指出创新方案需要的资源和条件
			评估创新方案	能进行自我检查，正确地对待反馈信息和他人意见，对创新方案及实施做出客观评估，并根据实际条件加以调整
	中级	根据工作发展需要，在更广泛的工作范围内揭示事物的不足，较熟练地运用创新思维和创新技法进行创新活动，并对创新成果进行分析总结	揭示不足提出改进	能在新需求条件下揭示事物的不足，提出改进事物的创新点和具体方案
			做出并实施创新方案	能从多种选择中确认最佳方案，并利用外界信息、资源和条件实施创新活动
			评估创新方案	能按常规方式和专业要求，对创新改进方法和结果的价值进行评估，根据实际条件进行调整，并指导他人的创新活动
	高级	在工作岗位上表现出更强的创新能力，在复杂的工作领域，能根据工作需要揭示事物的不足，熟练运用创新思维和创新技法进行创新活动，对创新成果进行理论分析、论证、总结和评估，并指导他人的创新活动	揭示不足提出改进	能通过客观分析事物发展与需求之间的矛盾揭示事物的不足，提出首创性的改进意见和方法
			做出并实施创新方案	能根据实际需要，设计并实施创新工作方案，并在条件变化时坚持创新活动
			评估创新方案	能按常规方式和专业要求，对创新方法和结果进行检测和预测风险；针对问题调整工作方案，总结经验，指导他人，提出进一步创新改进的方法

资料来源：中华人民共和国劳动和社会保障部职业技能鉴定中心. 职业核心能力培训测评标准（试行）（共7册）及其训练手册（共6册）[M]. 北京：人民出版社，2007.本表参照“资料来源”所列文献相关内容提炼与编制。

（说明：本表用于章后“基本训练”和书后“综合训练与考核”的“实训题”，作为“职业核心能力强化训练”之“考核指标”与“考核标准”的参照）

附录四 职业道德训练和考核参照规范与标准

附表4 职业道德训练和考核参照规范与标准

素质点	参照规范与标准
职业观念	对职业、职业选择、职业工作、职业道德和企业伦理等问题具有正确的看法
职业情感	对职业或职业模拟有愉快的主观体验、稳定的情绪表现、健康的心态、良好的心境，具有强烈的职业认同感、职业荣誉感和职业敬业感
职业理想	对将要从事的职业种类、职业方向与事业成就有积极的向往和执着的追求
职业态度	对职业选择或模拟选择有充分的认知与积极的倾向和行动
职业良心	在履行职业义务时具有强烈的道德责任感和较高的自我评价能力
职业作风	在职业模拟、职业实践或职业生活的自觉行动中，具有体现职业道德内涵的一贯表现
职业守则	爱国爱企，自尊自强；遵纪守法，敬业爱岗；公私分明，诚实善良；克勤克俭，宾客至上；热情大度，清洁端庄；一视同仁，不卑不亢；耐心细致，文明礼貌；团结服从，大局不忘；优质服务，好学向上

资料来源：中华人民共和国劳动和社会保障部. 国家职业标准：营销师［M］. 北京：中国劳动和社会保障出版社，2002.本表参照“资料来源”所列文献相关内容编制。

（说明：本表用于章后“基本训练”和书后“综合训练与考核”的“实训题”，作为市场营销专业“职业道德相关训练”之“考核指标”与“考核标准”的参照）

附录五 能力训练与考核参照采分系数

附表5 能力训练与考核参照采分系数

系数	参照标准
90%~100%	能依照全部考核要求，圆满、高质地完成此种能力所属各项技能操作，其效率与稳定性俱佳
80%~89%	能依照多数考核要求，圆满、高质地完成此种能力所属各项技能操作，其效率与稳定性较佳
70%~79%	能依照多数考核要求，较圆满、高质地完成此种能力所属各项技能操作，其效率与稳定性一般
60%~69%	能依照多数考核要求，基本完成此种能力所属各项技能操作，其效率与稳定性一般
60% 以下	只能依照少数考核要求，基本完成此种能力所属各项技能操作，其效率与稳定性较低

（说明：本表用于章后“单元考核”和“综合训练与考核”，作为“职业核心能力”、“职业道德”和“专业能力”考核达标程度的参照）